Über dieses Buch

Rudolph Arnheim, der neben Béla Balázs wichtigste Filmtheoretiker nicht nur der Weimarer Zeit, begründete diese Position mit seinem Hauptwerk »Film als Kunst« von 1932. Doch war das keine isolierte Arbeit: Arnheim hat bis heute, insbesondere aber in den Jahren 1925 bis 1940, eine Vielzahl von Artikeln und Kritiken zum Film geschrieben. Der vorliegende Band gibt einen Überblick über sein gesamtes filmpublizistisches Schaffen: von den ersten Filmkritiken für die satirische Zeitschrift ›Das Stachelschwein‹ über die − parallel zur Arbeit an «Film als Kunst» entstandenen − Kritiken und Theorietexte für ›Die Weltbühne‹ bis zu den theoretischen Beiträgen für die, nicht zur Publikation gekommene, ›Enciclopedia del Cinema‹ des römischen ›Internationalen Lehrfilm-Instituts‹, um nur die Schwerpunkte zu nennen. Die wichtigsten Arbeiten und Einzelkritiken sind abgedruckt. Sämtliche nicht abgedruckten Filmpublikationen Arnheims sind im »Kommentierten Gesamtverzeichnis« kurz charakterisiert. Für die Taschenbuchausgabe wurde in einem Nachtrag der Band um den Beitrag »Chaplin als Erzieher« erweitert und das »Kommentierte Gesamtverzeichnis« auf den neuesten Stand gebracht.

Der Autor

Rudolf Arnheim, 1904 in Berlin geboren, studierte dort Psychologie, Philosophie, Kunstgeschichte und Musikgeschichte. Nach der Promotion 1928 mit einer experimentell-psychologischen Arbeit kam er als Kulturredakteur und Filmkritiker zur »Weltbühne«, die damals von Kurt Tucholsky und Carl v. Ossietzky herausgegeben wurde. Mitte 1933 ging Arnheim als Filmwissenschaftler an das ›Internationale Lehrfilm-Institut‹ nach Rom. Über London emigrierte er 1940 in die USA. Als Kunstpsychologe lehrte er an mehreren Universitäten, darunter Harvard, und schrieb etliche Bücher (»Kunst und Sehen«, deutsch 1965; »Anschauliches Denken«, deutsch 1972; »Zur Psychologie der Kunst«, deutsch 1977). 1978 erhielt Arnheim vom Bundesinnenministerium ein Filmband in Gold (»Deutscher Filmpreis«) für »langjähriges und hervorragendes Wirken im deutschen Film«.

Rudolf Arnheim

Kritiken
und Aufsätze
zum Film

Herausgegeben
von Helmut H. Diederichs

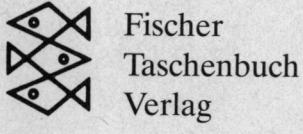

Fischer
Taschenbuch
Verlag

Fischer Taschenbuch Verlag
September 1979

Umschlagentwurf: Jan Buchholz/Reni Hinsch
unter Verwendung eines Fotos aus dem Film ›Das Kabinett des Dr. Caligari‹

Fischer Taschenbuch Verlag GmbH, Frankfurt am Main
Lizenzausgabe mit freundlicher Genehmigung des
Carl Hanser Verlags, München und Wien
© 1977 by Carl Hanser Verlag, München und Wien
Druck und Bindung: Clausen & Bosse, Leck
Printed in Germany
980-ISBN-3-596-23653-3

Inhalt

II. Filmkritik

Vorwort

Eine Zeit des Werdens war es gewiß, oder doch eine Zeit, in der man sich hoffnungsvoll und angstvoll fragte, ob es aufwärts oder abwärts gehe in dieser Welt. Und mochte man nun links oder rechts stehen, eins war jedem klar: Es gab keine geschützte Stätte für unbeteiligte Zuschauer. Noch jetzt bewahre ich als eine Art Talisman in meinem Handköfferchen eine Gewehrkugel, die in den Tagen der Revolution von 1918 im Bogen über die Nachbarhäuser flog, sich ein kleines Loch durch die Fensterscheibe bohrte und vor dem Bett des Vierzehnjährigen träge auf den Teppich fiel. So fing es an. Man war immer mittendrin; und in den Schreckenstagen der Inflation schmolz einem jeden die letzte Mark in der Tasche und auf der Sparkasse.

Dies vor allem ist die Grundstimmung der kleinen und größeren Aufsätze, die, dank dem freundlichen Interesse einer neuen Generation, hier in einer Auswahl neu herausgebracht werden. Die Jahre der Weimarer Republik sind inzwischen in die Geschichte eingegangen und erfreuen sich einer romantisch-unheimlichen Phosphoreszenz. Sie waren der Kampf um eine neue Form; das meiste war verboten, aber so ziemlich alles war möglich. Alles war im Brodeln, nichts war beständig, die verzerrten Gesichter und gereckten Arme des Expressionismus schrieen von den Anschlagssäulen, den Bühnen und Kunstausstellungen. Wir Studenten kauften die Erstausgaben der neuesten Werke von Freud und der Gedichte von Benn und Werfel als billige Taschenbücher, wir sahen Büchners Danton, von Max Reinhardt inszeniert, in der von Poelzig mit Tropfsteingehängen modernisierten Zirkusarena des Großen Schauspielhauses, und wir waren bei der Uraufführung der Dreigroschenoper dabei. Natürlich gingen wir auch ins Kino.

Der erste Film, an den ich mich erinnere, handelte von der Liebe zwischen einem Erdbewohner und einer Dame auf dem Mars. Dazu sang im Parkett eine Sopranstimme eine eigens komponierte Arie, deren erste Textzeilen ich, bis auf ein mir entfallenes Wort, noch weiß: »Liebe, die im Weltenraum entbrennt, ist die . . ., die man Sehnsucht nennt.« In den Außenaufnahmen flatterten die Roben der Marsbewohner gewaltig hin und her, und bis zum heutigen Tage ist mir der Eindruck vom Mars als einem recht windigen Planeten geblieben. Und doch besaß schon dies Schundprodukt den ganzen lockenden Zauber der neuen Bilderkunst: den Tanz der grauen Schatten im Dunkeln, die unheimliche Verbindung von täuschender Lebensnähe und gespenstischer Unkörperlichkeit, das stumme Spiel der Gebärden und die handgreiflich anwesenden Schauplätze fremder Welten.

Es war eigentlich der Film, der mich nach der Doktorprüfung an der Berliner Universität endgültig bis zum Ende meiner deutschen Jahre in die

Tagesschriftstellerei entführte. Mein ganzes Bestreben galt schon damals der Kunsttheorie und vor allem den bildenden Künsten als einem Versuchsfeld für die Prinzipien der Gesichtswahrnehmung. Die Fülle der neuartigen Beispiele, die sich mir auf der Leinwand allwöchentlich darboten, führte dann zu der systematischen Darstellung in meinem Buche *Film als Kunst,* noch kurz vor Hitlers Machtergreifung bei Rowohlt erschienen und seit kurzem dem deutschen Leser wieder in der Urfassung zugänglich.

So wie die erste deutsche Republik selbst, so war auch der Film ein Experiment, für dessen Gelingen man sich die höchsten Ziele setzte. Denjenigen unter uns, denen die Entwicklung des neuen Ausdrucksmittels am Herzen lag, ging es darum, ob und wann und auf welche Weise der Film es mit Malerei, Literatur und Drama werde aufnehmen können, und die ständigen Hinweise in meinen damaligen Kritiken auf was nötig und was erlaubt sei, wenn man »Kunst« schaffen wolle, ist ein Hauptunterschied zwischen der Haltung des damaligen und des heutigen Filmkritikers. Zwar haben wir heute die Filmmuseen, von denen wir damals träumten, und eine üppige Avantgarde-Bewegung führt in Festspielen das Werk der Einzelgänger vor. Die Filmprogramme an den Universitäten bieten unseren Studenten ein ständiges Repertoire von Caligari, Griffith und Godard. Und die soziologischen und semiologischen Analysen der jüngsten Zeit sind viel verzwickter als alles, woran wir uns seinerzeit wagten. Die gängige Filmproduktion des Tages aber hat ihren unbestrittenen Sitzplatz in der Vergnügungsindustrie gefunden. Sie beliefert das große Publikum, im Verein mit Fernsehen, Fußball und Unterhaltungsmusik, und selbst für die Anspruchsvolleren und die Kritiker der Zeitungen und Wochenschriften zählt der Film mit der durchschnittlichen Romanliteratur und den Operetten unter die Genußmittel, die manchmal etwas besser, manchmal etwas schlechter ausfallen und nach ein paar Wochen vergessen sind. Von Kunst ist wenig die Rede.

In einer weiteren Sicht aber liegt so manchem von uns das Wohlergehen der sinnlichen Ausdrucksmittel auf der Seele, weil ohne sie keine Kultur ihren Lebensstil und ihre Leitgedanken aufrechterhalten kann. Es beunruhigt uns, wenn in den bildenden Künsten die Bildersprache vielfach in Verruf kommt oder sich mit dem Primitivsten begnügt; und die Aufmerksamkeit, die meinem alten Filmbuch nach wie vor auf der ganzen Welt zuteil wird, sagt mir doch, daß die Grundsätze, die ich darin an den frühen Beispielen aufzuzeigen suchte, immer noch mahnend und richtungsweisend am Werke sind. Zwar haben sich manche der ersten Einwände gegen den Tonfilm, zumal in der Zuordnung von Bild und Laut, als belanglos erwiesen, aber der grundsätzliche Einwand gegen den gesprochenen Dialog als eine bildhemmende Störung, scheint mir heute noch ebenso gültig wie damals. Noch immer kommen die wirklich bleibenden Eindrücke vom Bilde her, wie etwa bei Fellini, noch immer erweist sich das Geschwätz als ein Miß-

10

brauch eines dem Theater, dem Hörspiel und der Dichtung zustehenden Ausdrucksmittels, und man braucht sich nur die unlängst produzierte Verfilmung von Mozarts Zauberflöte anzusehen, um sich davon zu überzeugen, daß die elementarsten Mißbräuche, die wir seinerzeit den ersten Tonfilmversuchen ankreideten, immer noch an der Tagesordnung sind.

Die im vorliegenden Bande abgedruckten theoretischen Aufsätze bereiten auf das 1932 erschienene Filmbuch vor oder spinnen die darin enthaltenen Gedanken weiter aus, wie vor allem der *Neue Laokoon,* meine ausführlichste ästhetische Abhandlung. Doch mögen so manchem Leser – und der Verfasser rechnet sich dazu – die Tagesarbeiten des jungen Kritikers noch lesenswerter erscheinen. Zwar ist vieles darin Genannte zu Recht oder Unrecht heute verschollen. Doch hoffe ich, daß diese alten Augenzeugenberichte sich heute, wenn man mir den Vergleich nicht falsch auslegen will, etwa wie die Hamburgische Dramaturgie lesen, in der Lessing uns mitteilt: »Die Rolle der Clorinde ward von Madame Henseln gespielt«, wobei aber eine Fülle gültiger Beobachtungen über Schauspielkunst erhalten bleibt. Obwohl Clorinde und die Madame Hensel zu Staube geworden sind, illustrieren doch die lebendigen Beispiele tatsächlicher Bühnenereignisse das Grundsätzliche mit einer Unmittelbarkeit, die eine theoretische Arbeit selten erzielt. Was mir an den Übermütigkeiten des jungen Filmkritikers besonders auffällt, ist, wie eng und vollständig er allen Äußerungen des damaligen Tageswesens verhaftet war, dem Kunstbetrieb, der Politik, dem Personal und den Anekdoten der Großstadt. Das zeigt sich schon am Schreibstil, in dem es ohne Anführungszeichen von Zitaten wimmelt, Anspielungen auf die Bibel und auf Schiller, auf Schlagzeilen, Reklameverse und Beamtendeutsch, und wo durch die abrupte Konfrontierung des Feierlichen mit dem Ordinären ein polemisches Spiel getrieben wird, das der damals aufkommenden Technik der politischen Photomontage ganz analog ist.

Hier spiegelt sich im Kleinen eine Welt, in welcher der Zustand des Werdenden und Gefährdeten besonders prekär geworden war. Gegen Ende der Zwanziger Jahre waren die Ideale der neuen Demokratie endgültig untergraben. Zensur und Gesinnungslosigkeit, die Macht der großen Geschäftsleute, die Gewalttaten eines immer stärker werdenden Militarismus, in denen sich die Schreckensherrschaft des Dritten Reiches ankündigte, zeigten sich im Filmwesen als einem Abbilde des Gesamtzustandes. Daher denn die kämpferische Stimmung in diesen Kritiken, wiewohl ein Unterton der Resignation nicht zu verkennen ist. Auch läßt sich nicht leugnen, daß die Freude des Satirikers am Kitsch und Spießertum und der Spaß am Hänseln eine Rolle spielte.

Alles dieses bildete sich aus, als ich nach den mehr peripheren Beiträgen zu Hans Reimanns *Stachelschwein,* das als Monatsschrift erschien, in die Leitung der *Weltbühne* eintrat, wo die Beschäftigung mit meinem Sondergebiet dem täglichen Kontakt mit der kulturellen und politischen Gesamtsituation ausgesetzt war. Carl von Ossietzky redigierte im Nebenzimmer der altberliner Wohnung, die uns als Redaktionslokal diente, den politischen Teil. Der Einfluß, den dieser erstaunliche Mann als Mensch und Schriftsteller auf mich hatte, gibt mir Gelegenheit, ein paar Worte über ihn zu sagen, die das durch seinen Märtyrertod im Konzentrationslager vielleicht etwas abstrakt gewordene Bild ergänzen mögen. Ossietzky ist der einzige wirkliche Held, den ich gekannt habe. Er setzte sich dem Morde und der Folter nicht mit dem instinktiven Antrieb des wagemutigen Stürmers aus, sondern überwand aus der einfachen Pflicht, für seine Gesinnung einzustehen, ohne Zögern die ihm eigene körperliche Schwächlichkeit und seelische Scheu. Zurückhaltend und schweigsam, die Zigarette in der leise zitternden Hand, die Augen niedergeschlagen, wirkte er wie ein feinsinniger Aristokrat, den Besuchern nicht leicht zugänglich, den Freunden und Mitarbeitern aber ein warmherziger Kamerad, ein selbstloser Helfer, und dazu ein Denker von bezauberndem Humor, dessen geschliffener Leitartikelstil sich wie die Essays eines gescheiten Franzosen aus der Aufklärungszeit las. Kurt Tucholsky, der zündende Polemiker der *Weltbühne,* lebte in Paris oder Schweden; er sandte seine Beiträge mit der Post, und wir sahen ihn nur gelegentlich. Es war Ossietzky, der in jenen gefährlichen Jahren für alles einstand und der sich am Ende weigern mußte zu fliehen, weil sein Leben für ihn nur an dem einen Platz denkbar war, an den es ihn gestellt hatte.

Jeden Sonnabendmorgen saß er in dem kleinen Café bei der Steinschen Druckerei in Potsdam, wo wir den Umbruch für die nächste Nummer machten, und schrieb mit einem Stümpchen Bleistift die letzten Seiten seines Leitartikels. Oben neben der Setzerei lag auf unserem Tisch in delikater Handschrift die Theaterkritik von Alfred Polgar und vielleicht ein neues Gedicht von Erich Kästner; dazu ein oder zwei auf dünnes Durchschlagpapier getippte Tucholskys. Dies und vieles mehr, darunter auch mein eigner Wochenbeitrag, mußte mit mönchischer Sorgfalt auf dem frischen Fahnenabzug verglichen werden, denn Druckfehler waren für uns Sprachbesessene eine Undenkbarkeit.

Diese selbe Art der Hingabe ist mir nun, als eine späte Belohnung, vom Herausgeber des vorliegenden Bandes zuteil geworden. Etwa so alt wie ich damals und mit ähnlicher Dienstwilligkeit ließ er nicht locker, bis ich in die düsteren Kellergewölbe hinunterstieg wie der Rabbi Loew im *Golem* und aus den vergilbten Faszikeln in den Auswandererkoffern meine alten Manuskripte hervorkramte. Inzwischen belagerte Helmut Diederichs die Archive, verschaffte sich Ablichtungen und klaubte aus aller Welt Vergessenes und Verborgenes hervor, zumeist Deutsches, aber auch Englisches und einiges Italienische. Ohne seine Fürsorge wäre niemals zustandegekommen, was nun hier vorliegt, in schmucker Neuheit, zum erstenmal vereinigt, vergleichbar und als ein Ganzes überschaubar, und einer anderen Welt mit der Bitte um freundliche Nachsicht vorgelegt.

University of Michigan   R. A.
Ann Arbor, Michigan 48109

I. Filmtheorie

A. Grundlagen von Theorie und Technik

1. Die traurige Zukunft des Films (1930)

Der Film ist keine Massenkunst, außer daß an den Kassen der Kinos die Masse es bringen muß. Leute, die zugleich Volks- und Kunstfreunde sein wollen – ein heute nicht einfacher Doppelberuf –, haben den Film als die Bilderbibel des Volkes begrüßt. Die esoterischen Genüsse der Buchdruckerkunst sollten nun übertrumpft werden durch den nicht minder gehaltvollen Anschauungsunterricht des lebenden Bildes, dessen Lehre sich dem Auge des einfachen Mannes aufs Beste einprägen würde. Die Entwicklung der letzten zwei Jahre hat diesen ganzen frommen Schwindel mit schmerzhafter Deutlichkeit entlarvt.

Denn das Volk will mehr Bild als Bibel. Man kann es erziehen, aber nicht heute, nicht solange die notwendige Brotarbeit entweder nicht vorhanden ist oder so überreichlich geboten wird, daß der Arbeitende abends todmüde ins Bett sinkt. Dem berechtigten Ablenkungs- und Amüsierbedürfnis der Werktätigen, vom Laufjungen bis aufwärts zum Fabrikdirektor, kam die Erfindung der lebenden Photographie, des mühelos produzierbaren Wirklichkeitsbildes sehr entgegen. Und so entstand schnell ein Bilderkultus, der sich inzwischen zu einer geistigen Epidemie ausgewachsen hat. Überall wo früher Worte, das heißt Gedanken gestanden hatten, gab man nun die rohe, sinnlose Anschauung.

Die Filmindustrie, als Lieferantin solchen Augenamüsements, hat sich mit den Filmkünstlern nie gut gestanden. Immerhin zeigte sich, daß bis zu einem gewissen, bescheidenen Grade die gewünschte Ware nicht nur von unbegabten, sondern auch von begabten Künstlern hergestellt werden konnte, woraus dann die schmeichelhafte Legende entstand, daß die großen Künstler Lieblinge des Volkes seien (während in Wirklichkeit der mickrigste Einakter hiesiger Provenienz *Karlchen sucht eine Schwiegermutter* dieselben Lachstürme erregte wie *Goldrausch*, dieser melancholischste Film, der je gedreht worden ist). Kaum war der Tonfilm da, so siegte der Bluff über die Qualität, und die Lieblinge des Volkes sahen vom einen Tag zum andern ihr Lebenswerk in Frage gestellt. Die breite Landstraße der Filmkunst, deren schönes Endziel sich schon immer deutlicher in der Ferne abzeichnete, wurde wegen technischer Renovierungsarbeiten gesperrt und auf einem holprigen Feldweg umgeleitet. Chaplin wurde unsicher, verlor kostbare Monate, blieb aber schließlich standhaft (*City Lights* hat nur synchronisierte Musik), Buster Keaton erlebte seine neueste Uraufführung in einem zweitklassigen

Theater; aus dem herrlichen Porzellangesicht der Anna May Wong erklangen unintelligente Kleinmädchentöne, und angstvoll warten wir auf Greta Garbos erste Sprechfilme, *The Kiss, Wild Orchids, Anna Christie*. Man mag das Erscheinen des Tonfilmes begrüßen, aber die skrupellose Abwürgung eines ganzes Kunstzweiges, die Vergewaltigung begabter und genialer Künstler bleibt ein Skandal. Der stumme Film war nicht ablösungsreif. Er hat nicht seine Fruchtbarkeit, sondern nur seine Rentabilität verloren, und grade wenn man einsieht, daß der Tonfilm mehr als eine Aufstockung, daß er eine künstlerische Beschäftigung sui generis ist, sollte man die beliebte Behauptung ablehnen, daß er einen »Fortschritt« darstelle, der also automatisch das bisher geübte Verfahren zum Komposthaufen verdamme. Tonfilm ist kein Fortschritt, sondern eine neue Sache – und das ist doch wohl zweierlei.

Das Schutzpatronat der Bildkunst ist vom heiligen Lukas zum Elektrokonzern hinübergewechselt, und die Resultate sehen danach aus. Die Wünsche des ebenso mächtigen wie unerzogenen Weltpublikums gehen auf immer größere Annäherung des Films an die Wirklichkeit, denn man sucht im Kino die Panoptikums- und Bauchrednersensation: Die Puppe sieht aus und spricht wie ein Mensch! Und ebenso stellen sich die Techniker die Aufgabe: Eroberung des Tons, der Farbe, des Raums. Sie werden verdammt schnell am Ziel sein. Dem stummen Film hatte man noch die Zeit gelassen, wenigstens ein paar wohlgestaltete Produkte in die Welt zu setzen. Fortan aber wird sich der Fortschritt hastiger benehmen. Er wird mit seinen Siebenmeilenkommißstiefeln dem Tonfilm die unausgebrüteten Eier zertrampeln, und dann wird wohl auch dem gutwilligsten Opportunisten unter den Filmfreunden klar werden, daß die neuesten Errungenschaften des Films bessere Figur im Patentregister machen als in den Annalen der Kunstgeschichte.

Es ist rührend und tragisch zu sehen, wie sich heute die ernsthaften Regisseure, Schauspieler, Autoren und Ästhetiker bemühen, die Gesetze des tönenden Films aufzuspüren. Es zeigen sich da gute Möglichkeiten, aber die Arbeit wird unvollendet bleiben. Denn kaum wird der letzte Kinobesucher aus dem wohlverdienten Sommererholungsurlaub heimgekehrt sein, dann wird der Farbenfilm kommen. Der Himmel der Kunst wird sich definitiv verfinstern und mit giftig-schönen Tinkturen überziehen, zur Abwechslung werden es diesmal wieder die Augen sein, die Greulichkeiten erleben, und die mißtönenden Tobistrompeten der Dämmerung des stummen Films werden in unsrer Erinnerung wie liebliche Schalmeien klingen.

Selbst wenn es gelingt, die Technik des Buntfilms so zu vervollkommnen, daß nicht mehr die Farbe den Regisseur, sondern der Regisseur die Farbe beherrscht – was noch lange dauern und die Produktion einigermaßen sehenswerter Tonfilme wieder auf Jahre hinaus verschleppen wird – selbst dann wird nichts gewonnen, sondern nur wieder eine der Kameraeigenheiten verlorengegangen sein, die eine Filmkunst erst möglich machen, weil jede künstlerische Formung den Abstand von der Wirklichkeit verlangt, den nach Möglichkeit aufzuheben die Entwicklung eben versucht! So wie der Farbfilm die außerordentlich schönen und ausgiebigen Schwarzweißwirkµngen unmöglich machen wird, wahrscheinlich ohne etwas andres dafür zu bieten, so wird der stereoskopische Film die dekorative Flächenaufteilung und die bildsymbolische Auswertung der Perspektive unmöglich machen, und die Vergrößerung des Formats wird die formende Macht des Bildrahmens sprengen. Schließlich wird der Filmkamera nichts übrig bleiben, als ihre Arbeit auf das zu beschränken, was neulich Frank Warschauer, in der ›Filmkunst‹ (der einzigen wertvollen deutschen Filmzeitschrift), als ihre einzige Aufgabe hingestellt hat, nämlich mechanische und möglichst naturgetreue Abbildung der Kunst oder Unkunst, die im Atelier aufgebaut und gemimt wird.

Während es heute noch möglich ist, einen hochwertigen, konzessionslosen Film für ein begrenztes Elitepublikum herzustellen, etwa für die Uraufführungskinos der Großstädte, wird mit der Übernahme des Films durch den Rundfunk auch das aufhören. Der Rundfunk wird das Monopol für Filmsendungen übernehmen, und damit wird sich automatisch jene Niveausenkung einstellen müssen, wie wir sie schon heute am Rundfunk beobachten, wo ja die hochwertigen musikalischen, literarischen, wissenschaftlichen Sendungen auch nur dem Vergnügen Weniger dienen und also eigentlich eine unerlaubte Zumutung gegenüber jener Millionenüberzahl von Hörern darstellen, die nichts davon verstehen und sich das trotzdem für ihr Geld darbieten und bieten lassen müssen!

2. Zum ersten Mal (1931)

Zum ersten Mal in geschichtlicher Zeit entsteht eine ganz neue Kunstform, und wir können sagen, wir seien dabei gewesen. Alle andern Künste sind so alt wie die Menschheit, und ihr Ursprung ist so dunkel wie unsrer. Es besteht kein grundsätzlicher Unterschied zwischen Pyramiden und Wolkenkratzern, zwischen Urwaldtrommeln und einem modernen Orchester. Der Film aber ist etwas gänzlich Neues. Photographie und Mikrophon sind Kinder unserer Zeit. Warum wird gerade uns die seltene Ehre zuteil? Es wäre unbescheiden, wollten wir uns darüber nicht wundern.

Aber unser Stolz bleibt nicht unangefochten. Viele behaupten, der Film sei gar keine neue Kunst. Er sei nur eine technische Verbesserung innerhalb des bisherigen Kunstbetriebes. Er mache den Zeichenstift des Graphikers überflüssig und halte das Theater mechanisch fest. Die Erfindung des Films sei nichts als der Anbruch des Gutenberg-Zeitalters für die bildende und darstellende Kunst und sei für die Ästhetik von ebenso geringer grundsätzlicher Bedeutung wie das Bücherdrucken fürs Bücherschreiben.

Der Gegenbeweis kann indirekt geführt werden, indem man zeigt, daß es zwischen den Künsten nirgendwo eine scharfe Abtrennung gibt. Ein ununterbrochener Weg führt zum Beispiel von der Musik über das Lied, das Oratorium, die Oper zum Theater; von der Malerei via Fresko, Relief zur Plastik; vom Theater zum Tanz und der Literatur. Dennoch ist jede dieser Künste eigenartig, wenn man nur, wie notwendig, nicht ihre Grenzen, sondern den Kern ihres Charakters betrachtet. Ebenso grenzen viele Künste an den Film. Und dennoch ist er eine ganz selbständige Kunst.

Warum ist er gerade in unserer Zeit entstanden? Nicht um unserer schönen Augen willen, denn von jeher hatten die Menschen einen guten Blick, sondern weil wir die nötigen Apparate erfunden haben. Innerhalb der technischen Entwicklung steht die Erfindung des Films an ihrem natürlichen Ort, und nur wenn man das vergißt, erscheint er als ein plötzlich vom Himmel gefallenes Geschenk. Gewisse Theoretiker möchten für das Auftauchen des Films gern eine geistigere Begründung geben. Sie sagen, daß der sachliche Geist unserer Zeit die subjektiven Zugaben der Maler bei der Wirklichkeitsabbildung verabscheue. Oder daß das Tempo unseres Lebens eine Bewegungskunst benötige. Oder daß ein soziales Zeitalter eine Massenkunst brauche. Aber das sind müßige Überlegungen. Wären die alten Griechen auf den technischen Einfall gekommen, so hätten sie vor zweitausend Jahren schon Filme gemacht. Andere als wir, aber Filme. Und kennten wir die chemischen Oxydationsprozesse und die elektrische Schallübertragung nicht, so säße der Zeitgeist da wie Raffael ohne Hände. Und wir hätten bis heute keinen Film.

Mag sein, daß dieser Zeitgeist für die Filmkunst sehr passende Verwendung weiß. Daß sie aber aus ihm entsprungen sei wie Athene aus dem Haupte des Zeus, können nur orthodoxe Geisteswissenschaftler glauben, denen es weh tut, von Apparaten zu reden.

Wir aber reden vom Apparat. Denn er liefert nicht, wie die Buchdruckmaschine, bloße mechanische Reproduktion. Er liefert die Gestaltungsmittel der Filmkunst. Niemals wird man zu einigem Verständnis gelangen, wenn man den Film als eine Variante früherer Künste behandelt. Die Mehrzahl aller Fehlurteile kommt zustande, indem theatralische, malerische oder literarische Maßstäbe an den Film herangetragen werden. Ein wichtiger Unterschied zwischen Malerei bzw. Graphik und Film ist, daß das Filmbild immer als Abbild eines wirklichen Vorgangs erscheint, und zwar auch in grotesken, stilisierten, märchenhaften Filmen. Einfaches Beispiel: In der Malerei, Graphik, Plastik gibt es den Begriff des Torsos. Im Film kann ein Mensch ohne Kopf nur am Hinrichtungsplatz zu sehen sein oder in einem

Märchenlande kopfloser Menschen. Auch kann man ihn köpfen, indem man den Apparat so stellt, daß der Kopf nicht mehr mit aufs Bild kommt. Aber das ist dann ein bloßes Abdecken durch eine Schablone, kein Eingriff in die Wirklichkeit. Die Natürlichkeit aber, mit der ein gezeichneter oder gekneteter Akt, ohne Rücksicht auf die organische Vollständigkeit, Körperteile entbehren kann, eben weil er immer als etwas Gemachtes, als ein Stück Material erscheint, ist dem Film unerreichbar. Malerei und Plastik liefern wirklichkeitsabbildende Kunstprodukte. Film aber ist, umgekehrt, ein künstlerisch geformtes Wirklichkeitsprodukt. Diese Naturnähe des Films drängt ihn dazu, die ganze Fülle des in der Wirklichkeit Sichtbaren und Hörbaren, das andre Künste nur höchst künstlich und schwierig herbeiholen könnten, zum Hauptträger seiner Gestaltungen zu machen.

Für den historisch ersten Filmstil, die amerikanischen Grotesken, verwendete man nur eine einzige Eigenschaft des Filmapparats: seine Stummheit. Im übrigen diente er als bloßes Aufzeichnungsmittel, und bis heute gibt es viele gute Regisseure, die ihn fast nur als solches benutzen und nur durch den Reichtum und die geschickte Auswahl und Erfindung dessen wirken, was sie akustisch und optisch vor dem Apparat aufführen. Von der stummen, extrem optischen Pantomimik der ersten Chaplin-Filme von 1914 bis zu der raffinierten optischen Symbolsprache des Sternberg-Films *Herzen in Flammen* mit seinen lang ausgespielten, ungeschnittenen Passagen führt ein gerader Weg.

Mit dem »Schnitt« aber erweist sich die Filmtechnik demonstrativ als das eigentliche Werkzeug der Filmkunst. Alle Eigenschaften der Kamera und des Bildstreifens, Bildbegrenzung, Flächigkeit, Schwarz-Weiß-Reduktion usw. werden im Laufe der Entwicklung zu positiv verwendbaren Kunstmitteln. Und allmählich zeichnet sich das scharfe Profil einer neuen Kunst, zu der nicht nur Stummfilm und Tonfilm, sondern ebenso – an diesen ungewohnten Gedanken wird man sich gewöhnen müssen – das Hörspiel gehört. Gerade beim Rundfunk beobachten wir noch sehr deutlich jenes Stadium, über das die Mehrzahl der Filmkünstler schon hinweg ist: die Apparatur ist noch bloßes Abbildungsmittel. Erst allmählich machen sich auch hier besondere Darstellungsgesetze bemerkbar – es sind dieselben wie beim Film. Eine wirklichkeitsnahe Abbildung zeitlicher, also bewegter Abläufe, die sich so bequem zurichten läßt wie ein Stück Papier: zerschneiden, zusammenkleben – im Optischen wie im Akustischen. Raumpunkt und Zeitpunkt und der Standort des Beobachters sind beliebig variabel. Und das alles, ohne daß der Wirklichkeitscharakter der Vorgänge durch Eingriffe gestört erschiene.

Dies ist das Besondere der neuen Kunst, deren aufregende Kinderjahre wir miterleben dürfen.

3. Film und Funk (1933)

Es scheint fast, als hätten uns die letzten hundert Jahre eine Inflation neuer Künste gebracht. War man nicht an den Gedanken gewöhnt, daß die Künste ein ebenso ehrwürdiges Alter hätten wie die Menschheit selbst? Die Anfänge des Tanzes, der Musik, der Dichtung, des Theaters und der bildenden Kunst verbergen sich vor unserm Blick im Nebel einer fernen Vergangenheit. Und nun sehe man unser letztes Jahrhundert: um 1830 kommt die Photographie auf, um 1890 der Film, um 1920 der Rundfunk, um 1930 der Tonfilm. Lauter neue Künste?

Prüft man die Gestaltungsmittel, mit deren Hilfe diese neuen Künste ihre Wirkung tun, so ergeben sich, trotz aller Verschiedenheit der technischen Apparatur und der entstehenden Werke, so überraschende Übereinstimmungen, daß man sich versucht sieht, hier von Unterabteilungen einer einzigen neuen Kunst zu sprechen, die man »*reproduktive Kunst*« nennen könnte. Selbstverständlich unterscheiden sich die Wirkungsgesetze dieser neuen Kunst nicht grundsätzlich von denen der übrigen Künste, aber so wie sich eine Farbenharmonie von einer musikalischen Harmonie unterscheidet, so unterscheidet sich eine Gestaltung mit den Mitteln der reproduktiven Kunst klar von Gestaltungen aus andern Kunstgebieten. Welches ist nun das Besondere dieser reproduktiven Kunst? Daß sich in ihr die *Wirklichkeit selbst* abbildet. Es ist, als nähme das Modell dem Maler den Pinsel aus der Hand, wenn die Lichtstrahlen Dunkles und Helles auf der Bromsilberschicht abzeichnen, wenn die Schallwellen sich in die Wachsschicht oder auf den Filmstreifen schreiben! Nun wissen wir längst, daß es sich hier nicht um einen rein schematischen Reproduktionsprozeß handelt. Dann hätten wir einen technischen Vorgang vor uns, wie etwa das Drucken, der mit schöpferischer Kunstbetätigung des menschlichen Geistes nichts zu tun hätte.

Nein, auch in der reproduktiven Kunst handelt es sich um *schöpferisches* Menschenwerk. Jene Tatsache, daß die Wirklichkeit sich selbst abbildet, lehrt uns nur, wo wir das Besondere, Charakteristische der neuen Kunst zu suchen haben: darin nämlich, daß ihre Stärke im *Abbilden* liegt und daß ihre besondern Gestaltungsmethoden darin bestehen, von einem *bestimmten Beobachtungsort* aus und in *bestimmter Auswahl* abzubilden.

Kamera und Mikrophon erlauben uns, die Wahrnehmungen unserer beiden wichtigsten Sinnesgebiete, die des Optischen und des Akustischen, festzuhalten, aufzubewahren und durch den Raum und die Zeit zu transportieren. Photo und stummer Film schneiden den optischen Sektor heraus, Rundfunk und Schallplatte den akustischen, und der Tonfilm bedient sich beider Sektoren zugleich. Nun gibt uns aber die optische Wahrnehmung allein ein viel vollständigeres, getreueres Weltbild als die akustische allein.

Woraus folgt, daß die optischen Teilgebiete der reproduktiven Kunst (Photo und Film) ihrem Wesen nach naturnäher sind als die akustischen, die nur einen so schmalen Sektor der Sinnenwelt zur Verfügung haben und daher in ihren Mitteln begrenzt sind, soweit sie die Eingliederung der tönenden Dinge in die Welt des Raumes und der Zeit gestalten wollen. Diese Beschränkung im Extensiven machen sie allerdings reichlich wett durch einen Reichtum im Intensiven: denn im gesprochenen Wort haben sie ein akustisches Mittel zur Verfügung, dessen Ergiebigkeit durch kein optisches annähernd zu erreichen ist. Und da sie diesem Wort dienen können, ohne, wie das Theater oder der Tonfilm, durch die Gesetze des Sichtbaren gehemmt zu sein, gibt die Hörkunst ihr Bestes in abstrakten, symbolischen Gestalten. Während gute Photographien und Filme zumeist wirklichkeitsnah sind (Chaplins Kunst ist ein besonderes Kapitel), bringen gute Hörspiele gern gedankenbeladene Visionen, die sich auf der Theaterbühne gar nicht oder nur unvollkommen darstellen ließen (so ist etwa Goethes Faust mit seinen vielen symbolischen Gestalten mehr Hörspiel als Bühnendrama). Die mechanische Reproduktion optischer und akustischer Wahrnehmungen führt also in Funk und Film zu ganz verschiedenartigen Werken, und dies, obwohl ihnen viele wichtige Formprinzipien gemeinsam sind.

Daß man mit Hilfe der neu erfundenen Apparaturen plötzlich Sichtbares und Hörbares naturgetreu abbilden konnte, war ein erregendes Ereignis. Daher finden wir im Anfangsstadium jedes Teilgebietes der reproduktiven Kunst nur das eine Bestreben: Naturabbilder zu schaffen. Das hat mit Kunst noch nichts zu tun. Allmählich erst drängen sich, unter den Fingern von Künstlern, die ein Gefühl dafür haben, »was das Material will«, die Gestaltungsfaktoren in den Vordergrund, und aus Reproduktion wird Kunst.

Im Anfang begnügt man sich, in einer »Normaleinstellung« zu reproduzieren, die nichts will, als günstigstes Abbilden des Optischen bzw. Akustischen gewährleisten. Man stellt die Kamera so auf, daß der Gegenstand möglichst vollständig und möglichst deutlich ins Bild kommt; man stellt den Sänger so vor's Mikrophon, daß seine Stimme nicht zu laut und nicht zu leise, sondern »normal« tönt. Hieraus entwickelt sich dann allmählich die Kunst, den Abstand vom Aufnahmeapparat bewußt so zu variieren, daß durch den charakteristischen Raumort des abgebildeten Gegenstandes das subjektive Verhältnis des Anschauenden zum Angeschauten gestaltet wird. Nahes wirkt intim und aufdringlich, Fernes fremd und leise. Man gibt nicht mehr nur den Gegenstand an sich, sondern gliedert ihn perspektivisch in seine Welt ein, zeigt ihn in der Beziehung zu seiner Umgebung und zum anschauenden Subjekt. Man wählt das, was zeitlich und räumlich nebeneinander steht, das, was zugleich und im gleichen Bildrahmen auftritt, so aus, daß durch dies Nebeneinander symbolische, allgemeingültige Beziehungen aufgezeigt werden. Man gestaltet die Dinge der Welt, ohne »knetend« in sie einzugreifen, indem man Körper in eine charakteristische Beleuchtung, Töne in einen charakteristisch hallenden Raum setzt: scharfe Schatten oder weiches Licht; »schalltoter« Raum oder verwischendes Mitklingen stark reflektierender Wände. Während im Anfang der »normal« hallende Senderaum, die »normale«, nur eben vollständig erhellende Beleuchtung steht.

Und ebenso finden wir zu Anfang von Film und Rundfunk den unzerschnittenen Zeitablauf unter tunlichster Wahrung der »Einheit des Ortes«. Eine Zäsur gibt nur, wie auf der Bühne, das Ende der lang ausgespielten Szene. Später benützt man die Tatsache, daß am Filmschneidetisch und vor dem Mikrophon Szenenwechsel sich schneller bewerkstelligen läßt als auf der Bühne. Man kürzt gewisse Szenen auf ein Minimum, läßt sie zuweilen – etwa bei Josef von Sternberg – nur sekundenlang aufblitzen, und greift allmählich auch in das Zeit- und Raumgefüge der einzelnen Szene selbst ein, indem man das, was auf verschiedenen Schauplätzen zu gleicher Zeit spielt, ineinanderflicht. Am Schluß steht dann die Aufteilung der gleichen Szene auf dem gleichen Schauplatz in verschiedene »Einstellungen«. Die Einheit des Ablaufs setzt sich nunmehr aus einem Mosaik von Teilstückchen zusammen. Daß der Rundfunk diese Kunst der *Montage* bisher nur unzureichend entwickelt hat, liegt zwar einerseits daran, daß man akustisch dasselbe Ding prinzipiell nicht aus verschiedener Richtung, sondern immer nur aus verschiedenem Abstand abbilden kann, andererseits aber vor allem daran, daß der Rundfunk die wichtigste Voraussetzung für eine brauchbare Montage – wie für eine brauchbare Hörspielkunst überhaupt – noch kaum realisiert hat: die Aufnahme der Sendung auf montierbaren Filmtonstreifen. Solange sich die Schauspieler während der Sendung vor einem oder zwei Mikrophonen hin- und herdrängen, um den Szenenwechsel zu bewerkstelligen, wird man über primitive Anfänge nicht hinauskommen können.

Film und Photo haben diese Formmittel schon bis zu einem hohen Grade vervollkommnet und raffiniert, ja es macht sich nach dem ersten rauschhaften Herumspielen mit den neuen Effekten bereits eine gewisse Abklärung geltend, indem man versucht, mit einer einfachen, ruhigen Formgebung tiefe Wirkungen zu erzielen. Beim Rundfunk hingegen, dem jüngsten Kind dieser neuen Kunstfamilie, steht man noch ganz in den Anfängen. Der Rundfunk gilt noch vielfach, wie damals in ihrer Frühzeit Photo und Film, als reines Reproduktionsinstrument, seine künstlerischen Möglichkeiten werden noch häufig geleugnet, und es läßt sich in der Tat nicht bestreiten, daß er bisher wenig dazu tut, das Gegenteil zu beweisen. Doch bestärken uns die überraschenden Parallelen zu Photo und Film in der Hoffnung, daß auch der Hörkunst eine Entwicklung bevorsteht, in der sie zwar, soweit sie »reproduktive Kunst« ist, wegen ihrer ärmlicheren Gestaltungsmittel nicht den Reichtum und die Eigenart der Augenkünste erreichen dürfte, dennoch aber eine wichtige und reizvolle Hörkultur bringen wird.

4. Systematik der frühen kinematographischen Erfindungen[1] (1933)

Zwei Grundeigenarten vor allem sind es, die den Film in seiner heutigen Form kennzeichnen: er bildet die Dinge dieser Welt photographisch, d. h. mittels eines mechanischen Prozesses sehr naturgetreu und auf einer zweidimensionalen Fläche ab, und zweitens, er bildet Bewegungen und zeitlich ablaufende Vorgänge ab, und zwar ebenso naturgetreu wie die Formen der Dinge.

Mit der Möglichkeit der Bewegungswiedergabe ist dem uralten menschlichen Trieb, die Umwelt abzubilden, ein wichtiger Wunsch erfüllt worden. Wir wollen hier nicht untersuchen, welches der eigentliche psychologische Grund für das Bedürfnis nach Abbildung ist, sondern nur darauf hinweisen, daß noch wichtiger als die Abbildung der Gegenstandsformen und -farben die des Geschehens, der Vorgänge ist, weil nämlich der ursprünglichste Lebensvorgang im Reagieren auf äußere Geschehnisse, nicht im Betrachten von Dingen besteht. Das, was den Menschen – zumal den primitiven – bewegt, ist nicht so sehr das Sein als das Geschehen. Und so finden wir denn auch in der Kunst von Anfang an nicht nur die Dinge an sich, sondern diese Dinge »in Betrieb«, in Vorgängen tätig abgebildet: Jagdszenen, Kriegsszenen, Begräbnis und Triumphzug, Tanz und Gastmahl.

Mögen aber viele dieser Darstellungen uns noch so lebendig scheinen, so fehlt ihnen dennoch das eigentlich Bezeichnende jedes Vorgangs: die Veränderlichkeit, der Ablauf in der Zeit. Malerei und Plastik sind statische Künste: sie können das charakteristische Motiv eines Vorgangs herausgreifen und festhalten, nicht aber das zeitliche Sich-abwickeln der Geschehnisse zeigen.

Zum Begriff der Abbildung gehört, daß das Urbild entweder streng und mechanisch kopiert, oder doch – wenn man den Begriff in seinem höheren, dem künstlerischen Sinne nimmt –, daß sein Wesentliches getreu wiedergegeben werde. Weiter aber soll die Abbildung das Abzubildende fixieren, es schwarz auf weiß geben, damit man es sich aufheben und jederzeit wieder vorführen kann. Stellen Schauspieler eine Handlung dar, werden in den Jagdtänzen der Primitiven Beutetier und Jäger pantomimisch nachgeahmt, so ist auch dies Abbildung, aber ihr fehlt das wichtige Element der Fixie-

---

[1] Der Text folgt dem – nicht publizierten – deutschen Originalmanuskript für die geplante ›Enciclopedia del Cinema‹ und wurde nach der ersten publizierten Fassung, die Arnheim selbst ins Englische übersetzt hatte, durchgesehen (The Thoughts that Made the Picture Move, in: Rudolf Arnheim, Film as Art, Berkeley 1957). Anmerkungen des Verfassers im Text hat der Herausgeber ergänzt und als (Stern-)Fußnoten ausgewiesen.

rung. So gut der Mensch von Urzeiten an das Unbewegte hat darstellen und für die Dauer festhalten können, so dürftig steht es bis zum heutigen Tag mit seiner Fähigkeit, Bewegung durch Bewegung so darzustellen, daß eine getreue und jederzeit vorführbare Abbildung entsteht. (Der Film stellt nicht Bewegung durch Bewegung dar, sondern täuscht diese mit Hilfe nacheinander gezeigter unbewegter Darstellungen vor – ein durch den besonderen Charakter unsres Auges zufällig anwendbares Verfahren, ein großartiger Ersatz, aber ein grundsätzlich andres Ding als Darstellung der Bewegung durch Bewegung!) Warum haben wir zur Scheinbewegung greifen müssen? Warum ist das theoretisch nächstliegende Verfahren kaum realisiert worden? Aus verhältnismäßig äußerlichen, praktischen Gründen – denn ein prinzipielles Hindernis besteht nicht.

Der Mensch hat die Kraft, Bewegungen zu veranlassen, und ist fähig, Apparate in seinen Dienst zu stellen, die nach seinem Willen ganz bestimmte Bewegungen ausführen, und zwar beliebig oft und praktisch auf identische Weise. Unsre Fabrikationsmaschinen liefern Bewegungsvorgänge kompliziertester Art und wiederholen den identischen Vorgang so oft wir wollen, aber zur mechanischen Nachahmung natürlicher Vorgänge sind bisher keinerlei bemerkenswerte Maschinerien konstruiert worden. Marionetten und Silhouetten bieten bewegte Abbilder von Bewegungsvorgängen, ähneln aber im Prinzip dem Theater, weil sie nicht mechanisch gelenkt werden, sondern durch Menschenhand. Andrerseits kennen wir die Roboterpuppen, Figuren, die durch ein Uhrwerk oder durch Elektrizität angetrieben werden, Holzmännlein, die im Schaufenster den Hut vor dem Kunden abnehmen oder mit dem Zeigefinger auf die Ware weisen; wir haben auf Ausstellungen Modelle von Fabriken oder Bergwerken gesehen, in denen nach Einwurf eines Zehnpfennigstückes Hunderte von winzigen Arbeitern und Maschinen geschäftig ihre Arbeit beginnen – alle diese Apparaturen erfüllen die Bedingung, daß sie die Bewegung mechanisch fixieren, sie unabhängig von menschlicher Lenkung jederzeit identisch reproduzierbar machen, aber man ist hier bisher übers Spielzeug nicht hinausgekommen, keinerlei Möglichkeit zu künstlerischer Verwertung hat sich gezeigt, und der einzige Maschinenmensch, der zu unsrer Zufriedenheit funktionierte, war jener böse Weibsdämon in Fritz Langs *Metropolis,* angeblich von einem geheimnisvollen Techniker mit Hilfe von allerlei Elektrizität konstruiert, in Wirklichkeit aber eine Fälschung: denn die Figur beherbergte keine Maschine, sondern war eine schöne, lebendige Frau.

Entweder also sind diese Bewegungsabbildungen vom Menschen gelenkt, dann sind sie nicht mechanisch, d. h. fixieren nicht, oder sie sind mechanisch, aber zu primitiv. Theoretisch wäre es nicht undenkbar, eine befriedigende, lebendige plastische oder Flächendarstellung herzustellen, in der die Menschenfiguren sich natürlich bewegten, die Blätter im Winde spielten, das Quellwasser über die Felsen rieselte, die Wolken über den Himmel zögen – und all dies in wirklicher Bewegung, von einer Maschinerie gesteuert. Man könnte sich etwa denken, daß eine solche bewegte Darstellung auf einer Zeichenfläche mittels Eisenstäubchen erzeugt werden könnte, die durch das Papier hindurch von mechanisch bewegten Magneten gelenkt würden!

Wolken können wir ziehen lassen; die Theatertechniker tun es häufig, indem sie auf den Kuppelhorizont projizieren. Denn es handelt sich dabei um eine einfache, gradlinige Bewegung, und von dieser einfachen Art sind die meisten Bewegungsvorgänge, die heute zur Abbildung von Vorgängen dienen. Entweder ist der Bewegungscharakter dieser Vorgänge selbst sehr einfach, oder aber die Bewegungen, mit deren Hilfe man sie hervorrufen kann, sind derart einfacher Natur.

Kommt hinzu, daß wir, seit wir die Photographie kennen, an die Abbildung gern die anspruchsvolle Forderung stellen, sie solle nicht nur dem Gegenstand ähnlich sein, sondern die Garantie für diese Ähnlichkeit dadurch geben, daß sie sozusagen ein Erzeugnis dieses Gegenstandes selbst, d. h. von ihm selbst mechanisch hervorgebracht sei – so wie die beleuchteten Gegenstände der Wirklichkeit ihr Bild mechanisch auf die photographische Schicht prägen. Gibt es auch Bewegungsdarstellungen, die dieser Forderung genügen?

Wir kennen ein schönes Beispiel dafür, daß ein wichtiger Naturvorgang die ihm eigne Bewegung mechanisch derart fixiert, daß bei Vorführung dieses Abbildes später eine äußerst getreue, den Vorgang in seiner ganzen natürlichen Fülle und Reichhaltigkeit wiedergebende Darbietung entsteht. Ein Beispiel, das bezeichnenderweise nicht aus dem Gebiete des Sichtbaren stammt. Alles Tönende, Stimme, Musik und Geräusch, läßt sich, bekanntlich, so komplex auch der psychologische Effekt sein mag, physikalisch auf einen einfachen Bewegungsvorgang zurückführen, eine Zickzackbewegung, die mit ihren drei Eigenschaften, Schwingungsform, Frequenz und Amplitude, allen akustischen Erscheinungen gerecht wird. Unsre Tonaufzeichnungsvorrichtungen nun sind bekanntlich Apparate, welche die Tonschwingungen veranlassen, ihre Bewegung mechanisch in eine Wachsplatte einzugraben oder mittels eines Lichtstrahls auf die photographische Schicht zu zeichnen. Die so entstehende Tonspur lenkt dann bei der Vorführung streng zwangsmäßig wie eine Schiene einen neuen Bewegungsvorgang, der mit dem aufgezeichneten praktisch identisch ist.

Hier haben wir also den Idealfall einer komplexen Naturbewegung, die sich selbst getreu fixiert. Parallelfälle aus dem Gebiete des Optischen kennen wir nicht. Allerdings gibt es unter den Apparaturen, die man als Vorläufer der Kinematographie aufzuzählen pflegt, einige, in denen auf primitive Weise Bewegung durch Bewegung dargestellt wird. Dies geschah entweder, indem man die vorgeführten Bilder selbst bewegte, oder indem man ihr projiziertes Abbild mit optischen Mitteln bewegte oder drittens, indem man dies Abbild auf ein bewegliches Medium projizierte. Schon in die von Pater Milliet de Chales im 17. Jahrhundert konstruierte Laterna magica schiebt man die Glasbilder von der Seite ein: es liegt also nicht nur nahe, mehrere voneinander getrennte Bilder nacheinander auf dem selben Glasstreifen zu zeigen, sondern auch das gleiche Bild in panoramahafter Bewegung vor dem Auge des Beschauers vorüberziehen zu lassen, so daß etwa der Eindruck wie von einem fahrenden Wagen aus entsteht. Auf diesem Prinzip beruhen auch die sogenannten »Vues optiques«, Guckkästen, wie sie die Savoyardenknaben vorführten und in denen man durch vergrößernde Okulare gemalte oder gedruckte Bilder betrachtete, die häufig auf Rollen aufgewickelt waren und mittels Kurbelantriebs in seitlicher Bewegung durch das Bildfeld gezogen wurden. Bezeichnenderweise ist es eine Scheinbewegung, die hier mittels echter Bewegung wiedergegeben wird, denn eine solche primitive einheitliche Verschiebung des gesamten Gesichtsfeldes kommt als wirkliche Bewegung in der Natur nicht vor. Doch belebt auch eine solche primitive Verschiebung des Gesamtbildes die Darbietung bereits stark, zumal der Bewegungsmechanismus versteckt ist. Es ist übrigens sehr charakteristisch für die Abhängigkeit der Darbietung und der Auswahl der dargestellten Motive von den Charaktereigenschaften der Apparatur, daß später, als man zu filmen anfängt, die bereits längst realisierte und auch mit dem Filmapparat leicht zu bewerkstelligende Aufnahme bewegter Panoramen keineswegs sehr nahe lag, sondern sozusagen neu erfunden werden mußte. M. A. Promio, der 1896 mit den neuen Lumière-Apparaten in Europa herumreiste, Vorführer und Kamerareporter in einer Person, schreibt in seinem Bericht: »In Italien kam ich zum erstenmal auf den Gedanken, Panoramaaufnahmen zu machen. Als ich in Venedig angekommen war und mit dem Boot vom Bahnhof zum Hotel fuhr, sah ich auf dem Canale Grande die Ufer an dem Kahn vorüberziehen, und da fiel mir ein, daß, wenn der unbewegte Filmapparat bewegte Dinge abbilden könne, man vielleicht auch die Sache umdrehen und unbewegte Dinge mittels des bewegten Apparats darstellen könne. Ich machte einen Streifen und schickte ihn Herrn Louis Lumière nach Lyon mit der Bitte um seine Ansicht. Die Antwort fiel günstig aus.« Diese Erkenntnis ist ganz vom Typus eines »echten Einfalls«, auch wenn sie im Effekt etwas historisch nicht Neues produziert. Denn sie gelangt zum gleichen Resultat von ganz neuen Voraussetzungen aus, formuliert sogleich das zugrundeliegende allgemeine Prinzip der Relativierung: daß alle Bewegung im Filmbild nicht an sich, sondern in bezug auf den Ort des Aufnahmeapparates gilt. Diese Einbeziehung der Apparateigenschaften in die Aufnahme führt dann in der Folge zu dem, was wir heute Filmkunst nennen. In den Anfängen ist die Kamera nur der rein passive Fixierer alles dessen, was vor dem Objektiv herumzappelt. Daß sie auch aktiv eingreifen, beispielsweise sich bewegen könne, ist eine Erkenntnis, die bereits einer höheren Entwicklungsstufe angehört, und die, von der Filmapparatur aus gesehen, viel ferner liegt und etwas ganz andres ist als das Vorbeirollen des Laufbildes im Guckkasten.

In den Vues optiques bewegte sich das Bild als ganzes, man konnte also mit diesem Prinzip nicht ohne weiteres eine Figur sich vor ruhendem Hintergrund bewegen lassen. Wollte man eine bewegte Figur, so tat man gut, sie ohne Hintergrund darzubieten, um nicht durch gleichmäßige Bewegung des ganzen Bildes das primitive Verfahren zu verraten. So dürfte man es wohl in jenen Zaubervorstellungen gehalten haben, in denen man mit Hilfe der Laterna magica Projektionsbilder von Figuren sich vergrößern und verkleinern ließ, indem man die Objektivlinse bewegte. Daß man sich solcher Tricks auch schon im Altertum, das ja die Verwendung von Hohlspiegeln und Linsen kannte, bedient hat, scheinen Berichte wie der folgende von Coissac zitierte zu belegen: Damasius beschreibt, wie in Alexandria an der Wand eines Tempels eine »Masse Licht« erschien, die zuerst sehr entfernt schien und sich dann, während sie sich näherte, in eine offenbar göttliche und übernatürliche Figur verwandelte. Man bewegte hier offenbar bei stillstehender Apparatur das Objektiv derart, daß sich das Projektionsbild allmählich der Scharfeinstellung näherte und erreichte dadurch den aufregenden Effekt des Entstehens einer Figur aus dem formlosen Lichtfleck. Bei dem Zauberkünstler E. G. Robertson, der zur Zeit der Französischen Revolution die Abbilder der Gestorbenen vor den Augen des erstaunten Publikums auftauchen ließ, finden wir bereits den Ausgleich der Objektivbewegung durch eine Verschiebung des auf Räder montierten Projektionsapparates. Robertson konnte auf diese Weise alle Stadien des Größerwerdens einer Figur in scharfer Abbildung zeigen und dadurch den zwingenden Effekt des Näherkommens erzielen. (Auf bequemere Weise erreicht man in neuester Zeit Veränderungen der Bildgröße während der Aufnahme mittels variabler Objektive.) Auch ist es nicht unwahrscheinlich, daß er zuweilen auf Rauch projizierte und dadurch bewegte und verzerrte Abbilder produzierte. Dies Verfahren dürfte ebenfalls eine lange Tradition haben (siehe Benvenuto Cellinis Beschreibung der Geistererscheinungen im Colosseum).

Allen diesen Verfahren ist eigen, daß die Bewegung nicht von dem abgebildeten Wirklichkeitsding selbst abgeleitet, sondern dem Bild als Ganzen von außen aufgeprägt wird: nur durch Zufall und nur auf sehr primitive Art läßt sich so eine Bewegung erzielen, die für den Gegenstand charakteristisch erscheint – sei sie nun eine seitliche Verschiebung, eine Größenveränderung der Bildfläche oder eine unregelmäßige Verzerrung (wie bei der Projektion auf Rauch).

Ist es also bisher nicht gelungen, Bewegung mit Hilfe von Bewegung be-

friedigend abzubilden, so konnte man dafür versuchen, die Bewegung vorzutäuschen. Dies gelang durch Kombination statischer Bilder. In der Abbildung des ruhenden Bildes haben wir eine große Vollendung erreicht. Wir
können Momentaufnahmen mit Tausendsteln von Sekunden machen. Trotz
alledem aber scheint doch eine prinzipielle Schwierigkeit beim Übergang von
dem auf der Fläche fixierten Bild zum bewegten zu bestehen. Ist es nicht
ein Widerspruch, das Veränderliche fixieren zu wollen? Wie kann am gleichen Ort, an dem eben eine bestimmte Bewegungsphase fixiert (und zwar für
immer fixiert – denn das gehört ja eben zum Wesen der Bewegung!) wurde,
im nächsten Augenblick die nächste Phase fixiert werden?

An diesem Punkte wird es nötig, eine begriffliche Scheidung einzuführen,
der man bisher unsres Wissens nicht genügend Beachtung geschenkt hat.
Der Film leistet zweierlei: er stellt uns das Bild der lebendigen Bewegung
vor Augen, die Beinbewegungen des Läufers, die Armbewegungen des Mä-
hers, und er ist zweitens fähig, uns die zeitlich hintereinander liegenden Phasen eines Vorgangs vorzuführen. Prinzipiell läßt sich zwischen beidem kein
scharfer Trennungsstrich ziehen; prinzipiell beruht beides auf der Fähigkeit
des Films, Veränderungen innerhalb des zeitlichen Ablaufs aufzuzeichnen,
und es wäre unmöglich, festzulegen, wo die Momentanbewegung aufhört
und die »Handlungsphase« beginnt. Und doch ist in der Praxis der Kunst
und des Lebens dieser Unterschied wichtig und ganz klar, wie denn auch
in der Kunst beides auf gänzlich verschiedene Weise dargestellt wird.

Die Augenblicksbewegung hat man in der Kunst, von jeher, dargestellt,
indem man etwa die Glieder des menschlichen Körpers nicht in Ruhelage,
sondern in einer Tätigkeitsstellung zeigte: laufende Beine, kämpfende Arme,
Klagegebärde, Tanzstellung. Die Bewegung der Handlung in der Zeit dagegen ließ sich niemals durch ein einziges Bild, immer nur durch Seriendarstellungen vorführen: wir erinnern etwa an die sogenannten Kreuzwegsta-
tionen, an die Darstellung der Christus-Geschichte in Dürers Holzschnitt-
und Radierungsfolgen, an die Seriendarstellungen von Heiligenleben in der
alten Malerei. Hier ist aus dem zeitlichen Nacheinander ein räumliches
Nebeneinander gemacht, das Kontinuum des Vorgangs ist zu Teilphasen
zerstückelt, und die gleiche Figur kehrt in mehreren Darstellungen wieder,
spaltet also ihre Identität auf.

Diese Verteilung der zeitlich aufeinander folgenden Zustände auf eine Serie von Bildern, diese Aufspaltung der Identität, die in Malerei und Relief-
kunst nur zur Darstellung von Handlungsstationen verwendet worden war,
erwies sich beim Film als das beste Mittel, die lebendige Momentanbewegung darzustellen – mit dem großen Unterschied allerdings, daß beim Film
die Einzelbilder nur im technischen Prozeß, nicht aber auch für das Auge
des Zuschauers existieren. In der Reihendarstellung wird der Vorgang aus
Einzelbildern synthetisch zusammengesetzt. Beim Film besteht ein eindrucks-

mäßig völlig unteilbares Kontinuum, das nur analytisch und technisch in Einzelteile zerfällt. Beim Film taucht das Prinzip der synthetischen Darstellung erst wieder auf, sobald man Spielhandlungen vorzuführen beginnt und mit Hilfe der Montage dem Zuschauer Zeit- und Raumsprünge bewußt werden läßt.

Im folgenden ist zunächst nur von der Fixierung der Momentanbewegung die Rede, noch nicht von ihrer Reproduktion, d. h.: von der Aufnahme, noch nicht von der Projektion. Wir sprechen also noch nicht von der Abbildung der Bewegung, sondern erst von den statischen Abbildern der Bewegungsphasen.

Es klinge wie ein Paradoxon, wurde gesagt, das Veränderliche mittels des Unveränderlichen fixieren zu wollen. Welche Lösungen für diese Aufgabe sind prinzipiell möglich?

1. Machen wir eine Zeitaufnahme von einem Menschen, der unbeweglich vor der Kamera steht, dabei aber die Muskeln seines Gesichts mimisch bewegt, so bekommen wir ein völlig verwischtes Bild, weil hier das zeitlich Aufeinanderfolgende einfach übereinander fixiert worden ist und so die einzelnen Abbilder der Bewegungsphasen einander einfach verwischen. Man kann die Zeitkomponente des Vorgangs nicht ungestraft außer acht lassen, man muß sie vielmehr irgendwie zu ersetzen suchen. Ein gewisser Grenzfall besteht für die Abbildung periodischer Vorgänge, wie etwa das Hin- und Herschwingen eines Pendels, wo durch die stete Wiederholung des Gleichen wenigstens eine scharfe Abbildung der Grenzzustände entsteht. Im Jahre 1865 photographierten Onimus und Martin nach diesem Verfahren die Bewegungen des Herzens im vivisektorischen Experiment. (Mit diesen Versuchen beginnt die sogenannte Chronophotographie, als deren Hauptvertreter man Etienne Jules Marey kennt.) Da es bei der Herzbewegung im Augenblick der höchsten Ausdehnung und der stärksten Zusammenziehung der Bewegung zu einer Art Stillstand kommt, fixierten sich diese beiden Grenzzustände deutlich auf der Platte. Man bemerke also, daß dies Verfahren erstens nur dort anwendbar ist, wo eigentlich nicht mehr Bewegung, sondern schon wieder Stillstand vorliegt, und andrerseits nur dort, wo die abzubildenden Bewegungszustände den Körper nicht am gleichen Ort, sondern an (in bezug auf die Bildebene) nebeneinanderliegenden Orten zeigen. Die Besonderheit der periodischen Bewegungen wird einem dann besonders deutlich, wenn man erfährt, daß man auch vollständig unbewegte Abbilder von ihnen bekommen kann, sobald man nämlich immer nur ein bestimmtes Stadium der Bewegung betrachtet: zur Kontrolle der Regelmäßigkeit periodischer Bewegungen (Spinnmaschinen, Rundschleifmaschinen, unerwünschte Schwingungen von Schiffsschrauben und Automobil-Ventilfedern, konstante Geschwindigkeit von Grammophonen und Tonfilmgeräten) benutzt man in der Industrie das Stroboskop. Macht man die Zwischenzeit zwischen dem Expo-

nieren zweier Stroboskopschlitze genau gleich der Periode der zu beobachtenden Maschinenbewegung, so sieht man durch diese Schlitze immer die gleiche Phase, also ein vollständig ruhendes Bild der Maschine – vorausgesetzt, daß die Bewegung genau regelmäßig ist!* Hier ergibt also das Nacheinander am gleichen Ort ein scharfes Bild, weil die übereinanderfixierten Bewegungszustände miteinander identisch sind und also im Prinzip die Abbildung eines ruhenden Dinges vorliegt. Von diesem periodischen Charakter sind aber Bewegungen bekanntlich nur ausnahmsweise.

2. Verändert der aufzunehmende Gegenstand während der Bewegung seinen Platz innerhalb der Bildebene, so kann sich das zeitlich nacheinander Auftretende auf der Schicht nebeneinander abbilden. Geht etwa ein Gegenstand während der Aufnahme von links nach rechts durch das Bildfeld, so zeichnet sich die Bewegungsbahn genau ab. Als schönste Beispiele dieser Art kennen wir die photographischen Zeitaufnahmen des sich um den Himmelspol drehenden Sternhimmels. Auf diesen erscheint jeder Stern als eine helle Linie, als Kreis oder Teil eines Kreises. Dieses Verfahren ist hier anwendbar, weil es im vorliegenden Spezialfall gar nicht auf die Form des (hier punktförmigen) Körpers, sondern nur auf die Bewegungsbahn ankommt (und weil zweitens der Körper sich hier vor einem schwarzen, also photographisch inaktinischen Grunde bewegt). Nun hat aber bereits Marey gesagt, daß die Chronophotographie zwei Aufgaben habe: sie solle die Bewegungsbahn aufzeichnen, zugleich aber die Stellungen des Körpers in bestimmten Bewegungsphasen festhalten (Coissac 85)[2]. Die zweite Aufgabe ist aber mit dem vorliegenden Verfahren nicht zu lösen; denn innerhalb der abgebildeten Bewegungsbahn überdecken sich die einzelnen Bewegungsphasen schuppenartig derart, daß sie einander auslöschen, obwohl oder gerade weil sie nicht genau übereinander liegen, sondern sich nur teilweise überlagern. Die Bewegungsbahn bildet sich also als verwischter Streifen ohne alle Innenzeichnung ab.

3. Der erste Schritt, das Aufeinanderfolgende nebeneinanderzustellen, ist gemacht, nun wird der zweite nötig: das Bewegungskontinuum, auf der Bildfläche abgebildet als ein verwischtes Band, aufzulösen in einzelne, voneinander scharf getrennte Abbilder. Man verzichtet also auf die Darstellung des ganzen Vorgangs und begnügt sich mit Teilausschnitten, um diese als scharfkonturierte Bilder fixieren zu können. Dazu ist also nötig, daß man die Fixierung des Vorgangs auf der photographischen Schicht periodisch un-

* Siehe: ›Die Umschau‹ (Frankfurt a. M.), 22. Juli 1933, S. III; und ein auf periodischem Aufleuchten von Lichtblitzen beruhendes Verfahren bei Manfred von Ardenne, ›Filmtechnik‹ (Halle), Jahrgg. 9, Heft 5, 1933, S. 63–64.

[2] G(eorges)-Michel Coissac, Histoire du Cinématographe. De ses origines à nos jours, Paris 1925, S. 85.

terbricht, sie aus mehreren einzelnen Expositionen zusammensetzt und diese Expositionen dabei so kurz hält, daß ein scharfes Momentbild entsteht. Unnötig zu sagen, daß dies Verfahren zunächst das Vorhandensein einer photographischen Schicht voraussetzt, die so empfindlich ist, daß sie Momentaufnahmen gestattet, beziehungsweise das Vorhandensein einer entsprechend starken Lichtquelle. Bei der modernen Funkenkinematographie, die zu wissenschaftlichen Zeitlupenaufnahmen mit sehr hoher Bildzahl pro Sekunde dient, kommt man heute bereits mit Belichtungszeiten von 10^{-7} Sekunden aus.* Daguerre brauchte mehrere Minuten für eine Aufnahme; Eadweard Muybridge, der in den siebziger Jahren zu arbeiten begann, machte bereits Momentaufnahmen von 1/6000 Sekunde und hätte, wenn es seine Apparatur gestattet hätte, mit dem gleichen Negativmaterial sogar Aufnahmen bis zu 1/25000 machen können (Coissac 100)[3]. Natürlich steht die Expositionszeit in Beziehung zur Geschwindigkeit des Objekts: je schneller der Gegenstand sich bewegt, umso kürzer muß die Expositionszeit sein, damit noch scharfe Bilder entstehen. Und: je schneller der aufzunehmende Gegenstand sich verändert, umso schneller müssen die Teilbilder aufeinander folgen, weil alle wichtigen Phasen der Bewegung festgehalten werden sollen. So reichte beispielsweise die von Marey konstruierte »photographische Flinte«, die zwölf Bilder pro Sekunde exponierte, nicht aus, um die einzelnen Phasen des Vogelfluges festzuhalten.

Wie bewerkstelligte man nun die Unterbrechung der Aufnahme? Für Daguerres lange Zeitaufnahmen genügte es noch, die Verschlußkappe mit der Hand vom Objektiv zu nehmen und wieder daraufzusetzen. Ottomar Anschütz benutzte für seine Reihenaufnahmen den bereits 1874 von Jules Janssen erfundenen Schlitzverschluß, den man noch heute in jeder photographischen Kamera findet. Dieser Mechanismus ist aber unpraktisch, sobald es sich darum handelt, mit der gleichen Kamera mehrere Aufnahmen schnell hintereinander zu machen. Daher benutzte der gleiche Janssen für seinen photographischen Revolver, der 48 Aufnahmen nacheinander machte, bereits die rotierende Flügelscheibe in ihrer noch heute verwendeten Form: die rotierende Scheibe enthält Spalten, die, sobald sie den Strahlengang passieren, dem Licht für einen kurzen Augenblick den Weg zur Negativschicht freigeben. Man kann den Lichtweg unterbrechen, aber man kann auch die Lichtquelle selbst periodisch aufflammen und wieder erlöschen lassen. Nach diesem Prinzip arbeitet man bei der bereits erwähnten Funkenkinematographie, die rein wissenschaftlichen Zwecken dient. (Das gleiche Prinzip fand

* ›Die Kinotechnik‹ (Berlin), Jahrgg. 14, Heft 3, 1932, S. 41–45, und Jahrgg. 15, Heft 8, 1933, S. 131–132.
[3] G(eorges)-Michel Coissac, a.a.O., S. 100.

für die Projektion Verwendung in dem sogenannten Schnellseher von Anschütz. Die einzelnen Diapositive seiner Momentserienaufnahmen, auf einer
großen Drehscheibe angeordnet, wurden durch blitzschnell aufleuchtende
Geislersche Röhren sichtbar gemacht. – Wolter 40[1]).

Mit der Anwendung der periodischen Aufnahmeunterbrechung ist die
Abbildung des Bewegten endgültig auf die des Unbewegten zurückgeführt.
Für einen genügend kurzen Zeitaugenblick kann man die Bewegung des Gegenstandes praktisch gleich Null setzen, und es entstehen scharfe Moment-
photos. Der Vorgang setzt sich also jetzt aus separaten Einzelbildern zusammen, aber man wird nach unsrer Ableitung verstehen, warum wir diesen
Prozeß nicht synthetisch, sondern analytisch genannt wissen wollen: die
ursprüngliche Einheit der Bewegung zerfällt durch Schnitte in Teilbilder!

Jetzt also entstehen, wenn der Aufnahmegegenstand innerhalb der Bildebene seinen Ort verändert, Serien scharf voneinander getrennter Einzelab-
bilder. Voraussetzung für eine möglichst vollständige Abbildung aller Phasen ist natürlich, daß der Gegenstand im Verhältnis zu der Geschwindigkeit, mit der er sich vorwärts bewegt, nicht allzu schnell seinen Zustand verändert, weil bei zu langsamer Vorwärtsbewegung nicht genügend Einzelbilder getrennt nebeneinander abgebildet werden können: man muß dann
entweder teilweise Überdeckung oder eine geringere Bildzahl in Kauf nehmen.

Dies Prinzip der Nebeneinanderabbildung auf der unbewegten photographischen Schicht ist bekanntlich in der sogenannten Mareyschen Chronophotographie realisiert worden, die als rein wissenschaftliches Hilfsmittel phy-
siologischer Untersuchungen gedacht war und Bewegungen nur analysieren,
nicht aber reproduzieren wollte. Da aber unser heutiges Prinzip der Be-
wegungsabbildung, eben der Film, darauf beruht, die Bewegung zuerst zu
zerlegen und dann wieder zusammenzusetzen, ist die Chronophotographie
dennoch als ein wichtiges Stück Vorbereitungsarbeit für den Film zu betrachten. Vorbedingung zur Anwendung dieses Verfahrens war, daß man
den Gegenstand veranlaßte, sich parallel zur Bildebene zu bewegen – eine Bedingung, die sich im Experiment realisieren läßt, in der Natur aber nur ausnahmsweise. Weiterhin muß, weil ja bei jeder Exposition die gesamte zur
Verfügung stehende Schichtfläche offen dargeboten wird, irgendwie dafür
gesorgt werden, daß sie nicht von vornherein vollständig belichtet und dadurch für weitere Abbildung unbrauchbar wird. Läuft zum Beispiel der
abzubildende Mensch vor einer Landschaft vorbei, so werden sich sogleich

---

[4] Welche Publikation von Konrad Wolter Arnheim hier zitiert, konnte nicht ermittelt werden. Als »Hauptquelle für technische Einzelheiten« gibt Arnheim
selbst an: F. Paul Liesegang, Zahlen und Quellen zur Geschichte der Projek-
tionskunst und Kinematographie, Berlin 1926.

und immer wieder Baum und Haus an allen den Stellen abbilden, auf denen nacheinander sein Körper sich in verschiedenen Positionen abbilden sollte! Marey war daher gezwungen, seine Objekte vor einem gänzlich schwarzen Hintergrunde aufzunehmen – wiederum eine Bedingung, welche die Verwendung des Verfahrens für nichtexperimentelle Aufnahmen in der Natur grundlegend beschränkt. Und endlich waren Abbildungen nur möglich, solange sich der Körper in den Grenzen des Bildfeldes bewegte, man mußte ihn also, damit die Kamera ihn möglichst lange im Felde behielt, aus ziemlicher Entfernung aufnehmen, was wiederum dazu führte, daß man über verhältnismäßig kleine Bilder nicht hinauskommen konnte. Und da die Richtung des Gegenstandes zur Kamera sich während der Bewegung veränderte, ergab sich außerdem eine Verschiebung der perspektivischen Ansicht von Bild zu Bild.

4. Einen Schritt in der Systematik vorwärts, und man ist so weit, jeder einzelnen Phasenabbildung ein nur für sie reserviertes Stück Negativschicht zuzuordnen. Noch aber hält man an der Unbeweglichkeit des Schichtträgers fest, und so kann man, um die Forderung zu verwirklichen, nichts andres tun, als entweder die Optik vor der ruhenden Schicht zu bewegen, wofür uns kein historisches Beispiel bekannt ist, oder aber für jede Aufnahme einen besonderen Apparat zu benutzen. Dies ist das Prinzip der berühmten Reihenphotographien von Muybridge (1877) und Anschütz (1885).

Man kann die Apparate in kurzen Abständen nacheinander ihr Negativ exponieren lassen und erhält so eine Reihendarstellung des Bewegungsvorgangs. Nur besteht auch hier die prinzipielle Schwierigkeit, daß nicht mehrere Aufnahmen vom gleichen Fleck aus gemacht werden können: mußte man im vorhin beschriebenen Fall das Bild auf nebeneinander liegende Stellen der lichtempfindlichen Schicht fallen lassen, so muß man jetzt die Apparate notgedrungen nebeneinander aufstellen, d. h. jede Abbildung erfolgt aus einem andern Gesichtswinkel. Es ergäbe sich, wenn man diese Bilder projizierte, derselbe Effekt, als wenn die Bilder mit einer fahrenden Kamera heutigen Typs aufgenommen wären – ein Effekt, der gelegentlich, aber nur gelegentlich willkommen ist. Als ein Beispiel für die Nachteile eines solchen Verfahrens zitieren wir den Aufnahmeapparat von Augustin Le Prince, der allerdings nicht jede Aufnahme von einem besonderen Ort aus, sondern mit Hilfe zweier Linsenkränze die Aufnahmen abwechselnd von zwei Orten aus machte. Infolgedessen sah sich Joseph Mason, als er die Tauglichkeit dieser Apparatur experimentell erweisen wollte, zu dem Trick gezwungen, einige Probeaufnahmen auf schwarzem Grunde zu machen, das Negativ dann bildchenweise zu zerschneiden und die einzelnen Bilder für die Herstellung der Kopie derart untereinander zu montieren, daß die aufgenommene Figur jedesmal an der gleichen Stelle des Bildes erschien, also nicht hin- und herzappelte.* Die Parallaxenverschiebung macht sich besonders störend dann bemerkbar, wenn man mehrere gleichzeitig hergestellte Aufnahmen des gleichen Vorgangs zu einer einzigen vereinigen will, also beim Farbenfilm. Hier ergibt sich zumeist entweder eine räumliche Parallaxe (wenn man mehrere Bilder zugleich, aber nebeneinander aufnimmt) oder eine zeitliche Parallaxe (wenn man die Bilder vom gleichen Ort aus, aber nacheinander aufnimmt). Der stereoskopische Film hingegen benutzt die Parallaxenverschiebung – wie sie auch durch binokulares Sehen entsteht – zur Erzielung einer plastischen Wirkung.

Es kann also zur gleichen Zeit immer nur *ein* Ding an *einem* Ort sein. Daß man mit einer Reihe nebeneinanderstehender Apparate unter bestimmten Bedingungen dennoch eine Bilderserie mit konstanter Einstellung erzielen kann, kommt daher, weil die Einstellung weder vom absoluten Ort der Kamera noch von dem des Aufnahmegegenstandes abhängig ist, sondern eine Relation zwischen Gegenstand und Kamera darstellt. Bewegt sich der Gegenstand derart an der Apparatreihe vorbei, daß ihn jeder Apparat aus der identischen Entfernung und im gleichen Winkel, nämlich genau von vorn, abbildet, so entsteht eine Serie, die den Gegenstand immer aus der gleichen Einstellung zeigt (so als hätte man ihn mit einer fahrenden Filmkamera begleitet).

Von dieser Art sind die Aufnahmen von Muybridge und Anschütz. Läufer, Reiter, Vogel Strauß oder Ziegenbock liefen an der Apparatreihe entlang und lösten mit ihren Füßen jeweils selbst denjenigen Apparat aus, vor dessen Objektiv sie sich gerade befanden. Der Auslösungsmechanismus war hiermit an die Bewegung des Gegenstandes gefesselt, die Bilder entstanden also nur dann in konstanten Zeitabständen, wenn die Geschwindigkeit des Gegenstandes konstant war, aber wenigstens konnte man mit dieser Methode eine Serie von Bewegungsphasen auf einer Serie von photographischen Negativen, deren jedes isoliert vom andern belichtet wurde, fixieren. Die einzelnen Bilder waren jetzt endgültig und gründlich voneinander getrennt.

5. Bei all den bisher beschriebenen Methoden handelte es sich noch nicht um Film im heutigen Sinne. In der Geschichte des menschlichen Denkens finden wir wohl jede Neuerung zunächst in einem Stadium, in dem man den neuen Anforderungen und Zielen so gerecht zu werden versucht, daß man das Alte, Bekannte mit einem Zusatz versieht. Das ist bei den wissenschaftlichen Theorien so und auch auf den Gebieten der angewandten Wissenschaft, beispielsweise der Technik. Die ersten Autos waren ihrer Bauart nach Pferdedroschken mit eingebautem Motor (man denke an die ersten Karl Benz-Wagen), und die ersten Bewegungsphotographien beruhten auf dem Prinzip der gewöhnlichen photographischen Kamera: man machte ununterbrochene oder unterbrochene Aufnahmen mittels *einer* Kamera und

---

* ›International Photographer‹ (Hollywood), Jahrgg. 5, Heft 1, 1933.

also *einer* unbewegten Negativschicht, oder aber man kombinierte mehrere Photoapparate.

Der entscheidende Einfall besteht darin, analog der Gegenstandsbewegung und -veränderung in der Zeit auch die lichtempfindliche Schicht in Bewegung zu setzen, so daß für jede Aufnahme ein neues, noch unbelichtetes Stück des Negativs oder ein neues Negativ präsentiert wird (was im Prinzip auf das Gleiche hinauskommt). Bisher stand die Schicht fest an ihrem Fleck, und man war darauf angewiesen, daß der aufzunehmende Gegenstand freundlich genug war, sich auf eine Art vom Fleck zu bewegen, die sein Bild in jedem Stadium der Veränderung auf ein neues Stück Negativ oder ein neues Negativ exponierte. Eine solche Einengung des Aufnehmbaren durch die Kamera ist aber natürlich nicht wünschenswert. Sobald man die Schicht austauscht, kann der Gegenstand ruhig auf seinem Fleck bleiben und die Reihenaufnahme trotzdem von einer einzigen Kamera, d. h. vom gleichen Fleck aus, bewerkstelligt werden.

Wir finden in der Geschichte Apparaturen, in denen mehrere Negative nebeneinander auf einem Schichtträger angebracht sind, so Mareys photographische Flinte, ein Instrument, in dessen Innern eine kleine Glasscheibe rotiert, auf deren Rand zwölf kleine Stücke Negativ angebracht sind. Und andre, in denen ein einziges Negativ hinter dem Objektiv vorbeibewegt wird, so den (zeitlich früheren) photographischen Revolver Janssens, den dieser konstruierte, um den Venusdurchgang vom 9. Dezember 1874 in allen seinen Stadien aufnehmen zu können. In diesem Apparat befand sich eine große Trockenplatte, auf deren Rand, während sie sich bewegte, 48 Bilder entstanden. Im Prinzip besteht, wie gesagt, kaum ein Unterschied, aber da sich ein einziges Negativ natürlich – beispielsweise beim Entwickeln und Kopieren – einfacher behandeln läßt als mehrere, hat sich die letztere Methode erhalten; auch beim Film des heutigen Typs wird ja ein einziges Negativ stückweise belichtet.

In den ersten Apparaten ordnete man die Bilderreihe kreisförmig an – in erster Linie wohl deshalb, weil man bei der an sich näherliegenden und heute üblichen streifenförmigen Anordnung eine größere Anzahl von Bildern oder Bildorten innerhalb einer Kamera von handlichem Format erst unterbringen kann, wenn der Schichtträger biegsam ist. Die Erfindung des Zelluloids liegt aber geschichtlich erst hinter den ersten Versuchen, die Bewegung mittels des bewegten Schichtträgers abzubilden, und so finden wir in den ersten Apparaten als Schichtträger die rotierende Scheibe.

Eine Kombination der Drehbewegung mit der gradlinigen Schiebebewegung stellt die spiralige Anordnung von Bildern auf einer Walze dar, wie sie Edison, unter dem Einfluß seiner Phonographen-Walze, probiert hat oder probiert haben soll. Diese Anordnung ergibt eine noch bessere Raumausnutzung als die Scheibe, ist aber gleichfalls durch einen biegsamen Schichtträger überholt worden. Weiterhin finden sich Beispiele für spiralige Anordnung von Bildern auf einer Scheibe, so ein Apparat von W. Friese-Greene aus dem Jahre 1885* und für übereinander auf einem Streifen angebrachte Reihen von je sechs Bildern, die in Zickzackbewegung aufgenommen wurden**. Das letztgenannte Prinzip ist aber, auch historisch, bereits als eine – wenn auch bisher ohne Nachfolger gebliebene – Weiterentwicklung des heutigen Streifenprinzips zu betrachten. Übrigens weist der Kameramann Guido Seeber in dem eben zitierten Aufsatz darauf hin, daß man den Filmstreifen in seiner heutigen Form durchaus nicht sofort als die beste Lösung anerkannte, sondern auch später noch Versuche mit andern Formen machte, und er bemerkt weiterhin, daß die Frage: Streifenfilm oder Plattenfilm? zumindest theoretisch in dem Augenblick wieder aktuell werden könnte, wo es gelänge, Bilder mikroskopisch kleinen Formats herzustellen! Einige andere Prinzipien der Bildanordnung, wie wir sie aus der Geschichte der Projektion kennen, scheint man für die Aufnahme niemals probiert zu haben: so die Anordnung auf der Außenseite einer Trommel, oder auf den Speichen eines Schaufelrades und die buchförmige Anordnung nach dem Prinzip des Linnettschen Kineographen von 1868 bzw. des Caslerschen Mutoskops von 1894.

Mit dem Übergang zum biegsamen Schichtträger verlor der Film seine letzte Ähnlichkeit mit der alten photographischen Glasplatte. Das Zelluloid, unser heutiger Schichtträger, wurde erst allmählich erarbeitet. Friese-Greene machte Versuche mit geöltem Papier, und auch Eastman trug zunächst Nitrozellulose-Schichten auf einen Papierträger auf. Später erst machte Eastman den durchsichtigen Schichtträger vom Papier unabhängig: 1889 kam der erste papierlose Film als Rollfilm in den Handel. Zu den frühesten Kunden gehörte die Firma Edison Photographic Works in Orange.***

Nun ist es aber mit der bloßen Bewegung des Schichtträgers noch nicht getan. Schon unter Punkt 2 hatten wir gesehen, daß ein verwischtes Bild entsteht, wenn die Bewegung des Gegenstandes sich auf der ununterbrochen exponierten Schicht abbildet. Setzt man nun umgekehrt die Schicht in Bewegung, so ergäbe selbst die Aufnahme eines unbewegten Dinges ein gänzlich verwischtes Bild, und bewegt sich gar außerdem der Gegenstand, so entstehen zwei Bewegungen, die einander keineswegs paralysieren, sondern im Gegenteil das Bild des Gegenstandes in zwei Richtungen verwischen.

Als theoretisch einfachster Ausweg ergibt sich die Möglichkeit, von der auch die Momentphotographie Gebrauch macht: jedes Bildchen nur so kurz zu exponieren, daß sowohl die Bewegung des Negativs als auch die des Ge-

* ›International Photographer‹ (Hollywood), Jahrgg. 5, Heft 1, 1933.
** ›Filmtechnik‹ (Halle), Jahrgg. 9, Heft 7, 1933, S. 91–94.
*** ›Filmtechnik‹ (Halle), Jahrgg. 8, Heft 7, 1932, S. 1.

genstandes praktisch gleich Null wird. Da aber mit so kurzer Expositionszeit auch bei bester Beleuchtung natürlich nur sehr dunkle Bilder zu erzielen sind, hat man von vornherein dies Verfahren nur dort angewandt, wo aus Gründen der Haltbarkeit des Films und des Verschleißes der Apparate das normale Verfahren (der absatzweisen Fortschaltung) nicht mehr empfehlenswert ist. Diese Grenze liegt etwa bei 250 Bildern pro Sekunde, d. h. auf dem Gebiete der Zeitlupenaufnahmen.* Die Ultra-Rapid-Kinematographie, die rein wissenschaftlichen Zwecken dient, kommt im allgemeinen mit silhouettenhaften Bildern aus. Wie bereits angedeutet, sind es zwei Verfahren, mit deren Hilfe man solche Aufnahmen durchführen kann: entweder unterbricht man die Aufnahme mithilfe einer schnell rotierenden Schlitzblende oder aber man läßt im Dunkelraum elektrische Funken intermittierend aufblitzen.

Will man normale, gutbelichtete Bilder erzielen, so reicht die Lichtempfindlichkeit unsres heutigen Negativmaterials für so kurze Expositionen nicht aus. Man kann daher zweitens zu einem theoretisch komplizierten Verfahren, dem sogenannten optischen Ausgleich, greifen. Auch dies verwendet man, mit Ausnahme von Zeitlupenaufnahmen, im allgemeinen nur für die Projektion. Mit Hilfe eines beweglichen optischen Systems führt man das Linsenbild des Gegenstandes für einen Augenblick dem sich bewegenden Filmband nach. Man gleicht also die relative Bewegung zwischen Objektiv und Negativschicht durch eine weitere, neueingeführte Bewegung aus. Schon die alte Ernemannsche Zeitlupe, die bei Handbetrieb eine Frequenz von 300, bei Motorantrieb eine von 400–500 Bildern pro Sekunde erreichte, arbeitete mit dem optischen Ausgleich.

Drittens aber kann man – und das ist das heute übliche Verfahren – die Bewegung des Negativs während jeder Exposition unterbrechen. Damit ist die Kinematographie, nachdem sie sich das der Photographie fremde »Schichtwechsel«-Verfahren erkämpft hat, nun auf einem höheren technischen Niveau wieder in dem nötigen Maße auf das Prinzip der Momentphotographie zurückgeführt: man photographiert wieder auf der ruhenden Schicht, wechselt aber nach jeder Exposition diese Schicht auf geschickte Weise aus! Die technische Aufgabe dieser intermittierenden Fortbewegung hat man im wesentlichen auf zweierlei Weise gelöst. Die mechanisch einfachste Antriebsbewegung ist die einer gleichförmig rotierenden Achse. Mit dieser starr verbunden ist zumeist die Flügelblende, die dazu dient, das einfallende Licht für die Zeit fernzuhalten, während derer der Schichtträger sich bewegt. Man überführt nun die gleichförmige Bewegung in eine ungleichförmige, indem man entweder einen Stift, der auf der Peripherie einer mit der Achse starr verbundenen Scheibe rotiert, einmal pro Umdrehung in eine

* ›Die Kinotechnik‹ (Berlin), Jahrgg. 14, Heft 3, 1932, S. 41.

zweite kreuzähnlich geformte Scheibe so eingreifen läßt, daß diese sich um einen gewissen Winkel vorwärtsbewegt und dann wieder stillsteht, bis der Stift aufs Neue eingreift; oder man bewehrt die Hauptachse mit einer exzentrischen Scheibe, die mittels ihrer periodisch wechselnden Radiuslänge eine periodisch intermittierende Bewegung auslösen kann. Im ersten Fall ist die kreuzförmige Scheibe, das sogenannte Malteserkreuz, starr mit einer Zahntrommel verbunden, die in die Perforation des Filmstreifens eingreift. Im zweiten Fall dirigiert die Exzenterscheibe eine Greifervorrichtung, die ebenfalls dazu dient, in die Löcher der Perforation einzugreifen und so den Filmstreifen bildweise abwärtszuziehen. Das Malteserkreuz finden wir bereits in einem um die Mitte des vorigen Jahrhunderts von Molteni nach dem Prinzip des Lebensrades konstruierten Apparat zur Vorführung lebendiger Zeichnungen. Hier bewegte das Kreuz ruckhaft die Scheibe, auf deren Peripherie die Serie der Zeichnungen angebracht war. Bis zum heutigen Tag findet man das Malteserkreuz im wesentlichen für Projektionsapparate verwendet, während die Aufnahmeapparate heute normalerweise die Greifervorrichtung benutzen. Den Exzenter benutzte schon Marey zur Steuerung der Bildscheibe seiner photographischen Flinte, und auch Lumières Apparat, der gleichzeitig zum Aufnehmen, Vorführen und Kopieren diente, enthielt diese Einrichtung. Hingegen benutzte Janssen für seinen Revolver das Malteserkreuz, und unlängst hat Guido Seeber* darauf hingewiesen, daß manches dafür spräche, in der Aufnahmekamera die Greifervorrichtung wiederum durch das Malteserkreuz zu ersetzen.

Marey, der sich gegen die Verwendung der Perforation sträubte, verwendete in einer von ihm konstruierten Kamera statt der Zahntrommel oder des Greifers eine Festklemmvorrichtung, die er zunächst elektromagnetisch, später mechanisch betätigte.

Der Janssensche Revolver sowohl wie die Mareysche Flinte, die beide nur dazu dienten, eine beschränkte Anzahl von Bildern auf dem Rande einer Scheibe zu exponieren, bedienten sich eines Uhrwerks als Antriebsvorrichtung – eine Parallele zu dem Antrieb durch Federwerk oder Elektromotor, wie er heute, nach einer langen Periode des Handkurbelns, endgültig herrschend geworden ist. Der Mechanismus wird einmal durch den Druck der Hand ausgelöst und arbeitet dann selbsttätig. Aber auch beim Handbetrieb wird nicht jede Einzelexposition durch einen besonderen Handgriff bewerkstelligt (ausgenommen Trickaufnahmen mittels des Einerganges). So daß also schon die Art der mechanischen Apparatur anschaulich macht, daß es sich hier nicht um ein synthetisches Zusammensetzen der Bewegung aus Einzelbildchen handelt, sondern um einen einzigen Abbildungsvorgang, in sich ebenso kontinuierlich und geschlossen wie der abzubildende Vorgang selbst!

* ›Filmtechnik‹ (Halle), Jahrgg. 9, Heft 11, 1933, S. 140–141.

Die Aufteilung dieser Ganzheit in Teilabbildungen ist (genauso wie die spätere Zusammenfügung für die Projektion) nur eine technische Detailmaßnahme, die das Wesen des Vorgangs nicht berührt – ein Charakterzug, der den grundsätzlichen Unterschied zwischen Bewegungs- bzw. Vorgangs-Abbildung und der zeitlosen, unbewegten Abbildung (Photographie, Malerei, Plastik) gut kennzeichnet. Kinematographie ist nicht einfach (oder doch nur in grob technischer Beziehung) eine bloße, durch Multiplikation erzielte Variante der unbewegten Abbildung, sondern etwas grundsätzlich Andres und Neues!

5. Bewegung im Film[1] (1934)

Bezeichnend für den Film ist, daß er die Veränderung in der Zeit, den Vorgang darstellt, im Gegensatz zu zwei andern großen optischen Künsten, der Malerei und der Skulptur, denen die Darstellung der Veränderung und damit die der Bewegung versagt ist. Ist also Bewegung eine der grundlegenden Eigenarten des Films, so ist sie – nach einem allgemeinen ästhetischen Gesetz – damit zugleich eine seiner wichtigsten und pflegenswertesten Ausdrucksmittel. Dabei ist gleich zu bemerken, daß die für den technischen Vorgang der Filmaufnahme und -vorführung charakteristischste Bewegung, die des Bildstreifens nämlich, nicht mit zum ästhetischen Charakter des Films gehört und daher auch nicht zu berücksichtigen ist, wenn von der Bewegung als künstlerischem Ausdrucksmittel des Films gesprochen wird. Die Bewegung, die der Zelluloidstreifen ausführt, während er von der einen Spule in die andre läuft, wird nicht als Bewegung des Bildes oder im Bilde sichtbar; ihre Geschwindigkeit hat nur als Proportion zwischen Aufnahme- und Vorführungsgeschwindigkeit Einfluß auf die Geschwindigkeit der im Film sichtbaren Bewegungen, und der Rhythmus des Bildwechsels, die sich in der Sekunde vierundzwanzigmal gleichmäßig wiederholende Bewegung des Greifers, bzw. des Malteserkreuzes hat mit dem Rhythmus als ästhetischer Komponente der Filmkunst nicht das mindeste zu tun.

Vielmehr sind es die folgenden Elemente, die den Bewegungsfaktor im Film bestimmen: 1. Die Bewegungen der von der Kamera abgebildeten lebenden und toten Dinge. 2. Die Veränderung der Geschwindigkeit und des Verlaufscharakters dieser Bewegungen durch die Bildeinstellung. 3. Die

[1] Der Text folgt dem – nicht publizierten – deutschen Originalmanuskript für die geplante ›Enciclopedia del Cinema‹ und wurde nach der ersten publizierten Fassung, die Arnheim selbst ins Englische übersetzt hatte, durchgesehen (Motion, in: Rudolf Arnheim, Film as Art, Berkeley 1957).

Veränderung dieser Bewegungen sowie die Scheinbewegungen der ruhenden Dinge, verursacht durch die Bewegung der Kamera. 4. Zusammenfügung der einzelnen aufgenommenen Bewegungen zu einer umfassenderen Bewegungskomposition, mittels der Montage. 5. Die Bewegung des Einstellungswechsels (Schnitt und Überblendung).

Die Bewegung im Film ist nicht nur dazu da, um uns über die Veränderung der Situation, also über den Fortgang der Handlung zu unterrichten, sie hat vielmehr außerdem einen eigenen Ausdruckswert. Sehen wir etwa, wie eine Mutter ihr Kind zu Bett bringt, so begreifen wir nicht nur diesen Vorgang, sondern in einem guten Film unterrichten uns zugleich die ruhigen oder hastigen, gewandten oder zuckenden, kräftigen oder schwächlichen, sicheren oder zaghaften Bewegungen der Mutter über ihren Charakter, ihr Verhältnis zu ihrem Kind und ihren augenblicklichen Gemützustand; und der Gegensatz zwischen dem unvernünftigen Zappeln des Kindes und dem selbstbewußten Hantieren der Mutter ergibt eine Art Bewegungskontrapunkt, der den Ausdruckscharakter der Szene mindestens so stark bestimmt wie das Aussehen der Mutter, des Kindes und der Umgebung, in der sie uns gezeigt werden.

Aufgabe des Schauspielers und des Regisseurs ist es, durch Herausarbeitung solcher Bewegungscharaktere den Ausdruck des ganzen Films, der einzelnen Szene, der einzelnen Einstellung, jeder mitspielenden Figur und des Verhältnisses zwischen den Figuren zu verschärfen. Diese Aufgabe besteht schon auf dem Theater, aber im Film ist alles genauer, näher, schärfer zu sehen, und das Bezeichnende jeder Bewegung wird im Kontrast zu dem unbewegten, rechteckigen Bildrahmen, der sie streng und eng umschließt, besonders klar. Gelingt es, eine Szene oder eine Figur auf ein musikhaft einfaches, eindrucksvolles Bewegungsmotiv zu bringen, so wird damit nicht nur Ausdruck und Bedeutung des Inhalts gefördert, sondern zugleich in bloße Abbildung künstlerische Form gebracht.

Wie schon auf der Bühne, so zeichnet sich auch im Film der große Schauspieler durch eine einfache und dabei persönliche Bewegungsmelodie aus. Besonders leicht ist dies in Extremfällen, wie etwa bei Charlie Chaplin und Buster Keaton zu begreifen, deren Bewegungen geradezu musikalisch faßbar wirken, im Gegensatz etwa zu Harold Lloyd, der kein großer Künstler ist und daher auch keine Bewegungsmelodie hat. Aber auch im naturalistischen Spielfilm, der, wenn er nicht grotesk oder theatralisch werden will, die Bewegung nicht so kräftig stilisieren darf, unterscheiden wir bei guten Schauspielerleistungen sehr deutlich in der Bewegung Kraft von Schwäche, offene Zielbewußtheit von hinterhältigem Schleichen, Schönheit von Häßlichkeit. In dem Film *Menschen im Hotel* war das federnde, dynamische Schreiten der Greta Garbo durch die Hotelhalle nicht nur der schönste Augenblick des Films, sondern vielleicht auch der für die Figur der Tänzerin charakteristischste, und wenn man auch die Ausdruckskraft des belebtesten Gesichtes, das es bis zum heutigen Tag im Film gibt, nicht wird einschränken wollen, darf man doch sagen, daß ein ebenso bedeutender seelischer Ausdruck in ihrem Gang lag, der je nach dem Sinne der Szene sieghaft und kräftig, selig beschwingt, müde, gebrochen, angstvoll oder schwach war.

In den Spielfilmen der Frühzeit, die unnaturalistischer waren, kamen Bewegungsmotive als Ausdruck von Personen zu besonders eindringlicher Wirkung. Vom graziösen Schwebesprung des Douglas Fairbanks bis zum wuchtigen Schreiten des Golems erlebten wir Bewegungsgestaltungen von musikalischer Reinheit und Schönheit, und es steht außer Zweifel, daß der später immer naturalistischer gewordene Spielfilm an Erdenschwere gewonnen und an Form und Klang verloren hat. Daher das Beglückende vieler früher Filme, die uns wie Tänze bezaubern und entzücken – eine Wirkung, die der Film immer mehr verloren hat. Er hat diesen Verlust durch neue Werte, wahrere Gestaltung der Wirklichkeit vor allem, auszugleichen versucht, aber die Hoffnung auf eine Filmkunst, die beides besser vereint, als es ihr bis heute gelingt, darf nicht aufgegeben werden.

Aber Bewegung gibt es im Film keineswegs nur bei den Schauspielern. Im Film ist der Mensch immer unauslöslicher Teil seiner Umwelt. Diese Umwelt spielt mit, und sie produziert Bewegungsmotive, die oft eindringlicher sind als jede menschliche Bewegung. Die trotzige Standhaftigkeit eines kräftigen Mannes im Sturm wird besonders unterstrichen, wenn sich zugleich die Stämme der Bäume machtlos und duldsam biegen, und die unerbittliche Regelmäßigkeit, mit der sich die Windmühle dreht und die dem Ritter Don Quixote nicht nur nicht unterliegt, sondern ihn sogar derart besiegt, daß sie ihn mit hineinzieht in ihr Kreisen – diese Bewegung symbolisiert in eindringlicher Weise Weltlauf und Weltgesetz, gegen die menschliche Narrheit nichts ausrichtet. Das Gewimmel eines Chinesenbahnhofs gibt in *Schanghai-Expreß* einen guten Kontrast zu der Ruhe und Einfachheit einer Liebesszene (oder könnte es jedenfalls tun), und das Ziehen der Wolken, das Wiegen des Korns, der Sturz eines Wasserfalles, das Tanzen eines Bootes, das Pendeln eines Uhrperpendikels, das Auf und Ab eines Maschinenkolbens hat in schon so manche Filmszene stärkeren Ausdruck gebracht als alle Schauspielergebärden. Und man versteht, warum: diese Naturbewegungen besitzen die großzügige, eindringliche, musikalische Einfachheit des Verlaufes, die der pantomimischen Bewegung des Menschen mehr oder weniger abgeht.

Eine Veränderung des natürlichen Bewegungscharakters ist im Film bekanntlich mittels der Zeitlupe und des Zeitraffers möglich. Die bloße Geschwindigkeitsveränderung bewirkt zugleich eine grundlegende Ausdrucksveränderung. Die Geschwindigkeitsveränderung kann innerhalb bescheidener Grenzen unbemerkt bleiben. Mittels des sogenannten »Überdrehens« oder »Unterdrehens« gleicht der Kameramann auf Geheiß des Regisseurs eine zu hastige Bewegung durch Verlangsamung, eine zu langsame durch Beschleunigung aus. Dies äußerst wichtige und bisher bei weitem nicht genügend ausgenutzte Gestaltungsmittel hat der Tonfilm, indem er die Bildfrequenz starr festlegte, leider fast gänzlich unanwendbar gemacht. Man sollte alles daran setzen, es wieder zu erobern. Wird die Bewegungsbeschleunigung oder -verlangsamung über einen gewissen, ziemlich niedrigen Maximalwert hinaus betrieben, so wird sie als solche bemerkbar, wird unnaturalistisch und ergibt groteske und zauberhafte Bewegungseffekte.

Es sei hier erwähnt, daß eine in der Wirklichkeit natürliche Bewegung im Filmbild leicht zu schnell erscheint. Das hängt wohl damit zusammen, daß wir im Filmbild die meisten Bewegungen aus großer Nähe sehen. Je näher uns eine Bewegung ist, desto größer wird die Fläche, die sie überstreicht und desto schneller erscheint sie uns also. Sieht man daher Filmschauspielern bei der Arbeit zu, so wundert man sich über die unnatürliche Langsamkeit ihrer Bewegungen, und für unsere Theorie spricht, daß nach den Erfahrungen der Praxis die Bewegungen während der Großaufnahme (die uns also den Vorgang ganz besonders nahe zeigt) besonders langsam ausgeführt werden müssen. Es ist bekannt, daß man diese Dinge erst im Laufe der Entwicklung gelernt hat. In den ersten Filmen bewegte man sich mit theaterhafter Geschwindigkeit, und die komische Wirkung dieser Filme auf uns beruht nicht zum mindesten auf der seltsamen Hast aller Bewegungen. Ins gleiche Gebiet gehört schließlich auch, daß die scheinbare Geschwindigkeit einer Bewegung von der Größe des Projektionsbildes abhängt, so daß etwa von den ersten Sitzreihen des Kinos aus alles leicht überhastet wirkt.

Die Bewegung hat nahe Beziehung zum Rhythmus. Fast alle optischen Rhythmen sind bewegungsmäßiger Natur und die zauberhafte Kraft der Wiederholung des Gleichen übt im Film die gleiche Wirkung aus wie sonst in der Natur. Man denke an Filmszenen, die arbeitende Menschen, marschierende Soldaten, beinewerfende Girls, stampfende Maschinen in ihrem besondern Rhythmus zeigen oder an die heidnische Unbefangenheit, mit der in den Blumen-Zeitrafferfilmen eine Pflanze in rhythmischen Stößen aufwärtswuchs.

Keineswegs aber genügt es, nur von der Bewegung der im Film auftretenden Dinge zu sprechen, wenn man die Bewegung im Film behandeln will. Die Art, wie diese Bewegungen abgebildet und miteinander kombiniert werden, verändert ihren Charakter in einem für die Filmkunst sehr bezeichnenden Grade. Durch die Einstellung zunächst kann die Geschwindigkeit und damit der Charakter der Bewegung gründlich verändert werden. Erstens weil, wie gesagt, eine Bewegung in der Nähe schnell, in der Ferne aber langsam wirkt und der Film bekanntlich die Möglichkeit hat, uns jeden Vorgang aus beliebiger Entfernung zu zeigen. Zweitens, weil die perspektivische Verkürzung, die jede »schiefe« Einstellung mit sich bringt, zugleich auch den Bewegungsweg verkürzt und also die Bewegung beschleunigt. Daher die aufregende Wucht der Bewegungen, die auch bewegungsmäßige Unruhe, die viele Schiefeinstellungen zeigen.

Bewegungsveränderung bewirkt weiter jede Bewegung der Kamera. Sie versetzt die Welt der ruhenden Dinge in eine Scheinbewegung, die auch dann ihre Wirkung nicht verfehlt, wenn unser Verstand weiß, daß es sich nicht um eine wirkliche Bewegung handelt. Das Schwebende, Unwirkliche mancher Filmszenen wird durch solche Kamerabewegungen hervorgerufen. Die Kamerabewegung symbolisiert oft die Körperbewegung eines Taumelnden, Stürzenden, Fliegenden, indem sie zeigt, wie einem solchen Menschen die Welt erscheint. Veränderung des Gesichtspunktes bewirkt perspektivische Gegeneinanderverschiebung aller Dinge des Gesichtsfeldes (weil die nahen sich schneller bewegen als die fernen – Eisenbahneffekt), und endlich wirkt jede Bewegung, die in gleicher Richtung wie die der Kamera verläuft, verlangsamt, wenn die Kamerabewegung langsamer ist, zu völligem Stillstand annulliert, wenn die Kamerabewegung gleich schnell ist, und in die entgegengesetzte Richtung verkehrt, wenn die Kamerabewegung schneller ist als die des Objektes. Bewegt sich die Kamera entgegen der Bewegungsrichtung des Objektes, so erscheint die Objektbewegung in jedem Falle beschleunigt.

Kamerabewegung dient wie Einstellungswechsel mittels Montageschnitts dazu, den Gesichtspunkt, von dem aus die Szene betrachtet wird, zu ändern bzw. den ganzen Schauplatz zu wechseln. Die sich bewegende Kamera vollzieht diese Veränderung nicht ruck- und sprungartig, sondern in kontinuierlichem Übergang und ist daher geeignet, das subjektive Weltbild eines sich im Raum bewegenden Menschen wiederzugeben, vor dessen Augen sich, während er geht oder im Fahrstuhl sich erhebt, die Perspektiven verschieben und der Schauplatz ändert. Die technisch frühesten Kamerabewegungen sind die bloß horizontale oder vertikale (beziehungsweise als Resultante aus beiden ziemlich mühsam erzielte schräge) Bewegung mittels des Panorama- und des Höhenstativkopfes und das Bewegen der Kamera mittels Auto, Eisenbahn etc. Es kommt dann die Erfindung des Schwenkstativs, das vollkommen freie Bewegung auch der unregelmäßigsten Art gestattet und die Konstruktion von Wagen, rollenden Stativen, Kränen, Aufzügen und Seilbahnen kompliziertesten Typs, die immer waghalsigere Kamerabewegungen ermöglichen.

Die Montage der fertig aufgenommenen Filmstreifen verändert den Charakter der Bewegungen erstens, indem sie häufig nur einen Teilausschnitt einer Bewegung gibt und sie dadurch ändert, und zweitens weil das Aneinanderfügen verschiedener bewegter Szenen jede einzelne stark beeinflußt. Man kann den Charakter einer Bewegung grundlegend verändern, jenachdem mit welchen anderen man sie zusammenmontiert.

Beliebt ist das Aneinanderfügen von einander entgegengesetzten Bewegungen: fährt im ersten Bild die Eisenbahn von links nach rechts, so fällt im zweiten Bild die Schranktür von rechts nach links zu. Oft aber wird auch durch Gleichsinnigkeit der Bewegung ganz bewußt auf eine Parallele, einen Vergleich hingearbeitet. Eine Bewegung wirkt langsam, wenn sie zwischen schnellen, schnell, wenn sie zwischen langsamen Bewegungen steht, aber allzustarker Kontrast ist andrerseits gefährlich, und es gehört auch auf dem Gebiete der Bewegung zu den wichtigsten Montagekünsten, durch Abwechslung und Gegensatz den Zuschauer für die Wirkung jeder einzelnen Einstellung frisch zu halten, dabei aber nicht die Einheit des fließenden Ablaufes durch barbarische Sprünge zu zerstören. Die Montage soll eine der Bewegung im Einzelbild übergeordnete Hauptbewegung in die Komposition des Ganzen bringen, etwa ein starkes Anschwellen, das durch Aufeinanderfolge immer schnellerer und kürzerer Bewegungen erzielt wird.

Der eben angedeutete Zusammenhang zwischen Schnelligkeit und Kürze, gehört ebenfalls ins Kapitel: Montage und Bewegung. Wird eine Bewegung nur kurz gezeigt, so wirkt sie schneller, als wenn sie längere Zeit zu verfolgen ist. Dazu kommt, daß bei sogenanntem »Kurzschnitt« der Montagesprung von Bild zu Bild besonders deutlich den Charakter einer heftigen Bewegung gewinnt, die zur Dynamik der Filmszene beträchtlich beiträgt. Für sehr ruhige Szenen wirkt die Hast des Montagesprunges oft unpassend. Man verwendet daher in einem solchen Falle gern Ab-, Auf- und Überblendungen, die man in ihrer Geschwindigkeit und damit in ihrem Ausdruckscharakter beliebig abstufen kann.

Als in der Zeit ablaufender Vorgang hat der Film viel Verwandtschaft mit der Musik. Die Musik ist geeignet, Bewegungscharaktere in ihrem Ausdruck sehr energisch zu unterstreichen. Das geschieht, in stilisierter Form, am reinsten heute in den amerikanischen Zeichentrickfilmen. Von der Musik her kann die Bewegung leicht einen stilisierten, tänzerischen Charakter gewinnen, und es ist – wie schon die Entwicklung des Operettenfilms zeigt – zu erwarten, daß der Tonfilm uns unter dem Einfluß der Musik eine Epoche stilisierender Filmkunst bringen wird.

6. Bemerkungen zum Farbfilm[1]

Alle Farbtöne, die das Schwarzweißbild aufbauen, lassen sich in einer eindimensionalen Reihe anordnen, die von schwarz zu weiß über alle Schattierungen von grau führt. Jedes Bild dieser Art kann als Relief dargestellt werden, in dem die höchsten Punkte weiß und die niedrigsten schwarz ausdrücken. Im Fall des Farbfilms wäre eine solche Berg- und Taldarstellung nicht möglich, denn im farbigen Bild haben wir fast immer mehrere Systeme von Farbtonskalen, die neben- und ineinanderlaufen und deren Schlüsseltöne eine Grundfarbe oder oft eine Mischfarbe sind. Zwei Arten dieser eindimensionalen Farbskalen sind möglich; nennen wir sie die qualitative und die quantitative Skala: erstens, Skalen der Helligkeit (quantitativ), in denen eine bestimmte Grund- oder Mischfarbe von ihrem dunkelsten zu ihrem hellsten Wert gebracht wird, so z. B. dunkelblau zu hellblau; zweitens, gemischte Farbskalen (qualitative), die von einem Farbton zum nächsten führen, z. B. von gelb zu rot über ein gelb-rot und rot-gelb.

Gleichheit, Kontrast und Verwandtschaft

Vom Schwarzweißfilm wissen wir, daß zwei Farbtöne gleich, verwandt oder stark unterschieden sein können, je nach ihrer relativen Nähe auf der Farbskala.

Gleichheit dient dazu:

1. eine gleichförmige Fläche herzustellen (z. B. einen einfarbigen Himmel);

2. die Inhaltsähnlichkeit mehrerer Gegenstände auszudrücken (z. B. die schwarze Witwe und der kleine schwarze Hund in Lubitschs *The Merry Widow*);

3. zu bewirken, daß Gegenstände ineinander verschmelzen (z. B. ein schwarzes Kleid mit einem schwarzen Hintergrund).

Kontrast dient dazu:

1. einen Gegenstand von einem anderen abzuheben (z. B. ein dunkles Kleid gegen einen weißen Hintergrund);

---

[1] Die Übersetzung folgt ausschließlich der englischen Fassung »Remarks on the colour film«. Das deutsche Originalmanuskript konnte nicht mehr aufgefunden werden. Die italienische Fassung »Perchè sono brutti i film a colori?« unterscheidet sich inhaltlich nicht von der englischen.

2. Unterteilungen innerhalb eines Gegenstandes zu machen (z. B. die schwarzweiß gestreiften Kleider in *Mädchen in Uniform*).

Verwandtschaft dient dazu:

1. die unterschiedlichen Schattierungen innerhalb des Gegenstandes selbst hervorzuheben;

2. zwei Gegenstände voneinander zu trennen, allerdings weder durch extreme Ähnlichkeit noch durch extremen Kontrast.

Im Schwarzweißfilm gibt es nur eine Art, extremen Kontrast zu erreichen; den Unterschied zwischen schwarz und weiß. Im farbigen Bild gibt es so viele extreme Kontraste wie es Grundfarben gibt. Wenn wir drei Grundfarben annehmen (die Fachleute sind sich hierüber nicht einig) gibt es drei Kontrastpaare: blau-gelb, blau-rot, rot-gelb. Und darüber hinaus Kontraste durch Helligkeitsextreme.

Daraus folgt, daß im Schwarzweißfilm ein Gegenstand nur dann stark mit dem Rest des Bildes kontrastiert werden kann, wenn der Rest sehr homogen ist, z. B. die dunkle Witwe und der kleine Hund nur auf einem homogen weißen Hintergrund. Im farbigen Bild hingegen kann ein Gegenstand hervorgehoben werden, auch wenn noch weitere Kontraste im Bild vorhanden sind, z. B. ein rot gekleidetes Mädchen in einer Landschaft mit einem blauen Himmel, grünen Bäumen und gelben Feldern. Das klare Hervorheben eines Gegenstandes – ein hauptsächlicher Faktor in der optischen Dramaturgie – verliert dadurch viel von seiner Gewalt: die Strenge des Kontrasts fehlt, wenn dieser sich in mehr als zwei grundlegende Arten aufspaltet und auf mehrere Dimensionen erstrecken kann. Man kann auf demselben Helligkeitsniveau arbeiten und braucht daher keine Helligkeitskontraste. Während es im Schwarzweißfilm nur zwei extreme Werte (schwarz und weiß) gibt, hat der Farbfilm so viele wie es Grundfarben gibt, und darüber hinaus bringt die Einführung von Mischfarben nicht notwendigerweise (wie es im Fall des Schwarzweißfilms geschieht) eine Abschwächung des Kontrasts mit sich, z. B. rot gegen alle Farbtöne der Reihe blau – blaugrün – grünblau – gelbgrün – gelb.

Möglichkeit der Disharmonie

Durch die im Farbfilm eingeengte Möglichkeit, daß zwei Gegenstände denselben Farbton haben, bewirkt die Farbe eine beträchtliche Erweiterung der optischen Grammatik, aus der einerseits folgt, daß im Bild sehr viel komplizertere Beziehungen zwischen mehreren Gegenständen ausgedrückt werden können, andererseits jedoch, daß der Aufbau des Bildes zu einer ungleich schwierigeren Aufgabe wird. Sie tritt in das Feld der Polyphonie – ein nur annähernd richtiger Vergleich. Damit kommt die Möglichkeit der Disharmonie auf.

Innerhalb einer einzigen optischen Tonskala scheint eine Disharmonie unmöglich, da alle einzelnen Werte die gleiche Funktion haben, was sie von der musikalischen Tonskala unterscheidet: es gibt weder Dominanten noch Subdominanten. Daher kommen im Schwarzweißbild keine Disharmonien auf, noch nicht einmal im Fall wahlloser Arrangements, sondern nur Irrtümer im Aufbau und auch dann nur in bezug auf die räumliche Verteilung des Bildes. Dasselbe würde, so scheint es uns, auf den Fall des farbigen Bildes zutreffen, das in einer einzigen Helligkeitsskala gehalten ist (z. B. alle Schattierungen zwischen hell- und dunkelblau) oder in einer qualitativen Skala (z. B. alle Schattierungen zwischen blau und rot), und wahrscheinlich auch für ein Bild, das nur auf den Grundfarben basiert (angenommen, daß diese auch eine gleichwertige Funktion untereinander haben). Wenn man andererseits Mischfarben in sein Farbsystem einführt – und das wird fast immer gemacht –, dann kann es zu Disharmonien kommen, und zwar deshalb, weil jetzt die Beziehung zwischen zwei Tönen mehr als einen oder zwei Grundtöne abdecken kann und daher ihre Eindimensionalität verliert: z. B. kann eine solche Beziehung beides, Gleichheit und Kontrast zur selben Zeit beinhalten: orange (= rot und gelb) und violett (= rot und blau). Die harmonischen Gesetze der Farbe sind trotz vielfacher Versuche (Goethe, Ostwald) noch nicht überzeugend formuliert worden; aber das mit einem Sinn für Farbe begabte Auge folgt ihnen instinktiv, wohingegen derjenige, dem dieser Sinn fehlt, nur wenig Aussicht hat, sie zufällig zu erfüllen. (Umfang, Form und Verteilung der Farbflächen und der Gegenstände, die durch das Bild dargestellt werden, wurden überhaupt nicht erwähnt – Faktoren, die den Aufbau nicht nur weiter komplizieren, sondern möglicherweise auch die Farbharmonie beeinflussen!)

Leute mit Geschmack fanden die Farben im Farbfilm scheußlich; viele fanden sie unnatürlich. Das kann nur heißen, daß entweder bereits die natürlichen Farben scheußlich sind, oder daß sie in der Natur schön sind, aber grauenhaft wiedergegeben werden. Wenn wir ein Experiment machen, ein junges Mädchen in die Sonne stellen und uns ihr Bild auf dem Milchglasobjektiv der Kamera betrachten, so sieht das, was wir da sehen, den Bildern eines Farbfilms bemerkenswert ähnlich. Alle Töne scheinen übertrieben, unharmonisch, das Mädchen auffällig geschminkt, das ganze Bild gewöhnlich und bedeutungslos. Nun stelle man sich ein gutes Gemälde auf dieselbe Art vor – das Ergebnis auf dem Milchglas berührt seine Schönheit in keiner Weise. Woraus folgt: der Fehler liegt nicht, wie so oft argumentiert wird, bei den Farbfilmtechnikern (sogar wenn sie, wie zur Zeit, ihre Aufgabe nicht vollkommen erfüllen). Der Grund ist kein physikalischer, sondern ein psychologischer: sobald ein Stück Natur zum Bild wird, betrachten wir es mit anderen Augen. (Die Reduktion des Plastischen auf das Flächige kann einigen Einfluß darauf haben.) Es scheint, daß wir es wie ein Bild betrachten und daher nach anderen Werten verlangen.

Nachdem ich meinen ersten Farbfilm gesehen hatte und das Kino verließ, hatte ich ein schreckliches Erlebnis – ich sah die Welt als Farbfilm. Die Albanerberge standen als ordinäre, weiche lila Farbe hinter einer Kette von dunkelgrünen Pinien, gekrönt von einem smaragdgrünen Himmel – alles war schreiend in seinen giftigen Farben und gab ein chaotisches, unmenschliches, disharmonisches Bild. Dies hielt ein paar Minuten an, und dann, ohne daß sich das Licht wirklich verändert hätte, war meine gewohnte Abendlandschaft in ihrer ganzen Ruhe da: die weit entfernten Berge, die Bäume in ihrer steifen Feierlichkeit, der römische Himmel im letzten Licht des Tages.

Natur und Kunst

Die Natur ist schön, aber nicht im selben Sinn wie die Kunst. Ihre Farbkombinationen sind zufällig und daher für gewöhnlich unharmonisch. Wo sie zufällig ein interessantes, harmonisches Motiv anzudeuten scheint, kann der Maler sich seiner bemächtigen und es ausführen, d. h. die Ähnlichkeiten, Kontraste und Beziehungen herausarbeiten, dem einen herrschenden Motiv alles andere unterordnen. Aus diesem System von Beziehungen, das auch die emotionalen Eigenschaften der Farbe einschließt, von Goethe als ihre sinnlich-sittliche Wirkung beschrieben, entsteht eine charakteristische, unzweideutige Darstellung des Gegenstandes. Ordnung und Klarheit sind auf einen Blick sichtbar, und da die Farben dem Gegenstand dienen, erscheinen sie nicht länger als Farbkleckse. Wir haben uns daran gewöhnt, ein Gemälde als eine Struktur voller Bedeutung anzusehen; daher unsere Hilflosigkeit, unser tiefer Schock, wenn wir die meisten Farbphotographien sehen. Wir finden keinerlei Form in ihnen und können uns auch nicht entschließen, sie als Natur anzusehen.

Der ›praktische‹ Gesichtssinn ist für den Menschen nur ein Mittel, sich in seiner Umgebung zurechtzufinden. Farben helfen ihm, die Gegenstände auszumachen und sie voneinander zu unterscheiden. Daher ist das Interesse auf Einzelobjekte, nicht auf Beziehungen zwischen ihren optischen Erscheinungen gerichtet. Das visuelle ›Bild‹ als Ganzes ist biologisch überflüssig, weswegen wir auch weder Harmonie noch Disharmonie wahrnehmen. Nur das ästhetische Sehen (das nicht mit der ›Freude an der Natur‹ zu verwechseln ist) vermittelt uns die elementare Grundlage aller optischen Kunstformen.

Schlußfolgerung

Die Farbverwirrung im Farbfilm, die störende Dominanz einzelner Töne, die Schwierigkeit, Bilder auf einen Blick wahrzunehmen, die Ablenkung vom Objekt durch die Farbe, haben allenfalls nebensächliche technische Gründe. Die Hauptursache der ästhetisch unbefriedigenden Wirkung der Farbe liegt in der ›Natürlichkeit‹, der Formlosigkeit. Das oft empfohlene Dämpfen aller Farben ist keine Lösung; man sollte auch nicht unnaturalistisch werden, um zur Form zu gelangen. Warum sehen auf guten Bildern Gesichter, die sehr viel farbiger als die im Farbfilm sind, nicht unnatürlich aus? Warum sticht sogar ein reines Rot nicht als störendes Element hervor? Weil auf Gemälden jede Farbe ihren Platz in einem System von Farben und Formen hat, das ein ausgewogenes Gleichgewicht von Intensitäten bildet, weil die Intensität und der Umfang von Flächen in angemessener Beziehung zueinander stehen, weil es keine farblosen, sinnlosen Töne gibt. Warum lenken die Farben nicht vom Gegenstand ab? Weil sie so ausgewählt worden sind, daß sie ihn zur Geltung bringen. Warum kann man ein Gemälde auf einen Blick wahrnehmen? Weil Kontraste, Gleichheiten und Verwandtschaften der Farbwerte dem Gegenstand dienen; weil die größte Intensität da ist, wo das Objekt sie verlangt. Und warum beobachten wir beim Farbfilm für gewöhnlich das Gegenteil? Weil die Kunst, den mechanischen Prozeß zu steuern, noch nicht entdeckt worden ist.

Ob das Problem im Dokumentarfilm, in dem die Farben zwangsläufig vorgegeben sind, überhaupt zu lösen ist, erscheint zweifelhaft. Daß es aber im Studiofilm, der einen großen Spielraum im Gebrauch von Farben ermöglicht, sehr viel besser als bisher gelöst werden könnte, ist meiner Meinung nach offensichtlich. Dazu muß natürlich jede Szene von Anfang an auf Farben und Formen aufgebaut sein, und das Drehbuch muß auf Farb-Überlegungen basieren. Man darf nicht, wie es jetzt groteskerweise üblich ist, einen Farbspezialisten dazu anstellen, sich im Nachhinein um die Farbgestaltung einer Szene zu kümmern, deren Handlung im Drehbuch und deren physischer Ablauf vom Regisseur schon festgelegt ist.* Aus den obigen Gründen geht klar hervor, daß der Farbfilm, selbst bei einer vernünftigeren Produktionsweise, sehr viel mehr künstlerischen Gespürs bedarf, um ein erträgliches Resultat hervorzubringen. Und daher sind wir, wenn Raymond Spottiswoode in seinem kürzlich erschienenen Buch sagt: »Farbe kann wohl das Niveau

---

* Natalie M. Kalmus, Farbregisseurin von Technicolor: »Bei der Vorbereitung eines Films *lesen wir das Drehbuch* und bereiten eine Farbtabelle für die gesamte Produktion vor, wobei jede Szene, jede Sequenz, jede Dekoration und jede Person berücksichtigt wird. Diese Tabelle kann man mit einer Musik-Partitur vergleichen; *sie bereichert den Film in einer ähnlichen Weise.*« (Journal of the S. M. P. E., August 1935).

schlechter Filme anheben, aber je besser der Film ist, desto weniger wird er dadurch gewinnen«, vom genauen Gegenteil überzeugt.

(Übersetzung von Ruth Baumgarten)

7. Kunst heute und der Film[1]   (1965)

Wenn die verschiedenen Kunstformen unserer Zeit bestimmte gemeinsame Züge tragen, so erreichen sie diese Gemeinsamkeit doch auf verschiedenem Wege, je nach der Eigenart des Mediums. Auf den ersten Blick könnte man erwarten, daß das photographische Bild, technisch auf mechanische Reproduktion festgelegt, schlecht zur modernen Kunst paßt – eine theoretische Prophezeiung, die jedoch von einigen der neueren Arbeiten von Photographen und Filmregisseuren nicht gestützt wird. Ich werde im folgenden versuchen, eine der zentralen Kategorien, die zur Beschreibung moderner Kunst entwickelt wurden, auf die Filmbeschreibung anzuwenden, um so den Nachweis zu erbringen, daß auch das photochemische Bild den ästhetischen Prinzipien der Moderne entspricht.

Auf der Suche nach dem charakteristischsten Merkmal unserer bildenden Kunst kommt man darauf, daß es der Versuch ist, vom Abbild der physischen Realität loszukommen. Im Verlauf unserer Zivilisation sind wir dazu gekommen, Bilder als Werkzeuge der Betrachtung zu gebrauchen. Wir haben sie als eine eigene Welt eingerichtet, getrennt von der Welt, die sie abbilden, damit sie ihre eigene Vollständigkeit haben und ihren besonderen Stil freier entwickeln können. Diese Tugenden jedoch werden von der Angst überwogen, die eine solche Abgehobenheit auslöst, wenn der Geist sie sich nicht leisten kann, da sein eigener Halt an der Realität sich zu sehr gelockert hat. Unter solchen Umständen wirken die Rampenlichter, die eine Welt des Scheins von ihrem Gegenstück trennen, und der Rahmen, der das Bild davor beschützt, mit seiner Umgebung zu verschmelzen, als Hindernis.

In einem allgemeineren Sinn genügt schon die Beschaffenheit einer erkennbaren Ähnlichkeit, um die erschreckende Dichotomie hervorzurufen, sogar ohne jegliche ausdrückliche Abgelöstheit des Bildes. Eine Marmorstatue weist auf eine Welt aus Fleisch und Blut, zu der sie jedoch gesteht, nicht zu gehören, was sie ohne Platz in dieser Welt dastehen läßt. Sie kann einen solchen Platz nur erwerben, wenn sie darauf besteht, daß sie mehr ist als ein Bild, und die radikalste Art, dies zu vollbringen, besteht darin, das Abbilden von natürlichen Dingen völlig aufzugeben. Dies genau ist es, was die moderne Kunst gemacht hat. Indem es das Abbilden aufgibt, etabliert sich das Kunstwerk klar als ein Objekt, das eine unabhängige eigene Existenz besitzt.

[1] Originaltitel: »Art Today and the Film«.

Aber wenn dieser radikale Schritt einmal vollzogen worden ist, drängt sich ein anderer, sogar noch entscheidenderer, zwingend auf. Er besteht darin, das Bilder-Machen völlig aufzugeben. Das kann anhand der neueren Entwicklungen in der Malerei erläutert werden. Als die abstrakten Maler das Abbilden natürlicher Dinge aufgaben, stellten ihre Gemälde immer noch farbige Formen dar, die sich im bildlichen Raum aufhielten, d. h., sie gaben immer noch die Anwesenheit von etwas vor, das nicht da war. Die Malerei probierte unterschiedliche Heilmittel. Sie nahm Zuflucht zur Collage, die das »reale Objekt« in die Welt der visuellen Illusion einführte. Sie ging zurück zu *trompe l'œil*-Effekten von demütigendster Langeweile. Sie diskreditierte das Bilder-Machen, indem sie seine kommerzialisiertesten Produkte nachäffte. Sie befestigte Installationszubehör an ihrer Leinwand. Keiner dieser Versuche besitzt Überzeugungskraft, bis auf einen, der sehr vielversprechend zu sein scheint, nämlich die Bindung der abstrakten Malerei an die Architektur. Abstrakte Malerei paßt zur Wand wie keine gegenständliche Malerei es je tat, gibt so die Illusion eines gemalten Raums auf und wird statt dessen zur Oberflächenstruktur des dreidimensionalen Steinblocks.

In diesem dreidimensionalen Raum der physischen Existenz, in den die Malerei so flüchtet, war die Bildhauerei schon immer angesiedelt. Trotzdem hat die Bildhauerei, genausosehr wie die Malerei, die Notwendigkeit verspürt, vom Bilder-Machen wegzukommen. Sie ersetzt die nachahmende Form durch die Überreste industrieller Maschinerie, sie benutzt Gipsabgüsse und präsentiert reale Objekte als Artefakte. Alle diese charakteristischen Tendenzen im Reich des Objekt-Machens werden jedoch von den spektakulären ästhetischen Erfolgen des industriellen Designs überschattet. Die Maschinen, die Brücken, die Werkzeuge und chirurgischen Instrumente erfreuen sich einer Nähe zu den praktischen Bedürfnissen der Gesellschaft, die die schönen Künste verloren haben. Diese nützlichen Objekte sind *bona fide* Bewohner der physischen Welt ohne Anspruch auf Bilder-Machen und doch spiegeln sie die Daseinsbedingungen des modernen Menschen mit einer Reinheit und Intensität wider, die kaum zu schlagen ist.

Um unseren kurzen Überblick zu vervollständigen, blicken wir zu den darstellenden Künsten und stellen fest, daß aus dem mimetischen Theater, trotz gelegentlicher hervorragender Produktionen im traditionellen Stil, wenige Schößlinge gesprossen sind, die es als lebendiges Medium qualifizieren würden. Bezeichnenderweise war sein vitalster Zweig Brechts episches Theater, das den Illusionismus in seiner Sprache, seiner Art des Spiels, seinem Bühnenbild verächtlich zurückweist und seine Schauspieler als Geschichtenerzähler einsetzt und als Erklärer von Ideen. Die musikalische Komödie, obwohl so verschieden vom epischen Theater, verdankt ihren Erfolg auch dem Herunterspielen der erzählerischen Illusion. Das Schauspiel graziöser, rhythmischer Bewegung wendet sich ebenso direkt an das Publikum wie Brechts pädagogische Darstellung. Und vom modernen Tanz kann man sagen, daß er seinen sieghaften Einzug da gehalten hat, wo die kostümierte Pantomime aufhörte. Die drastischste Bewegung in Richtung auf unverstellte Aktion scheint von den sogenannten Happenings gemacht worden zu sein. Sie teilen das Rohmaterial von Schauer, Furcht, Neugierde und Sinnenkitzel in einer Umgebung aus, die Schauspieler und Zuschauer in einem gemeinsamen Abenteuer vereint.

Wenn wir die Zeichen der Zeit überhaupt richtig gelesen haben, wären die Aussichten des Kinos anscheinend düster – nicht weil es ihm an Möglichkeiten fehlt, sondern weil es scheint, als ob das, was es anzubieten hat, das Gegenteil von dem ist, was gewünscht wird. Der Film ist seinem Wesen nach mimetisch. Als ein Zweig der Photographie verdankt er seine Existenz dem Abdruck von Dingen auf einer lichtempfindlichen Oberfläche. Er ist der Bilder-Macher *par excellence,* und ein Großteil seines Erfolges kommt von der mechanischen Treue seines Abbildens. Was soll ein solches Medium tun, wenn die Künstlichkeit abgehobener Bilder beunruhigt?

Ironischerweise muß der Film vom Historiker als das späte Produkt einer langen Entwicklung gesehen werden, die als Reaktion auf die Losgelöstheit von der Realität begann. Der Film ist ein Enkel der Renaissance. Er geht zurück auf die Geburt der Naturwissenschaft, auf die Suche nach Techniken, wie die Natur zuverlässiger zu reproduzieren und zu messen wäre, zurück auf die Camera obscura, die jahrhundertelang von den Malern als willkommene Krücke benutzt wurde, zurück zum Zeichnen von Schattenrissen, die eine Mode objektiver Darstellung auslösten, kurz bevor die Photographie erfunden wurde. Die bewegte Photographie war ein später Sieg in dem Kampf um die Bewältigung der konkreten Realität.

Aber es gibt zwei Arten, den Kontakt mit der Welt der wahrnehmbaren Dinge, auf die unsere Sinne und Gefühle abgestimmt sind, zu verlieren. Man kann sich weg von dieser Welt bewegen, um die Realität in abstrakten Spekulationen zu finden, wie es die Vor-Renaissance-Ära des Mittelalters tat, oder man kann diese Welt verlieren, indem man die sichtbare Oberfläche der Dinge durchdringt und die Realität in ihrem Inneren findet, wie es die Physik, Chemie, Psychologie der Nach-Renaissance getan haben. So hat uns gerade unser Interesse für die faktische Konkretheit über die Oberfläche, auf die unsere Augen reagieren, hinausgeführt. Zur selben Zeit hat eine Übersättigung an Bildern in Zeitschriften und Zeitungen, in Kino und Fernsehen unsere Reaktionen auf Indiskretionen abgestumpft und sogar auf das Entsetzen des journalistischen Schnappschusses und des Grand Guignol. Die Kinder von heute sehen die Tränen der Tragödie und verstümmelte Körper jeden Tag.

Das Kino kam der Forderung nach Konkretheit nach, indem es das photographische Bild mehr und mehr wie die Wirklichkeit aussehen ließ. Es fügte Ton, fügte Farbe hinzu, und die letzten Entwicklungen der Photographie versprechen uns eine neue Technik, die nicht nur echte Dreidimensionalität hervorbringt, sondern auch die starre Perspektive abschafft und so das Bild durch die totale Illusion ersetzt. Die Live-Fernsehshow ist die Zeitlücke zwischen Bild und abgebildetem Ereignis losgeworden. Und ähnlich wie die Maler auf großformatige Leinwände kamen, um das Auge in ein endloses Farbenschauspiel zu versenken und die Grenzen zwischen Fiktion und Außenwelt zu verwischen, erweiterte auch das Kino die Leinwand. Diese Offenheit der Form wurde durch die Offenheit des Inhalts ergänzt: der Kurzgeschichten-Typus der Episode präsentierte keine abgeschlossene und abgehobene Einheit mehr, sondern schien kurz aus dem wirklichen Leben aufzutauchen, nur um wieder im Kontinuum des Alltags unterzugehen.

Der extreme Versuch, die Szenen des Lebens ungestellt und ungeprobt durch versteckte Kameras einzufangen, wurde sehr gelassen aufgenommen, irgendwo zwischen dem was ein Voyeur durch das Schlüsselloch oder ein Passant durch den Spalt im Bauzaun erhascht. Denn das kuriose Paradox in der Beschaffenheit eines jeden Bildes ist natürlich, daß es, je getreuer es wird, desto mehr die höchste Aufgabe des Bildes verliert, nämlich die des Zusammenfassens und des Interpretierens dessen, was es darstellt. Und dadurch verliert es an Interesse. In diesem Sinn war es sogar ursprünglich ein riskanter Schritt, Bewegung zum statischen Bild hinzuzufügen, weil die ungeheure Bereicherung, die durch Aktion in der Zeit-Dimension gewonnen wurde, bezahlt wurde mit dem Verlust der Fähigkeit, den bleibenden Charakter der Dinge zu bewahren, in sicherer Entfernung von ihrem ständigen Wechsel in der Zeit.

Dem Beispiel der Malerei folgend hat der Film das Heilmittel der Abstraktion versucht. Aber die Experimente von Hans Richter und Viking Eggeling bis Oskar Fischinger, Norman McLaren und Len Lye sind hauptsächlich auf eine Museumskollektion ehrwürdiger Kuriositäten hinausgelaufen. Dies mag in Anbetracht der großen ästhetischen Möglichkeiten farbiger bewegter Formen überraschend scheinen. Aber da auch die abstrakte Malerei im Niedergang ist, vermute ich, daß der Künstler, wenn er das Bilder-Machen aufgibt, nicht länger einen guten Grund hat, an der zweidimensionalen Fläche festzuhalten, d. h. an dem zwielichtigen Bereich zwischen Bilder- und Objekt-Machen. Daher die zeitweilige oder dauerhafte Flucht so vieler Künstler von der Malerei zur Skulptur und, wie ich bereits sagte, die Versuche, die Malerei dreidimensional zu gestalten oder sie an die Architektur zu binden.

Der Film kann dies nicht leisten. Es scheint eine allgemeine Übereinkunft zu bestehen, daß der Film seine größten und spezifisch filmischsten Erfolge verzeichnete, als er seine Interpretationen des Lebens vom authentischen Realismus bezog. Dies galt für die Zeit von Lumière bis Pudowkin, Eisenstein und Robert Flaherty und später de Sica und Zavattini. Und ich würde schwer mit jemandem streiten können, der behauptet, daß er bereit wäre, die ganze Filmproduktion der letzten paar Jahre für Jacques-Yves Cousteaus letzten Unterwasser-Dokumentarfilm *World Without Sun* herzugeben.

Jedoch – und das bringt mich zum Hauptpunkt meiner Argumentation – fasziniert Cousteaus Film nicht einfach als Erweiterung unseres visuellen Wissens, die durch das dokumentarische Vorzeigen eines unerforschten Gebiets auf unserer Erde erreicht wird. Diese höchst authentischen, realistischen Bilder enthüllen eine Welt von tiefem Geheimnis, eine Dunkelheit, die vorübergehend aufgehoben wird durch das Aufblitzen von unnatürlichen Lichtern, eine völlige Aufhebung der gewohnten vertikalen und horizontalen Koordinaten des Raums. Räumliche Orientierung wird auch umgestoßen durch die Gewichtslosigkeit dieser Tiere und entmenschlichten Menschen, die auf- und abschweben ohne Mühe, von nirgendwoher auftauchen und ins Nichts verschwinden, ständig in Bewegung, ohne erkennbaren Zweck und einander völlig gleichgültig. Eine überwältigende Schau blendender Farben und komplizierter Bewegungen, an keine Erfahrung gebunden und vollführt ohne erkennbaren Nutzen. Unzählige monströse Variationen von Gesichtern und Körpern fließen vorbei mit der selbstverständlichen Nüchternheit des Herings oder Barsches in einer tiefen, für einen solchen optischen Aufruhr und Farbentumult höchst unnatürlichen Stille, unterbrochen nur von Geräuschen, die niemand jemals hörte. Was wir hier haben ist, wenn ein unschönes Wortspiel erlaubt ist, die Nouvelle Vague unter Wasser.

Denn es ist offensichtlich, daß das, was uns an diesem Dokumentarfilm am meisten gefangen nimmt, die äußerst erfolgreiche, wenn auch sicherlich unbeabsichtigte Schaustellung von dem ist, was die eindrucksvollsten Filme der letzten paar Jahre zu realisieren versucht haben, nämlich das Gespenstische der sichtbaren Welt durch authentische Erscheinungen aus dieser Welt zu interpretieren. Das Kino hat seinen besten Beitrag zu dem allgemeinen Trend geliefert, den ich zu beschreiben versucht habe, nicht indem es sich vom Bild zurückgezogen hat wie die anderen Künste, sondern indem es Bilder benutzt, um die Realität als gespenstische Fiktion zu beschreiben. Dadurch bemächtigt es sich und interpretiert die Erfahrung, vor der die anderen visuellen Künste zu fliehen versuchen und auf die sie reagieren.

Indem es diese Gelegenheit ausschöpft, bleibt das Kino seinem Wesen treu. Es bezieht seine neuen Alpträume aus seiner alten Authentizität. Nehmen Sie den atemberaubenden Anfang von Fellinis *8 1/2*, die Szene des Herzanfalls in dem geschlossenen Auto, von den anderen Fahrern reaktionslos angestarrt, so nah und doch so weit entfernt in ihren Glas- und Stahlbehältern; nehmen Sie die völlige Lähmung der Bewegung, realistisch gerechtfertigt durch die Verkehrsstauung im Tunnel, und vergleichen Sie dieses erschreckende Geheimnis mit der unmittelbar folgenden Flucht der Seele, die die ganze lächerliche Unbeholfenheit der Abteilung für Spezial-Effekte hat. Wie viel unwirklicher als das vermeintlich phantastische Haremsbad des Helden in *8¹/₂* sind die Moskitoschwärme der Reporter, die die verwitwete Frau in *La Dolce Vita* verfolgen. Und wie unvergeßlich andererseits ist das graue Nichts des Dampfbades, in dem die bemitleidenswerten Filmemacher Buße tun und das den alten Kardinal verklärt.

Die Schauspieler Alain Robbe-Grillets bewegen sich ohne Grund wie Cousteaus Fische und betrachten sich gegenseitig mit ähnlicher Gleichgültigkeit. Sie praktizieren Geistesabwesenheit als eine Art zu leben und verkehren zusammen über lange (Zeit-)Räume hinweg. Mit ihrer Schnitt-Technik zerstören die Regisseure der *Nouvelle Vague* die Relationen der Zeit, die die Dimension der Handlung ist, und die des Raums, die die Dimension menschlichen Kontakts ist, indem sie alle Regeln jenes Buches verletzen – und manche Leser werden erraten, welches Buch ich meine.[2] Jene Regeln setzten natürlich voraus, daß der Filmemacher die physische Kontinuität von Raum und Zeit durch die Diskontinuität der Bilder abbilden wollte.

Die Zerstörung der Kontinuität von Raum und Zeit ist ein Alptraum, wenn sie auf die physische Welt angewendet wird, aber sie ist eine vernünftige Ordnung im Reich des Geistes. Tatsächlich lagert der menschliche Geist Erfahrungen der Vergangenheit als Gedächtnisspuren, und in einem Lagergewölbe gibt es keine Zeit-Sequenzen oder räumliche Verbindungen, nur Affinitäten und Assoziationen, die auf Ähnlichkeit oder Kontrast beruhen. Es ist diese unterschiedliche, aber feststehende Ordnung des Geistes, die die Romanciers und Filmregisseure der letzten paar Jahre als eine neue Realität präsentierten, während sie die alte zerstörten. Indem sie den Unterschied zwischen dem, was gegenwärtig wahrgenommen wird, und dem, was nur aus der Vergangenheit erinnert ist, auslöschten, haben sie eine neue Homogenität und Einheit der Erfahrung geschaffen, unabhängig von der Ordnung der physischen Dinge. Wenn in Michel Butors Roman *La Modification* die Sequenz der Zugreise von Paris nach Rom sich ständig mit einem Sprühregen atomisierter Episoden der Vergangenheit auseinandersetzt, dann schafft die Zerstückelung der physischen Zeit, des physischen Raums eine neue Zeitabfolge und ein neues räumliches Kontinuum, nämlich das des Geistes.

Es ist das Schaffen und Ausschöpfen dieser neuen Ordnung des Geistes in ihrer Unabhängigkeit von der Ordnung der physischen Dinge, das, wie ich glaube, das Kino weiter beschäftigen wird, während die anderen visuellen Künste die andere Seite der Dichotomie erforschen – die Welt der physischen Dinge, von denen der Geist so angenehm abwesend zu sein scheint.

(Übersetzung von Ruth Baumgarten)

[2] Arnheim bezieht sich hier auf sein eigenes Buch: Film als Kunst.

B. Tonfilm

1. Der tönende Film (1928)

Zunächst: ob die Begleitmusik zu einem Film von einem leibhaftigen Orchester oder von einem mechanischen Apparat ausgeführt wird, kann den Leuten im Parkett gleichgültig sein. Insofern ist der Tonfilm Privat- und Kalkulationssache der Produzenten. Immerhin wird es sparsame Naturen befriedigen, daß die Musik nicht mehr jeden Abend neu angefertigt werden muß, und in den Dörfern wird man künftig Mittwochs und Sonnabends nicht mehr die Gattin des Friseurs an das drahthaarige Klavier im Festsaal des Goldenen Löwen nötigen müssen, sondern die Musik wird gleich vom Verleih mitgeliefert werden. Wobei jedoch zu befürchten ist, daß die flimmernden Regenstreifen, die bisher nur dem Auge wehtaten, nun in ungleich schmerzhafteren Striemen auch über die Begleitmusik schürfen werden; – und: bei Harry Piel macht es nichts aus, wenn er in Luckenwalde ein paar Hindernisse überspringt, die er in Berlin noch vor aller Augen genommen hat, aber wie wird es der Musik bekommen, wenn sie mehrfach auseinandergerissen und von rauher Vorführerhand wieder zusammengeklebt wird? Doch nehmen wir an, die Sache klappt und der Tri-Ergon-Apparat speit gleichzeitig eine musterhafte Riesengebirgslandschaft und einen untadligen Männerchor aus, so ist das doch noch weiter nichts Neues, sondern nur eine betrübende Konkurrenz für die Gebrauchsmusiker.

Der Tonfilm ist aber da, wenn der Schauspieler Paul Grätz riesengroß auf der Leinwand erscheint, ein bißchen verlegen, denn er ist wohl nicht gewöhnt, sein Gesicht mit nichts als etwas Zivilmimik bekleidet so groß vor den Leuten zu zeigen, und wenn er nun zu uns redet. Das S klingt noch, als habe Paule sein Gebiß einzuhaken vergessen, und noch schütten sich verwischende Echos über die Stimme, so als ständen die vier Wände einer leeren Kathedrale drumherum, aber sonst ist schon alles sehr schön: wenn der photographierte Paule mit einer Selbstverständlichkeit, die einen bei so einem zweidimensionalen Gebilde vorläufig noch wundert, die Lippen zum Sprechen öffnet, gibt es keine Blamage, sondern die Stimme sitzt ihm am rechten Fleck und gehorcht dem leisesten Zucken seiner Mundwinkel. Da steht er nun und redet, und vor diesem Wunder wird man naiv wie ein Kind: der Geiger Weißgerber tritt, nachdem er vor Auge und Ohr ein Virtuosenstück aufgeführt hat, mit einer Verbeugung zurück, und da klatscht man ihm spontan Beifall und meint zu sehen, wie er sich drüber freut, und schielt dann ängstlich und beschämt zum Nachbarn, aber der hat auch geklatscht.

Der Eindruck, daß da nicht ein Abbild, sondern ein leibhaftiges Wesen agiert, ist völlig zwingend. Aber in dem Augenblick, wo dies geschieht, tritt die Filmkunst ihren mühselig eroberten Platz wieder an den guten, alten Guckkasten ab.

Daß der tönende Film einem viel eindringlicher auf den Leib rückt als der stumme, versteht sich. Ein mit allen Geräuschen aufgenommener Boxkampf ist ebenso aufregend wie ein wirklicher, und ein laut bellender Hund ist eindrucksvoller als einer, der immer bloß schweigend das Maul aufreißt und mit dem Kopf in die Luft hackt. Welch schmerzhafte Vorbildung für die innere Politik ist es, weißglühendes Eisen zischen zu hören, wenn es von zwei halbnackten Männern in die Walzmaschine geschoben wird, und wie vieles wird einem gleich klar, wenn man Stresemann in vollem Betrieb, in übernatürlicher Größe und mit einer lauten Nadel vorgeführt bekommt.

Aber was der Film durch den Ton für Instruktions- und Reportagezwecke gewinnt, das schadet ihm auf künstlerischem Gebiet. Wir wollen den Fall ein bißchen punktieren:

Erstens: Wenn aus der Geige des gefilmten Virtuosen wirkliche Töne dringen, wird das optische Bild plötzlich plastisch und dinghaft. Das Akustische vervollkommnet die Illusion so, daß sie komplett wird. Und sogleich ist auch der Bildrand kein Rahmen mehr, sondern die Begrenzung eines Loches, eines Theaterraums: – der Ton macht die Filmwand zur räumlichen Bühne! Nun liegt aber ein Haupt- und Sonderreiz des Films darin, daß eine Filmszene immer ein Wettstreit: Bildaufteilung und Bewegung in der Fläche contra plastischer Körper und Bewegung im Raum ist. Der Tonfilm hebt dies ästhetisch wichtige Doppelspiel fast restlos auf. Man nehme das Bild einer Sängerin mit ihrem Begleiter; ganz vorn sitzt groß der Begleiter, und hinter dem Flügel sieht man klein den Oberkörper der Sängerin. Nun beruht der Reiz einer solchen Bildeinstellung darauf, daß die perspektivischen Größenverhältnisse zu dem Inhalt der Begebenheit paradox laufen, denn die Sängerin ist ja eigentlich Hauptperson. Sieht man dieselbe Szene im Tonfilm und tönt aus dem Munde der Frau Gesang, so wirkt der Begleiter als eine zufällig vorn placierte Figur, die das Zentrum der Begebenheit störend zudeckt. Statt eines hübschen Bildes haben wir einen schief erzählten Vorgang. Denn durch den Ton ist die »Handlung« dominierend geworden. – Ähnlich bei der Aufnahme einer Reichswehrkapelle, die von weit hinten her ins Bild marschiert. Rein optisch gibt es ein wunderschönes Gegenspiel, wenn nun ganz vorn die riesige Figur eines Offiziers erscheint, hinter dessen breitem Leib allmählich die marschierende Kapelle verschwindet. Höre ich aber dazu die Militärmusik spielen und bleibt dadurch mein Interesse länger bei der Kapelle, als dies bei bloßer Bilddarbietung der Fall wäre, so wird, kaum daß die ersten Trompeter hinter dem Rücken des Offiziers verschwinden, dieser zu einem Störenfried, dem ich zurufen muß: »Herr, gehen Sie mir aus der Musik!«

Zweitens: Aber nicht nur, daß der Ton es fast unmöglich macht, Flächen-
bilder aufzufassen, – der Hersteller kann auch für die Schönheit des Bildes
nicht mehr ausreichend Sorge tragen, weil ja nun nicht mehr nur das Optische, sondern auch das Akustische zur Komposition gehört. Da hält also
Stresemann eine Rede, und wenn man sich nun zwingt, trotz des Tons film-
mäßig zu sehen, was bietet sich? – ein langweilig hin- und herpendelnder
nackter Schädel, eine monotone Mimik, minutenlang dasselbe Bild. Das ist
zum Sterben! Oder: mache ich eine Tonfilmaufnahme von einem Geiger
und seinem Begleiter und zeige ich, sobald das Klavier ein Solozwischenspiel
hat, im Bild eine Großaufnahme des Begleiters, so reißt diese hübsche Abwechslung im Optischen den Ablauf des Musikstücks im Akustischen un-
weigerlich mit einem Ruck auseinander. Das heißt, die Rücksicht auf die Einheit der Klangszene erfordert hier, daß ich auch die Bildszene unverändert
– und das ist ziemlich identisch mit langweilig – halte. Und sieht man ganz
vom Bildeindruck ab und nimmt die Szene als dinglichen Vorgang, so ist das
nicht Film und nicht Tonfilm, sondern gewöhnliches Theater. Und das kennen wir ja schon.

Drittens: Der Film treibt, indem er inhaltlich disparate Szenen ineinan-
derschwimmen läßt, kontrastierende Vorgänge blitzartig gegeneinandersetzt,
Einstellungen und Objektgrößen überraschend wechselt, ein souveränes Spiel
mit Realitäten. Darin liegen seine wichtigsten »musikalischen« Möglichkeiten. Der Ton greift hier hemmend ein. Er gibt jeder Szene so viel Schwere,
belastet sie mit Naturechtheit, daß sie bei dem über alles Inhaltliche hin-
wegeilenden Formentanz nicht mehr mithalten kann. Man sieht in die einzelnen Bilder hinein wie in die Kästen eines Paternosterfahrstuhls. Was
vorher durch die gemeinsame Eigenschaft der Bildmäßigkeit trotz aller inhaltlichen Diskrepanz auf derselben Basis gehalten wurde und mühelos zu-
sammenfloß, steht jetzt abgehackt nebeneinander.

Das sieht nicht sehr hoffnungsvoll aus, und es scheint recht fraglich, ob
es begabten Leuten möglich sein wird, solche elementaren Mängel abzustel-
len und sich in dem Tonfilmprinzip ein neues Kunstmittel zu schaffen. Walter Ruttmanns und Edmund Meisels Bilderrevue *Tönende Welle* verwendet
hauptsächlich Begleitmusik und ist im Ganzen noch nicht sehr herzhaft im
Experimentieren. Sicher aber ist, daß auf den durchschnittlichen Spielfilm
der Tonzusatz ungefähr ebenso veredelnd wirken wird, wie es einen auf einer
Ansichtskarte naturgetreu gemalten Dackel verschönt, wenn man ihm noch
einen Spiralschwanz anmontiert: er wird kokett mit seiner dritten Dimension
wedeln und dadurch das Vergnügen des großen Publikums und den Schrek-
ken der Wenigen, auf die es ankommt, kräftig vermehren.

Aber der Tonfilm kann das Theater ersetzen. Man denke sich das Filmbild bunt und in seiner Raumwirkung, etwa durch eine stereoskopische Anordnung, noch verstärkt, die klangliche Übertragung noch verbessert, und es

60

ist nicht einzusehen, warum wir weiterhin die Kräfte unsrer großen Schauspieler an ein nerventötendes Serienspiel verschwenden sollen, warum das Theaterpublikum, soweit es mehr als zehn Meter von der Bühne entfernt sitzt, nach wie vor die Aufführung nur vom Hörensagen kennenlernen und warum den Leuten in Luckenwalde, New York und Singapur vorenthalten werden soll, was es an großer Schauspielkunst in der Welt gibt!

Der Tonfilm als verbessertes Opernglas und als Konservenbüchse – herrlich! Der Tonfilm als eine eigene Kunstform . . .?

2. Tonfilm-Verwirrung (1929)

Während in New York und London der Tonfilm lärmende Triumphe feiert, begnügt sich der europäische Kontinent bisher mit der Rolle des stummen, sprachlosen Zuschauers, und das einzige, was bei uns tönt, ist das Geschrei der Fach- und Geldleute, die sich um die Patente hauen. Duelle zwischen deutschen Firmen. Sollen amerikanische Apparate zugelassen werden? Soll man die Töne auf Grammophonplatten oder direkt auf dem Zelluloidstreifen festhalten? Jeder Tag bringt neue Systeme. So hat jetzt der Berliner Erfinder Doktor Stille nach fünfundzwanzigjährigem Probieren ein Verfahren herausgebracht, das an Hexerei grenzt. Das Blattnerphon – schon jetzt heißt der Apparat nicht mehr nach seinem Erfinder, sondern nach der Londoner Blattner Corporation, die die Weltlizenz erworben hat! – ist ein unscheinbares, offenbar wenig kompliziertes Ding. Die akustischen Schwingungen werden im Mikrophon aufgefangen und in elektrische umgewandelt, die wiederum ein ablaufendes Metallband magnetisieren. Dies Metallband, das – zum Unterschied von allen anderen Systemen – sofort vorführbereit ist, läuft dann zwischen Magneten durch, und die so reproduzierten Schwingungen ermöglichen eine ganz erstaunlich naturechte Lautsprecherwiedergabe. Auf dem halbzentimeterbreiten Metallband ist keine mechanische Spur, aber es lassen sich beliebig viele Kopien davon anfertigen, und andrerseits ist das Band mit einem schnellen Handgriff ganz oder – zu Retuschierzwecken – an einzelnen Stellen entmagnetisiert und für neue Aufnahmen bereit. Um die technische Vervollkommnung des Tonfilms also brauchen wir nicht in Sorge zu sein. Heute sieht es noch so aus, daß die Kinobesitzer womöglich sieben verschiedene Systeme von Vorführapparaten werden anschaffen müssen, um die auf verschiedene Art aufgenommenen inländischen und ausländischen Tonfilme zeigen zu können – aber dieser Zustand kann nicht lange anhalten.

In nicht minderer Verwirrung aber ist die Diskussion über die Zukunftsaussichten des Tonfilms. In der Fachpresse toben Manifestationen, Interviews, Berichte aus Übersee, und jeder Prominente sagt das Gegenteil von dem, was der vorige gesagt hat. Künstlerische und geschäftliche Gesichtspunkte gehen anmutig durcheinander. Man verspricht sich vom Tonfilm eine gewaltige Hebung des Geschäfts und überblendet diese Hoffnung geschickt in jene andre, der Tonfilm sei auch berufen, den stummen Film künstlerisch zu bereichern und fortzuführen. Aber schon rein geschäftlich ist die Spekulation nicht bombensicher. Heute, solange die Sensation heiß ist, sind die Tonfilme, etwa Al Jolsons *Singing Fool*, Kassenerfolge erster Ordnung, aber wie lange wird der Reiz der Neuheit vorhalten! Noch andre Schwierigkeiten stellen sich ein. Der Filmkritiker G. A. Atkinson vom Londoner ›Daily Express‹ hat jüngst geschrieben, daß für ein durchschnittliches Kinopublikum achtzig Minuten Sprechfilm bei weitem zu anstrengend seien und daß man nur mit einem Drittel der Zeit werde rechnen können. Und weiterhin scheint es nicht leicht zu sein, genügend Futter für die Sprechmaschinen zu schaffen: die Libretti der allermeisten Sprechfilme sollen ein ganz unerträgliches Niveau haben. »Vom Standpunkt des Theaterbesitzers aus«, hat neulich der Kommerzienrat Ludwig Scheer im ›Film-Kurier‹ geschrieben, »begrüße ich jede Erscheinung, die geeignet ist, dem Lichtspielhaus neue Besucher zuzuführen.« Das ist ein sauberes Wort unter Männern. Hoffentlich wird der Tonfilm diese Hoffnungen rechtfertigen.

Aber schon stecken wir mitten im babylonischen Sprachengewirr. Erich Pommer will seinen neuen Ufa-Film gemischtsprachig aufnehmen lassen. Was ihn also zwingen wird, bei der Auswahl seiner Schauspieler nicht mit künstlerischen Maßstäben, sondern mit denen der Berlitz-School zu messen. Die Londoner Pro Patria-Gesellschaft läßt für den deutschen Bergerfilm *Das brennende Herz* nachträglich einige Tonfilmaufnahmen mit der Hauptdarstellerin Mady Christians in englischer Sprache machen. Mady Christians ist zufällig fähig, pro patria englisch zu sprechen, aber das ist eine Ausnahme. Wer keine Sprachgenies unter seinen Darstellern hat, muß entweder dem Ausland seine Sprechfilme als stumme verkaufen, wobei dann die Dialogszenen verkürzt und durch umständliche Zwischentitel ersetzt werden – ein Verfahren, gegen das sich bereits allgemeiner Protest zu erheben beginnt, oder man muß denselben Film zweimal, als sprechenden und als stummen, aufnehmen. Beide Verfahren sind nur dort möglich, wo der Film industrieller Massenschund und nicht Kunst ist. Denn ein Kunstwerk ist kein Oberhemd mit Abknöpfärmeln.

Nichtsdestoweniger fehlt es selbst unter den Leuten, die Beachtung verdienen, nicht an Enthusiasten. E. A. Dupont, der mit *Varieté* und *Picadilly* zur Genüge bewiesen hat, wie beredt die stumme Leinwand sein kann, verkündet in einem Interview, der europäische Film sei nach den klassischen Filmen *Der letzte Mann, Varieté, Walzertraum, Metropolis, Faust* festgefahren und zum Epigonentum verurteilt. »Wir können nur noch Nuancen bessern ..., über die Grenzen des heutigen stummen Films kommen wir nicht hinaus. In dieser Leerlaufzeit erscheint der Tonfilm als Retter«, worauf er sich nach Hollywood begibt, um dort für Maxwell einen Groß-Tonfilm zu drehen. Erich von Stroheim wiederum, der begabte Regisseur von *Gier nach Geld,* hat die Regie eines Gloria Swanson-Films niedergelegt, weil die Schauspielerin in den fast fertigen Film Tonfilmszenen eingefügt haben wollte. Chaplin und Veidt haben sich sehr energisch gegen den Sprechfilm ausgesprochen. Adolph Zukor, der Präsident der Paramount, hat gesagt: »Niemals wird der sogenannte Tonfilm den stummen Film verdrängen ... Ich glaube nach wie vor, daß unsre Zukunft beim stummen Film liegt!«

Man muß bei der Betrachtung der Lage sorgfältig den Sprechfilm vom eigentlichen Tonfilm unterscheiden. Diese Bezeichnungen sind so ungeschickt wie möglich gewählt. Tonfilm – das ist zunächst die mechanische Wiedergabe der Musikbegleitung, die bisher von den Kinoorchestern ausgeführt wurde und die eine nützliche und notwendige Einrichtung ist. Es steht ganz außer Zweifel, daß in allerkürzester Zeit die Kinoorchester verschwinden und jeder Film mit akustischer Begleitung geliefert werden wird. Soweit gibt es keine Diskussion. Sowie aber die Begleitung zur Nachahmung oder Reproduktion von Geräuschen, von Klingeln, Schüssen, Instrumentenspiel übergeht, haben wir die Grenze zum Sprechfilm, der darin besteht, daß alle akustischen Begleiterscheinungen der optisch dargestellten Szene mitgeliefert werden, und gegen den – wie hier schon in Nummer 42/1928 an Beispielen dargelegt wurde[1] – die stärksten künstlerischen Bedenken bestehen. Der »illustrierte Film«, wie wir ihn im Gegensatz zum »Lautfilm« nennen wollen, wird seine Untermalungstechnik vervollkommnen, alle Raffinements der Geräuschmusik werden eingespannt werden; aber niemals wird das Akustische hier etwas andres als Begleitung des Optischen sein. Während beim »Lautfilm«, wenn er überhaupt einen Sinn haben soll, grundsätzlich Gehörtes und Gesehenes koordiniert sein müssen.

Was bei uns bisher an spärlichen Einzelproben zu sehen war, war wenig geeignet, dem Lautfilm Anhänger zu werben. So lief dieser Tage in der Kamera der Tobis-Film *Paganini,* als eindrucksvoller Beweis für den Satz, daß es nicht der Ton ist, der die Musik macht. Die synchronisierte Begleitmusik hatte etwa die Klangschönheit, als wenn man in der Untergrundbahn unter einem Platz durchführe, auf dem Militärmusik gemacht wird. Der Film spielte in einem verstaubten Pappvenedig, so daß man geglaubt hätte, einer der beliebten Vorstellungen »Kino vor zwanzig Jahren« beizuwohnen, wenn einen nicht der Anblick der Schauspielerin Agnes Esterhazy, die allein schon Anlaß genug bietet, um unter Absingung des Ehrhardtliedes das Lokal

[1] »Der tönende Film«, hier S. 58–61.

zu verlassen, dauernd in die rauhe Gegenwart zurückgerissen hätte. Den Paganini spielte der Geiger Weisgerber, dessen Mangel an schauspielerischer Begabung man bei einem Lautfilm hinnehmen muß wie bei der Oper das hypertrophe Dickenwachstum der Heroinen. Es wurde viel gegeigt, was die Handlung lästig aufhielt, und einmal stand, weil doch das Tonfilmgerät nun einmal angeschafft war, an einer Straßenecke ein Sänger und gab eine musikalische Einlage-Nummer zum Besten. Solange man den Sänger sah, glitt ihm das Lied sinngemäß von den Lippen. Sobald aber mitten in der Strophe das Bild wechselte und nun etwa die Zuhörer auf dem Balkon zeigte, blieb das Lied hilflos im akustischen Raume hängen. Dies ist ein gutes Beispiel für die Unmöglichkeit, die Montagetechnik des stummen Films auf den Lautfilm zu übertragen. Denn die Souveränität, die wir uns für den stummen Film mühsam erobert haben und die eine Szene aus einer Vielheit von Einzeleinstellungen zusammensetzt, läßt sich für den Lautfilm nicht übernehmen. Eine akustische Darbietung nämlich wirkt immer als ein zeitlich ablaufender Prozeß, während eine optische stets eine ruhende Szenerie darstellt. Dies hängt mit einem höchst wichtigen, aber allgemein – auch zum Beispiel bei der Theorie des sogenannten Farbenklaviers – sträflich vernachlässigten psychologischen Tatbestand zusammen: gebe ich eine Minute lang etwa eine rote Fläche, so wirkt sie als ein beharrender Zustand, gebe ich einen Ton, so wirkt er als eine unaufhörlich neuproduzierte ablaufende Aktion! Daher kann ich ein Filmbild ohne weiteres unterbrechen und ein andres anreihen, während ein akustischer Ablauf durch Unterbrechung immer entzweigerissen, zerschlagen wirken wird. Es ergibt sich daraus als Gesetz, daß ich während eines akustischen Ablaufs, der ein Stück Natur darstellt (ein Lied, einen Dialog), keinen optischen Szenenwechsel, ja wahrscheinlich nicht einmal einen einfachen Einstellungswechsel bei gleichbleibendem Objekt, vornehmen darf! Und damit ist das Grundprinzip des stummen Films, die Montage, als für den Lautfilm unverwendbar erwiesen.

Aber es läßt sich leicht prophezeien, wie alles kommen wird. Genau so wie der stumme Film das Theater kopiert hat, wird nun der Lautfilm den stummen Film kopieren, und die Folgen werden ebenso unerquicklich sein! Eine gesunde Entwicklung aber wäre so zu denken: der Lautfilm vervollkommnet sich zum plastischen Film mit Naturfarben und naturgetreuer Tonwiedergabe. Er wird zum Ersatz des Theaters, das heute mit seinem kleinen, nur ganz wenigen Zuschauern deutlich erkennbaren Schauspieler- und Bühnenbild und seiner dürftigen Akustik eine veraltete und einer technisch so fortgeschrittenen Zeit unwürdige Schau- und Hörmethode darstellt. Unabhängig davon bildet sich nach ganz anderen, eignen Gesetzen der stumme (= »illustrierte«) schwarz-weiße, zweidimensionale Film als besondre Kunstform weiter. Vorläufig aber sind wir erst dabei, komplizierte und kostspielige Umwege zu machen. Das Ziel ist außer Sicht.

3. Der singende Narr (1929)

Nachdem die Berliner Kritik, durch Feuermelder alarmiert, mit aufgeregtem Klingeln und Trompeten herbeigeeilt war, fand sehr plötzlich die Geburt des Tonfilms in Deutschland statt. Die Hebammen hatten sich lange geprügelt, welche Zange die beste sei und wer an die Mutter herandürfe, und auch jetzt haben sie nur schnell einmal das Kind zur Welt gebracht, um den Kampf um ihre Rechte ungestörter austragen zu können.

Das Kind, das uns da geboren worden ist, hat vom Theater die Statur und vom Film die Frohnatur mitbekommen, und nun wird ein großes Erziehen losgehen.

Wer mag den Aberglauben aufgebracht haben, daß der Tonfilm, weil er technisch eine Neuerung darstellt, nun auch schon eine Kunstform sui generis bedeuten müsse. Man läßt alle Hunde los, um die künstlerischen Sondereigenarten des sprechenden Bildes zu entdecken, aber die beste Nase hat hier, scheint mir, wer gar nicht sucht. Al Jolsons *Singender Narr* zeigt sehr deutlich, wohin die Entwicklung geht. Dieser Film zeigt vor allem, daß noch keine feste Form gefunden ist. Nicht etwa, weil der Dialog teils akustisch, teils durch Zwischentitel gegeben wird, denn dies ist – was wenig bekannt zu sein scheint – ein Resultat der deutschen Bearbeitung, in der der englische Dialog nur an wichtigen Stellen stehengeblieben ist, während man im übrigen die plaudernden Münder herausgeschnitten und an ihre Stelle deutsche Titel gesetzt hat. Nein, keine feste Form insofern, als man z. B. noch nicht erkannt hat, daß während eines akustischen Ablaufs kein Einstellungswechsel stattfinden darf: Al Jolson singt unsern Augen sein Liebeslied, und auch unsre Ohren hören, aber mitten in der Strophe springt das Bild zu dem Mädchen, dem das Lied gilt, und die Melodie ist vom Munde fortgerissen und schwebt im dunkeln Nichts. Keine feste Form insofern, als man noch nicht erkannt hat, daß Begleitmusik – so paradox das heute noch klingen mag – nicht zum Tonfilm, sondern ausschließlich zum stummen Film gehört. Die Begleitmusik, mag sie nun aus technischen Gründen notwendig sein oder nicht, macht den Tonfilm zum Melodram und verschmiert dadurch die künstlerische Reinheit seiner Mittel unerträglich. Soll der Tonfilm überhaupt einen Sinn haben, so wird er seinen akustischen Teil rein durch reproduzierte Geräusche bestreiten müssen. Erst bei einer so energischen Umstellung wird sich auch zeigen, daß die raumzeugende Macht des lokalisierten Lauts mit Notwendigkeit auch dem Bilde eine stabile und realistische Räumlichkeit aufzwingt und dadurch etwa Sprünge von Großaufnahme zu Totalaufnahme innerhalb derselben Szene zu schmerzhaften Ungeheuerlichkeiten macht. Werden auf diese Weise allmählich die aus Trägheit mitgeschleppten Erbschaften des stummen Films abgestreift sein, so wird sich erweisen, daß sich da keine neue Kunstform herauskristallisiert hat, sondern es wird eine sehr alte zum Vorschein kommen: das Theater. Tonfilm ist technisch vervollkommnetes Theater. Er bringt dem Theater vor allem die Möglichkeit blitzschnellen Szenenwechsels. Eine der eindrucksvollsten Szenen des Al Jolson-Films, die zeigt, wie der Held von einem Lokal aus mit seiner Frau zu telephonieren meint, während, wie plötzlich sichtbar wird, das Stubenmädchen am Apparat ist – diese Szene ist reines Theater mit idealer Drehbühne! Die Sturm- und Drangdramen, etwa der Urgötz oder Lenzens aus einem Mosaik kleiner Szenen zusammengesetzte Stücke, sind für Tonfilm geschrieben.

Die technische Lösung ist noch recht unvollkommen. Zwar wenn Al Jolson singt, klatscht man Beifall, so leibhaftig sieht und hört man ihn vor sich, und wenn das feine Stimmchen des Kindes zum Vater spricht, so ist der Ton der Grammophonplatte erschreckend mit Leben erfüllt. Tut aber der blonde Vampyr seinen Mund auf, so hört man eine Signalpfeife trillern, und der Lärm des Tanzlokals klingt nach Staubsauger. Hier ist noch viel Arbeit nötig.

Mit dem Inhalt des gesprochenen Textes sollte man nicht so kritisch sein. In einer Zeit, wo das Sprechtheater den Primat des Wortes mit so wenig Würde verwaltet, wo der Dichter oft nicht viel mehr als ein Libretto liefert, einen Anlaß, damit die Darsteller einander unter der Leitung findiger Regisseure wiehernd in den Hintern treten und sonstige Parterreakrobatik und Verkleidungskünste üben können, und dies unter dem Beifall des Publikums, sollte man nicht plötzlich beim Tonfilm streng werden.

Dank aber sei der neuen Erfindung, daß sie uns ein Gastspiel des großen Darstellers Al Jolson vermittelt hat. Dies Gesicht, dem ein echter Schmerz die Augen verhängt und den Mund furcht, diese intelligente Stimme, dies herrliche Gemisch von Ernsthaftigkeit und Ironie, mit dem ein kluger Mann seinem geliebten Kinde Geschichten von Kaninchen und Fröschen erzählt, dies zärtliche Streicheln, diese jungenhafte Freude am Erfolg – dieser Mensch macht aus einem albernen Rührstück eine tränenheischende Tragödie.

4. »Atlantic« (1929)

Wie hier die Kräfte des Regisseurs E. A. Dupont und seiner Schauspieler ins Leere gesteuert werden, nur weil eine von der Konkurrenz gehetzte Industrie nicht warten darf, bis die Ingenieure ihr Werk vollendet haben, das ist etwa so tragisch, als wenn man einen Schriftsteller zwänge, einen Roman mit unsichtbar werdender Tinte zu schreiben. Die Technik der Tonreproduktion ist ein wenig besser als neulich bei dem trostlosen Tobisfilm *Das Land ohne Frauen*[1], aber keine Rede kann davon sein, daß die verfügbaren Mittel schon würdig wären, von Künstlern gehandhabt zu werden. Immer noch werden wertvolle Stimmen in ein unästhetisches Gebell transponiert; die Schauspieler müssen, damit der Lautsprecher die Worte nicht zu Brei macht, mit der Feierlichkeit von Leichenpredigern deklamieren (und natürlich entsprechend auch in einem opernsängerhaften Zeitlupentempo gestikulieren); aus demselben Grunde setzt notgedrungen alles Situationsgeräusch (Stimmengewirr, Musik, Schrittegeklapper) aus, sobald die Solistenstimmen zu sprechen haben – hat der Solist seinen Satz ausgesungen, so fällt das Rhabarber der Geräuschkulisse mit der belustigenden Abruptheit eines Orchestertutti ablösend ein; aus demselben Grunde muß das Aufnahmemikrophon viel zu nahe am Schauspieler stehen, so daß man bei der Vorführung zwar die Worte versteht, die Stimme aber aus einem halben Meter Entfernung hört, selbst wenn für das Auge der Sprechende weit weg im Hintergrund steht. Zu der Charakterisierung von Geräuschen ist noch nicht der erste Anfang gemacht: solange man nicht unterscheiden kann, ob in einem Buch geblättert wird oder eine Scheibe zerbricht, gehört der Tonfilm nicht ins Atelier des Künstlers, sondern ins Laboratorium.

Denn noch ist kaum eine Spur von jener bezwingenden Illusion spürbar, die sich bei vervollkommneter Technik einstellen und die zu der Notwendigkeit führen wird, von den Prinzipien des stummen Films radikalen Abschied zu nehmen. Schon jetzt sind die filmischen Reize auf ein Minimum reduziert: Hinsehen lohnt nur noch, wenn man das Mienenspiel der Darsteller verfolgen oder sich über den Ablauf der Handlung und den Schauplatz orientieren will. Was übrigens kein Zeichen gegen, sondern für Duponts künstlerisches Gefühl ist. Er merkt, daß er jetzt unter andern Gesetzen steht.

Noch ganz und gar im unklaren scheint man sich darüber zu sein, daß die Annexion des gesprochenen Wortes nicht nur Rechte, sondern auch bitterernste Pflichten mit sich bringt. Was die Tonfilmleute bis jetzt fabrizieren, das sind – (es ist zuweilen wichtig, Schlagworte zu prägen!) – »textierte Bildstreifen«. Nach dem Grundsatz: »Wenn gute Reden sie begleiten, dann fließt die Arbeit munter fort« illustriert man die naturgemäß primitive Pantomime der Filmszene durch ein ebenso primitives und überflüssiges Geplauder. Wobei aber zu bedenken ist, daß eine Bildszene im Sinne des Geistes, im Sinne des Sprechtheaters primitiv sein darf (so primitiv, wie etwa die Malerei von jeher gewesen ist!), niemals aber Gesprochenes; ganz abgesehen davon, daß ordinäre Filmhandlungen, die bisher mit der überirdischen Stummheit des nichttönenden Films ihre Blöße wie mit einem Hermelin-

[1] Vgl. hier S. 219–221.

mantel bedeckten, nun in volltönender Robustheit auf die Nerven jedes geschmackvollen Zuhörers losgehen.

Zeige ich einen Mann, der drohend zur Tür weist, und lasse ich ihn zugleich sprechen »Hinaus mit dir!«, so ist das überflüssiger Beirat und vor allem, was von vielen übersehen wird, schlechtes Drama! Man hat das Gefühl, daß ein kluger Mensch wie Kortner sich in den Boden schämen muß wegen der Albernheiten, die er da herzubeten hat. Da der Bildzauber des stummen Films verschwinden mußte und statt dessen dürftige Alltagsdialoge dargeboten werden, deren Text von den Schauspielern improvisiert zu sein scheint, so darf man wohl fragen, aus welchem Grunde die Vorstellung überhaupt stattfindet, von welchem Kunstprinzip her die Legitimierung genommen wird. Die Tonfilmleute mögen sich möglichst eindringlich klarmachen, daß sie in demselben Augenblick, wo sie auch nur ein einziges Wort sprechen lassen, Äschylos, Shakespeare und Goethe zu Konkurrenten haben.

5. Tonfilm mit Gewalt   (1931)

Die Kunst wird heutzutage mit viel Kopf gemacht. Jeder Dichter, Maler, Musiker, Filmregisseur weiß aufs Haar genau, welcher Epoche der Kunstgeschichte er angehört, in welchem Stil er arbeitet, ob er reine Kunst oder angewandte macht, ob wertvolle oder Unterhaltungsware. Es gibt Kochbücher zur Anfertigung preiswerter Kunstwerke, ästhetische Rezepte wandern von Hausfrau zu Hausfrau, Dichter werden ohne Berufsstörung zu Filmmanuskriptschreibern umgearbeitet, Romane zu Theaterstücken, Theaterstücke zu Filmen.

Dieser beängstigende Mangel an Lebensfremdheit, diese Hellsichtigkeit ist bei den einen nichts anderes als die Routine fingerfertiger Geldverdiener, die nur der Zufall in ihren Kunstbezirk verschlagen hat und die nur die Duldsamkeit des Publikums dort beläßt. Bei den ernsteren und begabteren Künstlern führt das Arbeiten nach theoretischen Rezepten zu Erscheinungen, die unsere Beachtung verdienen. Man weiß nicht, wie sich die Kunst mit solcher Informiertheit abfinden wird, man weiß nur, daß sie den Künstlern von jeher wenig zuträglich war. Als Albrecht Dürer beispielsweise nach seinen italienischen Studienjahren begann, Lehrbücher zu schreiben und nach dem Vorbild des Architekten Vitruv mit Zirkel und Lineal »die« Schönheit zu konstruieren, da verloren seine Bilder die mitreißende Lebendigkeit, die wir an seinen Frühwerken schätzen.

Beim Film nun gar sind falsche Theorien besonders lebensgefährlich, weil er eine so junge Kunst ist. Für die alten Künste schafft die Tradition der

Jahrtausende so etwas wie leitende Instinkte, die der intellektuellen Gelenkigkeit moderner Gehirne entgegenarbeiten. Beim Film sind diese Instinkte sehr schwach, sehr unsicher. Selbst dort, wo man bereit ist, auf ihre Stimme mehr zu geben als auf die der vierteljährlich abstimmenden Kinobesitzer, fühlt man sich unschlüssig und ratlos. Man probiert Rezepte aus, aber man fühlt nicht leicht, was eigentlich dem Charakter des Arbeitsmaterials entspricht.

Dies zeigt sich besonders deutlich jetzt, wo es gilt, Arbeitsvorschriften für den Tonfilm zu entwerfen. Der stumme Film hatte es leichter. Er konnte sich unbefangener, ungestörter entwickeln, weil er in seinen Anfängen nicht in dem Verdacht stand, Kunst zu sein. Im Dreck gedeihen Kinder gut. Hingegen, als der Tonfilm geboren wurde, war es der ganzen Verwandtschaft vom ersten Tage an klar, daß aus diesem Säugling etwas Großes werden müsse, und nun doktern Onkel und Tante unermüdlich an ihm herum. Das bekommt ihm nicht.

Die Dogmatiker des Films sind von jeher die Russen und die Franzosen. Auch für den Tonfilm haben sie wiederum eine Reihe nicht ungefährlicher Rezepte parat. So stand es ihnen von vornherein fest, daß Ton und Bild nicht auf natürliche Weise zusammengefügt werden dürften. Synchrone Tonfilmaufnahmen – das ist unwürdiger Naturabklatsch. Das Nichtzusammengehörige muß zusammengefügt werden zwecks symbolischer Wirkungen. Das sind falsche Anwendungen eines mißverstandenen richtigen Prinzips.

Richtig ist, daß der Tonfilm nicht einfach akustische »Bereicherungen« des stummen Bildes liefern soll. Richtig ist, daß man nicht auch noch zu hören braucht, was man ohnedies sieht. Aber es gibt ja Möglichkeiten, Ton und Bild einander kontrapunktisch ergänzen zu lassen, ohne daß man dazu die optisch-akustische Einheit des Wirklichen mit Dynamit zersprengen müßte. Irgendein Beispiel: Während des Zuchthausgottesdienstes in *Menschen hinter Gittern* sieht man, wie die Zuchthäusler unter den Betpulten Waffen für ihre Revolte herumreichen, während man hört, wie der Geistliche auf der Kanzel ermahnt: Du sollst nicht töten! Hier arbeiten Bild und Ton motivisch gegeneinander. Sie tun nicht beide dasselbe, sondern ergänzen einander, und zwar innerhalb einer einheitlichen Ton-Bild-Situation. So sehen die besten, die elegantesten, die richtigsten Tonfilm-Effekte aus. Aber die theoretische Abteilung liebäugelt mit anderen Dingen.

Es soll hier nur vor einem ganz bestimmten Typus von Tonfilm-»Symbolik« gewarnt werden, der sich eben jetzt die Liebe der Fachleute zu erwerben scheint. Ich denke da an Äußerungen von René Clair, wie sie jüngst Heinrich Jordan veröffentlicht hat. Clair spricht über seine Zukunftspläne: »Nach der Art, wie sie sich bereits in *Million* in der Szene ankündigte, wo die Banditen einander den Rock zuwerfen, indes das jedesmalige Auffangen des Rockes von einem hölzernen Geräusch begleitet wird, als ginge ein Rugbyball hin und her. Tonfilmische Metapher. Sie werfen sich den Rock ›wie‹ einen

Rugbyball zu, würde der Schriftsteller schreiben.« Sehr charakteristisch ist dieser Hinweis auf die Technik des Schriftstellers. Denn was hier gemacht wird, ist Literatur.

Es ist recht zweifelhaft, wieweit das Prinzip des Asynchronismus überhaupt angewendet werden soll. Ob es gut ist, etwa die Stimme eines unsichtbaren Sprechers mit Bildern zu illustrieren. Wie weit sich Begleitmusik und Synchrongeräusche vertragen. Die Einwände dagegen sind vor allem ästhetischer Natur. Man verkennt den elementaren Wert der Anschaulichkeit im Film, wenn man Dinge übereinanderklebt, die nur dem Sinn nach zusammenpassen, aber keine sinnliche Einheit ergeben. Es mag nicht verboten sein, so etwas zu tun, aber zweifellos ist das künstlerische Niveau solcher Einfälle im Prinzip erheblich geringer als das jenes anderen Typus, den wir an der Zuchthausszene exemplifiziert haben. Von der Theorie her klingt die Methode des Asynchronismus vornehmer, exklusiver, ästhetischer. In Wirklichkeit ist sie dürftig, weil sie im Begriff kleben bleibt, statt die Verleiblichung des Gedankens in der unzerschnittenen, unmißhandelten Wirklichkeit selbst aufzusuchen.

Besonders gefährlich wäre es, wenn René Clairs Beispiel zum Vorbild würde. Denn diese Methode als Tonfilm par excellence zu proklamieren wäre nicht nur ein Verstoß gegen ästhetische Wertmaßstäbe, sondern gegen ganz elementare sinnespsychologische Voraussetzungen. Unterlegt man stumme Bilder mit einem Vortrag, so ist die Gefahr, daß der Beschauer Ton und Bild irrtümlich für ein geschlossenes Stück Wirklichkeit hält, ziemlich gering. Sehe ich, in Fritz Langs *M,* Bilder vom Arbeiten der Kriminalpolizei, und höre ich dazu als eine Art Begleitvortrag die Stimme des Polizeipräsidenten, so werde ich mir nicht so leicht einbilden, die leibhaftige Stimme schwebe unsichtbar über dem Tatort. Ich werde das Nichtzusammengehörige leicht auseinanderhalten. In René Clairs Beispiel aber wird das Nichtzusammengehörige so raffiniert aufeinandergepaßt, daß der Zuschauer gar nicht anders kann, als es psychologisch zusammenzufassen. Die Wirkung? Keine Metapher, sondern eine Fälschung.

René Clair will künftig auch versuchen, »Sprache durch andere Lautäquivalente auszudrücken«, und zwar durch eine Art *Geräuschmusik.* Diese Dinge sind für die Groteske großartig verwendbar, und deswegen ist auch gegen Clairs Rugbyszene, die ja im ganzen auf der Grenze zum Grotesken liegt, nicht viel zu sagen. Nur gegen die drohende Übertragung dieses Prinzips auf den naturalistischen Spielfilm oder gar den dokumentarischen Kulturfilm. Nur gegen die Verallgemeinerung, hier läge das Allerheiligste der Tonfilmkunst. Wundervoll ist es, wie Charlie Chaplin in der ersten Szene der *City Lights* das Bild der Festredner durch ein Saxophongemecker akustisch ergänzt. Aber unmöglich, beängstigend, komisch ist es, wenn Hugo Riesenfeld in seiner Begleitmusik zu Murnaus *Tabu* die Rufe der Südseeinsulaner durch Blastöne zu »illustrieren« sucht. Ein Mensch öffnet den Mund, man sieht, daß seine Lippen Worte formen, und man hört – einen Hornruf. Das erzeugt einen panischen Schreck, man entdeckt, daß der schöne Insulaner in bezug auf seinen Kehlkopf eine bedauernswerte Mißgeburt ist. Das wirkt grotesk. Denn ganz unmittelbar projiziert man den Blaston in die Bildsituation hinein, nimmt man ihn als ein dazugehöriges Stück Wirklichkeit.

Was wir auf einem Filmbild sehen, wirkt nie, wie die Figuren auf jedem Gemälde, als etwas Gemachtes, sondern immer als etwas Lebendiges. Auf diese Wirklichkeitsnähe des Films hat der Künstler Rücksicht zu nehmen. Es ist nicht wahr, daß er sich über sie erheben muß, wenn er beweisen will, daß er mehr ist als ein Dutzendproduzent von Unterhaltungsware. Gute Tonfilmkunst wird nicht dort entstehen, wo man Mikrophon und Bildkamera zum Hahnenkampf aufeinanderhetzt. Man respektiere die natürliche Einheit des Augen-Ohren-Erlebnisses. Denn in der Kunst regieren die Sinne.

6. Tonfilm auf Abwegen (1932)

Mit Mißtrauen sahen wir den Tonfilm kommen. Denn es schien, daß er alles würde zerstören müssen, was wir als Besonderheit des stummen Films geliebt hatten. Dann wurden wir hoffnungsvoller, weil wir einsahen, daß der Tonfilm neue, eigene Reize an die Stelle dessen, was er zerstörte, würde setzen können. Inzwischen hat sich herausgestellt, daß der Tonfilm diese neuen Möglichkeiten so wenig wie möglich auszunutzen wünscht. Zerstört hat er, aber ersetzt hat er nichts.

Es läßt sich nicht leugnen, daß für den anspruchsvollen Kinobesucher die Tonfilme im Durchschnitt langweiliger sind, als es die Stummfilme waren. Der Stummfilm war, eben durch seine Stummheit, gezwungen, reizvoll zu sein. Denn da allzu lange und häufige Zwischentitel auch dem Massenpublikum, das schauen und nicht lesen wollte, ärgerlich waren, so konnte der Regisseur nicht umhin, für das, was zu sagen war und doch nicht gesagt werden sollte und konnte, optische Lösungen, filmische Einfälle zu suchen. Nicht aus künstlerischer Ambition, sondern aus reiner Not. So kam es, daß die Formgebung auch des gewöhnlichen Industriefilms immer wieder fesselnde Einzelszenen lieferte. Der Schauspieler sprach nicht und machte sich dennoch verständlich, geschickte Bildausschnitte verdolmetschten die Sachlage, und symbolisches Spiel mit bezeichnenden Requisiten schuf eine anziehende Taubstummensprache.

Der Tonfilm hat fast alle diese fruchtbaren Verständigungsschwierigkeiten beseitigt. Von theoriewegen zwar sollte der Ton nur dort einsetzen, wo er dem Bild neue Motive entgegensetzen könnte, nicht aber sollte er das Bildliche durch langweilige Ergänzungen verwässern. Besehen wir die Produktion, so finden wir diese Forderungen allenfalls in einigen Spitzenfilmen szenenweise verwirklicht, der Durchschnitt aber hat es sich in einer Weise bequem gemacht, die uns zum Gähnen zwingt. Die Mittel des Tonfilms sind reich, aber es besteht leider kein Zwang mehr, sie zu verwenden. Die Kunst ist fakultativ geworden. Man kann zur Verdeutlichung der Handlung so viel reden, wie man lustig ist und der Auslandsmarkt es irgend zuläßt. Die Kamera hat nichts anderes mehr zu tun, als den Stimmträger, den Schauspieler, deutlich vors Auge zu bringen. Die Montage, die der Paprika des stummen Films war, läßt sich jetzt vermeiden, weil man das Bild nicht mehr mit dem Zeigestock zu erklären braucht. Die »lange Passage« ist Mode geworden: langsam schwebt der Schauplatz durch den Bildraum. Dadurch ist die Kameraführung unintelligenter, witzloser geworden. Die Bildeinstellung hat ihre formende Funktion fast völlig verloren und dient wieder als bloßes Reportageorgan wie zu Beginn der Stummfilmzeit. Das müßte nicht so sein, aber es ist so gekommen, weil der Industriefilm nach dem bequemen Prinzip des kleinsten Widerstandes arbeitet.

Da auch die Dialogtexte, die der Manuskriptautor beisteuert, es im allgemeinen nicht mit einem mittelmäßigen Theaterstück aufnehmen können, so bleibt als sicherster Anziehungspunkt die Schauspielerleistung. Die Tonfilme bringen die Möglichkeit, bühnenhafte Leistungen großer Schauspieler durch das Vergrößerungsglas, von einem idealen Parkettplatz aus und doch zu Galeriepreisen mitzuerleben. Aber der Reiz des Durchschnittsschauspielers hat sich verringert. Besonders bei den Schauspielerinnen zeigt sich, daß Frauen, die im stummen Film eine gewisse bildmäßige und bewegungsmäßige Schönheit hergaben, jetzt, wo mehr als die »graphische« Qualität der Oberfläche erforderlich ist, an Gesangs- und Sprachkunst über drittrangiges Provinztheater nicht hinauskommen. Man kann einen Menschen nicht so einfach wie ein Kino auf Tonfilm umbauen. Und so haben uns die letzten drei Jahre den Typ der »tönenden Nutte« gebracht, der die Freude am Film beträchtlich verringert.

Musik und Gesang mußten dem Film ein neues Gebiet erschließen. Man hat den Fehler begangen, die Form der Theateroperette zu übernehmen. Erst der Tonfilm hat uns gelehrt, wie unnaturalistisch der Stil einer Theateraufführung ist. Bunt geschminkte Menschen bewegen sich, aufdringlich gestikulierend und überlaut deklamierend, in einem Schaukasten – das ist in jedem Falle so wirklichkeitsfern, daß kein Stilbruch spürbar wird, wenn in einer Bühnenoperette die Schauspieler mitten in sogenanntem unstilisierten Dialog plötzlich choreographisch zu hüpfen und Liednummern zu absolvieren beginnen. Auf den Film übertragen, wirkt dies Verfahren unleidlich, wovon man sich jeden Tag wieder überzeugen kann.

Filmraum, Filmdekoration und Filmspiel haben einen so intimen Wirklichkeitscharakter, daß jedes buffohafte Chargieren als unnatürlich, jedes plötzliche Singen als unpassend, jedes eingelegte Tänzchen als Veitstanz, als ein krankhafter Anfall der Darsteller erscheint. Falls es nicht gelingt, einen überwirklichen Gesamtstil zu schaffen und durchzuhalten, der vom Lied und vom Tanz her die pantomimische Form der Handlung bis ins Detail hinein bestimmt. Die amerikanische Stummfilmgroteske kann hier Vorbild sein, nur wird die Musik ein stark tänzerisches Moment in die Tonfilmoperette bringen, das sich − über nummernhafte Einlagen hinaus − durchgängig bemerkbar machen und durch eine die Bewegungstypen charakterisierende Begleitmusik, wie wir sie von den Mickymaus-Filmen her kennen, in seiner Überwirklichkeit gestützt werden muß.

Besonders schwierig ist es, hierfür den geeigneten Sprechstil zu finden. Wir kennen bis jetzt nur zwei bezeichnende Lösungen: Chaplin parodierte in *City Lights* die menschliche Stimme durch ein Saxophongemecker, und von Buster Keaton hörte man, weil er zufällig unsere Sprache nur radebrecht, in der deutschen Version von *Casanova wider Willen* einen sehr wirksamen Clownsjargon. Von jeher radebrechen ja die Exzentriks im Zirkus, nicht so sehr um sich einen ausländischen Anstrich zu geben, als in dem richtigen Gefühl, daß einer mit Pumphose, Gipsnase und Ziegengehüpf nicht so reden kann wie ein Herr im Sakko.

In Amerika scheint das gesprochene Wort den Groteskstil der Stummfilmzeit zu sprengen. Buster Keaton taucht in einer Gesellschaftskomödie üblicher Art auf und wirkt mit seinen akrobatischen Manieren und seinem unbeweglichen Gesicht zwischen den elegant konversierenden Herrschaften der guten Gesellschaft wie von einem fremden Stern gestürzt. Er ist gänzlich ohne Gegenspieler und erscheint unnatürlich, weil seine Umgebung zu natürlich ist. Ähnlich steht es bei uns mit Anny Ondra. Auch sie ist eine kleine Kunstfigur zwischen verwitterten Überresten der Komischen Oper. Sie hat etwas von Keatons kalter Schönheit und seiner akrobatisch-tänzerischen Gliederbegabung. Dieser ungewöhnliche Typ des Girl-Golems ist ein Schatz, den unsere Industrie nicht zu würdigen weiß. Es ließe sich um diese Frau ein echter Filmoperettenstil von internationaler Geltung aufbauen.

7. Philosophie des Ach so (1933)

Im letzten Albers-Film kam es gleich zweimal vor. Als der Erfinder begriff, daß sein Chefingenieur ein Saboteur war, biß er die Lippen aufeinander und preßte ein »Ach so!« hervor. Und als der Flieger Ellissen begriff, daß Fräulein Claire eigentlich den Erfinder liebte, biß der Flieger seinerseits die Lippen aufeinander und preßte ein gleiches »Ach so!« hervor. Seit es einen Tonfilm gibt, ist es üblich, den Augenblick der großen Enthüllung durch diesen schlichten Ausruf zu schmücken, und wer von Anfang an fleißig sammelte, hat heute bereits eine hübsche Kollektion beieinander. Warum fühlen sich bösartige Menschen zu solcher Sammlung angeregt? Ist es nicht wahrscheinlich, daß im wirklichen Leben jedermann angesichts einer solchen Enthüllung ebenfalls »Ach so!« sagen würde – ist es nicht der natürlichste, verständlichste, kürzeste Ausdruck?

Man könnte einwenden, daß sich in den an großen Enthüllungen doch so reichen Dramen der Weltliteratur dieser Ausdruck nicht finde. Hamlet spricht, nachdem der Geist des Vaters ihn verlassen hat, einundzwanzig Zeilen, die mit »O Herr des Himmels« anfangen, nicht mit »Ach so!« Auch Othello äußert sich, nach Jagos Eröffnung, weitschweifiger und schöner. Aber dieser Einwand ginge fehl, denn wahrscheinlich wäre eine solche Sprachkunst für den Film unverwendbar. Die großen Gebärden und das Pathos der Stimme, die zu ihr gehören, machen sich vor der scharfen Linse der Kamera nicht gut, wie etwa die verfilmten Faust- und Iphigenieszenen der Goethe-Filme bewiesen haben, und außerdem ist es gefährlich, die Sprache in einer so prächtigen, unbegrenzt ausdrucksreichen Form zuzulassen. Die Sprache nämlich ist ein gewalttätiges Kunstmittel, sie ist reich genug, die ganze Welt des Sichtbaren und Fühlbaren allein zu beschreiben, und läßt man sie erst einmal gewähren, so wird sie Alleinherrscher. Dies erwiese sich am klarsten bei einer Verfilmung von Bühnendramen. Man könnte, da Hinzufügung neuer Handlung barbarisch wäre, den Text in gewohnter Weise darstellen lassen und die Szene nun aus wechselnden Aspekten photographieren, aber das ergäbe nicht viel andres als die Betrachtung der Bühne vom Parkettsessel, vom ersten Rang Seite, vom Beleuchtersitz im Schnürboden und von der Proszeniumsloge aus – ein guter Einfall für einen Theaterwerbefilm, aber keine Verfilmung eines Dramas, weil an einen durch das gesprochene Wort bereits genügend gestalteten Vorgang optische Bereicherungen von außen herangetragen wären, unsachlich und störend.

Trüge man dem Rechnung, indem man umgekehrt zunächst eine optisch ausgiebige Handlung erfände und diese dann durch breite dichterische Rede bereicherte, so erschiene der Dialog unausgenutzt und überflüssig weitschweifig. Es ergäbe sich eine Konkurrenz der Gestaltungsmittel. Richtig an diesem Ansatz wäre, daß vom Bildlichen ausgegangen würde. Denn daran hat auch der Tonfilm nichts geändert, daß ein Film nach wie vor vom Optischen her erfunden und entworfen wird.

Das muß einem nicht gleich einleuchten. Sind nicht Ton und Bild heute gleichberechtigt? Nein, denn Ton ohne Bild ist im Tonfilm unmöglich; Bild ohne Ton hingegen läßt sich nach wie vor gut verwenden. Besteht ein

Film vor allem aus Text, so wird das Bild damit nicht ausgeschaltet, sondern nur langweilig gemacht, und plötzliche Einschiebungen von stark optischer Handlung wirken dann als Stilbruch. Bildliche Handlung hingegen läßt sich ohne Zwang tonarm halten, und verschiebt sich zwischendurch die Betonung auf das Textliche, so ist daran nichts Unnatürliches!

Man erfindet also zuerst das Bild. René Clair geht sogar so weit, daß er seinen Schauspielern zwar jede Gebärde genau vorschreibt, den Dialog aber während der Aufnahme von ihnen frei improvisieren läßt. Wann aber fällt das dramaturgische Stichwort des Sprechtextes? Wann soll das Wort einsetzen? Dann, wenn an den Knotenpunkten der Handlung der Aufeinanderprall von Mensch und Mensch erfolgt. In solchen Auseinandersetzungen wird jeder Spielfilm, in dem es um Menschenschicksale geht, natürlicherweise gipfeln. Und gerade diese Kulminationen waren der schwächste Punkt des stummen Films. Denn das natürliche Kampfmittel des Menschen ist – man verzeihe uns diese wenig wehrfreudige Behauptung – das Wort. Man mußte daher solche Szenen vom Manuskript her vermeiden, was nicht leicht sein konnte, oder den Text durch eine breitausgespielte stilisierte Gebärdensprache ersetzen. Eine Ameisensprache. Vom Zwischentitel ganz abgesehen.

Der Tonfilm hingegen wird solche Gipfelszenen mit dem ihnen natürlichen Wort ausstatten, allerdings nicht theaterhaft reichlich, sondern in einer filmischen Knappheit, die möglich wird, wenn die Bildhandlung mit ihren Mitteln alles so weit vorbereitet hat, daß nur noch die auslösende Zündung, das Aufflammen des Konflikts, gebraucht wird. (Was nicht als striktes Schweigegebot für alle Zwischenszenen verstanden werden möge, sondern nur als Gesichtspunkt für die mengenmäßige Verteilung des Sprechtextes und als Hinweis auf seine Aufgabe im Filmganzen!)

Welcher Art nun soll diese Filmsprache sein im gewöhnlichen Spielfilm, der ja die eigentliche Filmform ist und bleiben soll? Nicht klassisch gebunden natürlich, denn eine Spreewälderin etwa, die ihre Heimat verläßt, um eine Stellung in Berlin anzunehmen, kann nicht: »Lebt wohl ihr Berge, ihr geliebten Triften!« deklamieren. Eine Alltagssprache wird gebraucht, aber nicht der abgewetzte Bürgersteigjargon der heute üblichen Manuskripte, sondern eine geklärte, scharf durchformulierte, reizvoll charakteristische, unbanale und klingende Diktion – wie sie sich, mit Hilfe der schlichten und knappen englischen Sprache, in manchen amerikanischen Filmen schon recht gut realisiert findet. Unser »Ach so!« ist albern, wenn schon naturgetreu, weil es ausgerechnet auf der obersten Gipfelspitze der Handlung statt eines Höchstmaßes von Gestaltung ein Mindestmaß bietet: eine Banalität. Wo im Drama der große Monolog steht, soll im Film zwar nicht auch ein Monolog stehen, wohl aber eine ähnliche Großtat der Form.

Ein Sprachkünstler wird gebraucht, aber es ist gefährlich, ihn »Dichter« zu titulieren. Denn ein Dichter ist ein Mensch, dem als Ausdrucksform angeboren ist, alles Erlebbare in Worte und nur in Worte zu fassen. Der Film aber sucht einen Künstler, der in Bildern denkt und diese Bilder nur durch Worte »höht«, wie die Maler sagen – durch Worte einer knappen, dichterischen Alltagssprache. Schriebe ein guter Dichter der gewöhnlichen Art einen Film, ausgefüllt mit reicher, reichlicher Sprache und also unter Zurückdrängung der Bildsprache; erlebte dieser Film seine Uraufführung und träte der Verfasser beifallsheischend auf die Bühne, so würde ihm wahrscheinlich gerade ein anspruchsvolles Publikum einen Empfang bereiten, der ihn veranlaßte, die Lippen zusammenzubeißen, ein undichterisches »Ach so!« hervorzupressen und die Rampe eilends zu verlassen.

8. Geräusche in der linken Hand (1933)

Es gibt in jeder Kunst gewisse Formmotive, die so unmittelbar aus dem Charakter ihrer Gestaltungsmittel abgeleitet sind, daß sie zu allen Zeiten und in allen Ländern immer wieder auftauchen, und zwar immer wieder mit der gleichen starken Wirkung. Im Gegensatz zu äußerlicheren Saisonmätzchen, die zunächst verblüffen, dann aber schnell zu langweiliger Manier werden, handelt es sich hier um einfache, grundlegende Kompositionsformen, die wir immer wieder dort angewendet finden, wo eine besonders packende Gestaltung erzielt ist. Man denke an die Dreieckskomposition in der Malerei, an den Refrain in Lied und Gedicht, an den tragischen Irrtum im Drama, an die Kreiselbewegung im Tanz.

Solche klassischen Grundformen kennt auch der Film bereits. Eine von ihnen sei hier herausgegriffen. Jedem Kinobesucher werden Tonfilme einfallen, in denen gelegentlich ein einziges, gleichbleibendes Tonmotiv monoton während einer längeren Spielszene beibehalten wurde: ein bestimmtes Geräusch, ein bestimmter Ton, ein bestimmtes Wort. Wir meinen damit weniger die Fälle, wo ein Tonhintergrund, ein Volksgemurmel oder Wasserrauschen, als konstante »Geräuschkulisse« einer Szene unterlegt war, sondern kurze, scharf umrissene Formen, die dem Vordergrund der Handlung wie Metronomschläge einen Rhythmus aufprägten. Sogar schon im stummen Film suchte man diesen Effekt, auf dem Umweg über das Auge, zu erzielen: aus einem Wasserhahn oder von einem Eiszapfen herab tropfte das Wasser, oder man sah an der Wand die regelmäßigen Ausschläge einer Pendeluhr. Im Tonfilm dann hörte man, um eines der ersten Beispiele zu nennen, während der berühmten Geburtsoperation in Granowskys *Lied vom Leben* den Chirurgen mit monotoner Stimme seine kurzen Kommandos geben. Ähnlich tönte jüngst im *Rebell* durch die handlungsmäßig sehr bewegte

Szene, in der die Tiroler Burschen zum Militär ausgehoben werden, das gleichbleibende, geschäftsmäßige Kommando des Werbe-Offiziers.

Worauf das besonders Eindrucksvolle solcher Szenen beruht, wird einem klar, wenn man bedenkt, daß eine ganz ähnliche Kompositionsform in der Musik seit langem gepflegt wird. Nehmen wir nur die Klaviermusik, so kennt jeder genug Stücke, etwa Sonaten von Mozart, in denen die linke Hand eine in Rhythmus und Intervallcharakter ganz gleichbleibende und auch in den Tonhöhen nur wenig variierte Begleitfigur zu spielen hat, während sich darüber in der rechten Hand eine belebte Melodie frei auf und ab bewegt. Was wird dadurch bewirkt? Einerseits läßt die Monotonie in der linken Hand die reiche Fülle der Abwechslungen in der Melodie, die Überraschungen des Ablaufs in ihrer Eigenart besonders kräftig hervortreten, anderseits repräsentiert sie den Grundton, die Normallage also, von der die Melodie ihren Ausgang nimmt und zu der sie wieder zurückkehrt: sie bringt alle Vielseitigkeit des Geschehens auf einen gemeinsamen Nenner und hält diesen Nenner während der ganzen »Szene« im Bewußtsein des Hörers. Nach dem Prinzip des Kontrastes also, eines der grundlegendsten ästhetischen Wirkungsmittel überhaupt, wird die heftige Bewegtheit der »Handlung« durch ihr radikalstes Gegenteil, durch die äußerste Unbewegtheit der Monotonie, akzentuiert, und anderseits betont ein durchgehendes Grundmotiv die stets geforderte »Einheit in der Mannigfaltigkeit«.

Die Anwendung auf den Tonfilm ist schnell gemacht. Man erinnere sich, wie in der *Herrin von Atlantis* der junge Fremdenlegionär durch das Labyrinth der Wüstenstadt läuft, um seinen Freund zu suchen. Immer neue Gassen, Biegungen, Abzweigungen sieht das Auge, ein Schwindel des Raumgefühls ergreift den Zuschauer vor dem schnellen Wechsel der Schauplätze, aber als akustisches Leitmotiv zieht sich durch diese Szene ein Ruf, der immer wiederkehrt: der Suchende ruft den Namen seines Freundes. Hier ist die für den Handelnden in diesem Augenblick bezeichnende Verwirrtheit und Desorientiertheit sehr glücklich mit dem unbeirrbaren Gleichbleiben seines Ziels kontrastiert. In *Was wissen denn Männer?* sieht die Heldin, während sie höchst erregt vor der Wohnungstür der »weisen Frau« steht, ein Kind mit einem Spielwägelchen gleichmütig Stufe für Stufe die Treppe hinunterklettern. Der schon handlungsmäßig gegebene Kontrast zwischen der leidenschaftlich bewegten Frau und der fröhlichen Ruhe des Kindes wird akustisch dadurch besonders verschärft, daß man das rhythmische Klappern des Wägelchens hört, das aufreizend langsam von Stufe zu Stufe herunterpoltert.

In allen diesen Beispielen handelt es sich um besonders lebhafte, erregende Vorgänge. Ganz natürlich, denn ihren kompositionellen Sinn bekommt diese akustische »Monotonie der linken Hand« erst, wenn sie für eine sehr belebte »Melodie« die kontrastierende Begleitung abgibt. Etwas anders liegen einige Fälle, die besonders gut zeigen, wie der akustische »Orgelpunkt« die

Vielfältigkeit des Geschehens auf einen Generalnenner bringt. Zuerst in *Sous les toits de Paris* und dann in Ufa-Operetten und im *Schloß im Mond* ging ein Lied stafettenartig von Mund zu Mund, zeilenweise oder strophenweise. In verschiedenen Stockwerken eines Hauses standen Menschen und sangen einen Schlager in Fortsetzungen. Optische Variationen über einen akustischen Refrain.

Man versteht wohl, weswegen es sich hier um eine klassische Kompositionsform des Tonfilms handelt. Weil hier die Aufgaben des Tons und des Bildes auf eine klassische Weise verteilt sind. Dem sinnlichen Unterschied zwischen Augen- und Ohrenwahrnehmung entspricht eine Sonderung der Funktionen innerhalb der Komposition. Das Prinzip des Kontrasts ist auf ein möglichst elementares Gebiet angewandt: auf den primitiven Unterschied zwischen Bewegtheit und Ruhe. Gleichzeitig ist dieser Kontrast in seiner größten nur möglichen Spannweite gegeben, denn die rhythmische Monotonie ist der absolute Nullpunkt aller Bewegtheit. Und schließlich darf man daran denken, daß ein solches taktmäßiges Repetieren wahrscheinlich die einfachste und wirksamste Methode ist, um das an sich unmusikalische Tonmaterial des Geräusches und der Sprechstimme ohne Zwang in eine musikalische Form und damit in die beste künstlerische Form überhaupt zu bringen.

9. Asynchronismus (1934)

Wird die Gleichzeitigkeit von Sichtbarem und Hörbarem gestört, so spricht man von Asynchronismus. Aufnahme- und Wiedergabeapparatur müssen in bezug auf die Geschwindigkeit und den Augenblick des Startes genau aufeinander abgestimmt sein, sonst hört man etwa das Gesprochene, ehe man die dazugehörigen Lippenbewegungen des Schauspielers sieht. Asynchronismus beobachtete man in den Anfängen des Tonfilms häufig, als man sich des heute aus dem Gebrauch gekommenen Nadelton- oder Vitaphone-Systems bediente: der Schallplattenteller war mit dem Bildprojektor mittels eines Synchronmotors gekuppelt, jedoch hatte der Vorführer auf ein bestimmtes Signal hin den Tonarm mit großer Präzision auf die Platte zu setzen, wenn wirklicher Gleichlauf zwischen Ton und Bild erzielt werden sollte. Sehr häufig ließ der Erfolg zu wünschen übrig. Beim Lichttonverfahren befindet sich das Bild und die zu ihm gehörige Tonaufzeichnung in festem Abstande (19 Bildhöhen) zueinander auf einem einzigen Bildstreifen, so daß bei der Vorführung der Synchronismus nicht mehr gestört werden kann. Es sei denn, der Zuschauer säße derart weit von der Leinwand entfernt, daß der Unterschied zwischen Licht- und Schallgeschwindigkeit zu einem merkbar verspäteten Eintreffen des Tonpartes führte.

Von Asynchronismus kann man eigentlich nur reden, wenn es sich um eine Abweichung von einer in der Natur gegebenen Gleichzeitigkeit handelt. Trotzdem bezeichnet man mit diesem Wort in der Tonfilmästhetik das nachträgliche Zusammenfügen von Tönen und Bildern, die zu keiner neuen, natürlich wirkenden Einheit verschmelzen sollen. Neben der Bildmontage (Zusammenfügen von Bildern) und der Tonmontage (Zusammenfügen von Tonaufnahmen) gibt es nämlich auch eine Bild-Tonmontage: das Zusammenfügen von Ton und Bild. Normalerweise soll eine Montage unbemerkt bleiben, d. h. der Zuschauer soll den Eindruck einer unteilbaren, natürlichen Einheit von synchronem Ton und Bild erhalten. Das gilt auch noch für die Nachsynchronisation, bei der eine nachträgliche Tonaufnahme so auf das Bild, beziehungsweise eine nachträgliche Bildaufnahme so auf den Ton (Trickfilm) abgestimmt wird, daß dem Zuschauer eine natürliche Einheit vorgetäuscht werden soll.

Dies nachträgliche Zusammenfügen von Bild- und Tonpartien, die nicht aus der gleichen wirklichen Situation stammen, kann über den bloßen technischen Kunstgriff hinaus zu echt filmischen Zauberwirkungen verwendet werden. »Das eben angedeutete Verfahren wird für Tonfilmgrotesken sehr ausbaufähig sein. Tiere können da mit Menschenstimmen sprechen, Menschen mit Tierstimmen, ein Kind wie ein alter Mann. Wenn jemand sich setzt, kann das Stuhlkissen mit menschlicher Stimme seufzen. Wenn Kaffee aus einer Kanne eingeschenkt wird, kann das Rauschen eines Wasserfalls erklingen, wenn eine Kanone abgeschossen wird, ein leises Quieken. Ein Kran kann mit klappernden Greifern zu reden anfangen, und eine Ohrfeige kann wie eine Sirene heulen. Aber immer müssen die Aufnahmen so gehalten sein, daß eine raumzeitlich mögliche Gesamtsituation entsteht. Sonst würde gerade die beabsichtigte Wirkung zerstört, die darin besteht, eine groteske Kombination als eine natürliche Einheit erscheinen zu lassen.«[1]

Hier handelt es sich also darum, Synchronismus zwischen an sich Heterogenem zu erzielen, und zwar müssen Bild- und Tonteil so aufeinander abgestimmt sein, daß sie sich zur einheitlichen Gesamterscheinung eines allerdings in der wirklichen Welt nicht existierenden Wesens zusammenschließen: die Kieferbewegungen des Krans beispielsweise müssen zu den Lauten, die er spricht oder singt, derart passen, daß der zwingende Eindruck eines stimmbegabten Krans erzielt wird. Seine häufigste Verwendung findet dies Verfahren heute in den Zeichentrickfilmen, doch besteht kein Grund, es nicht auch für »photographierte Filme« grotesken Charakters zu benützen.

Ein gutes Beispiel für asynchrone Verwendung des Tons bietet die Begleitmusik. Zwar soll auch sie zu den Bildvorgängen »passen«, aber nicht

[1] Rudolf Arnheim, Film als Kunst, Berlin 1932, München 1974, S. 296–297.

in dem Sinne, daß sie etwa als eine Äußerung der im Bildschauplatz befindlichen Menschen oder Dinge erscheine. Sie gibt vielmehr den Stimmungsgehalt der Bildszene in eignen Rhythmen wieder. Allerdings enthält auch sie fast immer einzelne Synchronelemente, so wenn sie zwischendurch etwa zu einer mit einer Musikkapelle durchs Bild marschierenden Soldatentruppe die nötige Marschmusik liefert. Die Begleitmusik gewinnt hier – und sie tat das auch schon in den Zeiten des stummen Films gern – den Charakter eines aus dem Bildschauplatz herausschallenden Klanges. Häufig aber auch vermeidet sie den Charakter einer solchen naturalistischen Täuschung und lehnt sich nur mit Klängen, die im übrigen ihre fremde Herkunft nicht verleugnen, an den Rhythmus des Bildgeschehens an, so wenn sie etwa den Takt von Ruderschlägen, die man im Bilde sieht, in ihrer Melodie übernimmt oder den Rhythmus des Montageschnittes durch einen genau synchronen musikalischen Rhythmus unterstützt. Solche bewußt auf Illusion verzichtende Begleitung des Bildes durch synchrone Musik, Geräusche, Geräuschmusik finden wir wiederum in den amerikanischen Zeichentrickfilmen. Im allgemeinen jedoch verzichtet die Begleitmusik, wie gesagt, auf solchen Synchronismus, sei er nun naturalistischen oder stilisierten Charakters, überhaupt und spricht ihre eigene musikalische Sprache, die nicht durch eine Ähnlichkeit äußerer Formen, sondern durch die Verwandtschaft des Ausdrucks zum Bilde paßt.

Ein solches bloß inhaltliches, gedankliches, lyrisches Zusammenpassen gibt es aber auch sonst im Tonfilm. Wenn man zu einem dokumentarischen Film den Begleitvortrag eines unsichtbaren Sprechers hört, so besteht hier zwar ein inhaltlicher Zusammenhang und auch ein Synchronismus derart, daß der Text sich häufig auf das Bild bezieht, was man gerade sieht, doch stammen Bild und Text deutlich aus getrennten Wirklichkeitsbezirken (genauso wie im Falle der Begleitmusik) und wirken als nur montagemäßig zueinandergefügt.

Auf ähnliche Weise kann man im Spielfilm die Rede eines Sprechers noch forttönen lassen, wenn man ihn schon nicht mehr sieht, weil der Schauplatz gewechselt hat. Man hört und sieht etwa eine Mutter den tugendhaften Lebenswandel ihrer Tochter loben, aber während die mütterliche Stimme noch weiter klingt, sieht man die Tochter in einem Nachtlokal mit unsoliden Herren tanzen.

Diese Form der synchronen Verwendung des Tons haben einige Filmtheoretiker, vor allem russische, als die eines Künstlers einzig würdige ausgegeben. Inwiefern sie das aber nicht ist, sondern im Gegenteil ein recht blasses Ausdrucksmittel, möge man im Kapitel »Asynchronismus« von »Film als Kunst« näher nachlesen.[2] Es besteht auch immer die Gefahr, daß

[2] Rudolf Arnheim, Film als Kunst, a.a.O., S. 291–302.

der Zuschauer eine solche Bild-Tonmontage in dem Sinne mißversteht, daß der Tonpart aus dem Bildschauplatz herkommt; hört der Säufer am Kneipentisch die warnende Stimme seiner fernen Gattin, so wird der Zuschauer mit ziemlicher Bestimmtheit im Bilde nach der Frau herumsuchen, die er in der Nähe glaubt, weil er sie hört. Auch bei plötzlich einsetzender Begleitmusik besteht in vielen Fällen die Gefahr, daß der Zuschauer sie auf den Handlungsschauplatz bezieht, und hört er gar die Stimme eines einsam im Walde sitzenden jungen Mädchens von einem gut besetzten Orchester begleitet, so wundert er sich mit Recht, wie solcher Komfort in die Wildnis kommt.

Bei jeder Verwendung des Asynchronismus muß also sauber auf Trennung der beiden Sphären gehalten werden, die als nur vom Künstler zusammengefügt, nicht als Teile des gleichen wirklichen Schauplatzes aufgefaßt werden sollen.

Einen zwischen Synchronismus und Asynchronismus, zwischen Vortäuschung einer übernatürlichen Wirklichkeit und Montage von nur inhaltlich zusammengehörigen Elementen einzuordnenden Effekt hat der Regisseur Rouben Mamoulian verwendet, indem er in *Straßen der Großstadt* die innere Stimme des schlafenden Mädchens hörbar zischeln ließ (ohne daß dieses etwa die Lippen bewegte) oder bei einer bestimmten Szene zwischen den beiden Liebenden die Worte wieder aufklingen ließ, die sie bei ähnlicher Gelegenheit vorher miteinander gewechselt hatten. Die Wirkung, beim erstenmal verblüffend, erwies sich schon beim zweitenmal als recht abgeblaßt.

10. Neuer Laokoon[1]
Die Verkoppelung der künstlerischen Mittel, untersucht anläßlich des Sprechfilms (1938)

Die Anregung zu der folgenden Untersuchung gab ein Gefühl des Unbehagens, das den Verfasser immer wieder vor dem Sprechfilm befällt und das von keiner Gewöhnung zu stillen ist: der Eindruck, daß da etwas nicht in Ordnung sei; daß da etwas vorgeführt werde, was wegen grundsätzlicher

---

[1] Der Text folgt dem unveröffentlichten deutschen Originalmanuskript. Dieses Manuskript trägt den handschriftlichen Vermerk: »Fehlen die letzten Korrekturen«. Demzufolge auftretende Veränderungen, d. h. vor allem Ergänzungen und Sinnveränderungen in den publizierten Fassungen in italienischer (Nuovo Laocoonte, in: ›Bianco e Nero‹ [Rom], Nr. 8, 1938) sowie, von Arnheim selbst übersetzt und gekürzt, in englischer Sprache (A New Laocoön: Artistic Composites and the Talking Film, in: Rudolf Arnheim, Film as Art, Berkeley 1957)

innerer Widersprüche lebensunfähig bleiben müsse. Dieses von den Sprechfilmen erregte Unbehagen scheint dadurch verursacht zu sein, daß die Aufmerksamkeit des Zuschauers zu zwei entgegengesetzten Lagern hin auseinandergezogen wird, daß um den Zuschauer gekämpft, statt gemeinsam geworben wird und daß im Bestreben, das gleiche Ding doppelt zu sagen, ein verwirrendes Nebeneinander zweier Stimmen entsteht, die jede ihre Sache nur halb sagen können, weil sie einander stören.

Vor diesem praktischen Sachverhalt entstand das Bedürfnis, theoretisch zu ermitteln, welche die ästhetischen Regeln seien, deren Nichtbeachtung die vorliegende Filmform so unbefriedigend mache, zumal auch das Gefühl immer deutlicher wurde, die zur Rechtfertigung des Sprechfilms gängigerweise herangezogenen Grundsätze seien falsch oder doch falsch angewendet. Zu einem Zeitpunkt, an dem man den Sprechfilm allenfalls noch in seinem Bestehen zu erklären sucht, die Frage nach seiner grundsätzlichen Möglichkeit oder Unmöglichkeit aber nicht mehr diskutiert, ja sie zu stellen eher für anstößig, destruktiv und rückschrittlich hält, schien uns die Klärung gerade dieser grundsätzlichen Frage immer dringlicher zu werden.

Wir machten uns deshalb daran, in Kürze zu untersuchen, ob bzw. unter welchen Bedingungen Kunstwerke möglich sind, die sich auf mehr als einem einzigen künstlerischen Mittel – gesprochenes Wort, bewegtes Bild, Musik – aufbauen und welchen Bereich, Charakter und Wert sie haben. Die Ergebnisse der Untersuchung wendeten wir auf den Sprechfilm an.

Das Theater verbindet erfolgreich Bild und Wort

Die beiden Elemente, deren Wettstreit der Sprechfilm zu keiner Einheit zu zwingen weiß, sind offensichtlich das Bild und das Wort. Das muß wundernehmen, wenn man daran denkt, daß in der alltäglichen Lebenserfahrung Sichtbares und Hörbares ganz natürlich zu einem einheitlichen Weltbild verschmolzen sind. Im tätigen Leben entdecken wir kaum je eine Störung des Bildes durch das Sprechen, des Sprechens durch das Bild. Sitzen wir aber des Abends vor der Projektionswand, so machen sich solche Störungen sofort und unaufhörlich bemerkbar. Der Grund ist wohl darin zu suchen, daß wir im Bilde der wirklichen Welt nicht jene Ausprägung der Gestalt zu finden gewohnt sind, die im Kunstwerk den Gegenstand und seine

werden in Fußnoten des Herausgebers angeführt. Die Zwischenüberschriften fehlen im deutschen Originalmanuskript, sind jedoch in beiden publizierten Fassungen vorhanden. Deshalb wurden sie, in der Übersetzung des Herausgebers, an den entsprechenden Stellen eingefügt. Was nur im deutschen Manuskript steht, jedoch nicht in den publizierten Fassungen, wurde im Text belassen.

Art eindeutig und mit höchstem Ausdruck durch das Wahrnehmbare dar-stellt. Aus der Wirklichkeit entnehmen wir nur ungefähre Andeutungen, nach denen wir uns zurechtfinden; sie schafft und gruppiert die Dinge und Ereignisse nur in Annäherung an die reinen, gesetzmäßigen Tatbestände, die ihnen zugrundeliegen. Wenn also schon die Unbestimmtheit einer Farbe, der Mißklang einer Linienzusammenstellung unsre rein aufs Praktische ge-richtete Wahrnehmung nicht beirren, wenn die sprachliche Unsauberkeit eines Satzes uns nicht hindert, einfach seinen Sinn zu ergründen zu suchen und die Sache dabei bewenden zu lassen, so brauchen wir uns nicht dar-über zu wundern, daß auch eine unausgewogene Verbindung des bildli-chen und des sprachlichen Elements im allgemeinen kein Unbehagen in uns hervorruft. In der Kunst aber, wo die unentschiedene Umrißlinie eines Kör-pers, die widerspruchsvolle Vielfältigkeit einer Bewegung, die Verwendung eines unbezeichnenden Wortes sofort Eindruck, Bedeutung und Schönheit des Werkes stören, muß auch eine Verbindung der Mittel, die nicht zu einer geklärten Einheit führt, unerträglich wirken.

Daß schon an sich der Versuch, bewegtes Bild und gesprochenes Wort zu verbinden, ein ausreichender Grund für das vom Sprechfilm erregte Un-behagen sein könne, ist unwahrscheinlich, weil die Vereinigung von Bild und Wort durch die uralte und höchst fruchtbare Kunst des Theaterspie-lens gerechtfertigt scheint. Aber der Fehler könnte in der besonderen Art liegen, in der uns der Sprechfilm diese langgewohnte Kombination vorstellt. Allerdings hat man gelegentlich auch das Theater einer grundsätzlichen Zwitterhaftigkeit bezichtigen wollen. Man hat nachgewiesen, daß die Thea-tergeschichte in einem Hin- und Herpendeln zwischen zwei Extremhaltun-gen besteht, welche die Gesamtgestaltung des Werkes entweder in das Wort oder in das Bild verlegen wollen. Das könnte so aussehen, als ob sich das Theater unaufhörlich von seinem unauflösbaren inneren Zwiespalt fort zu einer der beiden reineren Ausdrucksformen hin retten wollte, die sich in ihm gemischt finden: zu der uns etwa vom Tanz her bekannten Form des bloßen bewegten Bildes oder zu der des bloßen gesprochenen Wortes, die neuerdings im Hörspiel des Rundfunks unübertrefflich rein verwirklicht wor-den ist. Aber der Drang zum ungemischten Mittel müßte noch nichts gegen die ästhetische Zulässigkeit der Mischung besagen. Es ist nur natürlich, daß ein Mittel, welches auch für sich allein vollständige Gestaltungen zu schaf-fen erlaubt, sich immer wieder gegen die Verbindung mit einem andern Mit-tel empört. Denn schon innerhalb der Arbeit mit einem einzigen Mittel sucht dieses ja den Künstler zur Beschränkung auf möglichst einfache, dem Roh-material möglichst nahe Formen zu verlocken, weil sie die nächstliegenden und zugleich in gewissem Sinne die am unmittelbarsten wirksamen sind, und der dramatische Kampf des künstlerischen Schaffens besteht gerade darin, einen möglichst reichen geistigen Stoff mit möglichst elementaren Mitteln auszudrücken. Dieser geistfeindliche Hang des Mittels zur brutal-einfachsten Sorte derjenigen Wirkungen, die andrerseits es dem Geiste erst ermöglichen, sich in sinnlich auffaßbaren Erscheinungen zu konkretisieren, ist nun auch im Theater tätig. Er sucht die simpleren und daher in *einer* Beziehung unmittelbarer eindringlichen Wirkungen des bloßen Bildes oder bloßen Wortes zu erzwingen, aber der Theaterkünstler, der in der Verbindung des sinnlich-einfacheren Mittels mit dem gedanklich-zusammengesetzteren die Möglichkeiten zu reicheren, das Menschenwesen vollständiger umfassenden Gestaltungen spürt, setzt in einer Art von Selbstverleugnung, die gerade dem »Vollbluttheatermenschen« oft schwer fällt oder gar unmöglich ist, seinen Willen zu bloßer Dienstleistung, zu interpretierender und bereichernder Versinnlichung des Dichtwerkes, gegen den auch in ihm wirkenden Trieb durch.[2]

Parallelismus von vollständigen und voneinander geschiedenen Schöpfungen

Auch hier wiederum könnte uns die natürliche Einheit von Gesehenem und Gehörtem in der alltäglichen Erfahrung entgegengehalten werden. Ist sie denn nicht ein einfacheres, näherliegendes Darstellungsmaterial als die künstliche, der natürlichen Anschauung widersprechende Scheidung der beiden Elemente? Wer so fragt, übersieht einen entscheidenden Unterschied zwischen künstlerischer und »praktischer« Haltung. Die Gesamtheit der Welt von einem bestimmten Sinnessektor aus zu erfassen und sie allein für diesen Sinnessektor darzustellen, gerade das bedeutet eine entscheidende Voraussetzung der bildenden Kunst, eine Beschränkung, die auf diesem Gebiet künstlerische Gestaltung, das heißt einheitliche und geschlossene Darstellung, überhaupt erst möglich macht.

Optische und akustische Elemente, etwa gesprochene Worte und bewegte Körper, im Kunstwerk zu einer elementaren Einheit verschweißen zu wollen, in der gleichen Art wie sich Satz an Satz, Bewegung an Bewegung fügt, ist ein unsinniges, unvorstellbares Beginnen. Die gegenständliche Einheit, die »im Leben« z. B. den Körper und die Stimme eines Menschen umschließt, würde im Kunstwerk eine viel elementarere Gleichartigkeit dieser

---

[2] Die publizierten Fassungen fahren an dieser Stelle ergänzend fort: »Dazu muß er seine starke Neigung zum ›absoluten‹ Theater besiegen, jener Form der Aufführung, die nur noch reine Bewegung auf der Bühne ist. Solche Pantomime blieb, nebenbei gesagt, steril, wann immer sie versucht wurde und muß es bleiben, ausgenommen, sie wird stilisiert bis zu dem Punkt, wo sie in Tanz übergeht oder ist visuell so angereichert wie beim Film.« (Übersetzung des Herausgebers).

Faktoren und viel elementarere Beziehungen zwischen ihnen voraussetzen. Die Gestaltung des Kunstwerks nimmt ihren Ausgang von den unmittelbar auffaßbaren Sinnesqualitäten. Durch den Ausdruck dieser sinnlichen Daten weist das Kunstwerk auf Sinn und Wesen der gemeinten Dinge hin; im unmittelbar Anschaulichen muß der innerste Gehalt des Themas bereits ersichtlich sein. Durch die optischen Beziehungen zweier Körper zueinander, durch das Verhältnis ihrer Lage, Größe, Umrisse usw., kann das Verhältnis zweier Dinge dargestellt werden, die mit diesen Körpern gemeint sind. Auf dieser niedrigsten Ebene aber ist noch keine Beziehung zwischen optischen und akustischen Elementen möglich. (Um es recht grob zu sagen: Man kann nicht einen Ton in ein Gemälde einfügen!) Eine solche Beziehung besteht erst auf einer zweiten, höheren Ebene, derjenigen der »Ausdruckscharaktere«, die in der Tat Elementen verschiedener Materialbereiche gemeinsam sein können: so kann etwa ein tiefes Weinrot den gleichen Ausdruck haben wie ein dunkler Celloton. Daraus erklärt sich, daß auf dieser zweiten Ebene eine künstlerische Verbindung zwischen Gebilden verschiedenen Materials möglich wird.

Eine solche Verbindung muß aber die auf der ersten Ebene geschaffenen Trennungen achten; sie setzt voraus, daß in der ersten Ebene zunächst einmal in jedem der in Betracht kommenden Materialbereiche, z. B. im optischen und im akustischen, ein geschlossenes Gebilde, und zwar ein das Gesamtthema des endgültigen Kunstwerks auf seine Weise darstellendes, geschaffen worden ist. Fällt nun auf der zweiten Ebene die Materialschranke, so müssen zwar die einzelnen Faktoren, etwa der optische und der akustische, in ihren auf der elementareren Ebene geschaffenen Gruppierungen und Abgrenzungen verharren, können aber nun ihre Ähnlichkeit, Gegensätzlichkeit usw. in bezug auf ihren Ausdrucksgehalt zur Bildung gegenseitiger Beziehungen ausnutzen. Die Bewegungen der Tänzerinnen bleiben miteinander verschmolzen und als Ganzes gegen die Musik abgehoben, innerhalb derer wiederum die Tonelemente miteinander verschmolzen sind; aber der den Elementen beider Art gemeinsame Ausdrucksgehalt erlaubt eine Beziehung beider Sphären aufeinander, eine Verbindung beider in einem einheitlichen Kunstwerk. So wird z. B. eine bestimmte Bewegung der Tänzerin einen ähnlichen Gehalt und Ausdruck haben wie eine gleichzeitige Figur in der Musik, oder ein bestimmter Gestus des Schauspielers dem Sinn des Satzes entsprechen, den er gerade vorträgt.

Für die Verbindung mehrerer Materialsphären in einem Kunstwerk ergibt sich also eine Form, deren Besonderheit und Reiz darin beruht, daß zwischen geschlossenen, vollständigen, voneinander streng geschiedenen Gebilden der ersten Materialstufe, auf der zweiten eine Verbindung geschaffen wird. Noch weitere, höhere Materialstufen können auftreten – es geschieht fast in jedem Falle –, aber sie sind eben alle weniger elementarer

Art; eine von ihnen betrifft das Wesen und die Beziehungen der dargestellten Dinge in ihrer Eigenschaft als Bestandteile unsrer Welt; z. B. die
»irdisch«-tatsächliche Beziehung zwischen Menschenkörper und Menschenstimme. Diese letztgenannte Schicht ist die dem praktischen Leben nächstliegende, natürlichste. Die in ihr stattfindende Verbindung von Elementen
aus verschiedenen Sinnesgebieten aber genügt nicht, um diese Elemente
gleichartig, verschmelzbar und vertauschbar zu machen: ihre Ungleichar-
tigkeit in der – künstlerisch ausschlaggebenden – Elementarschicht verhindert es.*

Man könnte uns die Literatur entgegenhalten, die sich in der Tat der
Wahrnehmungen aller Sinne – des Gesichts, des Gehörs, des Geruchs, des
Tastsinnes usw. – bunt durcheinander und in der gleichen, untrennbaren
Verschmolzenheit bedient, wie sie uns auch in unsrer praktischen, alltäglichen Erfahrung gegeben sind. Darin wird man aber einen Einwand gegen
unsre Behauptung nur sehen, wenn man der Meinung ist, das dichterische
Wort sei nichts als ein Hilfsmittel, um in der Phantasie des Lesers die Er-
innerungsbilder hervorzurufen, die der Schriftsteller als unmittelbare sinnliche Wahrnehmung nicht geben kann. (Schopenhauer: »Als die einfachste
und richtigste Definition der Poesie möchte ich diese aufstellen, daß sie die
Kunst ist, durch Worte die Einbildungskraft ins Spiel zu setzen.«) Wir aber
glauben nicht, daß das Dichterwort ein bloßes Durchgangsmittel ist, um
zur konkreten Anschauung zu gelangen – ähnlich den Worten, deren der
Verfasser eines Filmmanuskriptes sich, notgedrungen, bedient, um die von
ihm gemeinten Bilder zu beschreiben – sondern vielmehr bereits die Endform der Gestaltung. Gerade die Abstraktheit der Sprache, die ein Ding
durch seinen Gattungsnamen zunächst nur in allgemeiner, unanschaulicher
Weise bezeichnet, ohne bis zu seiner besonderen Einzelerscheinung »in
Fleisch und Blut« hinunterzugehen, macht, unsrer Meinung nach, die Ei-

---

* Es versteht sich, daß die Zusammengehörigkeit von Dingen in der »wirklichen«
  Welt sich nicht auf ein bloßes raum-zeitliches Beieinanderliegen zu beschränken
  braucht. Im Falle von Menschenleib und Menschenstimme z. B. handelt es sich
  nicht um ein rein empirisch-zufälliges Beieinanderliegen von Dingen, die sonst
  weiter nichts miteinander zu tun haben; sondern da Leib und Stimme zwei
  Erscheinungsformen des gleichen Organismus sind, besteht zwischen ihnen eine
  innere, ausdrucksmäßige Verwandtschaft, die es sinnvoll erscheinen läßt, daß
  gerade zu diesem besonderen Leibe diese besondere Stimme gehört. Es besteht
  also in solchen Fällen außer der äußerlich empirischen Beziehung auch noch
  eine wesentlichere: sie beruht auf gemeinsamen »Ausdruckscharakteren« und
  gehört also jener zweituntersten Ebene an, von der wir gesprochen haben. Aber
  weder in der Wirklichkeit noch in der Kunst entspricht der empirischen Beziehung *immer* auch eine ausdrucksmäßige, bzw. besteht die Ausdrucksverwandt-
  schaft *immer nur* zwischen auch empirisch zusammengehörigen Dingen.

genart der Dichtung aus und ermöglicht ihre spezifischen und besten Wirkungen. Das Dichterwort geht unmittelbar auf den Sinn, den Charakter, das Gestaltungsprinzip der Dinge, daher die Geistigkeit seiner Schau, die Schärfe und Wesentlichkeit seiner Beschreibung. Der Dichter fesselt sich nicht an die körperliche Gegenständlichkeit eines Schauplatzes, daher das Leichte und Durchsichtige seines Vortrags und die königliche Freiheit, mit der er Ding an Ding fügt, auch wenn sie zeitlich und räumlich nicht zueinander gehören. Und eben weil er nicht von der Erscheinung ausgeht, sondern von der allgemeinen Bezeichnung, eben weil er darauf verzichten muß, bis in die unterste Schicht der Anschauung vorzudringen, eben deshalb hat er die Möglichkeit, seine Bilder, ohne Rücksicht darauf, ob sich die Verbindungen körperlich verwirklichen oder auch nur »zusammenschauen« lassen, aus Erscheinungen der verschiedensten Sinnesgebiete zusammenzusetzen. Wenn er will, gibt er vom »Kleide« nur den abstrakten Begriff des Umhanges, vom »Turm« nur die Höhe, vom »Riesen« nur die Gewaltigkeit, und nur deshalb kann er aussprechen, was kein Maler malen dürfte: »Schon stand im Nebelkleid die Eiche, ein aufgetürmter Riese, da« (Goethe). Weil er sich in jener vorletzten Schicht bewegt, in der, wie wir sagten, auch die Werke der Augen- und der Ohrenkünste ihre Verwandtschaft entdecken und aufeinander bezogen werden können, ist es ihm möglich, das Heulen des Windes, das Ziehen der Wolken, den Duft faulenden Laubes und das Prasseln des Regenwassers auf der Haut zu einer echten Einheit zu verschmelzen.

In einer ganz anderen Art gelangt allerdings auch der Dichter bis zur Schicht der unmittelbaren Sinnlichkeit und damit in den Genuß ihrer belebenden Wirkung. Die Gegenstände, die er beschwört, kann er zwar nicht sehen, hören, riechen, betasten lassen, aber die Wörter, mit denen er sie bezeichnet, sind Klänge, sinnliches Urmaterial. Der Ausdruck der Vokal- und Konsonantenfolgen, der Rhythmus der Betonungen, Bindungen und Trennungen erlauben ihm, in einem anderen, konkreteren Material zu »illustrieren«, was er gleichzeitig mit Begriffen sagt. Eine Dichtung ist also bereits in sich ein zusammengesetztes Werk, für das unsre Regeln gelten müssen.

Die Bedingungen für die Verbindung der künstlerischen Mittel

Um nun aber zu den Verbindungen getrennter, unabhängiger Kunstformen zurückzukehren, so ist etwa im Liede die Gesamtheit des Auszudrückenden durch die Worte, durch das Gedicht, gegeben und noch einmal, auf andere Weise, durch die Musik. Beide Elemente sind aneinander so angepaßt, daß sie zu einer Einheit werden, aber immer bleibt ihre Verschiedenheit deutlich erkennbar. Die Verbindung ähnelt einer guten Ehe, in der ebenfalls aus Ähnlichkeit und Anpassung eine Einheit entsteht, welche die Persönlichkeit jedes Partners unverletzt läßt, ähnelt hingegen nicht dem aus ihr entsprießenden Kinde, in dem beide Elemente untrennbar vermischt sind.

Ebenso müssen im Theaterspiel sowohl das bewegte Bühnenbild wie der Dialog für sich das Gesamtthema behandeln: eine Lücke in einem Teil könnte der andere auf keine Weise ausgleichen. Die Aufgabe des Bühnenregisseurs ist es, durch Farben, Formen und ihre Bewegung, durch Art und Aussehen der Schauspieler und ihre Mimik und Gestik, durch die Gestalt des Raumes und die Verteilung und Bewegung der Körper in ihm, den Gehalt des Dialogs gleichzeitig auch den Augen der Zuschauer vorzuführen. Eine Unterbrechung in diesem Spiel darf es nicht geben, es sei denn, sie habe den Charakter einer abgrenzenden Pause, einer Zäsur, die ja kein Aufhören der Gestaltung bedeutet, sondern ein Teil von ihr ist. Das Spiel darf nicht etwa unter dem Einfluß des Dialogs plötzlich ausdruckslos und leer werden. Der dichteste Dialog könnte den Augen diesen Ausfall nicht ersetzen, sie über das Loch in der optischen Gestaltung nicht hinweg bringen. Ebenso ist ein Aussetzen des Dialoges nur als Pause möglich, nicht als ein vorübergehendes Hinüberwechseln der Gestaltung in den optischen Sektor. Es kann zwar sehr wohl einen kontrapunktischen Gegensatz zwischen einer Fermate im sichtbaren Spiel und gleichzeitigem lebhaftem Wortwechsel, zwischen Gesprächspause und bedeutungsvoller stummer Handlung geben, aber immer nur in dem Sinne, daß Pause und Tätigkeit gegeneinandergearbeitet sind, niemals als stafettenhafte Ablösung des einen gänzlich aussetzenden Teils durch den andern.[3]

Der Dialog muß vollständig sein

Man versteht danach, wie absurd die heute so beliebte und so häufig empfohlene Übung gerade künstlerisch anspruchsvoller Filmregisseure ist, die Gestaltung fast vollständig in das Bild zu legen und nur gelegentliche Höhepunkte der Auseinandersetzung zwischen den handelnden Personen durch Dialog zu vervollständigen. Das dabei verwendete Gestaltungsprinzip besteht nämlich offensichtlich nicht in einem Nebeneinanderherlaufen von einem sehr dichten optischen Element und einem sehr losen, pausenreichen sprachlichen – der Dialogteil pflegt in sich gänzlich zusammenhanglos und

---

[3] Der Schlußteil dieses Satzes lautet in den publizierten Fassungen: ». . . aber nur in dem Sinne, in dem das harmonische Spiel eines Musikstücks angereichert ist durch das häufige Einsetzen und Aufhören der verschiedenen Stimmen oder Instrumente.« (Übersetzung des Herausgebers).

unvollständig, die langen Unterbrechungen pflegen unüberbrückbar zu sein –, sondern beruht auf der Vorstellung, man könne an gewissen bevorzugten Stellen das Wort gewissermaßen als eine Verdichtung des Bildes aus diesem herauswachsen lassen. Hier ist die notwendige Trennung der verschiedenen Mittel also außer acht gelassen, und als Erfolg ergibt sich, daß Dialogbruchstücke lächerlich überraschend aus einer Leere auftauchen, in der sie haltlos schweben. (Keineswegs ist diese Wirkung einfach durch den Wegfall des Hörreizes begründet – ein solcher Wegfall reißt, wo er als gliedernde Pause innerhalb des akustischen Gebildes sinnvoll ist, durchaus kein »Loch« – und keineswegs ist das Mißbehagen zu vermeiden, indem man die Stille durch Musik oder Geräusche ausfüllt: wir haben oben am Beispiel des Liedes gezeigt, wie schon innerhalb des akustischen Bereiches auch Musik und Worte nur als getrennte und vollständige Gebilde miteinander verbunden werden können.)[4]

Die Unmöglichkeit einer »echten« Verschweißung von Wort und Bild wird in der praktischen Filmerfahrung nur deshalb nicht jedem deutlich, weil niemals das Bild abbricht, wenn der Dialog einsetzt, sondern die Bildhandlung lückenlos – im äußerlichen Sinne wenigstens, nicht immer auch in bezug auf den künstlerischen Ausdruck – weiterläuft, so daß es sich also in Wirklichkeit um eine vollständige Bildgestaltung mit einem gelegentlich einsetzenden, nebenherlaufenden Dialogteil handelt, um eine unserm Parallelismusgesetz genügende Form und nicht um eine Verschweißung. Der grundsätzliche Mangel liegt in der Bruchstückhaftigkeit des Dialogteiles. (Wenn das umgekehrte Prinzip, das Abbrechen des Dialogs zugunsten des Bildes, angewendet werden kann, und zwar ohne sinnenfällig unmöglich zu wirken, so liegt das an der rein psychologischen Tatsache, daß ein Abbrechen des Dialogs noch kein Abbrechen der akustischen Darbietung – ähnlich dem Verschwinden des Bildes – bedeutet: die Stille ist nicht das Nichts, sondern das positive Medium der akustischen Welt, ihr »leerer Grund«. Was aber rein psychologisch nicht stört, kann deshalb künstlerisch immer noch unmöglich sein.)

[4] In den publizierten Fassungen folgt an dieser Stelle noch: »Wenn der Dialog nicht zerstückelt wäre, sondern zusammengefaßt in große Komplexe, von denen jeder eine geschlossene und kontinuierliche Struktur hätte, dann könnte man nicht zuletzt auf das große Beispiel von Beethovens ›Neunter Symphonie‹ verweisen – später in ähnlicher Weise wieder aufgenommen von Mahler –, in der auf dem Höhepunkt der Komposition die instrumentale Musik ergänzt wird durch menschliche Stimmen, so daß von diesem Moment an das Werk sich auf einer breiteren, monumentaleren Basis fortsetzt. Jedoch würde im Sprechfilm sogar diese Methode nichts helfen, weil im visuellen Stil der Unterschied von stummen und durch den Dialog ergänzten Szenen ein Hindernis bleiben würde.« (Übersetzung des Herausgebers).

Solange jene Bröckchen Filmdialog nichts weiter bedeuten als das aufs Mindestmaß herabgedrückte Zugeständnis des Künstlers an die Forderungen der Filmindustrie und des Filmhandels, erübrigen sich grundsätzliche Bemerkungen. Der Künstler selbst sieht dann sein Werk als einen hie und da verunreinigten, durch ein feindliches Prinzip beschädigten Film im eigentlichen Sinne, als einen stummen Film also, an. Glaubt er aber durch die Entfernung vom Bühnenmäßigen, die in der spärlichen Verwendung des gesprochenen Wortes liegt, sich einer selbständigen Kunstform »Sprechfilm« zu nähern, so beweist er Mangel an Gefühl für sein Handwerk. Je sparsamer die Worte verwendet sind, je entschiedener also die Gestaltung im Bilde liegt, umso fremder, störender und lächerlicher wirken die Bröckchen, umso deutlicher wird, daß die Mittel des stummen Films am Werke sind und keine andern.

Einen gesunderen Kunstinstinkt entwickeln da die rein handwerksmäßig schaffenden Mitarbeiter der Filmindustrie, die aus dem täglichen gewissenhaften Umgehen mit den technischen Mitteln ein gewisses Gefühl auch für die künstlerischen Bedürfnisse dieser Mittel bekommen haben und die zum Teil aus diesem Grunde immer entschiedener zu dem »hundertprozentigen« Dialog übergegangen sind, der den Film seiner ganzen Länge nach, mehr oder weniger lückenlos, begleitet und damit eine Grundvoraussetzung für die Verbindung zweier Mittel erfüllt. Wenn gleichzeitig ein immer radikalerer Abfall von den früher eroberten Ausdrucksmitteln des bewegten Bildes erfolgt, so entspricht auch das, wie wir noch sehen werden, den Forderungen der nun einmal durch das Auftreten des Dialoges geschaffenen ästhetischen Situation. Die Mißklänge zwischen Bild und Dialog sind damit allerdings noch keineswegs beseitigt, noch gar künstlerisch befriedigende Tonfilmwerke geschaffen: man nähert sich immer mehr dem Theater, ohne sich doch zu einem wirklichen Verzicht auf die neueroberten Reize des Bildes entschließen zu können.

Vorauszusetzen für die Verwendung des gesprochenen Wortes im Film ist also ein vollständiger, durchgehender Dialog, der ein lückenloses, in sich geschlossenes Kunstwerk darstellt. Es fragt sich nun, ob man diese Voraussetzung erfüllen und trotzdem in einer vom Theater grundsätzlich verschiedenen Kunstform arbeiten kann.

Können Bild und Wort in einer vom Theater unterschiedlichen Weise miteinander verbunden werden?

Die Besonderheit der neuen Kunstform könnte zunächst in einem grundsätzlichen Unterschied zwischen Bühnenbild und Filmbild liegen. Dieser scheint den meisten ohne weiteres gegeben und durch die Erfahrung bewiesen. Und doch ist nicht einzusehen, weshalb die Mittel, durch die sich das Filmbild auszeichnet, dem Bühnenbild verschlossen sein sollen. Daß das Theater, als Kunstform, bleibt, was es ist, auch wenn man den lebendigen Schauspieler durch sein Abbild ersetzt, ist unbestreitbar und wird demnächst durch das Fernsehen auch praktisch bewiesen werden. Die Übersetzung der natürlichen Farben ins Schwarz-Weiß wäre der Bühne nicht verboten und ist im übrigen kein Wesensmerkmal des Films. Die Bewegung des Gesamtbildes[5] hat sich das Theater mit Hilfe der Drehbühne und ähnlicher Einrichtungen neuerdings erobert – in bescheidenen Grenzen, gewiß, aber bei der Untersuchung grundsätzlicher Unterschiede kommt es auf den Grad nicht an. Auch die photographische Abbildung des Milieus steht der Bühne zu Gebote, wie ebenfalls vom modernen Theater gezeigt worden ist. Und was den Wechsel des Betrachtungsabstandes und -winkels anlangt, vor allem den ruckhaften Wechsel, den man als eine bezeichnende Eigenschaft des Films zu nennen pflegt, so ist nicht einzusehen, warum er dem Theater, das ihn heute aus technischen Gründen nicht verwirklichen kann, grundsätzlich unzugänglich sein sollte. Der Bühnenapparat des modernen Theaters hat die Vorstellungen von den Mitteln des Bühnenbildes bedeutend erweitert.[6]

Es muß überhaupt Klarheit darüber herrschen, daß der Film zwar Kunst, aber durchaus nicht eine ganz isolierte Sonderkunst zu nennen ist. Was wir der Kunst des starren Flächenbildes und des starren Körpers entgegenzusetzen haben, ist die Kunst des bewegten Bildes. Diese aber umfaßt nicht nur den Film, sondern auch den Tanz und die Pantomime, und es ist fraglich, ob die aus der mechanischen Aufzeichnung folgenden Besonderheiten des Films wesentlicher sind als die Eigenschaften, die er mit Tanz und Pantomime gemeinsam hat. Übersieht man jedenfalls, wie es zu Ehren der neuen Gattung gern geschieht, diese gemeinsamen Eigenschaften, so wird man niemals zu einer richtigen Bewertung der Filmkunst kommen können. Die Kunst des bewegten Bildes ist so alt wie die andern Künste, so alt wie die Menschheit, und der Film ist nichts anderes als ihre neueste Erscheinungsform, und zwar offenbar eine, die den höchsten Gipfel der übri-

---

[5] Einschub an dieser Stelle in den publizierten Fassungen: »..., die der Film durch Kamerabewegung erreicht, ...« (Übersetzung des Herausgebers).

[6] Die letzten beiden Sätze dieses Absatzes lauten in den publizierten Fassungen: »Zugegeben, das Theater in seiner gegenwärtigen Form kann weder einen Wechsel des Betrachtungsabstandes und -winkels vornehmen noch von Schauplatz zu Schauplatz springen, wie der Film es mittels der Montage tut. Aber auch hier brauchen wir bloß an das Fernsehen zu denken, um uns zu vergegenwärtigen, daß das, was für das Theater, wie wir es kennen, heute technisch unmöglich ist, schon morgen alltäglich sein kann.« (Übersetzung des Herausgebers).

gen Künste nur da wird erreichen können, wo sie sich von der Fessel der mechanischen Abbildung losmacht und als reines Menschenwerk auftritt, d. h. im gezeichneten Film.

Bühnenbild und Filmbild sind also nicht grundsätzlich voneinander verschieden. Wir können daher die Erfahrungen, die das Theater mit dem »bereicherten« Bilde gemacht hat, ohne weiteres für den Sprechfilm verwenden. Welcher Art sind diese Erfahrungen? Sie besagen, daß jeder Versuch einer solchen optischen Bereicherung sich sehr bald als ein Abweichen von ernsthafter Theaterkunst erweist. Schont man »Prospekte nicht und nicht Maschinen«, so lenkt das Bild vom Dichterwort ab, statt es vorzutragen. Darin steckt aber eben die Voraussetzung, daß das Theaterspiel dazu da ist, das Dichterwort auf eine Weise zum Tönen zu bringen, die ihm eine vordergründige Wirkung sichert, wennschon das Bild bereichernde Nebenwirkungen beisteuert. Könnte man zu neuen Formen kommen, wenn man diese Voraussetzung fallen ließe?

Offenbar muß die Gefahr, daß der Zuschauer dem dramatischen Dialog nicht mehr genügend folgen kann, umso geringer werden, je einfacher dieser ist. Die dramatische Form kann nun, wie die der übrigen Künste auch, in jeder Dichtigkeit auftreten: von der gedankenschweren Verschlungenheit Shakespeares, die der Fassungskraft des menschlichen Geistes schon bei reiner, gänzlich bildloser Rezitation fast unlösbare Aufgaben stellt[7], bis zur lockersten, simpel-konkretesten Wechselrede. Die einfacheren und einfachsten Formen, die den dichteren grundsätzlich in keiner Weise künstlerisch nachstehen, müssen eine üppigere Bilderergänzung ertragen können, ohne dabei zu kurz zu kommen. Die bisherige Literatur mag nicht viele Werke dieser Art aufzuweisen haben – sie könnten aber vielleicht reichlicher entstehen, wenn dem Dramatiker der Gedanke vertrauter würde, seine Werke durch ein dichteres Bildspiel ergänzt zu sehen; ja könnte nicht vielleicht er selbst es übernehmen, in beiden Mitteln zu schaffen, das doppelköpfige Gesamtwerk allein herzustellen? Verlagerte sich die Waage allmählich zugunsten des Bildes, so kämen wir zunächst zu Gestaltungen, an denen Bild und Wort mit gleicher Schwere beteiligt wären, und schließlich zu solchen, in denen das Bild bei weitem überwöge, während der Dialog auf ähnliche Nebenaufgaben beschränkt bliebe, wie sie das Bild bei der Theateraufführung erfüllt.

Ob derartige Werke eine neue und eigene Kunstgattung verwirklichen würden, ist nicht leicht zu entscheiden. Kann eine bloße Verschiebung des Mengenverhältnisses zu einer neuen Kunstform führen? Die Darbietungen eines großen Ballettkorps können von einer einzigen Flöte, die einer einzigen Tänzerin von einem großen Sinfonieorchester begleitet sein – die Kunstform ändert sich deswegen nicht. Nun, die Entscheidung der Frage, ob wir es mit

[7] Einschub an dieser Stelle in den publizierten Fassungen: »... (wie zum Beispiel bei Radio-Aufführungen) ...« (Übersetzung des Herausgebers).

einer bloßen Abart des Theaters oder mit einer ihren eigenen Namen verdienenden besonderen Kunstform zu tun hätten, wäre nicht dringlich. Genug, wenn sich eine Bereicherung unserer Möglichkeiten, die Welt darzustellen, ergäbe, wenn ein Mittel entstände, um Künstler Dinge sagen zu lassen, für die es bisher keine Sprache gegeben hätte. Alles kommt darauf an zu wissen, wie es um die Lebensfähigkeit der von uns theoretisch gesetzten Gattung steht.

Spezifische Eigenarten verschiedener künstlerischer Mittel

Die Verkoppelung mehrerer Mittel, etwa des bewegten Bildes und der Sprache, im Kunstwerk läßt sich, so sagten wir, nicht einfach damit rechtfertigen, daß Sichtbares und Gesprochenes auch in der Wirklichkeit in inniger Verbindung, ja als untrennbare Einheit vorkommen. Vielmehr müssen für eine solche Verkoppelung künstlerische Gründe beigebracht werden: sie muß dazu dienen, um etwas auszudrücken, was mit einem einzigen Mittel nicht ausgedrückt werden kann. Ein zusammengesetztes Kunstwerk ist, wie wir bereits wissen, nur so möglich, daß die einzelnen Mittel vollständige Gebilde schaffen, die nebeneinander herlaufen. Soll diese Mehrgleisigkeit aber einen Sinn haben, so müssen diese einzelnen Teilgebilde offenbar nicht alle das gleiche sagen, sondern einander ergänzen, indem sie den ihnen gemeinsamen Gegenstand auf verschiedene Weise ausdrücken. Jedes Mittel muß von dem Gegenstand auf eine besondre Art erzählen, und diese Unterschiede müssen den Wesensverschiedenheiten der Mittel entsprechen: jedes Mittel wird das Thema so auffassen und darbieten, wie es seinem, des Mittels, Charakter entspricht.

Die Charaktere der einzelnen Mittel sind in der Tat grundsätzlich verschieden, wie schon von Lessing im »Laokoon« am Beispiel der bildenden und der redenden Künste aufgezeigt worden ist. Denken wir etwa an den Unterschied zwischen den gegenständlichen (darstellenden) und den nicht gegenständlichen Mitteln, so ist leicht einzusehen, daß die Malerei oder der Tanz den Ausdrucksgehalt des geistigen Themas mittelbar, mehr in verhüllter, angewandter, dafür aber unsern Lebenserfahrungen stärker entgegenkommender Form darstellen werden als etwa die Musik, die ihn unmittelbarer, reiner und kräftiger geben wird, weil sie sich nicht der Verkleidung in den Gegenstand bedient, dafür aber abstrakter, allgemeiner, weniger menschlich ist, weil sie die belebende Fülle der Dinge und Geschehnisse ausschaltet. Als Begleiterin des Tanzes oder des stummen Films bedeutet darum die Musik eine sehr glückliche Ergänzung: sie bietet mit einfacher Kraft die Gefühle und Stimmungen einerseits, die abstrakten Bewegungsrhythmen andrerseits, die das Bild ebenfalls meint, aber nur mit all den Brechungen und Trübungen wiedergeben kann, die beim Durchgang durch das Medium des Gegenständlichen unvermeidlich sind.

Den Wert der einzelnen Kunstmittel gegeneinander abzuwägen, ist müßig. Dieser oder jener Mensch wird das eine oder andre unter ihnen vorziehen, aber allgemein ist zu sagen, daß jedes auf seine Weise den höchsten Gipfel erreicht. Wenn wir also das Wort das umfassendste Kunstmittel nennen, so sind wir uns bewußt, daß es seine Universalität mit Schwächen auf Gebieten erkauft, in denen wiederum andere Mittel stark sind. Das Wort umfaßt, dem Inhalte nach, den Bereich aller übrigen Künste in sich. Es kann die Dinge der Welt als bleibend und als veränderlich, als ruhend und als bewegt beschreiben. Es kann mit unnachahmlicher Behendigkeit von einem Ort zum andern, von einem Zeitpunkt zum andern springen. Es erfaßt ebenso unmittelbar wie die sinnlichen Erscheinungen auch die ganze Welt des Seelenlebens, die Welt des Vorgestellten, Gefühlten und Gewollten. Und es stellt nicht nur alle diese äußeren und inneren Tatsachen dar, sondern auch alle die gefühlsmäßigen und gedanklichen Beziehungen, die der Mensch zwischen ihnen schafft: vom Besonderen und Anschaulichen bis zur Verdünnung und Schärfung der höchsten Allgemeinheit kann es die Dinge in allen Schattierungen der Abstraktion geben, zwischen Erscheinung und Begriff meisterlich hin- und herspielen und auf diese Weise den irdischsten Zusammenhängen ebenso gerecht werden wie den geistigsten; vor allem aber auch dem verführerischen Zwischenreich, in dem sich der Dichter bewegt.

Sichtbare Handlung als mögliche Ergänzung des dramatischen Dialogs

Auf der einen Seite der Leiter kommt aber, wie oben bereits festgestellt, das Wort über einen bestimmten Grad nicht hinaus. Es kann die Verstofflichung nicht bis zur Wiedergabe des Stoffes treiben: es kann »Farbe« immer nur sagen, nie aber die Farbe selbst geben. Eben daher der Hang, den gesprochenen Dialog durch Aufführung, die Erzählung durch Bilder zu ergänzen. Zugleich aber wird klar, daß diese Ergänzung keine notwendige ist. Denn das Wort kann unsrer Erfahrung ja jedes gewünschte Ding mit der für ein Dichtwerk nötigen Genauigkeit bezeichnen. Was dem Worte fehlt, ist die bloße sinnliche Vorführung dessen, was das Wort auf seine besondere, aber künstlerisch durchaus vollständige Weise beschreibt.

Aus diesem Grunde braucht ein wirkliches Drama die Aufführung nicht. Es läßt sie allenfalls zu. Und aus diesem Grunde ist es recht, wenn Bühnenbild und Bühnenhandlung sich vor dem bereits vollständigen Dichtwerk bescheiden zurückhalten. Die Aufführung ist eine Ergänzung durch Bildliches, die dem Dichter durchaus seine Freiheit und die Möglichkeit, sich vollständig auszudrücken, läßt. Sie tritt erst auf, wenn er sein Werk bereits, ohne

Einschränkung und Rücksicht, beendet hat. Die Ergänzung des gesprochenen Dialogs durch das Bühnenbild gibt, wenn sie mit der nötigen Zurückhaltung erfolgt, dem Aufgebot und Wettstreit der Begriffe jene Verstofflichung durch das sinnlich Anschaubare, die, wennschon im strengsten nicht notwendig, doch dem Menschen lieb und willkommen sein kann. Sie macht unmittelbare Anschauung aus der mittelbaren und wendet sich mit Formen, Farben, Bewegung und Klang an jene schlichteren, elementareren Empfindungen, denen auch der Dichter mit dem Klang und Rhythmus seiner Worte Tribut zollt. Klang und Bild sind der Natur näher: sie sind ursprünglichere Kunst als die Darstellung in Begriffen. Die Pflanze wendet sich zur Sonne, fühlt aber noch keine Sehnsucht nach dem Licht: biologisch ist der Gestus früher als die Empfindung. Und so gehen auch Musik, Malerei, Skulptur, Architektur, Tanz und Film auf das Einfachere, Ursprünglichere im Menschen. Ist dieser Mensch aber einmal zum Wort vergeistigt, so wird er sich zwar jene andern Künste als den Weg zu den alten Quellen erhalten wollen, ihre Verbindung mit dem Wort jedoch immer nur als ein einfach-kräftiges Dolmetschen, als eine mögliche, aber nicht notwendige Ergänzung gelten lassen können.

Das Bild als das sinnlichere, biologisch frühere Mittel, ist von wuchtigerer Wirkung als das weniger primitive, aber dafür zartere Kind des späten Geistes: das Wort. Daher ist, sobald das Bild – und nun gar das bewegte! – auftritt, die Gefahr für das Wort immer groß. Die gute Theateraufführung sucht den Primat des Sichtbaren durch ein gewisses Sichfernhalten vom Publikum, durch eine summarische Undeutlichkeit des Gezeigten und vor allem durch eine bewußte Armut an Gegebenheiten und Vorgängen im notwendigen Maße zu schwächen.

Könnte die sichtbare Handlung nicht ein wesentlicher Bestandteil des Theaterstückes werden?

Das bewegte Bild ist also, im Falle des Theaters, ein bloßer Diener des Wortes und tut andrerseits doch mehr, als das vom Dichter Gesagte oder Sagbare einfach zu wiederholen. Es erfüllt die für die Verkoppelung von künstlerischen Mitteln gestellte Bedingung, indem es den Gegenstand auf eine andre, besondere, dem Wort nicht zugängliche Weise darstellt. Wäre es daher nicht möglich, daß dem Künstler gelegentlich das Wort als ein unzureichendes Werkzeug erschiene: daß er etwas ausdrücken zu müssen fühlte, was sich nicht mit dem Worte, sondern nur im Bilde sagen ließe und daß es ihm daher notwendig würde, über das Wort hinaus zum Bilde zu greifen?

Wir haben uns vorzustellen, daß das äußere Bild des Vorganges, der den dramatischen Dialog begleitet, vom Dichter in sehr verschiedenem Grade in das Werk mit einbezogen wird. Auf der einen Seite haben wir am äußersten

Punkt den Dichter, der auf nichts als die innere Handlung gerichtet ist und nichts darstellen will als das durch Sprechen ausgedrückte Gegeneinander seelischer Kräfte. Mag die Wirklichkeit diesen Fall in seiner letzten Schärfe jemals hervorbringen oder nicht – das Hörspiel des Rundfunks zielt, seinem Wesen entsprechend, auf Werke solcher Art hin –, jedenfalls ist er das theoretische Extrem, von dem aus wir in einer Reihe alle übrigen Fälle anordnen können, in denen der Dichter immer mehr vom äußeren Vorgang mitsieht, bis wir zum andern äußersten Fall gelangen, in dem die Gestaltung ganz in die »Handlung« verlegt ist, der Dramatiker zum Erzähler wird.

Es gehört nun zum Wesen des Kunstwerks, daß der Dichter alles, was er vom äußeren Vorgang für einen wesentlichen Teil seines Werkes hält, auch wirklich in es aufnimmt, und das kann offenbar auf zweierlei Weise geschehen. Das klassische Verfahren der großen Dramatiker besteht darin, diese Elemente in den Dialog einzubeziehen. Gelegentlich aber finden sich fast allenthalben auch »Regiebemerkungen«, Angaben zwischen und vor dem Dialog, die den Schauplatz und was auf ihm vorgeht bezeichnen. Ob diese Angaben nun, wie bei den Klassikern, in knappster Form gehalten sind, oder ob bei neueren Schriftstellern eine gewisse Schwächung des Gefühls für die eine reine und starke Form des Dramas zuläßt, daß sie sich zu erzählungsmäßigen Beschreibungen auswachsen, wichtig ist für uns im Augenblick, daß damit noch keineswegs unbedingt die Grenze zwischen Literatur und optischer Darstellung überschritten sein muß. Wir haben gesagt, daß die dramatische Schöpfung eine mehr oder weniger ins einzelne gehende Schau des Handlungsortes und der Handlung einschließt und daß der Dialog selbst solche Elemente häufig bringt. Was für die Angaben innerhalb des Dialogs gilt, kann nun durchaus auch für die szenischen Zwischenbemerkungen gelten: daß nämlich damit der Gegenstand in einer endgültigen, durchaus literarischen Form festgelegt und verwirklicht ist, genau wie in der Erzählung auch, und in der Tat haben wir es hier mit einem Einbruch erzählerischer Elemente in das Drama zu tun.*

---

* So hat etwa die von Hegel zitierte, wesentlich auf mimische Elemente gestellte Schlußszene von Schillers *Wallenstein* durchaus nicht die Aufführung zu ihrer Verwirklichung nötig, sondern ist schon auf dem Papier genau so endgültig gestaltet wie der Dialog:

Gordon. O Haus des Mordes und Entsetzens!

(Ein Kurier kommt und bringt einen Brief. Gordon tritt ihm entgegen.)
Was gibts? Das ist das kaiserliche Siegel.
(Er hat die Aufschrift gelesen und übergibt den Brief dem Octavio mit einem Blick des Vorwurfes.)
Dem *Fürsten* Piccolomini.
(Octavio erschrickt und blickt schmerzvoll zum Himmel.)
Der Vorhang fällt.

Andrerseits wäre aber auch vorzustellen, daß sich solche szenischen Beschreibungen auf Vorgänge bezögen, die nicht durch beschreibende Worte, sondern einzig durch optisch-körperliche Darstellung künstlerisch zu gestalten wären. In diesem Fall wären die Beschreibungen nicht endgültige künstlerische Form, nicht literarischer Natur, sondern, wie das Drehbuch des Films, bloße Hinweise auf etwas in einem andern Material zu Verwirklichendes, in Worten beschrieben nur behelfsweise, aus äußerlich-praktischen Gründen. Daß der Dichter das Sichtbare und damit die Werke der Augenkünste zwar auf seine Weise darstellen, aber nicht ersetzen kann, wurde bereits gesagt. Vielleicht ist es zweckmäßig, mit einem Beispiel daran zu erinnern, daß selbst wenn ein Meister ein Gemälde beschreibt, kein Gemälde entsteht (und natürlich auch nicht entstehen soll). Im 7. Kapitel des 2. Buches von »Wilhelm Meisters Wanderjahren« spricht Goethe von Bildern, auf denen Mignons Leben dargestellt ist. »Ein Bild aber tat sich vor allen hervor, welches der Künstler auf der Herreise, noch eh' er Wilhelmen begegnet, mit allen Charakterzügen sich angeeignet hatte. Mitten im rauhen Gebirg glänzt der anmutige Scheinknabe, von Sturzfelsen umgeben, von Wasserfällen besprüht, mitten in einer schwer zu beschreibenden Horde. Vielleicht ist eine grauerliche, steile Urgebirgsschlucht nie anmutiger und bedeutender staffiert worden. Die bunte, zigeunerhafte Gesellschaft, roh zugleich und phantastisch, seltsam und gemein, zu locker, um Furcht einzuflößen, zu wunderlich, um Vertrauen zu erwecken. Kräftige Saumrosse schleppen, bald über Knüppelwege, bald eingehauene Stufen hinab, ein buntverworrenes Gepäck, an welchem herum die sämtlichen Instrumente einer betäubenden Musik, schlotternd aufgehängt, das Ohr mit rauhen Tönen von Zeit zu Zeit belästigen. Zwischen allem dem das liebenswürdige Kind, in sich gekehrt ohne Trutz, unwillig ohne Streben, geführt, aber nicht geschleppt. Wer hätte sich nicht des merkwürdigen, ausgeführten Bildes gefreut? Kräftig charakterisiert war die grimmige Enge dieser Felsmassen; die alles durchschneidenden schwarzen Schluchten, zusammengetürmt, allen Ausgang zu hindern drohend, hätte nicht eine kühne Brücke auf die Möglichkeit, mit der übrigen Welt in Verbindung zu gelangen, hingedeutet. Auch ließ der Künstler mit klug dichtendem Wahrheitssinne eine Höhle merklich werden, die man als Naturwerkstatt mächtiger Kristalle oder als Aufenthalt einer fabelhaft-furchtbaren Drachenbrut ansprechen konnte.« Das ist höchst anschaulich, aber nicht Malerei, sondern Literatur. Die Teile des Bildes werden nicht gleichzeitig, sondern nacheinander vorgestellt; die Beschreibung erfolgt nicht in Formen und Farben, sondern in Begriffen von Dingen; der Sinn ist daher schärfer, die äußere Gestalt unbestimmter gegeben als im gemalten Bilde. Ebenso geht es bei der Beschreibung eines Tanzes oder einer Bühnenhandlung. Unbeholfen und literarisch unwirksam, weil absichtlich auf die Fixierung eines nur optisch auffaßbaren Kunstmotivs gestellt sind die Sätze, in denen G. Ch.

Lichtenberg beschreibt, wie der Schauspieler Garrick den Augenblick darstellt, in dem Hamlet den Geist seines Vaters sieht: »Garrick wirft sich plötzlich herum und stürzt in demselben Augenblicke zwei bis drei Schritte mit zusammenbrechenden Knien zurück, sein Hut fällt auf die Erde, die beiden Arme, hauptsächlich der linke, sind fast ausgestreckt, die Hand so hoch als der Kopf, der rechte Arm ist mehr gebogen und die Hand niedriger, die Finger stehen auseinander und der Mund offen, so bleibt er in einem großen, aber anständigen Schritt, wie erstarrt, stehen, unterstützt von seinen Freunden, die mit der Erscheinung bekannter sind und fürchteten, er würde niederfallen; in seiner Miene ist das Entsetzen so ausgedrückt, daß mich, noch ehe er zu sprechen anfing, ein wiederholtes Grauen anlangte.« Das ist unwirksam bis zum Lächerlichen, weil, zum Unterschied von der Goethestelle, nicht Literatur, sondern Augenkunst mit literarischen Mitteln.

Könnte es nun also nicht vorkommen, daß ein Künstler die Notwendigkeit verspürte, seinen Dialog durch einen optischen Schauplatz, durch optische Handlung ergänzt zu sehen, das heißt: durch literarisch nicht realisierbare Elemente? In diesem Falle hätten wir es dann in der Tat mit einem Werk grundsätzlich andrer Art zu tun, was schon äußerlich darin zum Ausdruck käme, daß der Künstler selbst diesen optischen Teil seines Werkes, sei es nun auf der Bühne oder im Film, selbst schaffen oder doch aufs genaueste bestimmen müßte, weil es sich nicht mehr um eine nachträglich zum vollendeten Werk gefügte Aufführung, sondern um Verwirklichung einer Hälfte des Werkes selbst handeln würde.

Bislang bevorzugten die Künstler das einzelne Mittel

Dazu wäre zunächst rein erfahrungsmäßig zu sagen, daß die großen Künstler, in deren Wirken wir ja die Richtungen der künstlerischen Grundkräfte studieren können, bisher wenig Neigung gezeigt haben, diese Möglichkeit auszunutzen. Von Shakespeare, der doch in täglicher Verbindung mit dem praktischen Theaterbetrieb schuf, sagt Goethe, er sei kein Theaterdichter gewesen, habe an das Theater nie gedacht; und gewiß kann man nicht gründlicher als Shakespeare der Bühne alle Wirkungen durch das Wort vorwegnehmen und damit eine angemessene Aufführung unmöglich machen. Auch die Stücke Molières, Goethes, Schillers – lauter Theaterleute! – sind schon auf dem Papier vollständig, und ebenso steht es mit denen der griechischen Tragiker. In der Tat: gewisse Dramen, in denen Beschreibungen des Schauplatzes, der Personen und der Handlung einen beträchtlichen Teil des Dialogs ausmachen – etwa Shakespeares *Sommernachtstraum* oder Kleists *Penthesilea* – sind eigentlich unaufführbar, weil das Dichterwort so kraftvolle, überwirkliche, zauberhafte Bilder hervorbringt, daß es lächerlich erscheint, diesen mit den Mitteln der Bühne nachkommen oder sie gar vervollkommnen zu wollen.

Betrachten wir das einzige bedeutende Beispiel der Kunstgeschichte, das, bis zu einem gewissen Grade, statt der nachträglichen Hinzufügung eines Mittels zum andern, eine gemeinsame Schaffung beider Elemente füreinander zeigt, nämlich die Oper, so sehen wir dennoch in der Praxis das eine der Elemente, das musikalische, bei weitem überwiegen. Wir sehen das Libretto als ein bloßes Hilfsmittel der Musik geschaffen, gänzlich nach den Erfordernissen des Musikers zugerichtet, dabei literarisch oft mittelmäßig, für den eigentlichen Gehalt des Werkes unwesentlich und nur eben notwendig, um die Vorgänge zu erklären und die Aufführung zu ermöglichen. (Im Falle Wagner, dem einzigen bedeutenden, in dem auf Gleichgewichtigkeit hingezielt wird, haben wir es mit einem zu umstrittenen und zu sehr von Theorien beeinflußten Künstler zu tun, als daß er allein einen stichhaltigen Einwand liefern könnte.) Tatsächlich haben wir wohl in der Schaffung der Oper nicht so sehr eine Vereinigung der musikalischen mit der literarischen Kunst zu sehen als vielmehr die Eroberung der Dramatik für die sonst auf das Lyrische angewiesene Musik. Die Oper ist die Verwirklichung des Wunsches, den handelnden Menschen in seinem Wollen, Leiden und Lieben durch Musik auszudrücken, das Gegeneinander und Miteinander solcher Menschen, die Kontraste und Harmonien ihrer Schicksale. Die Verwendung des gesprochenen Dialogs ist dabei nichts als ein untergeordnetes technisches Mittel, um den Menschen auf seine natürlichste Weise tönend machen und die Handlung über jene allersinnfälligsten Motive hinaus entwickeln zu können, die sich durch das bloße bewegte Bild der Pantomime und durch die bloße Musik vermitteln lassen. Die Oper ist also eine fast ausschließlich musikalische Erscheinung, und dem Dialog kommt in ihr etwa der Wert und die Aufgabe zu wie den gedruckten »Zwischentiteln« im stummen Film.

Erinnern wir noch daran, daß die großen Schauspieler mittelmäßige Stücke bevorzugen, die, als bloße Librettos, ihnen erlauben, die ganze Gestaltung in den Ausdruck des Körpers und des Stimmklanges zu legen, während ihre Kunst bedeutenden Stücken leicht gefährlich wird; daß die guten Tänzer einfache, durchsichtige, oft mittelmäßige Musik auszusuchen pflegen und daß schließlich der Sprechfilm kein Werk hervorgebracht hat, welches den besten des stummen Films irgend an die Seite zu stellen wäre, so haben wir wohl belegt, daß bisher zur Schaffung von Werken, die im eigentlichen Sinne als auf mehreren Kunstmitteln ruhend erdacht wären, weder viel Neigung noch viel Talent aufgebracht worden ist. Wir finden in den eben zitierten Fällen zwar mehrere Mittel am Werk beteiligt, doch ist im typischen Fall jedes Mittel von einem besondren Künstler eingeführt, und von diesen ist wieder einer der bestimmende, ausschlaggebende, der sein Mittel so vorherrschen läßt, daß es über dem von dem andern Mittel in einfachen Grundformen vorgetragenen Thema eine reiche Gestaltung aufbaut. Selbstverständlich wird man, strenggenommen, zu einem vollkommenen Kunstwerk nicht gelangen, wenn man dies sekundäre Element so vernachlässigt, daß man Mangel an künstlerischem Wert an ihm duldet, oder es so zudeckt, daß es dem Publikum seinen Gehalt nicht mehr vermitteln kann; denn die Kunst duldet zwar eine Hierarchie der Funktionen, nicht aber quantitative oder qualitative Verkümmerung eines Mittels in bezug auf die ihm einmal zugesprochene Aufgabe.

Die Hierarchie der Mittel im Kunstwerk[8]

Wirklich gelingen wird also das Werk nur dann, wenn der Künstler des dominierenden Mittels das Glück hat, sich für das sekundäre Element ein Stück echter Kunst verschaffen zu können, und Selbstzucht genug, es nicht zu ersticken. Wird diese Bedingung aber erfüllt, so ist nichts dagegen einzu-

[8] Dieser Abschnitt ist von Arnheim für die publizierten Fassungen neu geschrieben worden, so daß er hier vollständig wiedergegeben wird. Die Übersetzung folgt der englischen Fassung, die sich von der früheren italienischen nicht wesentlich unterscheidet:

»In zusammengesetzten Werken scheinen die verschiedenen Mittel Hierarchien zu bilden, ebenso wie die Künstler, die sich ihrer bedienen. Die dramatischen Schöpfungen des Altertums veranschaulichen das sehr gut. In ihnen dominiert das Wort des Poeten, aber es ist ergänzt durch Bühnenhandlung, die die dramatischen Ereignisse allgemein umreißt, und durch Musik. Ein anderes Beispiel stellt die mittelalterliche Kathedrale dar, bei der die architektonische Struktur durch Gemälde und Skulpturen bereichert ist. Fügen wir die Anwesenheit und Anteilnahme des Theaterpublikums hinzu bzw. die religiöse Gemeinde, so haben wir Kunst als ein allumfassendes Ritual, zum Unterschied vom isolierten Kunstwerk auf einer späten Stufe der Zivilisation. Wie wir bereits herausstellten, neigen diese hierarchischen Produktionen dazu, nicht das Werk einer, sondern mehrerer Personen zu sein. Und um wirklich Erfolg zu haben, setzt eine solche Zusammenarbeit wahrscheinlich eine geistige Gemeinschaft voraus, d. h. allgemeiner: die Existenz eines Kultes. Andererseits neigt der einzelne Künstler dazu, die Welt in nur einem Mittel zu erfassen.

Die Kooperation verschiedener Künstler hilft die Diskrepanz der unterschiedlichen Wahrnehmungsmedien zu überwinden. Jeder Künstler kann sich auf eine einzige Sinneswelt beschränken. Das gesamte Werk mag sich natürlich als zusammenhanglos herausstellen, besonders wenn kein Mittel in entscheidender Weise die Führung übernimmt und stattdessen ein annäherndes Gleichgewicht von zwei oder mehreren Mitteln besteht. Das ist zum Beispiel bei bestimmten Liedern der Fall. Wie die Oper ist das Lied eine wesentlich musikalische Form. Aber wenn das Gedicht, das in Musik gesetzt worden ist, erfolgreich beträchtliche Beachtung auf sich zu ziehen vermag, scheint der Ausgleich zwischen Musik und Poesie unsicher. Eine solche Rivalität der Mittel kann den

wenden, daß im Werk das eine Mittel bloße Gerüstfunktion hat, während dem andern das Schwergewicht der Gestaltung zugeteilt wird; d. h. es braucht kein Gleichgewicht in der Verwendung der Mittel verlangt zu werden. Man kommt auf diese Weise zu Formen, in denen ein Mittel so überwiegt, daß man von einem eigentlichen Zweimittelwerk nicht sprechen möchte.

Niemals also haben die Künstler viel Neigung gezeigt, Werke auf mehr als einem Mittel aufzubauen – ein wichtiges Resultat. Allenfalls um sich ein Grundgerüst zu schaffen, das mit ihrem eigenen Material nicht oder nicht so gut herzustellen ist, bedienen sie sich zwangs- und behelfsweise des fremden Instruments und des mit diesem arbeitenden »Kollegen«. Das ist die geschichtliche Erfahrungstatsache. Läßt sie sich nun auch erklären aus dem Wesen des Kunstwerks und des künstlerischen Schaffens? Was spricht gegen das aus mehreren Mitteln aufgebaute Werk? Um zu antworten, brauchen wir nur auf das zu Anfang Gesagte zurückzugreifen: die Schau und Gestaltung eines sich ins Gebiet mehrerer künstlerischer Mittel erstreckenden Motivs ist nicht in einer einzigen homogenen Welt, sondern nur in gleichzeitiger Erfassung verschiedener »Materialwelten«, z. B. der Augenwelt und der Ohrenwelt, möglich, und die Verbindung zwischen diesen kommt nicht schon auf der elementarsten Stufe der sinnlichen Anschauung, sondern erst auf einer höheren zustande. Ist man nun aber überzeugt, daß Einheit, Bezüge und Wesen des Kunstwerks vor allem in dieser untersten, sinnlichsten Sphäre empfunden und gestaltet werden, so wird man zweifeln, ob über einem derart gespaltenen Fundament sich ein großes Werk aufführen lasse. Selbst wenn man, um den Zwiespalt in der Schau und Gestaltung des Künstlers auszuschalten, davon abgeht, das »zusammengesetzte« Werk von einem einzigen Menschen geschaffen sehen zu wollen – und daß es erst aus dem Zusammenwirken mehrerer Schöpfer entstehe, bedeutet doch sicherlich schon eine bedenkliche Eigenschaft für ein Kunstwerk! –, bleibt doch der Zwiespalt im Werke selbst, das heißt für sein Publikum, bestehen. Für das Kunstgenießen nämlich gilt ebenso wie für das Kunstschaffen, daß die Grundkräfte aus den Eigenschaften und Bezügen einer in sich einheitlichen sinnlichen Welt kommen und daß die Verbindungen auf den höheren Stufen die Unvereinbarkeit der Elemente auf der niedersten und wichtigsten nicht ausgleichen können.

Es sei beileibe nichts gesagt gegen die kleinen, leicht überschaubaren und nicht mit dem Anspruch des Höchsten geschaffenen Gebilde, in denen die Künste einander hie und da eben doch als gleichberechtigte Teilhaber treffen: gegen ein gutes Lied etwa, in dem der Klang das in Worten umschriebene Gefühl direkt wahrnehmbar und in dem das Wort die tönenden Gefühle

Hörer davon abhalten, in dem Werk wirklich aufzugehen: er kommt nicht über die Freude an der formalen Faszination hinaus, die sich aus dem Zusammenklang des Ähnlichen und dabei Fremden herleitet.« (Übersetzung des Herausgebers.)

gegenständlicher und gedankenvoller macht. Sehr reizvoll sogar ist dies schwebende Gleichgewicht, das doch immer etwas Schillerndes hat wegen des anmutigen, unentschiedenen Wettstreits von Musik und Gedicht um die Aufmerksamkeit des Hörers. Aber gerade dieser Wettstreit der Künste ist es auch, der den Genießenden von dem notwendigen letzten Aufgehen in Komposition und Gedicht abhält: eine vom eigentlichen Gehalt des Werkes leicht distanzierte Lust am Zusammenklang des Ähnlichen und dabei Fremden hält ihn in einer Nähe des Formalen, die es dem Künstler häufig verwehrt, letzte Gewalt über ihn zu gewinnen.

Es muß ganz klar werden, daß wir uns hier im Gebiet der kleinen Glücksfälle bewegen, nicht in dem einer durch das Zusammenwirken von Kunst und Kunst zum Höchsten und Erstrebenswertesten emporsteigenden Überkunst. Wir befinden uns auf der dünnen Ähnlichkeitsgrenze zwischen Verschiedenem und nicht vor einer gewaltigen Synthese.

Mögliche Vorteile des Filmdialogs

Schon nach diesen Feststellungen müssen wir dem Sprechfilm mit einer Kühle und Zurückhaltung gegenübertreten, die sehr absticht von dem fortschrittsfreudigen Stolz, mit dem so viele ihn betrachten. Schon sehen wir, daß wir es nicht mit der Steigerung und Bereicherung einer Kunst zu tun haben, die in der Zeit ihrer Stummheit unvollkommen, verstümmelt, primitiv gewesen wäre, sondern mit dem Abstieg vom reinen, elementaren, einheitlichen Grundmaterial zu einem nebensächlichen, Einschränkung fordernden Grenzfall oder mit der ebenfalls nebensächlichen Ergänzung einer in ihrem Wesen unverändert bleibenden, auf dem einen Mittel des Bildes beharrenden Kunstform durch eine Art von technisch nützlichem Gerüst, das eher bloße Stütze als echter Teil des Kunstwerks zu nennen wäre.

Nebensächlicher noch als das Textbuch für die Oper wäre diese letztere Vervollständigung, weil nämlich im Falle der Oper, wie wir sagten, erst mit der Verwendung des Librettos die Eroberung eines ganz neuen und großen Gebietes für die Musik möglich wurde: des Musikdramas, der dramatischen Musik; während im Falle des Films der Dialog keineswegs den Zugang zu einer neuen Spezies von Werken eröffnet, sondern bestenfalls die alte vervollkommnet, wie schon daraus hervorgeht, daß die Dialoge des Stummfilms, die sogenannten »Zwischentitel«, nicht das zunächst zu schaffende Skelett waren, das vorliegen mußte, um die Bilder darüber zu entwerfen, sondern nur ein dem in Bildern erdachten und hergestellten Werk äußerlich hinzugefügtes Verdeutlichungsmittel. Aber selbst ob dem Tonfilmdialog auch nur diese bescheidene Aufgabe wirklich zufalle, ist noch nicht sicher, denn was der Oper nützt, könnte dem Film ja schädlich sein.

Wird ein wirklicher Künstler – das heißt: einer, der von dem sicheren Gefühl für das von der Eigenart seines Darstellungsmaterials Geforderte geleitet wird – dazu verlockt sein, ein Dialoglibretto »in Bilder zu setzen«, statt rein in Bildern zu schaffen? Groß sind, an sich, die Vorzüge des dramatischen Wortes als eines Kunstmittels: es bezeichnet die Erscheinung mit der Schärfe des Begriffes; sein Erklingen fördert sehr nachdrücklich die Stofflichkeit und Gegenwärtigkeit des dargestellten Vorganges; es vermehrt die Mittel des Schauspielers um das wichtigste und reichste – aber nicht diese schönen Eigenschaften des Wortes als solche werden es unserm Künstler antun können, denn gerade daß sie ihn nicht verlocken, gehört zur Eigenart eines in Bildern Schaffenden. Hingegen könnte es ihm gefallen, ein technisches Hilfsmittel zu finden, das den Sinn der Bilder verdeutlichte, mühselige und gewaltsame Umwege ersparte, ein weiteres Themengebiet eröffnete.

Für den Dialog spricht in der Tat, daß er ein üppiges Ausspinnen der äußeren und vor allem auch der inneren Handlung gestattet. Eine verwickeltere Intrige, ein zusammengesetzterer Seelenzustand lassen sich mit dem bloßen Bild überhaupt nicht oder nur in sehr umständlicher, auf künstliche Umwege angewiesener Auseinandersetzung darstellen, während ein paar Worte den Tatbestand unmittelbar, schnell und dabei zumeist schärfer und eindeutiger vermitteln. In der Tat hat der Sprechfilm für die dramaturgische Arbeit eine entscheidende Erleichterung gebracht, die man sich für den Stummfilm nur in geringem Grade, durch die Verwendung der Zwischentitel, hatte verschaffen können. Mancher hat den Dialog definiert als ein Hilfsmittel, um innerhalb der beschränkten Ausdehnung eines Films Zeit, Platz und Energie zu sparen und die Kräfte der Bildgestaltung den wesentlichen Szenen der Handlung vorzubehalten. Wir werden aber sogleich noch danach zu fragen haben, wieweit denn so vielfältige Handlungen, wie sie die Wortkünste auf der Bühne und im Roman entwickelt haben, auf der Filmwand überhaupt am Platze sind.

Sieht man von künstlerischen Gesichtspunkten ab, so versteht man wohl, warum das große Publikum den Sprechfilm mit viel Beifall aufgenommen hat. Dieses Publikum wünscht nichts weiter, als an einem erregenden Vorgang so unmittelbar wie möglich teilzunehmen. Das beste Mittel dazu ist aber eine Mischung aus sichtbarer Handlung und Dialog, die alle äußeren Vorgänge anschaulich dem Auge vorstellt, während sie zugleich die Meinungen, Ansichten und Gefühle der Personen auf die natürlichste und direkteste Weise durch das Wort mitteilt und die sinnliche Gegenwart des Vorganges durch den Klang der Stimmen und Geräusche mächtig vermehrt. Daß die beiden Mittel einander beeinträchtigen, zählt für das Publikum erst, wenn ein dem Bilde zuliebe allzu eingeschränkter Dialog die Erzählung schwer verständlich oder wenn eine vom Dialog erzwungene Armut an äußerer Handlung den Film »langweilig« macht.

Der Dialog schränkt die Welt des Films ein

Das Vorbild der Oper scheint ja die Verwendung des Librettos ohne weiteres zu empfehlen und zu rechtfertigen. Und doch darf man nicht voreilig die Tonkunst und die Bildkunst in ihrem Verhältnis zum Wort gleichsetzen. Es liegt im Wesen des dramatischen Dialogs, daß er das Kunstwerk vollständig auf den handelnden und verhandelnden Menschen einschränkt. Das ist der Musik durchaus recht, denn, wie wir sagten, schafft sie die Oper ja gerade, um sich die Gestaltung des dramatischen Menschen zu erobern. Das Bild hingegen zählt, auch ohne das Wort, den Menschen bereits zu seinen Gegenständen. Nun nimmt aber der Mensch im Bilde nicht jene unbedingte Vormachtstellung ein wie etwa auf der Bühne. In bestimmten Werken der Malerei steht er wohl riesenhaft vorn, vor leerem oder mit Beiwerk gefülltem Grunde. Zumeist aber sehen wir ihn eingegliedert in eine Umgebung, die ihm und der er Bedeutung gibt, dargestellt als einen Teil der Schöpfung, aus der er nur künstlich herausgelöst werden kann. Zahlreiche Figuren Rembrandts leben nicht ohne den riesigen Dämmerraum, der sie umgibt. Auch dem bewegten Bilde, dem Film lag die vom Menschen belebte Welt von vornherein näher als der aus der Welt gelöste Mensch. Und deshalb mußte ihm die vom Dialog erzwungene Beschränkung auf den Menschen unerträglich sein. Der Schauplatz der dramatischen Wechselrede ist die Menschenseele, seine einzige mögliche optische Ergänzung der von Wahrnehmung, Gefühl, Wille und Gedanke geprägte und gelenkte Menschenleib. Die Umgebung ist – bühnenhaft – als Hintergrund zugelassen, so wie im Dialog die Seele sich gelegentlich durch Hinweise auf die Außenwelt ausdrückt; aber die Verlagerung des Schwerpunktes auf den Menschen ist zwingend und damit eine wesentliche und gerade der Weltanschauung der Gegenwart wieder so vertraute Haltung des Bildes vernichtet. Nicht zum mindesten war es gerade diese Ausdrucksmöglichkeit, die das Bestehen des Films neben dem Theater rechtfertigte.[9]

[9] In den publizierten Fassungen geht es an dieser Stelle wie folgt weiter: »Natürlich hat auch der Stummfilm den Schauspieler oft in Großaufnahme gezeigt. Aber was wichtiger ist, er hat eine Verbindung von stummen Menschen und stummen Dingen geschaffen, ebenso wie von der (hörbaren) nahen Person und jener (nicht hörbaren) weiter weg. In der allgemeinen Stummheit des Bildes konnten die Scherben einer zerbrochenen Vase genauso ›sprechen‹ wie ein Darsteller zu seinem Nachbarn, und eine Person, die sich auf der Straße nähert und am Horizont nur wie ein Punkt zu sehen ist, ›sprach‹ wie jemand in der Großaufnahme. Diese Gleichförmigkeit, die dem Theater vollkommen fremd, der Malerei hingegen vertraut ist, ist zerstört durch den Sprechfilm: Er stattet den Schauspieler mit Sprache aus, und seit nur dieser sie haben kann, sind alle anderen Dinge in den Hintergrund gerückt.
Es gibt eine Grenze des sichtbaren Ausdrucks, der aus der menschlichen Ge-

Der Dialog lähmt die sichtbare Handlung

Aber nicht nur diese Wirkung des Dialoges – die den Film auf bloße dramatische Porträtkunst einschränkt –, sondern auch er selbst behindert das bewegte Bild in der Entfaltung seines Ausdrucks. Der stumme Film hatte das Bild des sprechenden Menschen, so großen Raum es auch im wirklichen Leben einnimmt, vermieden, und zwar um so radikaler, je wertvoller der Film war. Die Menschen drückten sich durch die Bewegungen ihrer Glieder und ihres Gesichts aus, wurden durch ihre Größe und ihren Platz im Bilde, durch die Beleuchtung und endlich den Inhalt der Bilder und der Handlung charakterisiert; das optische Komplement des Sprechens aber, die monotonen Mundbewegungen, gaben an Ausdruck wenig her, und die Tätigkeit des Sprechens konnte daher jene ausdrucksvolle Pantomime nur hemmen.[10]

Die Rede hatte, obwohl das bewegte Bild die Dimension des zeitlichen Ablaufs besitzt, in diesem ebensowenig eine Stätte wie im unbewegten; denn die Ausdrucksmittel des Films waren im Prinzip von der gleichen Art wie die der Malerei. Eben durch die Ausschaltung der Sprechtätigkeit hatte der stumme Film eine stilisierende Verkürzung der dramatischen Situationen herausgearbeitet. Zusammenfinden und Trennung, Sieg und Niederlage, Befreunden und Verfeinden fanden in sekundenkurzen Gesten und Haltungen eine sehr glückliche Darstellung, in einem bloßen Heben des Kopfes oder des Armes, in einem bloßen Niedersinken des einen Menschen vor dem andern. Daraus hatte sich die sehr filmgerechte Form der an einfacher Handlung reichen Erzählung gebildet, und eben sie mußte der Sprechfilm notwendig

stalt gezogen werden kann, insbesondere wenn das Bild Dialog zu begleiten hat. Reine Pantomime kennt drei Wege, diese Begrenzung zu überwinden. Sie kann es aufgeben, Geschichten zu erzählen, und statt dessen die ›absolute‹ Bewegung des Körpers, also Tanz, darbieten. Hier wird der menschliche Körper zu einem Instrument für melodische und harmonische Formen, die der reinen Pantomime überlegen sind, wie Musik einer (hypothetischen) Kunst natürlicher Geräusche überlegen ist. Zweitens kann Pantomime die Lösung des Stummfilms annehmen, nämlich ein Teil dieser reicheren Bewegungswelt werden. Und schließlich kann sie der dramatischen Sprache untergeordnet werden wie im Theater. Aber für die Pantomime des Sprechfilms sind alle diese drei Lösungen unerreichbar: Sie kann nicht Tanz werden, weil Tanz keine Sprache braucht und möglicherweise nicht einmal duldet; sie kann nicht untertauchen im riesigen *Orbis pictus* des Stummfilms wegen ihrer Bindung an die menschliche Gestalt; und sie kann nicht Diener der Sprache werden, ohne ihr eigenes Selbst aufzugeben.« (Übersetzung des Herausgebers.)

[10] In den publizierten Fassungen folgt an dieser Stelle noch der Satz: »Die Bewegungen des Mundes demonstrieren überzeugend, daß die Tätigkeit des Sprechens den Schauspieler in ein visuell monotones, bedeutungsloses und oft lächerliches Verhalten zwingt.« (Übersetzung des Herausgebers.)

durch die an äußerer Handlung beschränkte, aber psychologisch ausgesponnene Form des Bühnendramas ersetzen. Für das Bild bedeutete das die Ersetzung des optisch ergiebigen handelnden durch den optisch unergiebigen sprechenden Menschen.

Der Dialog schneidet also nicht nur das Bild des Menschen aus dem seiner Umwelt heraus, sondern läßt auch den Ausdruck dieses Menschenbildes selbst erstarren. Auch dieser zweite Einwand gilt nicht für die Oper. Diese hat nur den einen Wunsch, den handelnden Menschen durch Musik auszudrücken. An den Gestaltungskräften des bewegten Bildes, das sie nur als schwer entbehrliche Unterlage in Kauf nimmt, ist ihr wenig gelegen. Zugunsten ihrer weitausgesponnenen Arien läßt sie die Bühnenaktion ohne Umstände bis zu einem Grade erstarren, der nicht nur für den Vortrag des Librettodialoges vollkommen hinreicht, sondern sogar, wie jeder Opernbesucher weiß, dazu angetan ist, dem Wort die Zeit reichlich lang werden zu lassen.[11]

Letzte Auseinandersetzungen mit dem Stummfilm[12]

Es hat sich also gezeigt, daß der Dialog kein geeignetes Mittel ist, um die Bildgestaltung auf der Filmwand zu fördern, sondern daß er diese vielmehr einschränkt und hemmt. Die Zwischentitel des stummen Films bedeuteten störende Einsprengsel in das Bild und zerlegten die natürliche Gleichzeitigkeit in der Darbietung des Sprechenden und des Gesprochenen in ein künstliches Nacheinander. Aber sie griffen wenigstens in die Gestaltung der Szene selbst nicht hinderlich ein und hatten für die Urkonzeption eines Films so geringe Bedeutung, daß sie in viel geringerem Maße zu theaterhaften, un-

[11] In den publizierten Fassungen folgt an dieser Stelle noch der Satz: »So daß was dem Film schadet der Oper nicht schadet.« (Übersetzung des Herausgebers.)

[12] Vor Beginn dieses Abschnittes endet die englische Fassung. Dieser und die weiteren Untertitel wurden nach der vollständigen italienischen Fassung übersetzt und plaziert. In der englischen Fassung folgen noch drei Schlußabsätze: »Wenn wir uns nach der Diskussion der theoretischen Schwierigkeiten, die dem Sprechfilm im Wege liegen, umschauen, ob in der Praxis die Filmproduktion befriedigende Lösungen erarbeitet hat, so finden wir unsere Diagnose bestätigt. Der durchschnittliche Sprechfilm heute bemüht sich, visuell arme Szenen voll mit Dialogen mit dem völlig unterschiedlichen traditionellen Stil reicher stummer Handlung zu verbinden. Im Vergleich mit der Epoche des Stummfilms gibt es einen eindrucksvollen Verfall künstlerischer Leistung, im Durchschnittsfilm ebenso wie in den Spitzenproduktionen – ein Trend, der nicht ausschließlich durch die unaufhörlich zunehmende Industrialisierung verursacht sein kann.« (Übersetzung des Herausgebers.) Die letzten beiden Absätze entsprechen dem Schlußabsatz der deutschen Fassung.

filmischen Stoffen und Darstellungen verleiteten. Da sie immer nur als untergeordnetes Hilfsmittel betrachtet wurden, lag es weniger nahe, ihnen unter Zurückdrängung der stummen Handlung eine ausgiebigere Rolle zu verschaffen, und da sie optischer Natur, Teil des auf dem Schirm abrollenden Bildes, waren, so machte sich andrerseits die Absurdität ihres bloß gelegentlichen Auftretens weniger störend bemerkbar. Ganz abgesehen davon aber ist es falsch, den Sprechfilm bewerten zu wollen, indem man ihn mit dem durch Zwischentiteldialog ergänzten Stummfilm vergleicht, denn dieser war keineswegs die eigentliche und endgültige Form des Filmkunstwerkes, sondern eine unvollkommene und vorläufige, die sich noch nicht von der Tradition des Theaters losgemacht hatte und noch nicht von der realistischen Darstellung des Menschenlebens mittels Handlung und Dialog fortgekommen war zu einer stilisierteren, dem Film gemäßeren, die das Wort nicht mehr braucht. Schon hatten die Besten unter den damaligen Filmschaffenden einige Beispiele dafür gegeben, wie man die Zwischentitel sehr einschränken oder ganz unterdrücken könne. Sie waren dahin nicht gelangt, indem sie das, was sonst vom Wort ausgedrückt wurde, in umständlichen, gewaltsamen Abschweifungen durch das Bild erklärten, sondern indem sie von vornherein Stoffe und Darstellungsformen wählten, die den Sinn der Handlung vollständig und zwanglos aus dem Anblick der Dinge und Vorgänge hervorgehen ließen. Sie waren zur Darstellung einfacher menschlicher Grundsituationen gekommen, zu einer weitgehenden Heranziehung der Umwelt als eines ergänzenden Charakterisierungselements, zur Veranschaulichung des Seelischen und der Idee durch Gebärde, Haltung und Bildgestaltung, kurz zu Stoffen und Ansichten, die denen der Malerei sehr ähnelten. Mit dieser eigentlichen Form der Filmkunst, die nur ansatzweise zur Verwirklichung gelangt ist, muß man das Prinzip des Sprechfilms vergleichen, wenn man zu einem gültigen Urteil kommen will, nicht mit jenen vorläufigen, unreinen Versuchen einer jungen Kunstform, die etwa den seinerzeit von Lessing getadelten Verirrungen einer allegorischen Malerei zu vergleichen wären. Ein Blick auf die Malerei genügt auch, um die Meinung zu widerlegen, daß der Film durch das Hinzukommen des Wortes zu einem leistungsfähigeren, höheren und zahlreicheren Aufgaben gewachsenen Instrument werden könne. Nicht jede Kunst muß zur Geistigkeit des begrifflichen Gedankens gelangen. Auch die bildenden Künste – und der Film gehört zu ihnen – haben ihre Art, die Wirklichkeit auf die Formel der Wahrheit zu bringen, und stellten nicht sie uns das Allgemeine, zur leibhaftigen Schöpfung verwirklicht, vor Augen, so hätte der Begriff Mühe, uns seinen Gegenstand verständlich zu machen.

Sollen sich dennoch Begriff und Anschauung im gleichen Werke verbinden, so wird das wiederum nur gelegentlich, im Gebiet der kleinen Glücksfälle, möglich sein: wenn nämlich einmal diesseits und jenseits der Grenzlinie, die sie trennt, die beiden Künste für eine kurze Strecke nebeneinander herlaufen. Dazu müßte es geschehen, daß ein Dichter einen knappen und einfachen Dialog schriebe, der in unserm Fassungsvermögen noch Raum ließe für Ergänzungen in einem andern Material, und der sich in der Beschreibung des Sichtbaren so zurückhielte, daß jenen Ergänzungen noch eine Aufgabe bliebe. Es müßte sich ein Bildkünstler finden, der Lust hätte, aus dem ganzen Bereich seiner Gegenstände und Mittel nur den bescheidenen Teil zu benutzen, der für die bildliche Darstellung sprechender Menschen verwendbar ist. Bedeutende Opfer also oder eine dem Einzelkünstler zufälligerweise natürliche, aber von der Kunst als allgemeinem Prinzip niemals zu fordernde Bescheidenheit wären auf beiden Seiten nötig, damit ein solches Werkchen einmal gelänge; und die Opfer wären bei weitem größer, als sie etwa für das Zusammenwirken von Dichter und Musiker in einem Liede verlangt werden. Denn im Falle des Liedes sind diese Opfer, wir möchten sagen: nur quantitativer Natur, indem eigentlich nur eine gewisse Einfachheit und Leichtigkeit verlangt wird, die nötig ist, damit der Text nicht in der Musik ertrinke bzw. die Worte nicht so viel Aufmerksamkeit beanspruchen, daß für die Musik keine mehr übrig bleibt. Im Falle der Verbindung von Bild und Wort aber haben wir sowohl eine Kompetenzüberschneidung feststellen müssen, die dadurch vermieden werden muß, daß man den Bereich des Dialogs künstlich einschränkt, als auch eine Unvereinbarkeit gewisser Möglichkeiten des Bildes mit denen des Dialoges, so daß hier das Bild seinerseits sich zu Einengungen bequemen muß. Im Grunde gibt es sowohl für das bewegte Bild wie auch für den dramatischen Dialog nur ein einziges Material, mit dem sie sich ohne Verstümmelung verbinden können, nämlich die Musik (Oper, Lied, musikalisch begleiteter Stummfilm und Tanz). Denn die Musik ist weder darstellend noch begrifflich, und läßt also dem Mittel, zu dem sie sich gesellt, wenn nicht seine vollständige quantitative, so doch seine qualitative Freiheit.

Der Sprechfilm wird immer ein zweitrangiges Genre bleiben[13]

Ist also der Sprechfilm künstlerisch möglich? Er ist möglich als gelegentlicher Einzelfall, unter Opfern, die allgemein von den beiden beteiligten

[13] Dieser Abschnitt ist für die italienische Fassung stark erweitert und verändert worden, so daß er hier vollständig übersetzt wiedergegeben wird:
»Ist der Sprechfilm also überhaupt möglich? Wir sind uns der Tatsache bewußt geworden, daß der Dialog die sichtbare Handlung dazu zwingt, den sprechenden Menschen in den Vordergrund zu stellen und daß er die Pantomime auf der Leinwand erstarren läßt und deformiert. Daher erscheint es uns schwierig, daß ein filmisches Genre eine fruchtbare Gattung sein soll, in dem die vorherrschende sichtbare Handlung auf einem knappen Dialog basiert. Es bleibt abzuwar-

Künstlern nicht verlangt werden können und in einer Form, von der wir meinen, daß man sie – auch wenn sie sich technisch am besten mit den Mitteln des Films verwirklichen lassen sollte – lieber eine Grenzform des Theaters nennen sollte, das ja immer eine Verbindung von Wort und Bild ist, als des Films, zu dem der gesprochene Dialog als ein gänzlich neues und

ten, ob eine Art von Film ergiebiger sein wird, in der Bilder und Gesprochenes sich die Waage halten, so daß eine Pantomime, die reich genug ist, um das Auge zufriedenzustellen, durch einen Dialog vervollständigt wird, der nicht zu ausgedehnt ist, um nicht die sichtbare Handlung zu zerstören, aber trotzdem bis zu einem Punkt entwickelt ist, daß er zusammen mit den Bildern ein gehaltvolles Werk hervorbringt. Im allgemeinen und theoretischen Sinne kann man darauf nichts anderes antworten, als das Ergebnis unserer Untersuchungen zu zitieren, nach denen die Koppelung mehrerer Mittel in einem Kunstwerk im allgemeinen nicht auf der Grundlage eines Gleichgewichts der Mittel vonstatten geht, sondern vielmehr in der Art einer hierarchisch abgestuften Leiter, die von einem vorherrschenden Mittel dominiert wird. Wir haben am Beispiel bestimmter Arten von Liedern hervorgehoben, daß man ein Schwanken zwischen konkurrierenden Mitteln feststellen kann, wenn das Gesamtwerk zu einem Gleichgewicht zwischen diesen letzteren tendiert. Die Bedingungen, die den Sprechfilm kennzeichnen, sind wieder verschieden von denen des Liedes, und es bliebe empirisch zu sehen, ob es in irgendeinem Einzelfall zwei Künstlern gelingen könnte, ein solches Gleichgewicht harmonisch zu gestalten. Aber wir müssen uns darüber im klaren sein, daß wir es auch in diesem Fall niemals mit einer neuen, wichtigen und fruchtbaren Kunstgattung zu tun haben, zum Beispiel der berühmten ›Vollendung des stummen Films‹, sondern daß es sich vielmehr um eine gelegentliche Zwischenform auf der Grenze zwischen Kino und Theater handelt, die nicht ohne schwerwiegende Einbußen auf beiden Seiten zu verwirklichen ist. Eine solche Form wäre auch besser als ein Grenzfall des Theaters zu definieren, da das Theater immer eine Verbindung von Bild und Dialog ist, während im Fall des Kinos der Dialog der Kunst des bewegten Bildes angefügt ist als ein völlig neues und fremdes Element – und diese Klassifizierung wäre ratsam, auch wenn dieser neue Typ von Schauspiel technisch nur mit den Mitteln des Films zu realisieren wäre. (Es zählt ausschließlich der ästhetische Charakter des vorgelegten Werkes, nicht die technische Produktionsweise!)

Man kann nicht bestreiten, daß die gegenwärtige Filmproduktion uns sehr wenige Symptome für das Entstehen solcher überzeugender Beispiele liefert. Diese Produktion versucht hingegen verzweifelt, einen erholsamen Komplex zu schaffen, indem sie Szenen, die vom Dialog her hochentwickelt und optisch unergiebig sind, mit Einfügungen, die reich an äußerer Handlung sind, im völlig unterschiedlichen Stil des Stummfilms, verbinden. Es bestätigt sich außerdem, im Vergleich zur Epoche des stummen Films, ein eindrucksvolles Absinken der künstlerischen Qualität, sowohl für die durchschnittlichen Produktionen als auch für das Niveau der ›besseren‹ Filme, die sich sicherlich nicht ausschließlich aus der immer zunehmenden Industrialisierung des Films ergibt.

Schließlich: wenn es hier und dort gelingen würde, einige befriedigende Kunstfremdes Element hinzukäme. In solchem Einzelfall könnte der Sprechfilm Schönes leisten, aber als allgemeines künstlerisches Prinzip ist er nebensächlich und unergiebig. Und für das Verhältnis der beiden in ihm verbundenen Künste, der Dramatik und des bewegten Bildes, ist er ungefähr so charakteristisch und wichtig wie eine gelegentliche Sonnenfinsternis für das Verhältnis zwischen Sonne und Mond.

Die Dokumentation besiegt die Kunst

Die technischen Erfindungen der mechanischen Bild- und Tonaufzeichnung können, abgesehen von ihrer sozialen Bedeutung, der Menschheit auf zwei ganz verschiedenen Gebieten nützlich werden. Einerseits können sie zum getreuen Festhalten der von Natur und Mensch hervorgebrachten optischen und akustischen Erscheinungen dienen, und in dieser Anwendung kommen sie einem uralten, in den letzten Jahrhunderten durch das Aufblühen der exakten Naturwissenschaften besonders stark gewordenen Bedürfnis der Menschheit entgegen. Andrerseits können sie die Ausdrucksmöglichkeiten der Kunst vermehren, indem sie den reizvollen und ergiebigen Naturalismus der mechanisch getreuen Abbildung erschließen und einen raschen Wechsel sowohl der Schau- und »Hör«-Plätze erlauben als auch des Ortes, von dem aus der Zuschauer und Zuhörer diese beobachtet.

Für ihre »dokumentarische« Aufgabe werden diese Mittel nur umso tauglicher, wenn zum schwarz-weißen, flachen Bilde Farbe, Plastik und Ton, wenn zum Ton die Bilder hinzutreten. Was aber das Künstlerische anlangt, so sehen wir, wie z. B. die maschinelle Farbaufzeichnung einerseits die Ausdrucksmittel des Bildes vermehrt, andrerseits die mechanische Abhängigkeit der Abbildung vom Urbild verstärkt und damit die Freiheit des Künstlers vermindert. Vom zerstörerischen Einfluß des Tons auf die Bildkunst haben wir gesprochen. Umgekehrt vernichtet das Hinzukommen des Fernsehbildes die schöpferischen Möglichkeiten des bildlosen Tons im Rundfunk.

Die dokumentarische und die künstlerische Absicht führen also zu teilweise verschiedener Bewertung und Verwendung der Mittel. In gewissen Grenzen wird die Kunst durch mechanische Treue, die mechanische Treue durch Kunst gefördert. Darüber hinaus entsteht Feindschaft zwischen den beiden Haltungen. Ein an Kunsttrieben stärkeres Zeitalter nun hätte sehr wohl die neuen Kunstmittel retten und entwickeln können, auch wenn

werke des obengenannten Typs zu schaffen, so hätte das für die Beziehung der Künste, die in ihm zusammenkommen, d. h. für den Film und das Theater, keine größere Bedeutung als die, die eine gelegentliche Sonnenfinsternis für die Beziehung zwischen Sonne und Mond haben kann.« (Übersetzung von Ruth Baumgarten.)

gleichzeitig die mechanische Abbildung sich zur Vollkommenheit weiterbildete: es hätte den stummen Film neben dem Tonfilm, die Hörspielkunst neben dem Fernsehen bewahren können. Leider haben wir dazu weder den Trieb noch die Einsicht. In Anwendung einer im Altertum entstandenen, aber erst in einer kunstschwachen Zeit verhängnisvoll gewordenen ästhetischen Theorie glauben wir, die Kunst zu vermehren, wenn wir die Nachahmung vervollkommnen.[14] So siegt das mechanische Mittel über den schöpferischen Menschen. Im Film hatte die Bildkunst begonnen, sich in einer von der Menschheit seit jeher erträumten Weise zu bereichern. Das Hinzukommen des Wortes mußte diese Entwicklung vernichten. Die Menschen wollten das nicht glauben: sie wollten das Eroberte retten, aber auf das Neue nicht verzichten. Sie suchten die Zwangslage durch »Dosierung« zu beheben, aber die in den Mitteln selbst wirkende Kraft ließ, stärker als menschlicher Wille, das Bild sehr schnell zum Begleiter des Wortes erstarren, drängte die Gestaltung zu der reinsten Form, die mit den nun vorliegenden Mitteln zu erreichen war: zum Theater; erzwang eine Rückbildung zu dem von der Menschheit bereits Erreichten, weil diese von den neuen Mitteln zu den alten zurückgekehrt war.

Im Falle des Rundfunkhörspiels könnte man allenfalls behaupten, es geschehe im Grunde doch aus Notwendigkeit, wenn das reine Wort nicht vom zerstörenden Bilde fernzuhalten sei. Es wehre sich nämlich die menschliche Natur gegen die ihrer Welterfahrung so widersprechende Trennung der optischen Elemente von den akustischen. Im umgekehrten Falle, dem der Zerstörung des Bildes durch das Wort, erscheint uns dieser Einwand keineswegs stichhaltig, denn, wie erwähnt, hatte sich der stumme Film in seinen eigentlichen und besten Formen so weit von der Abbildung des gewöhnlichen menschlichen Benehmens zu einer stilisierten optischen Sprache hin entfernt, daß, wie beim Tanz, ein Bedürfnis, die Vorgänge durch Dialog zu ergänzen, gar nicht mehr auftauchen konnte, weil gar keine Möglichkeit mehr bestand, es zu befriedigen. Sowohl der Tanz wie der stumme Film zollten ja übrigens mit der Begleitmusik dem Ohr ihren Tribut. (Wenn trotzdem eine solche Meinung recht haben sollte, so spricht die Tatsache der Untrennbarkeit der optischen und der akustischen Welt natürlich immer noch nicht für den Tonfilm, sondern nur gegen das Hörspiel und gegen den stummen Film.)

Mancher mag es erstaunlich finden, daß die Menschen, zumindest für den Augenblick, in Massenproduktion nach einem Prinzip arbeiten, das gegen-

[14] In der italienischen Fassung ist an dieser Stelle folgender Satz eingefügt: »Daraus entsteht eine Tendenz, die darstellerischen Mittel immer weiter zu vervielfältigen – eine Tendenz, die nichts mit jener, reiche und komplexe Kunstwerke wie das griechische Theater oder die mittelalterliche Kathedrale zu schaffen, gemeinsam hat.« (Übersetzung von Ruth Baumgarten.)

über den möglichen reinen Formen eine so starke künstlerische Verärmlichung zugunsten eines groben Illusionsspektakels darstellt. Aber kann das wundernehmen bei einem Geschlecht, das auf allen wichtigen Gebieten sich heute so fern hält von seiner wesentlichen Aufgabe, von der Verwirklichung der Idee der Menschheit, und das deshalb so ganz im Unwirklichen lebt? Wäre das Gegenteil nicht viel verwunderlicher, weil unfolgerichtig?[15] Der einzige Trost, der sich auch aus dem von uns aufgezeigten Beispiel von freiwilligem Verzicht auf Reichtum zugunsten der Ärmlichkeit entnehmen läßt, ist die Erkenntnis, daß im menschlichen Tun Kräfte wirken, die, mächtiger als unser Unverstand, auf die Dauer das Falsche und Halbe nicht dulden, sondern uns hinzwingen zum Reinen, Guten und Wahren.

[15] In der italienischen Fassung ist an dieser Stelle folgender Satz eingefügt: »Den einzigen Trost können wir in der Tatsache finden, daß die zusammengesetzten und ›irrealen‹ Formen sich nicht erhalten, sondern sich unaufhaltsam zur reinen Form entwickeln, sei sie auch die traditionelle.« (Übersetzung von Ruth Baumgarten.)

C. Produktion

1. Lob der Charge (1931)

Die handelnden Personen in unseren Filmen zerfallen, wie man im deutschen Aufsatz sagen würde, auf den ersten Blick in zwei Teile. In die Heldenspieler und die Chargenspieler. Das Spiel der Chargen umrandet das Spiel der Helden wie ein Barockrahmen ein Renaissancegemälde. Der dicke Onkel mit Affe und Reisedecke, die dürre Klavierlehrerin mit Dutt und Kneifer, der taprige Bürgermeister, der bucklige Erfinder, der galizische Wucherer, der aufgeschwemmte Schiffskoch – das sind die Chargen. Sie liefern dem Film das Gewürz. Süße und Schönheit aber kommt von Menschen anderer Art und höherer Gagenstufe: gut gekämmt und frisch gewaschen tummelt sich das Liebespaar im Innenkreis der Handlung.

In Meyers Konversationslexikon kann man lesen, daß unter »Charge« das Übertriebene und Karikierte in der Kunst zu verstehen sei. Demgegenüber möchten wir behaupten: Der Chargenspieler zeigt den Menschen, wie er ist, der Heldenspieler zeigt ihn, wie man ihn gerne möchte. Der Chargenspieler ist ein Spezialtyp, der Heldenspieler ein Allgemeintyp. Die Charge trägt das individuelle Gepräge des Wirklichen. Das fängt schon bei der Kleidung an. Vom eisernen Schlips bis zum Schnürstiefel, von der Schneckenfrisur bis zum Backzahn an der Uhrkette, bietet uns das Chargenkostüm eine lückenlose, höchst vielseitige Kollektion der menschlichen Bekleidungseigentümlichkeiten. Das Gewand des Heldenspielers zeigt uns schematische Standardtypen: Smoking und Abendkleid, Badeanzug und Pyjama – makellose Modelle, die nicht durch die Eigenart ihres Trägers physiognomisch geprägt sein dürfen. Ein Fleck auf der Weste, ein abgerissener Hosenknopf, beim Chargenspieler hochangesehene Charakterisierungsmittel, brächten beim Helden dem Atelierfriseur einen Anranzer ein und reizten das Publikum zu unpassendem Gelächter. Der Chargenspieler ist auf Wunsch unrasiert, hat Sommersprossen, schielt, hat Falten am Hals, schmutzige Fingernägel und Zahnlücken. Held und Heldin hingegen sind in Lilienmilch gebadet, und ein Pickel am Kinn kann ganze Aufnahmetage vernichten.

Dieselben Unterschiede wie die Maske zeigt das Spiel. Der Chargenspieler verschluckt sich oder die Endsilben, er kratzt sich den Kopf, er rutscht aus, er leckt an der Briefmarke, er küßt mit Knall auf beide Backen. Die Heldenspieler sinken einander wie Tänzer in die Arme, sie schweben die Treppen hinauf und herunter, sie drehen mit edlem Anstand das Haupt von der Enface-Ansicht bis zum reinen Profil, sie heben die gestalteten Hände, sie breiten die Arme aus, und das mimische Faltenspiel ihrer Gesichter zeigt auch in höchstem Schmerz eine anmutige Symmetrie.

Beide stilisieren, sonst wären sie keine Schauspieler. Aber die Vorbilder des Chargenspielers gibt es in der Wirklichkeit, die des Helden nur in den Bilderinseraten der kosmetischen Industrie. Der Held ist der »Mann ohne Eigenschaften«. Er hat zur Not ein Geschlecht und ein Alter, aber damit sind seine persönlichen Sonderheiten durchaus erschöpft. Heldenspieler kann man miteinander vertauschen, Chargenspieler nie. Ob eine weibliche Hauptrolle von Lilian Harvey, Marianne Winkelstern, Renate Müller, Käthe von Nagy, Mady Christians, Maria Paudler, Liane Haid, ob der Liebhaber von Fröhlich, Brausewetter, Liedtke, Stüwe, Verebes, Lederer oder Trevor gespielt wird, darüber entscheiden nur zarteste Nuancen und die zufällig vorliegenden Kontrakte. Wie aber könnte man jemals Gerron mit Junkermann vertauschen, die Sandrock mit der Wangel, Bressart mit Rasp, Puffy mit Arno? Das spricht nicht gegen die schauspielerischen Fähigkeiten der Heldenspieler, nur gegen die Art, wie man sie beschäftigt. Die Eigenart des Chargenspielers wird oft bis zur Unleidlichkeit unterstrichen, so daß er einem prähistorischen Amphibium ähnlicher sieht als einem unbescholtenen Zeitgenossen mit Wahlrecht und Fünfzimmerwohnung – dem Heldenspieler wird mit Gewalt alle Besonderheit abgeschliffen, bis etwa zwei so verschiedene und so eigenartige Schauspielerinnen wie die Harvey und die Sten unter derselben Schiffsoffiziersmütze und nach derselben Schminkkur nicht mehr voneinander zu unterscheiden sind.

Auch mittelguten Regisseuren fallen die charmantesten Dinge ein, solange sie mit Chargenspielern arbeiten. Geschickt verwenden sie originelle Requisiten, pflegen wirksamste Eigenarten der Mimik, der Sprache, der Gebärden. Den Heldenspieler kneten sie zum Mannequin, verbieten ihm alles Impulsive, alles Neue, alles Alltägliche. Sein Kummer und sein Schmerz haben sich in eine konventionelle Gymnastik zu fügen, und es darf wie vor Gericht nichts hinzugefügt und nichts verschwiegen werden.

Was für die Praxis der Regisseurarbeit gefordert werden muß, ist der Einbruch der Chargenmethoden ins Heldenfach. Der große Erfolg von Hans Albers ist nicht zum geringsten daraus zu erklären, daß er in diesem Sinne arbeitet. Er spielt den Helden, den Liebhaber, aber er benimmt sich dabei wie ein gewöhnlicher Mensch, wie ein Chargenspieler. Er gähnt, er schneidet Grimassen, er nimmt sich nicht zusammen. Nicht, daß hier den Bonvivants schlechtes Benehmen gepredigt werden sollte. Aber wieviel Lebendigkeit, wieviel unmittelbarer Kontakt zum Publikum ließe sich erzielen, wenn man von dem kindischen Vorurteil abgehen wollte, daß mit Liebhabern und Liebhaberinnen die Hohe Schule geritten werden müsse, nur weil sie im Inserat großgedruckt sind. Die Schauspieler würden aufatmen, sie wären mit mehr Lust bei der Sache, und sie hätten mehr Gelegenheit, ihre Eigenart zu zeigen.

Man leiste es sich, den Heldenspieler in Kostüm, Maske und Spiel ebenso zwanglos, ebenso individuell, ebenso alltäglich, mit ebenso vielen sterblichen Mängeln behaftet vorzustellen wie die Chargen. Man lasse sich davon überzeugen, daß eine ungebügelte Hose mit einer Liebesszene durchaus vereinbar ist, und daß ein junger Held sich die Nase putzen kann, während er am Telephon den Tod seiner Mutter erfährt. Man wage es, und sogleich wird sich zeigen, welche Fülle ungenutzter Möglichkeiten hier verborgen liegt und welche mitreißende Wärme und Natürlichkeit sich aus dem simpelsten Handlungsmotiv noch herausholen läßt.

Man entthrone die Wertbegriffe der Ateliers und sehe sich einmal draußen um, und man wird mit Erstaunen feststellen, daß in dieser unserer wirklichen Welt lauter Chargen herumlaufen und keine Heldenspieler!

2. Helden fürs Herz   (1932)

Oft wird man gefragt, woher es denn komme, daß berühmte und gute Schauspieler wie Fritz Kortner, Asta Nielsen, Paul Wegener selten oder gar nicht mehr im Film zu sehen seien. Daß das so ist, mag in manchem Einzelfall seine besonderen Gründe haben, jedoch liegt hier zweifellos auch eine allgemeine Erscheinung vor. Wir erleben heute im Film eine Krise des sogenannten Charakterspielers. Der Grund dafür liegt darin, daß das Niveau der Filmproduktion und des Filmpublikums sich in der letzten Zeit wieder erschreckend gesenkt hat.

Der Begriff der »Schönheit« in der Kunst ist von jeher gern mißverstanden worden. Es hat einer langen Entwicklung bedurft, bis die Gebildeten einsehen lernten, daß auch das Häßliche schön sein könne. Die scheinbare Paradoxie dieser Behauptung behob sich, sobald man wußte: Kunst zeigt an einem, von Zufallsschlacken gereinigten, höchst anschaulich erfundenen Einzelfall allgemeingültige Formen des menschlichen Schicksals auf, und gerade diese Anschaulichkeit, diese Gültigkeit, diese klare Erfassung des Wesentlichen nennen wir künstlerische Schönheit. Nicht aber besteht die Aufgabe darin, Angenehmes, sagen wir deutlich: Hübsches zu zeigen; ein verschönertes Abbild der unvollkommenen Welt zu liefern – im Sinne des Friseurladens. Wohl zeigt die Kunst eine vollkommenere Welt, aber eine geklärtere, gesetzmäßigere, keine kosmetisch makellosere. Kunst ist kein Fleckwasser. Sie mißachtet den Wohlklang der schönen Form keineswegs. Aber nie wird er ihr Selbstzweck.

Primitive Menschen suchen in der Kunst ein anderes Wohlgefallen, als es die »Erkenntnis durch geklärte Anschauung« gewährt. Sie wünschen Wohlgestaltetes, Erbauliches, »Erhebendes« zu sehen. Erquickende Ablenkung von den Alltagssorgen, Belebung des Blutkreislaufs. Verständlich, daß dieser Drang in einer so sorgenreichen Zeit wie der unseren besonders stark wird und daß man ihn bei dem primitiven Filmpublikum ausgeprägter findet als bei dem kultivierteren Publikum anderer Künste.

Und so erobert sich der hübsche Mensch den Film. Ähnlich, wie die Arme-Leute-Bilder verschwunden sind, wie heute der Filmarchitekt selbst die Wohnung eines Werkstudenten oder Einbrechers mit einem Komfort einrichten muß, nach dem sich mancher Fabrikbesitzer sehnt, ähnlich regieren in der Schauspielerbesetzung Mars und Venus die Stunde: der kraftvolle, erfolgreiche und der liebenswerte Mensch. Lächelnde junge Leute, musikliebend, mit Sportfigur, fliegen aus einer sanft angedeuteten Armut in ein knallig ausgemaltes Glück. Der Held des Films ist immer zugleich ein »Held«. Vor Gott und Menschen angenehm.

Ein »ernster« Film ist kaum noch anders möglich, als wenn er zeigt, wie ein sympathischer Kerl sich gegen Widerstände durchschlägt. Wobei, um den Helden nicht durch »Schwächen« weniger begehrenswert zu machen, das eigentliche dramatische Thema, der Kampf zwischen gleichwertigen Partnern, zu einem einseitigen Siegeslauf abgeschwächt wird, zu einer Art Hürdenrennen. Schillers *Tell,* der seine Popularität nicht künstlerischen Gründen, sondern eben einem »sympathischen Helden« verdankt, bekommt sein dramatisches Gewicht durch den heftigen inneren Kampf, den bürgerlicher Gehorsam, Friedlichkeit und Gattenliebe gegen Haß und Freiheitsdrang ausfechten. Die Filmhelden ähnlicher Art aber sind dem Schicksal nicht ausgeliefert, sie sind zu unantastbar, es fehlt ihnen die Anfälligkeit, die sie erst zu Menschen und dramatischen Figuren machen würde. Eine ewig lächelnde oder augenblitzende Plakatpuppe, ein Albers oder Yorck, unversehrt auch im Dilemma, damit kein Schatten auf ihn falle. So verärmlicht man gute Schauspieler zu Mannequins männlicher Vorzüge.

Man besehe sich, was Emil Jannings vor zwei Jahren gespielt hat und was er heute spielt. Professor Unrat – eine unansehnliche und doch nicht komisch gemeinte Figur (heute kaum noch möglich); ein Mensch, der ins Ressort der Jugend pfuscht, indem die große Leidenschaft über ihn kommt; Absturz aus staatlich besoldeter Ruhestellung in Verworfenheit und Elend, statt umgekehrt. Heute, in *Stürme der Leidenschaft,* spielt Jannings einen wohlgepflegten, liebenswürdigen Verbrecherhäuptling, Frauen-Idol in den besten Jahren. Er stiehlt und mordet, ohne dadurch unsympathisch zu werden; er wird zwar betrogen, aber von einem unwürdigen Weibe, aus deren Nähe er zum Schluß recht gern ins Zuchthaus flieht. Und so ein Film ist heute schon große Tragödie. Das non plus ultra an »Unerquicklichkeit«.

Hamlet hat keine Sportfigur und Richard III. keinen sex appeal, Faust bringt den Mädchen kein Glück, Othello und Shylock sind unliebenswürdige

116

Gestalten, und Penthesilea ist keine Rolle für Marlene. Der Sinn für das Dramatische stirbt beim Film aus, das Kino wird zur Wärmehalle für erkältete Herzen, die Charakterköpfe feiern. Der Mensch, über den ein Schicksal hereinbricht, der an Ehrgeiz, Leidenschaft, Enttäuschung elend zugrunde geht, verschwindet von der Bildfläche. Der große Gabbo, *Der lebende Leichnam, Der Glöckner von Notre Dame,* Fritz Langs Lustmörder, David Golder, Rasputin, Raskolnikow, Franz Biberkopf – ein historischer Typ, heute nur noch durch gelegentliche Nachzügler vertreten. Asta Nielsen ist nur noch als Greta Garbo möglich. Die leidende, getriebene Frau nur noch, wenn sie zugleich zauberhaft anmutig ist.

Der fehlerhafte, unvollkommene Mensch, der eigentliche Mensch darf nur noch als Komiker auftreten. Wo er eben durch seine Mißratenheit Lust statt Unbehagen erregt. Wo die Solidarität des Zuschauers mit dem Bruder Mitmensch aussetzt, und Schadenfreude sich austobt, wenn einer das geliebte Mädchen verpaßt oder Prügel bekommt. Der Dürre, der mit langer Arno-Nase abzieht, der Fette, der geräuschvoll auf die Butterseite fällt – solche Verkörperung menschlichen Leids läßt sich das Publikum noch gefallen.

Und deshalb haben gute Filmschauspieler heute keine oder kindische Rollen.

3. Beleuchtung[1] (1934)

Die Gestaltungskräfte der Beleuchtung sind – ebenso wie die der Montage und der Einstellung – erst im Laufe der Entwicklung erkannt und zur Geltung gebracht worden. Ursprünglich nämlich richtete sich die Aufmerksamkeit der Filmleute nicht auf die subjektive Erscheinung, sondern auf das objektive Sein des aufzunehmenden Gegenstandes, d. h. man suchte die Dinge möglichst vollständig, möglichst normal und mit allen ihren konstanten Eigenschaften festzuhalten. Man hielt sich in einem ganz mechanischen Sinne an die Aufgabe bloßer dokumentarischer Bestandaufnahme und sprach von einem Kunstfehler, wenn sich irgend ein Einfluß von Aufnahmefaktoren auf den Aufnahmegegenstand bemerkbar machte. Das bedeutete für das Sondergebiet der Beleuchtung, daß man sich bemühte, die Szene möglichst hell und gleichmäßig auszuleuchten, damit alles gut und vollständig zu erkennen sei. Schatten, die einzelne Bildteile in Dunkelheit tauchten, waren, eben weil sie

[1] Das deutsche Originalmanuskript dieses bisher unveröffentlichten (für die geplante ›Enciclopedia del Cinema‹ verfaßten) Artikels ist überschrieben: »Beleuchtung (ästhetischer Teil)«. Den technischen Teil hatte, nach Arnheim, jemand anders geschrieben.

gegen diesen Grundsatz verstießen, unerwünscht. Die Beleuchtung galt als eine notwendige Voraussetzung für die Filmaufnahme, nicht als einer ihrer Bestandteile. Victor Milner hat das Prinzip, nach dem man damals arbeitete, schlagend formuliert: »Man wußte, daß ein gewisser Helligkeitsbetrag notwendig war, um eine ausreichende Belichtung zu gewährleisten, und so warf man die nötige Menge Licht auf die Dekoration, ohne sich viel darum zu kümmern, wie sie fiel.«

Aber der künstlerische Instinkt, der gestalten, nicht nur abbilden will, setzte sich allmählich durch, und auch Malerei und Photographie, die sich des Licht- und Schattenspiels bewußt bedienten, waren wohl nicht ohne Einfluß. Zu der Beleuchtung von oben und von vorn gesellte sich die von der Seite und von hinten. Das Gegenlicht, in dem sich oft gerade die wichtigsten Bildobjekte dunkel gegen einen helleren Grund abheben, wurde bald bis zum Überdruß angewendet. Vergleicht man einen alten Film mit einem neuen, so sieht man, bis zu welchem erstaunlichen Grade sich die Lichtgebung verfeinert hat, und das ist umso bemerkenswerter, als ein alter Fachmann wie der bereits zitierte Kameramann Milner behauptet, es habe seit der Vorkriegszeit im Beleuchtungswesen eigentlich keinen grundsätzlichen Fortschritt gegeben. Auch der Übergang zum Glühlicht sei nicht als solcher anzusprechen, nur die Einführung des hochempfindlichen Films, der mehr Zwischenabtönungen auffange, dadurch weicher zeichne und auch alle Schatten aufhelle, habe eine bessere Ausnutzung der Lichtenergie ermöglicht. Im allgemeinen aber bestehe der Fortschritt darin, daß man die alten Hilfsmittel besser zu verwenden gelernt habe.

Nach vier großen Gesichtspunkten kann man die künstlerische Wirksamkeit der Beleuchtung beschreiben: 1. Plastik und Tiefe, 2. Stimmung und Charakter der Szene, 3. Blickführung, Auswahl, Konzentrierung, 4. Ornamentale Flächenaufteilung.

1. Plastik und Tiefe

Das flächenhafte Filmbild schafft in seiner heutigen technischen Form keine unmittelbare Körper- oder Tiefenillusion. Wenn dies einerseits ein Vorteil ist, weil erst dadurch eine Komposition der in die Fläche projizierten räumlichen Dinge innerhalb des rechteckigen Bildrahmens möglich wird, so erhöht es andrerseits die Lebendigkeit der Darstellung, wenn die Körper körperlich, die Räume räumlich wirken – zumal in der naturalistisch orientierten Filmphotographie. Man erzielt die plastische Wirkung, indem man den Grundton des Gegenstandes einerseits durch Glanzlichter aufhellt, andrerseits durch Eigenschatten verdunkelt. Der Gegenstand wölbt sich dem Zuschauer entgegen, wirkt massiv, schwer, gewichtig, und es versteht sich, daß man nicht nur diesen Effekt, sondern mit Absicht den entgegengesetzten hervorrufen kann, d. h. das Zurücktreten, die Entmaterialisierung von Dingen durch unplastische Beleuchtung, und daß man auch auf diese Weise innerhalb des gleichen Bildes gewisse Dinge hervorheben, andre in die Fläche zurückdrängen kann. Ein realistischer Bildstil wie der russische bevorzugt eine stark plastische Wirkung, um die Dinge irdisch erscheinen zu lassen; entrückte Stimmung, zauberhaft überwirkliche Erscheinungen, Traum- und Wunschwelten dagegen wird man auf die entgegengesetzte Weise erzeugen. Die plastische Hervorhebung bis zur Herausarbeitung kleinster Unebenheiten, die uns die charakteristische Oberflächenstruktur eines Materials zeigen, erzielt man mittels eines scharf konzentrierten Seitenlichtes. Die Mondkrater sieht man nur, wenn das Sonnenlicht von der Seite her kommt, und will man die rauhe Haut eines Verbrechergesichts fühlbar machen, so wird man durch Schatten alle Falten und Narben sichtbar machen, während die jugendliche Diva niemals verfehlen wird, auf eine ausgleichende Allgemeinbeleuchtung zu dringen. Erwähnenswert ist, daß man charakterisierende Wirkung von Licht und Schatten auch durch Malerkünste vortäuschen kann. Versieht der Szenenmaler die Säulen mit Glanzlichtern, so spart der Beleuchter seine Spotlights und kann es bei einer allgemeinen Lichtgebung bewenden lassen, ohne daß die plastische Wirkung unzureichend würde. Ebenso gibt es, nach Max Factor, eine Schminktechnik, die rein mit Licht- und Schattenwirkung arbeitet und auf diese Weise ohne Mühe sehr beträchtliche Formveränderungen des Schauspielergesichtes erzielt.[2]

Eine Art von plastischer Wirkung wird auch dadurch erzeugt, daß man den Körper kräftig gegen seine Umgebung abhebt, sei es, daß er sehr hell vor einem dunklen Grunde steht oder daß er, wirksamer noch, sich dunkel gegen Helligkeit abhebt. Diesen letzteren Effekt erzielt man auch durch das sogenannte Hinterlicht, das die Konturen des Gegenstandes aufhellt und ihn so auch von einer dunkleren Umgebung abhebt. Man erzielt mit diesen Mitteln, daß der Zuschauer den Gegenstand frei im Raum stehen fühlt, daß er den Abstand zwischen ihm und seiner Umgebung wahrnimmt, und das trägt natürlich dazu bei, ihn körperlich erscheinen zu lassen, auch wenn seine Oberfläche flach und unmodelliert, etwa als Silhouette, herauskommt.

Hier sind wir schon bei Tiefenwirkungen angelangt. »Die Tiefenwirkung eines Raums wird umso größer, je mehr sich die Helligkeit nach dem Hintergrunde zu steigert.« (Fred Slip) Das Helligkeitszentrum soll also, nach diesem Erfahrungssatz, möglichst weit hinten liegen. Psychologisch

[2] Arnheim bezieht sich hier auf einen ebenfalls für die ›Enciclopedia del Cinema‹ geschriebenen Artikel von Max Factor über »Schminke«, der in ›Intercine‹ (Rom), Nr. 6, Juni 1935, S. 323–328 vorabgedruckt wurde (vgl. besonders S. 327).

ist der Effekt vielleicht so zu erklären, daß die Hauptaufmerksamkeit des Zuschauers sich im allgemeinen auf den Ort der größten Helligkeit konzentriert, und daß die Tiefenwirkung eines Raums sich nach der Lage des Aufmerksamkeitszentrums richtet. Was hinter diesem Brennpunkt liegt, wirkt nur noch als abschließender Grund, auch dann wenn sich dieser Brennpunkt ziemlich weit vorn befindet. Der Zuschauer »rechnet« sozusagen nur bis zu diesem Punkt, und so kann ihm, je nach dessen Lage, d. h. je nach der Beleuchtung, der gleiche Raum flach oder tief erscheinen. Kommt hinzu, daß bei einer Hintergrundsbeleuchtung im allgemeinen der Vordergrund kräftig dunkle Objekte aufweisen wird, deren räumliche Position, wie oben erwähnt, sehr ausgeprägt ist und die daher dazu dienen, die verschiedenen Etappen des sich in die Tiefe erstreckenden Raums zu bezeichnen. Mit andern Worten also: Es ist Gegenlicht nötig, wenn die Beleuchtung den Tiefeneffekt verstärken soll.

2. Stimmung und Charakter der Szene

Zu den uralten und elementaren Symbolen der Menschheit gehört der Ausdrucksgehalt von Dunkel und Hell. Unheimlich, gefahrvoll und böse ist die Finsternis; erfreulich, freundschaftlich und förderlich ist der Urgott Sonne. In der Verwendung von Dunkelheit und Helligkeit also findet der Filmkünstler eines seiner am unmittelbarsten wirkenden Mittel, um die Stimmung einer Szene, eines Films durch die primitivste Augenempfindung fühlbar zu machen. Ein unheimliches Motiv oder Milieu zeigt man gern in dunklen Bildern. Heiterkeit, Reinheit und Schönheit dagegen kleiden sich hell. Starke Schwarz-Weiß-Kontraste wirken nicht nur an sich lebhaft und erregend, sondern schaffen vor allem auch in ihrer Bezogenheit auf die Wirklichkeitsdinge, die sie darstellen, eine erregende Spannung, weil sie nämlich die natürliche Einheit des Zusammengehörigen zerspalten, etwa ein Gesicht in eine schwarze und eine weiße Hälfte zerschneiden. Kontrastreiche Beleuchtung – in der Praxis »Effektlicht« genannt – dient denn auch zur Charakterisierung stark dramatischer, dynamischer Szenen; während Kontrastarmut, Beschränkung der Helligkeitspalette auf relativ schwach voneinander verschiedene Schattierungen Ruhe und Gleichmäßigkeit bringt – und zwar sowohl in dunklen wie in hellen Bildern. Für die Wirkung des Effektlichtes entscheidend ist es, wie die scharfen Schattengrenzen im Verhältnis zu den Umrissen und natürlichen Gliederungen der Dinge verlaufen, und auch, ob unregelmäßige Flecken oder wenige, große, einheitliche Flächen entstehen.

3. Blickführung, Konzentrierung, Auswahl

Bei der Betrachtung gewisser alter Filme haben wir heute das Gefühl, daß unser Auge führerlos im Bilde umherirrt und nicht weiß, wie es sich zwischen den vielen umherstehenden Dingen zurechtfinden soll. Es hat Mühe, den Brennpunkt der Aktion vom bloßen Beiwerk zu unterscheiden, den Protagonisten aus der Statisterie herauszusuchen. Der moderne Film hingegen bestellt das Licht gern zum Fremdenführer. Die Gruppe der Darsteller etwa hebt sich stark beleuchtet gegen den Hintergrund ab und lenkt dadurch sogleich den Blick auf sich. Ja, die Beleuchtung wirkt geradezu als Auswahlinstrument, indem sie innerhalb des vom Bildrahmen begrenzten Ausschnitts aus der Wirklichkeit eine zweite, feinere Aussonderung des Wesentlichen trifft.

Die Kamera beschränkt sich etwa darauf, aus dem Gesamtbilde eines Musikzimmers das Bild eines am Klavier sitzenden Musikers herauszuschneiden; innerhalb dieses Ausschnittes wiederum heben sich durch die Beleuchtung etwa die weißen Hände des Pianisten als dominantes Motiv heraus. Ohne in den Bildvorgang zerstörerisch einzugreifen, trennt eine geschickte Beleuchtung das nach dem subjektiven Willen des Regisseurs Wichtige vom Beiwerk. Das Auge des Zuschauers fühlt sich geleitet, der Sinn der gebotenen Szene wird ihm wie mit einem Zeigestock erklärt.

Getrennte Dinge verschmelzen zu einem einzigen, ein Ding zerfällt in mehrere. Aus Sofa und Mensch wird eine einheitliche Dunkelheit; aber ein vom Fensterrahmen begrenzter Schatten zerschneidet das Tischtuch zwischen zwei erzürnten Ehegatten buchstäblich in zwei Teile. So gliedert die Beleuchtung den Bestand einer Szene, schafft und zerreißt Beziehungen — auf mehr oder weniger sinnvolle Weise.

Begnügt man sich nicht mit der diffusen Allgemeinbeleuchtung, die alle Dinge gleichmäßig bestrahlt, sondern versucht man, mit dem Licht sinnvolle Akzente zu setzen, so wird man im allgemeinen bei jeder Szene zunächst den Ort der hellsten Beleuchtung festlegen. Auf ihn hin wird dann, damit sich eine einheitliche Wirkung ergebe, die Gesamtbeleuchtung eingerichtet, auch wenn diese mit Hilfe einer großen Zahl von Einzellampen erzielt wird. Zumeist wird man dies Lichtzentrum aus der natürlichen Situation zu erklären suchen: Sonne, Kaminfeuer, Autoscheinwerfer, Lampe. Das Lichtzentrum muß, wie wir aus der Malerei wissen, nicht immer unbedingt mit dem Haupthandlungsmotiv der Szene zusammenfallen. Rembrandt hat im Jahre 1648 zweimal das Emmaus-Motiv gemalt. Auf dem Bilde des Louvre erscheint das Gesicht Christi als die Quelle des nach allen Seiten strahlenden Lichtes. Auf dem Kopenhagener Bilde hingegen setzt eine kleine Lampe die zwei äußersten Seitenfiguren in hellstes Licht, während das Gesicht Christi nur von einem Seitenlicht gestreift wird. Im ersten Fall blickt man sofort auf die strahlende Figur der Hauptperson, im zweiten Fall ist sie, obwohl der Figurengruppierung nach Mittelpunkt des Bildes, eingegliedert in ihre Umgebung: sie fügt sich zu den zuhörenden Jüngern und zu den Wänden des Zimmers, indem sie mit ihnen zusammen gegen das helle Lichtzentrum absticht, und es entsteht eine spannungsreiche Komposition, indem das Handlungszentrum zugleich herausgehoben und eingegliedert ist mittels des kontrapunktischen Widerspiels zwischen Handlungssinn und Figurenkomposition einerseits und Lichtzentrierung andererseits.

Von hier aus wird man auch die richtige Einstellung zu dem Problem finden, das die Amerikaner als den Gegensatz zwischen »persönlicher« und »unpersönlicher« Beleuchtung etwas unglücklich bezeichnet haben. Während unter dem Diktat des Starkults der Protagonist in jedem Fall und unter allen Umständen auch das Lichtzentrum abgeben muß, handelt es sich im andern Fall darum, das Licht je nach dem Sinne der Szene auf die Darsteller oder auch von den Darstellern fort zu konzentrieren, die Figuren also einmal herauszuheben, einmal einzugliedern, je nachdem, wie es dem Sinne der Handlung und dem Gefühl des Regisseurs besser entspricht. Daß diese zweite Form die einzige würdige und künstlerisch vertretbare ist, bedarf kaum eines Hinweises. Gehört es doch gerade zum eigentlichen Wesen des Films, daß er den Menschen nicht nur theatermäßig hervorheben, sondern vor allem auch im Zusammenhang mit seiner Umgebung, als kleinen, unherauslösbaren Teil einer großen Welt zeigen kann!

4. Ornamentale Flächenaufteilung

Die Komposition eines Filmbildes richtet sich, wie die jedes andern Bildes, nicht nur nach dem Inhalt, sondern muß, um wirksam zu werden, gleichzeitig ein harmonisches Gleichgewicht innerhalb des rechteckigen Bildrahmens schaffen. Solches Gleichgewicht hat mit Symmetrie nichts zu tun. Es entsteht vielmehr gerade in vielen guten Fällen aus stärkster Unregelmäßigkeit: ein kleiner Lichtfleck an der richtigen Stelle kann gegen ein riesiges Dunkelfeld aufs beste ausbalanciert sein. Eine befriedigende Schwarz-Weiß-Verteilung entsteht als komplizierte Resultante mehrerer Faktoren: Größe, Lage, Form und Helligkeit der schwarzen und weißen Flächen. Und außerdem stehen Lichtkomposition und Linienkomposition in einem engen Verhältnis, wie schon oben am Rembrandtbeispiel gezeigt wurde.

Es würde an diesem Orte zu weit führen, auszuführen, inwiefern auch ornamentale Flächenaufteilung der Deutung des Gegenstandssinnes dient. Gegen diese ästhetische Forderung allerdings hat der Film gerade in den letzten Jahren gern gesündigt. Die Arbeiten des Regisseurs Mamoulian beispielsweise sind ein Musterbeispiel dafür, wie die Formgebung Selbstzweck wird: wie der Gegenstand der Szene nur noch gleichgültiger Vorwand ist, um raffinierte Lichtspiele zu ermöglichen. Man kann nicht feinfühliger und geschickter in der Verteilung des Lichtes, in der ornamentalen Verteilung der Schatten vorgehen, und trotzdem hat das Licht hier aufgehört, Sprache zu sein. Es ist zum Genußmittel geworden. Ein Blick auf Rembrandts Bilder zeigt, daß hier der Kontrast zwischen Schwarz und Weiß mächtig genug ist, um den Unterschied zwischen Himmel und Erde, Gott und Mensch auszudrücken. Das Gleiche ließe sich im Film erreichen. Statt dessen ist in vielen Filmen der Sprung von strahlender Helligkeit zu tiefster Finsternis nur ein funktionsloser Augenreiz.

Man kann ein ausgezeichneter Filmregisseur sein und trotzdem auf die Ausdrucksmittel der Beleuchtung fast ganz verzichten. Chaplin, Lubitsch, Vidor begnügen sich zumeist mit einer gleichmäßigen Allgemeinbeleuchtung. Bei den Russen, bei Griffith, bei Sternberg ist die Beleuchtung ein unentbehrliches Ausdrucksmittel. Niemand ist verpflichtet, alle Kunstmittel anzuwenden. Aber wo die Beleuchtung ihren gestaltenden Charakter bemerkbar macht, muß sie sinnvoll verwendet sein. Ihre Wirkungen müssen kontrolliert sein und dürfen nicht dem Zufall und der Willkür oder aber dem bloßen Spiel- und Schmucktrieb entstammen.

Man darf, wenn man von der Beleuchtung im Film spricht, nicht wie in der Malerei an einen festen, unbeweglichen Bildausschnitt denken. Innerhalb einer festen Einstellung verändert sich das Lichtmotiv schon durch die Bewegungen der Figuren im Raum; bei Fahraufnahmen verändert sich auch das Raummotiv, und in der Montage schließlich werden Szenen aneinandergesetzt, die in ihrer Beleuchtung ganz genau aufeinander abgestimmt sein müssen. Sehr oft empfindet man es als störend, daß der Beleuchtungscharakter innerhalb der gleichen Szene sinnlos wechselt, nur weil man den Aufnahmeort der Kamera geändert hat. Es ist ja klar, daß aus Vorderlicht Gegenlicht wird, wenn man das gleiche, gleich beleuchtete Motiv aus entgegengesetzten Richtungen photographiert. Besonders das Prinzip, die gleiche Szene mit mehreren Kameras aufzunehmen – im Tonfilm für die Erreichung eines synchronen Dialogs schwer entbehrlich – läßt sich mit einer sinnvollen Abstimmung verschiedener Einstellungen des Motivs aufeinander kaum vereinigen.

Sehr wenig verwendet wurde im Film bisher das Prinzip der bewegten Lichtquelle. Gelegentlich bemerkt man zauberhafte Effekte, wenn das Licht eines D-Zuges über die Gesichter der Menschen am Wege läuft oder die Bäume einer nächtlichen Landstraße im Lichte der Autoscheinwerfer geheimnisvolles Leben gewinnen. Bewegtes Licht kann ruhende Dinge lebendig, aus einer statischen Situation eine dynamische, einen Vorgang, machen. In einem Kulturfilm wanderten Licht und Schatten langsam über Michel-

angelos Statue des Morgens, als ginge die Sonne über ihr auf. In einem
andern sah man – mittels Zeitrafferaufnahme – wie die Sonne innerhalb
eines Tages über die Fassade eines schönen Gebäudes wandert, wie die
Schatten sich verlängern, wie immer wieder neue Einzelformen allmählich
hervor- und wieder zurücktreten. Hier liegen unausgeschöpfte Möglichkeiten.

4. Urheber[1]   (1934)

Die Frage, wer der eigentliche Urheber eines Films ist, interessiert nicht nur
den Juristen, der sich mit der schwierigen Aufgabe betraut sieht, so all-
gemeingültig, wie es Gerechtigkeit und Recht verlangen, festzulegen, wer für
den Film verantwortlich ist, wer über sein Schicksal zu bestimmen hat und
wer und mit einem wie hohen Anteil er an dem Erlös profitieren soll.
Sondern die Frage ist zugleich geeignet, die Gemüter der Filmtheoretiker
und -praktiker zu erregen, weil gerade ihre Beantwortung in besonders eindeutiger Weise die Einstellung des Antwortenden zum Film im allgemeinen
kennzeichnet.

Zwei Alternativen vor allem sind es, die in den Auseinandersetzungen
immer wieder auftauchen: Ist der Manuskriptautor (im folgenden kurz
Autor genannt) oder der Regisseur als eigentlicher Urheber anzusehen? Und
entsteht ein Kunstwerk nur als Verwirklichung der Konzeption eines einzigen
Menschen oder kann es auch (beziehungsweise gar: *soll* es) als Arbeit einer
ganzen Menschengruppe entstehen?

Was zunächst den Wettstreit zwischen Autor und Regisseur anlangt,
so wäre eine eindeutige Entscheidung dieser Frage von großer praktischer
Bedeutung. Denn es liegt auf der Hand, daß derjenige Regisseur, der das
Manuskript eines Autors nach eignem Belieben völlig umarbeitet, durch
die These gerechtfertigt wird, daß allein der Regisseur verantwortlicher und
bevollmächtigter Urheber eines Filmes sein könne, während umgekehrt der
Protest des Autors gegen ein solches Verfahren durch die Behauptung
unterstützt wird, der Regisseur sei nur die Exekutivinstanz, die das am
Schreibtisch geschaffene Filmkunstwerk ans Licht der Welt bringe.

Diese letztere Behauptung erfreut sich heute einer allgemeinen Ver-

---

[1] Der Text folgt dem nicht publizierten deutschen Originalmanuskript für die
geplante ›Enciclopedia del Cinema‹ und wurde nach der ersten publizierten
Fassung (Who is the Author of a Film, in: ›Film Culture‹ [New York], Nr. 16,
1958) durchgesehen.

achtung, und zwar nicht nur bei den Regisseuren. Sie leitet sich von Theateranschauungen her. Man pflegt neue Erscheinungen zunächst noch mit alten Begriffen zu messen, und so lag es nahe zu sagen, daß genau wie beim Theater das eigentliche Werk im stillen Kämmerlein vom eigentlichen Urheber verfaßt und dann von einem Regisseur auf die Bretter gebracht werde, der durch gute Arbeit nützen, durch schlechte schaden, aber jedenfalls zu dem in sich geschlossenen Kunstwerk nichts Wesentliches, also Unentbehrliches hinzusetzen könne. Das war nicht nur eine Unterschätzung des Filmregisseurs, war nicht nur gradmäßig falsche Gewichtsverteilung, sondern beruhte auf einer grundsätzlich verkehrten, weil von den andersartigen Bedingungen des Theaters ausgehenden Meinung über das Wesen des Films. Das Theaterstück – so begriff man bald – war ein mit den Mitteln eines einzigen Kunstmaterials, des Wortes, vom Dichter hergestelltes Kunstwerk, das optisch und akustisch, das heißt also mittels eines zweiten und dritten Materials, ergänzt und so sichtbar und hörbar gemacht wurde, wodurch sich das Werk zwar modifizierte, aber niemals wesentlich veränderte – solange man es heil ließ, notabene. Ein Film aber wurde von vornherein für die optische oder, seit dem Tonfilm, für die optisch-akustische Ausdrucksform erdacht, und diese eine Endform konnte man entweder sofort im Atelier realisieren oder aber mit Worten auf Papier beschreiben, wie man eben alles auf der Welt mit Worten beschreiben kann. Diese Erkenntnis schloß eine Ehrenerklärung des Regisseurs in sich, ja der Regisseur wurde nun – weil jede Entwicklung ein Nacheinander von Extremen ist – zum Diktator ausgerufen. Nur er, so konnte man lesen und hören, sei der eigentliche Verfasser des Films, nur der Regisseur sei fähig, einen Stoff in Filmform zu bringen. Die Praktiker zwar wissen es besser, aber nicht immer machen sie von diesem Besserwissen Gebrauch. Und so sieht man zumal diejenigen Filmtheoretiker, die, ohne die Forderungen der praktischen Filmarbeit recht im Gefühl zu haben, sich voller Denkfreude auf ein Gebiet werfen, das zu verblüffenden, von alten Anschauungen her paradox erscheinenden Behauptungen reichlich Gelegenheit gibt, dem Regisseur und nur ihm Dankopfer darbringen. Nicht ohne Kummer sieht sich der brave Manuskriptautor, dem Publikum gänzlich unbekannt, vom Ruhm übergangen, vom Unternehmer schlecht bezahlt und vom Regisseur verstümmelt, auch noch von den Theoretikern als quantité négligeable behandelt.

Von den Anfängen der Kinematographie an finden wir sowohl den Typ Film, der eine bloße Aufführung des vorher erdachten und aufgeschriebenen Themas darstellt, wie auch jenen andern, der ohne jedes literarische Libretto die Darbietung rein aus dem Charakter der vor der Kamera versammelten Dinge ableitet. Der erstere realisiert sich am reinsten im Tonfilm, sowohl im alten: Henny Porten singt mit ihrem Vater zusammen berühmte Opernarien in den Grammophontrichter und führt dann mit ihm nachträglich synchron mit der Schallplatte die nötige Pantomimik vor der Kamera auf – wie im neuen: der Durchschnittstyp des heutigen Tonfilms beruht wie ein Theaterstück auf einem Dialog, der zwar häufig, auch ganz theatermäßig, vom Schauspieler mit Hilfe des Regisseurs zu guter, anschaulicher Wirkung gebracht wird, aber keineswegs in eine spezifisch filmmäßige Gestaltung eingebettet ist. Hier den Anteil des Autors an der Urheberschaft leugnen zu wollen, wäre verwegen – aber, so wird mit Recht eingewendet, das ist eben eigentlich nicht Film!

Andrerseits steht am Anfang des Films der Reporter-Operateur, der mit seiner Kamera das ihm fesselnd Erscheinende aufnimmt, es dann passend zurechtschneidet und vorführen läßt, ohne daß ein Manuskript vorgelegen hätte. Er ist der Großvater unsrer Wochenschauproduzenten und unsrer Dokumentaristen. Auch beim dokumentarischen Film ist das Manuskript, wenn überhaupt vorhanden, ein reiner Arbeitsplan; oft ergeben sich Thema und Form des Films erst aus dem aufgenommenen Material, und sehr bezeichnend ist die Verlegenheit, die sich einstellt, wenn man den Dokumentaristen beim rechten Namen nennen will: Ist er ein Regisseur, da er doch kein Manuskript verfilmt und, sehr häufig, nichts mit Schauspielern zu tun hat? Die Bezeichnung »Regisseur«, von der Tradition mit filmfremden Begriffen belastet, erweist sich hier als unzureichend. Sie ist es aber nicht nur für den dokumentarischen Film, sondern für den Film überhaupt.

Denn gleichfalls am Anfang des Films steht jener Produzent vom Typus Mack Sennetts, der seine Schauspieler vor der Kamera versammelt und nur für sie und mit ihnen zusammen die lustigen Einfälle erdenkt, die den Film zugkräftig machen sollen. Diese Entwicklung des Werkes aus dem gegebenen Darstellungsmaterial heraus – ein Verfahren mit stark improvisatorischem Einschlag – findet sich dann sehr rein bei den großen Groteskfilmkünstlern, zumal bei Chaplin, der für seine Figur Handlung und Form erfindet, und zwar häufig erst im Atelier, und auch sonst in der bis heute beibehaltenen und keineswegs verwerflichen Gewohnheit der Produzenten, Filme direkt für einen bestimmten Schauspieler zu verfassen. Ein gutes Beispiel für dies Verfahren bieten die lustigen, teilweise auch im Film festgehaltenen Dialogszenen des Münchener Komikerpaars Karl Valentin und Liesl Karlstadt, die von den beiden Künstlern selbst erdacht werden, und zwar in Gesprächen, die, wie man behauptet, stets damit beginnen, daß Valentin zur Karlstadt sagt: »Also ich spiel einen Mann und du spielst eine Frau!«

Sowohl im dokumentarischen Film wie auch in diesen mimischen Szenen wird also das Werk rein aus den gegebenen Darstellungsmitteln entwickelt, und so haben wir es hier mit der Urform des echten und eigentlichen Films zu tun, der nicht bloß Vermittler eines Manuskriptes ist. Die Urheber sind hier zweifellos nicht irgendwelche Schriftsteller, sondern die »Organisatoren« – wie die Russen gern sagen – des vor der Kamera versammelten und von der Kamera gesammelten Materials, seien sie nun Schauspieler, Regisseure, »Gagmen« oder »Cutter«.

Besonders deutlich verlagert sich der Schwerpunkt der künstlerischen Arbeit in diese Richtung, je mehr durch Verwendung der Kameramittel (Einstellung, Bildbegrenzung, Schwarz-Weiß-Reduktion) und der Montage der fertige Film von dem verschieden wird, was vor der Kamera sich abgespielt hatte. Der Film hat endgültig Charakter und künstlerische Eigenform bekommen. Ist damit der Manuskriptautor endgültig zu einem Handlanger degradiert, der auf der Karre Rohmaterial herbeifährt?

Hier setzen nun die in den Diskussionen unermüdlich wiederkehrenden Mißverständnisse ein, die im allgemeinen darauf beruhen, daß man nicht recht Bescheid darüber weiß, was denn ein Filmautor eigentlich tut. Und die falsche Rolle, die ihm die Theoretiker gern zuschieben, indem sie ihn einen Filmfremdling, einen bloßen Schreiber nennen, hat ihren Grund in der jedem Denkenden selbstverständlichen Überzeugung, daß zwei Dinge, die verschiedene Bezeichnungen haben – wie »Autor« und »Regisseur« – auch zwei verschiedene Bedeutungen haben müßten, beziehungsweise daß zwei Arbeiten, die in der Praxis zwei verschiedenen Leuten anvertraut werden, wohl auch ihrer Natur nach grundlegend verschieden sein müßten. Da man über die Arbeit des Regisseurs informiert ist, hält man die des Autors für eine rein literarische, daher unfilmische und also für die Urheberschaft unwesentliche. In Wirklichkeit ist beim Film für eine unfilmische Arbeit überhaupt kein Platz.

Schon die ursprüngliche Filmidee, die Keimzelle, soll filmischer oder doch *auch* filmischer Natur sein. Das heißt, der Einfall, eine bestimmte psychologische Verwicklung oder ein Milieu zum Gegenstand eines Films zu machen, mag noch nicht so spezifisch filmisch sein, daß er nicht auch noch ebensogut einen Roman oder ein Drama abgeben könnte, aber er ist schon derart, daß er filmische Möglichkeiten in sich schließt. Der Gedanke, das Leben Immanuel Kants zu verfilmen, ist miserabel, weil dieser Stoff äußerst ärmlich an äußeren, äußerst reich an inneren Geschehnissen ist. So ist schon der erste Einfall nicht literarische, sondern filmische Arbeit, die freilich nicht im Filmatelier, sondern im Kopf oder am Schreibtisch geleistet wird. Zwischen Idee und Drehbuch liegt dann zumeist das Treatment, die Film-Novelle. Hier wird der Inhalt ausführlich und zumeist in der Form der literarischen Erzählung vorgetragen, aber es handelt sich um keine Novelle, sondern um einen in großen Umrissen erzählten Film, der dem Schreibenden bereits in den Einzelheiten vor Augen stehen muß; denn man kann nur etwas resümieren, was existiert, und das Treatment ist ein Resümee. Auch hier wird also bereits filmisch gestaltet, wenn auch nicht mit Kamera und Schere, sondern mit der Schreibmaschine. Es ist nicht so, daß erst mit dem Drehbuch die filmische Form sozusagen schlagartig einsetzt – das wäre gegen alle Vorstellungen von der Einheit künstlerischer Arbeit; vielmehr handelt es sich um verschiedene Stufen der Konkretisierung, deren jede aber bereits mit genauem Hinblick auf das Endprodukt absolviert wird.

Man lasse sich durch Schreibmaschine, Schreibtisch und Papier nicht täuschen. Technische Gründe sind es, die vor der Atelierarbeit auf Papiernes dringen. Bei den ersten kurzen Filmchen kam man auch ohne solche Vorbereitungen aus. Dann komplizierte sich der Vorgang in technischer, künstlerischer und wirtschaftlicher Beziehung. Die Zahl der Mitarbeiter vermehrte sich, das Gedächtnis reichte nicht mehr aus, ein Kostenanschlag wurde nötig – kurz, ohne genaue schriftliche Unterlage war die Arbeit nicht mehr zu bewältigen. So entstand das Filmmanuskript als eine keineswegs literarische, sondern streng filmische Teilarbeit innerhalb des gesamten Produktionsprozesses.

Ist man einerseits geneigt, der schriftstellerischen Vorarbeit filmischen Charakter abzusprechen, so glaubt man andererseits, daß die filmische Arbeit par excellence, die Montage, mit dem Manuskript nichts zu tun habe. Montage sei die Arbeit mit der Schere, meint man. In Wirklichkeit wird der Begriff erst sinnvoll, wenn man die Anfänge der Montage schon in den ersten Szenengruppierungen sieht, die der Manuskriptautor im Treatment vornimmt. Montage ist Aneinanderfügen von zeitlich-räumlich nicht Aneinanderstoßendem, und in diesem Sinne enthält auch schon das Szenarium eines Theaterstückes Montage. Der Film führt diesen Zerstücklungs- und Klebeprozeß bis ins Detail, aber schon im Drehbuch ist der wichtigste Teil der Montagearbeit geleistet, und wenn auch nachher bei der Besichtigung des Materials manches sich anders ausnimmt und also geändert werden muß, und wenn auch der Rhythmus der einzelnen Einstellungslängen, das harmonische Aneinanderfügen passender Schwarz-Weiß-Motive und Bewegungen erst an Hand des fertig photographierten Materials möglich ist, so stellt dies doch im allgemeinen schon einen äußerlichen Teil der Arbeit dar, und jedenfalls wäre es absurd, diesen Gliederungsprozeß erst urplötzlich da ansetzen zu lassen, wo wirklich mit der Schere und der Klebeflüssigkeit hantiert wird.

Die Herstellung eines Films ist also von der ersten Idee bis zum fertigen Positivstreifen eine einheitliche, gleichmäßig filmische Arbeit, mit welchen Werkzeugen sie auch geleistet wird. Ausgezeichnet, wird man uns erwidern, aber wenn die Manuskriptarbeit sich von der des Regisseurs nicht unterscheidet, wer anders hätte sie zu leisten als dieser Regisseur selbst? Diese Forderung wäre zu erheben, und wie ist es überhaupt zur Institution des Autors gekommen, wenn aus dem Wesen des Films kein Bedürfnis nach solcher Zweiteilung der Funktionen abzuleiten ist?

In der Tat ist der Typ des manuskriptschreibenden Regisseurs in der Praxis selten. Allerdings sind es die allergrößten, die dazu gehören, Chaplin und

Stroheim, Eisenstein und Clair. Und unter den besseren Regisseuren ist wohl keiner, der am Manuskript nicht wenigstens mitzuarbeiten pflegt. Die Forderung, daß Manuskript- und Regiearbeit in denselben Händen zu liegen habe, ist in der Tat zu erheben – falls sich nicht herausstellt, daß dem Autor doch noch eine Sonderbeschäftigung einzuräumen ist, die mit der des Regisseurs nicht identisch ist. Historisch ist es zu dieser befremdlichen Zweiteilung des Filmschöpfers wohl dadurch gekommen, daß die Regisseure die umfassenden Ansprüche, die an sie gestellt wurden, nicht recht zu erfüllen wußten. Einen Film machen heißt, eine gute Handlung finden oder erfinden, sie nach den Regeln der dramatischen Kunst entwickeln, die Personen psychologisch richtig führen – und die Mehrzahl der Regisseure war zwar fähig, Schauspieler zu lenken, geschickte Bildeinstellungen zu finden, die Beleuchtung anzugeben, reizvolle Perspektiven und Bewegungen zu erfassen, fühlte aber zu aristotelischen Bauaufgaben weder Lust noch Begabung: sie waren in die Dramatik verschlagene Photographen und sind es wohl heute noch. Sie waren auch ihrem ganzen Bildungs- und Kulturniveau nach im allgemeinen nicht auf Aufgaben eingerichtet, die über das, was das Auge unmittelbar zu erfassen und zu kommandieren vermochte, hinausgingen. So holte man Literaten, die Dramenkenner, die Wortgewandten und Seelenkundigen, die Besitzer breiter Bücherregale, in denen die zur Verfilmung geeigneten Romane standen. Und es blieb nicht bei bloßen Anregungen. Auch wenn diese Männer aus Literatur und Zeitung im Atelier nie recht seßhaft wurden – man hielt sie gern von den Aufnahmen fern, damit sie gewisse »leichte Änderungen« ihres Textes nicht bemerkten, ehe es zu spät war –, so lernten sie doch das Handwerk und gewöhnten sich, Drehbücher zu fertigen, in denen der Film bis zu den Einstellungen und Meterlängen hinab haargenau beschrieben war. Sie beteiligten sich also energisch an der Urheberschaft, griffen in die Beschäftigung des Regisseurs ein, und so entstanden jene endlosen Reibereien, gegen die ein Mittel zwar gefunden, aber nicht angewendet worden ist.

Schreibt der Autor das Drehbuch, allein oder mit dem Regisseur zusammen, so ist sein Anteil an der Urheberschaft zweifellos sehr bedeutend. In der Mehrzahl der heutigen Filme wird es so sein, manchmal aber hat der Autor auch nur einen Entwurf geliefert, manchmal hat er nur einen Hinweis auf einen bestimmten Stoff gegeben. Etwas Allgemeingültiges läßt sich über den Anteil des Manuskriptautors am Film also unmöglich sagen. Sicher ist nur, daß dieser Anteil echt filmischer Natur ist – durchaus von der gleichen Art wie der des Regisseurs. (Vorausgesetzt immer, daß es sich nicht um schlechte Arbeit handelt.)

Wünschenswert aber bleibt es, daß dieser Typ des drehbuchschreibenden Autors verschwindet. Kann er ein Drehbuch schreiben, so kann er wahrscheinlich auch Regie führen, und man soll ihm den Weg ins Atelier nicht zubauen. Umgekehrt wird bei einem Regisseur, der einen Film zwar zu »inszenieren«, nicht aber auch zu erfinden und zu entwickeln versteht, immer auch die Inszenierungskunst nicht erster Ordnung sein, und so liegt es im Interesse der Filmkunst, entschieden auf den Autor-Regisseur hinzuarbeiten. Neben dem Regisseur jedoch könnte sich ein Mitarbeiter behaupten, der eine durchaus andere Aufgabe hätte und daher nicht mit ihm in Kollision käme: der Milieufachmann und der Dialogschreiber. Einen Seefahrer oder Autor von Seefahrtromanen zu engagieren, damit er die Vorbedingungen für das im Film so notwendige Lokalkolorit liefere (ohne doch dem Autor-Regisseur in sein Drehbuch hineinzureden) und einen geschickten Dramatiker, der die im Drehbuch für den Dialog ausgesparten Stellen komplettiert, so wie man Glanzlichter auf das fertige Gemälde setzt, das wären zwei wichtige Aufgaben für einen Mitarbeiter, der zwar kaum je einen so bedeutenden Anteil an der Urheberschaft erringen würde wie der Autor heutigen Typs, dafür aber seine ihm reservierte und von niemand bestrittene Teilarbeit ungestört vollziehen könnte!

Ist es denn aber, selbst wenn die Aufgaben nicht die gleichen sind, überhaupt möglich, daß ein Künstler seine Arbeit mit einem Partner teilt? Hier kommen wir zu der zweiten großen und allgemeineren Grundfrage unseres Themas. Wie schon angedeutet stehen sich hier im Extrem der individualistische und der kollektivistische Standpunkt gegenüber.

Nach der ersteren Meinung gehört es geradezu zum Wesen des wirklichen Künstlers, daß er allein arbeitet. Ein Kunstwerk soll die Welt aus einer neuen, persönlichen Perspektive zeigen, und es soll einheitlich sein. Jeder Mensch aber, besonders wenn er begabt ist, sieht die Welt auf seine eigne Weise an – wie also wäre bei der Zusammenarbeit Eigenart und Einheit zu wahren. Ein bloßes Gemisch, eine bloße Kompromißarbeit muß das Ergebnis sein! So sagen die einen. Die andern aber sagen: es gibt in der Welt keine isolierte Leistung; alles entsteht aus dem gemeinsamen Geist der Menschengruppe, und so wird der sich künstlich Isolierende immer nur etwas zustande bringen, was die Gemeinschaft nicht interessiert, weil es nicht aus ihrem Geiste entstanden ist. Diktatur des Regisseurs verlangen darum die einen, kollektive Zusammenarbeit die andern.

Es ist sicher falsch, eine dieser beiden Weltanschauungsformen schematisch auf den Film zu übertragen. Vielmehr gilt es zu prüfen, welches Arbeitsprinzip sich aus seinem Wesen als das ihm gemäße ergibt. Und da zeigt sich: rein äußerlich kann ein Film normalen Typs nur von mehreren gemacht werden, und zwar von Personen, deren Funktionen deutlich voneinander verschieden sind: die Arbeit des kaufmännischen Leiters, des Autor-Regisseurs, des Schauspielers, Kameramanns, Architekten, Musikers muß zusammenkommen, damit ein Film entsteht. Daß nun zwischen solchen Partnern eine echte Zusammenarbeit möglich ist, hat die Praxis hundertfach gezeigt. Und zwar ist es gerade die durch die Spezialbeschäftigung bedingte Verschiedenheit der Gesichtspunkte und auch die Verschiedenheit des Temperaments, die dieser Zusammenarbeit erst Wert gibt und sie fruchtbar macht. Sind die Partner gut ausgewählt, so kann eine gemeinsame Arbeit von echter Einheitlichkeit entstehen, genauso wie ein Kind von zwei Eltern erzogen werden kann, und nur ein atomistisch-individualistisch Denkender wird leugnen, daß hier statt bloßer kompromißlerischer Mixtur eine neue, schöne Einheit entstehen könne. Vorbedingung ist nur, daß – eine im Streitfall Autor contra Regisseur nicht erfüllte Bedingung! – jedem seine besondre Aufgabe klar zugewiesen sei, und das ist innerhalb des Produktionskollektivs durchaus der Fall.

Falsch ist andrerseits, daß nur aus der Zusammenarbeit ein gutes Kunstwerk entstehen könne. Sicherlich zieht der echte Künstler all sein Denken und Fühlen aus der Gemeinschaft, in der er lebt, aber gerade deshalb ist es nicht notwendig, daß er seine Arbeit auch äußerlich mit mehreren zusammen verrichte. Ein hinter verschlossenen Türen in aller Einsamkeit geschriebener Roman kann – welcher Unvoreingenommene wollte das leugnen – das Fühlen mit der Gemeinschaft mit Vollkommenheit aussprechen, und eine von einer Außenseitergruppe hergestellte Kollektivarbeit kann an esoterischer Extravaganz unübertrefflich sein. Und weiterhin ist selbst wenn, wie beim Film, mehrere zusammenarbeiten, durchaus eine monarchische Arbeitsform möglich. Es gibt Regisseure, die nur Gutes zuwege bringen, wenn sie ihren gesamten Arbeitsstab zum bedingungslosen Werkzeug machen, und die so entstehenden Filme können gut, ja sie können sogar trefflicher Ausdruck des Kollektivgeistes sein. Und es gibt andre Filme, die von einer Gruppe in echter Zusammenarbeit geschaffen werden.

Die Moral ist, daß sich die Frage: »Wer ist der Urheber des Films?« nicht mit der dem Juristen erwünschten Allgemeingültigkeit lösen läßt. Es gibt Filme, die – auch wenn äußerlich natürlich mehrere mitgeholfen haben – nur von einem einzigen gemacht sind, und es gibt andere, die zwei, drei, vier, fünf Urheber haben. So wie es Opern gibt, bei denen man nur vom Komponisten spricht, weil der Text ein zu unwesentlicher Bestandteil des Werkes ist, man aber andrerseits nicht von Richard Straußens *Der Rosenkavalier* oder *Salome* sprechen kann, ohne der Miturheber Hugo von Hofmannsthal und Oscar Wilde zu gedenken.

Wer einmal ein Drehbuch von Carl Mayer mit dem danach gedrehten Film verglichen hat, weiß, daß es unhaltbar wäre, die Miturheberschaft dieses Autors leugnen zu wollen. Die Arbeit der Schauspieler läßt sich in vielen Fällen wegdenken. Man kann etwa mit neuer Besetzung eine fremdsprachige Version drehen, und der Film bleibt seinem Wesen nach derselbe. Doch auch aus dieser nebensächlicheren Rolle des Darstellers entwickelt im Einzelfalle die große Persönlichkeit einen unwegdenkbaren Löwenanteil an der Urheberschaft, und in diesen Fällen ist die in der Filmtheorie – wiederum dem Regisseur zuliebe – modern gewordene Geringschätzung des Schauspielers sehr fehl am Ort. Was wären die Chaplinfilme ohne Charlie, was *Der Blaue Engel* ohne die Dietrich, *The Champ* ohne Wallace Beery und Jackie Cooper? Und dreht man eine deutsche oder französische Version von *Anna Christie*, so kann man durchaus drei Hauptrollen anders besetzen und sogar, wie es hier geschah, den Regisseur wechseln, ohne daß sich am Film viel änderte; hätte man aber Greta Garbo durch eine Kollegin ersetzt, so wäre mit einem Schlage ein gänzlich anderer, wenn auch vielleicht nicht schlechterer Film entstanden, und darum ist Greta Garbo die eigentliche Urheberin derjenigen Fassung des Films, in der er nun einmal realisiert worden ist! (Man ist vom Theater her dazu geneigt, die »Besetzung« als etwas bloß äußerlich zum Werk Hinzukommendes, Auswechselbares anzusehen. Die Urheberschaft an einem Film entspricht aber nicht der an einem Theaterstück, sondern der an einer Theateraufführung, und es handelt sich immer nur darum, festzustellen, welche Mitarbeiter – Schauspieler und Architekten inklusive – Wesentliches, Unwegdenkbares zur »Aufführung« beigesteuert haben!)

Was wäre *Das Kabinett des Dr. Caligari* ohne seine Architekten Warm, Reimann und Röhrig? Was René Clairs *A nous la liberté* ohne den Komponisten Georges Auric, was Lubitschs *Liebesparade* ohne Victor Schertzinger? Und entstand nicht, über die Köpfe zweier Regisseure hinweg, zwischen den Sternberg- und den Mamoulianfilmen eine Art Paramount-Verwandtschaftsähnlichkeit durch die Photographie des Kameramannes Lee Garmes?

Es gibt Filme, die – wie Menschen, Tiere und Pflanzen – nur einen einzigen Vater haben. Bei den meisten aber sind es nun einmal mehrere. Soll man diese Unordnung im Interesse einer geordneten Rechtsprechung bedauern oder soll man sich an der naturhaft quellenden Fülle immer wieder neuer Erscheinungen freuen? Leute, die genug Gemeinschaftsgefühl aufgebracht haben, um miteinander ein gutes Kunstwerk zu schaffen, sollten auch einig genug sein, ihre Rechte und Verdienste untereinander zu teilen. Und die Rechte an einem künstlerisch belanglosen Industrieprodukt haben sowieso nur eine wirtschaftliche Bedeutung.

D. Inhalte und Stile

1. Stil und Stumpfsinn im Film (1931)

Für die Beurteilung von Filmen, vielleicht von Kunstwerken überhaupt, gibt es eine merkwürdige Regel: schlechte Filme werden besser behandelt als gute. Vor dem schlechten Film sitzt der Besucher fröhlich und duldsam, mit einem imaginären Zigarrenstummel im Mundwinkel; er teilt seine Aufmerksamkeit zwischen der Leinwand und seiner Begleiterin, und, eingehakt in diese, verläßt er nach Schluß der Vorstellung, einen fadenscheinigen Schlager auf den Lippen, angeregt das Kino, um den angebrochenen Abend anderswo zu beenden. Über den guten Film hingegen sitzt der Besucher im Parkettsessel zu Gericht. Er lacht nur, wenn es unbedingt sein muß; er mißbilligt es, wenn die Nachbarin ins Taschentuch schluchzt – er mißt mit Jahrhundertmaßstäben. Auf der Leinwand erscheint der Angeklagte, um den Besten seiner Zeit genug zu tun, und wehe, wenn er den Weltrekord um ein Bruchteilchen unterbietet. Es ist, als schimpfte jemand vom Funkturm herunter, daß man da oben so bitter niedrig stände – nur weil der Eiffelturm noch höher ist.

Aber dies Auf- und Abschweben der Maßstäbe ist nicht der einzige Grund für das, wovon hier die Rede sein soll. Nämlich dafür, daß die gebildeten Leute, wenn sie aus einem neuen Chaplinfilm, Lubitschfilm, Russenfilm kommen, den Mund verziehen und sagen: »Ach, das kennt man ja nun schon! Immer dasselbe.« Sie sagen das immer dann, wenn sich die seltene Gelegenheit bietet, so etwas wie einen Stil in der jungen Filmkunst zu konstatieren.

Dies berührt sehr merkwürdig, wenn man bedenkt, daß bei der Bewertung andrer Kunstwerke vor allem auf die Stileinheit geachtet wird. Was man an Rubens, Beethoven, Knut Hamsun so schätzt, ist die hervorstechende Eigenart, die Geschlossenheit des Oeuvres, die das Besondre jedes Einzelwerks stark überdeckt. Vergleicht man zwei Michelangelos, eine Madonna und einen Mediziäer, so wird man die Ähnlichkeit der Form auffälliger finden als die Verschiedenheit des Gegenstandes. Geht einer ins Konzert, um eine ihm noch unbekannte Beethoven-Sinfonie zu hören, so wird er nichts erwarten als ein neues Beispiel einer ihm eng vertrauten Musikform. Geht er aber ins Kino zu einem neuen Chaplinfilm und findet er dort Chaplin, so ist er enttäuscht.

Nun darf man allerdings beim Film eine gewisse Einförmigkeit der Machart, die sich einfach aus den Materialbedingungen dieser Kunsttechnik herleitet, nicht mit schöpferischem Stil verwechseln. In allen, auch in schlechten Filmen, findet man eine gewisse Art, eine Szene aus Total- und Großaufnahmen zusammenzusetzen, eine Liedstrophe durch Bildwandel aufzulockern, einen Schoßhund oder ein Telephon als episodisches Handlungsmotiv zu verwenden. Das geschieht, weil es bequem und praktisch ist. Es sind gängige Dolmetschermethoden für die Übersetzung von Wirklichkeit in Film. Aber diese Formmittel sind so blaß, inkonsequent und oberflächlich verwendet, daß sie keinen Stil ergeben. Nur ganz wenigen Filmkünstlern ist es bisher gelungen, die Gestaltungsmöglichkeiten, die der Film bietet, zu einer eignen »Palette« zu verdichten. Nur dort finden wir, was der einzige Sinn jedes Kunstwerks ist: die Welt von einem bestimmten Gesichtswinkel aus gedeutet, gesichtet, vorgestellt.

Warum nun erregt das Ärgernis statt Freude? Nun eben, weil eine so stark und durchgängig formbetonte Arbeit in der Filmkunst noch etwas sensationell Seltenes, etwas ganz aus dem Rahmen Fallendes ist. In den übrigen Künsten pflegen auch schlechte und mittlere Werke bestimmten Formgruppen anzugehören. Man kann sie danach sortieren. »Eine mißverstandene Kokoschka-Landschaft mit Picasso-Figuren.« – »Ein versüßter Chopin mit Richard-Strauß-Orchester.« Die schlechten Werke sind blasse Abzüge, Promenadenmischungen der guten. Nicht so beim Film, teils weil er noch fast ganz ohne Formtradition, teils weil er eine so naturnahe Kunsttechnik ist. Eine Zeichnung, eine literarische Beschreibung oder gar ein Musikstück muß schon deshalb viel mehr Form zeigen, weil die Arbeit vom Material, nicht vom Gegenstand her ihren Ausgang nimmt. Die Photographie eines Hauses wird zumeist nicht viel mehr bieten als eben das Gegenständliche; wer aber ein Haus zeichnen will, hat ein leeres Papier und einen Bleistift vor sich und muß das Haus mit Formmitteln, die er zu wählen hat, schaffen. Deshalb sind die meisten Durchschnittsfilme nichts als dürftig erzählte Geschichten, bei denen sich das Formale auf die geläufigen Handwerkskniffe beschränkt. Und deshalb heben sich die stilbetonten Filme so verdächtig, so penetrant heraus; als etwas der Art nach, nicht nur dem Grade nach Andres. Und man hält leicht für manieriert, was doch eine natürliche und notwendige Eigenart jedes Kunstwerks ist!

Grade in letzter Zeit haben wir übrigens auch manchmal typische Epigonenfilme gesehen. Und diese zeigen nun deutlich den Unterschied zwischen Manier und Stil. Die Stilmittel der Großen, die der Epigone übernimmt, wirken in seiner Arbeit oberflächlich und als Fremdkörper. So etwa in *Wer nimmt die Liebe ernst?* das Chaplinhütchen auf dem Kopf des ganz unchaplinhaften Schauspielers Max Hansen und einige streng stilisierte, fast choreographische Groteskszenen in diesem sonst naturalistischen Film. In *Der Kongreß tanzt* ist das Spalier der singenden Menschen von Lubitsch übernommen und derart ausgespielt, daß es seine Wirkung verliert. Hingegen finden wir im *Braven Sünder* ein Motiv, das aus Feyders *Neuen Herren* und letztlich aus der Traumszene in Chaplins *Kid* stammt: die fliegenden Engel. Jedoch steckt dieser Einfall in Kortners Film so organisch, er folgt so natürlich und richtig aus der Situation und paßt so in die »Palette«, daß man hier nicht von manieristischer Nachahmung sprechen kann. Es läßt sich also auch im Film notwendige Form von bloß entlehnter Form gut unterscheiden.

Deshalb muß gefordert werden, daß man bei den wenigen wirklich formschaffenden Filmkünstlern, die wir haben, nicht für Monotonie halte, was Stil ist, nicht für Manier, was Eigenart ist. Auch bei Chaplin, auch bei den Russen gibt es gelegentlich leere Wiederholungen. In einer jungen Kunst schläft Homer häufiger als in einer alten. Aber man halte sich nicht an solche Ausnahmen. Man sehe die Monotonie dort, wo sie wirklich ist: in der physiognomielos, stillos heruntergedrehten Durchschnittsware der Vergnügungsindustrie.

2. Der Tod im Film (1932)

In einer Welt, die wie eine gute Maschine funktionierte, gäbe es kein Drama, sondern nur eine Kunst der Reigentänze und der Hymnen an die Freude. Das Drama schildert die Versuche des Menschen, seine Wünsche und seine Rechtsvorstellungen miteinander, mit den Mitmenschen, mit den Verhältnissen der Umwelt in Einklang zu bringen. Kommt dieser Einklang zustande, so ergibt sich als Triumph des Guten das happy end oder, als naivste Form des Dramas, die Bestrafung des Bösewichts durch den Tod. Die höhere, weil wahrere und daher unbefriedigendere Form des Dramas zeigt das Scheitern des Menschen am Konflikt. Dies Scheitern wird im Drama verkörpert durch den denkbar gründlichsten Resignationsakt: den Selbstmord, durch die härteste Desavouierung: das Getötetwerden. Handlung ist der sinnliche Ausdruck inneren Geschehens, und so ist der Tod die sinnliche Chiffre für das Aufgeben der Partie, die nicht zu gewinnen ist. Filmbeispiele: Im *Rächer des Tong* wird der Mann, der seine Frau ins Freudenhaus verschleppt, mit der Axt bestraft; in *Mata Hari* siegt die todbringende Unklugheit der liebenden Frau über die Berufsunklugheit der Spionin; im *Träumenden Mund* zerreißt eine Frau an der Spannung ihrer Liebe zu zwei Männern. Der Kampf wird breit zum Höhepunkt geführt, den Tod bringt eine kurze Szene.

Der Tod ist Lösung, er kann auch Schürzung sein. Im Kriminalroman liegt die Leiche zumeist nicht im fünften, sondern im ersten Akt. Der Getötete ist der denkbar krasseste Fall von Unordnung in einer auf Ordnung erpichten Menschengemeinschaft. Die Ordnung wiederherzustellen, ist dann die dramatische Aufgabe. Ähnlich bringt im *Mann, den sein Gewissen trieb,* der Kriegsgefallene Unruhe in die Gemeinschaft, Spannungen zwischen den Mörder und die Hinterbliebenen.

Sei die Funktion des Todes welche sie wolle, er ist nichts anderes als die sinnliche Quittung für den Gegenstand oder die Lösung einer geistigen Aufgabe. Er ist zumeist nicht Selbstzweck, und nicht auf das physiologische Faktum kommt es an. Wenn Karl Moor sich in die Hände der Gerechtigkeit begibt, so ist auch das Tod genug, und wenn Charlie Chaplin enttäuscht durch die Landschaft watschelt und am Horizont verschwindet, so ist das die dezenteste Form des Selbstmordes. Der Tod ist das erschreckendste und aufwühlendste Erlebnis, und da das moralische Grundgesetz der Kunst gebietet, nur dort Gefühle zu erregen, wo sie die Einsicht fördern, heißt es mit dem Tod, dem heftigsten Gemütserreger, vorsichtig umgehen! Die Literatur, die unsinnlichste, mittelbarste Darstellungsform hat es da am leichtesten; in der Malerei wird die Frage dringlich, wenn Grünewald einen verwesten Gekreuzigten, Holbein mit ärztlicher Sachlichkeit einen aus dem Rhein gezogenen Ertrunkenen als toten Christus malt. Auf der Bühne stellt der Naturalismus starke Anforderungen an den Geschmack der Regisseure und Darsteller: die klinisch getreuen Todesdarstellungen eines Werner Krauß mit Blutandrang, Augenrollen und Atemnot (*Dorothea Angermann, Vor Sonnenuntergang*) sind gerade wegen ihrer unüberbietbaren Naturtreue anstößig, wenn schon konsequent. Sie sind bezeichnend für ein Theater, das aus Mangel an Zweck die Mittel übersteigert.

Anderseits kommt uns das Lachen, wenn ein Schauspieler nach guter alter Manier den Dolch in die Achselhöhle stößt und malerisch auf die Bretter plumpst, denn unser Blick ist geschärft in der hohen Schule des Sehens: durch den Film. Im Film überspitzt sich die Frage nach der Darstellung des Todes aus zwei Gründen. Er ist die naturnahste und er ist die dem Publikum ergebenste Kunst. Im Film ist das Sichtbare nicht wie auf dem Theater bloße Augenergänzung des Gesprochenen, sondern Selbstzweck. Der Film belehrt das Auge über die Wirklichkeit. Der Kulturfilm, die Reportage dienen ganz diesem Zweck – und ebenso mit künstlerischen Mitteln wie der Spielfilm. So hat auch der Spielfilm die Aufgabe, das optische Milieu, das ihm einerseits nur zur Verleiblichung der »inneren Handlung« dient, anderseits zugleich abzutasten, ausführlich abzubilden. Und so scheint es geradezu seine Pflicht, in der Darstellung des Todes den Werner Krauß noch zu übertreffen, das Röcheln und Augenverdrehen mit derselben Genauigkeit aufzuzeichnen wie Tisch und Stuhl, Gespräch und Kampf.

Und da ist zweitens das Publikum, das zur Kunst geht, nicht um weiser zu werden, sondern um sich zu erregen, um ins Schwitzbad der Gefühle zu tauchen. Während der Dramatiker die Lösung andeutet, um der ihm wesentlichen Ausspinnung des Konflikts einen Abschluß zu geben, nimmt umgekehrt das Publikum die Spannung als Vorlust auf die Lösung in Kauf; es betreibt den Kunstgenuß als Ausschweifung, denn Ausschweifung ist Erregung ohne Funktion. Und da der Film an ein viel breiteres Publikum viel enger gebunden ist als das Theater, werden im Film die Erregungskulminationen zum Selbstzweck. Sie werden genießerisch ausgekostet. Die Umarmungen der Liebesleute zeigt man sinnlos nah und lange, bei Lubitsch sonnte sich das alte Elternpaar auf dem Sofa minutenlang im Glück der Kinder, Verfolgungen und Kämpfe werden gedehnt, der Sterbende verhaucht in Großaufnahme und unter Zeitlupe sein Leben. Amerika vor allem, das kindliche Geschmacklosigkeit genug hat, um neben den anderen Trieben auch Grausamkeit und Blutgier aufzustacheln, liebt quälende Todesszenen, wie den Schluß des *Champ*: dickes Blut sickert anschaulich und hartnäckig aus der Schläfe des sterbenden Vaters, endlos jammert das Kind. Sehr naturgetreu, sehr filmisch und sehr widerwärtig.

Dennoch wird heute schon im Film, zumal im deutschen, bedeutend seltener und geschickter gestorben als früher. Vom Manuskript her Todesszenen geschickt umgehen, ist der eine Ausweg. Doch den klassisch stilisierten Tod verträgt der Naturalismus des Films nicht. Oder man gibt den Tod zwar, jedoch in jener Technik des indirekten Sterbens, für die wir jetzt schon viele gute Beispiele kennen. Im *Träumenden Mund* geht die Frau ins Wasser; man sieht, wie sie den Abschiedsbrief schreibt, man sieht die dunkle Brücke, hört das Gespräch der Augenzeugen mit dem Polizisten, aber man sieht den Tod nicht. In *Susan Lennox* hört man den Aufschrei eines zu Tode getroffenen Hundes, sieht aber nur den Schützen. Während der Schluß der *Hölzernen Kreuze* mit voller Berechtigung eine quälend ausgespielte Sterbeszene bringt. Denn hier ist der Tod nicht nur dramatisches Veranschaulichungsmittel, sondern er selbst, seine Qualen, sein Widersinn bilden den eigentlichen Gegenstand des Films. Ein – wenn man das Wort hier durchgehen lassen will – Kulturfilm über das Thema Tod.

3. Wo fängt die Kunst an? (1933)

Es gehörte lange zur Würde der Kunst, daß sie zu nichts nutze sein dürfe. Während sich die übrigen Menschen mit nützlichen Dingen beschäftigten, sollte der Künstler ein heiteres Spiel mit der Muse treiben, die man sich als eine etwas leichtlebige Dame, ebenfalls ungeübt in allen praktischen Geschäften, vorzustellen liebte. Unterhaltung und Zerstreuung für die Freistunden sollte der Künstler vermitteln, Freude am »Schönen« (wie man das Angenehme gern nannte), dem Vergnügen der Einwohner gewidmet.

Erstaunlich eigentlich, daß man bei solchen Anschauungen den Film nicht mit offenen Armen als die Kunst par excellence empfing. Mit hemmungsloser Ausschließlichkeit diente er der Unterhaltung und Zerstreuung, in der Schönheitskonkurrenz besiegte er alle älteren Künste, und seine Muse war so leichtgeschürzt wie nur irgend wünschenswert. Trotzdem kam der Film nur langsam zu Ehren, und auch dann blieb es um seine künstlerische Bewertung seltsam bestellt. Die einen wollten ihn nur als Lehrer gelten lassen, und zwar in dem engen Sinne, daß er kleine Lektionen in Geographie und Zoologie zu erteilen habe. Den Kulturfilm meinten die Regierungsstellen, wenn sie lobend vom Film sprachen. Den Spielfilm schnitt man – in jedem Sinne des Wortes. Erst in den letzten Wochen hatten die Filmschaffenden zum erstenmal die Genugtuung, aus offiziellem Munde eine herzliche Würdigung des Spielfilms zu hören.

Sogar in den Kreisen der eigentlichen Filmfreunde trennte man den Kulturfilm gern von der Filmkunst ab. Man schätzte seine Belehrungen, gewiß, aber Filmkunst – das war eben Spielfilm. Und nur gelegentlich erinnerten Filme wie *Regen, Die Brücke, Zuidersee* von Ivens oder die dokumentarischen Filme von Walter Ruttmann, der eben jetzt für die italienische Cines einen Film in den Stahlwerken von Terni gedreht hat, an die Verbindungen, die zwischen Kulturfilm und Kunstfilm bestanden. Man sah Verbindungen, aber man spürte nicht, daß die Trennung auch grundsätzlich unhaltbar war. Denn auch bei den Filmfreunden spukte die Meinung, daß Kunst unnütz zu sein habe, daß es auf die »Schönheit«, nicht den Inhalt ankomme – und das fand seinen schärfsten Ausdruck in manchen von Formspielereien überwucherten, inhaltlich gänzlich zerfallenen Avantgarde-Filmen.

Beim Film wurde die Frage nach den Grenzen der Kunst besonders brennend, weil er ja auch »rein sachliche« Abbildungsarbeit leisten konnte. Ähnliche beunruhigende Grenzverwischungen kannte man aus der Literatur, wo man gern zwischen Kunstsprache und bloßer Mitteilungssprache schied und dennoch nicht leugen konnte, daß gelegentlich ein Mediziner oder Jurist so anschaulich, prägnant und formschön wie ein Dichter dozierte und mancher Dichter so trocken und unbeholfen wie ein Mediziner oder Jurist. Sieht man genau zu, so verlangt schon die einfachste photographische Abbildung den Aufwand derselben Kunstmittel wie eine Spielfilmszene. Es gilt, die richtige Auswahl zu treffen, die bezeichnendste Einstellung zu finden, die Beleuchtung so einzurichten, daß sie die Formen charakteristisch hervortreten läßt. Man kann kein Fabrikgebäude, kein Auto abbilden, ohne daß die Sehweise und das Formgefühl des Abbildenden mit auf die Platte kommen. Soll man solche Individualität zugunsten »objektiver« Abbildung zurückdrängen? Die Erfahrung zeigt, daß die »objektiven«, streng systematischen und gründlichen Kulturfilmwerke nicht nur ihr Thema, sondern zugleich ihr Publikum erschöpften, weil sie nicht durch eigenartige, frische Formgebung zu packen wußten und weil, wer lehren will, erst fesseln muß. Sollte die Ästhetik einfach die Lehre von der besten Wirkung sein?

»Sie wollen euch glauben machen, die schönen Künste seien entstanden aus dem Hang, den wir haben sollen, die Dinge rings um uns zu verschönern«, schreibt der junge Goethe. Und: »Die Kunst ist lange bildend, eh sie schön ist.« Und schließlich: »Diese charakteristische Kunst ist nun die einzige wahre.« Das ist ein kühner, aktueller Schönheitsbegriff, wohl geeignet, auch auf die natürliche Einheit von Kulturfilm und Kunstfilm hinzudeuten. Wir erleben heute eine kräftige Politisierung des Films, den Versuch, den Inhalten des Spielfilms zuleibe zu rücken. Mit heilsamen Worten geißelt man die Heuchelei, als sei tendenzlose Kunst möglich. Besonders tendenziös, so hören wir, sei diejenige Kunst, die neutral zu sein behaupte, und Gesinnungslosigkeit sei auch eine Gesinnung. Unverbindlich über den Dingen schwebend, aktuelle Themen meidend oder ins Belanglose abbiegend, voll verlogener Schwärmerei und Schönfärberei war im Durchschnitt unser Spielfilm, und da konnte er wohl seine Verwandtschaft zum dokumentarischen Kulturfilm, bei dem alles auf ehrliche, präzise Behandlung eines Stückes Wirklichkeit ankommt, nicht leicht entdecken!

Dieselben Künstler, dieselben Unternehmer haben häufig in ihren Kulturfilmen mit fanatischer Wahrheitstreue, in ihren Spielfilmen mit irreführender Illusionistik gearbeitet. Erkennt man die Unhaltbarkeit dieser Abgrenzungen, erkennt man, daß Bildendes schön, Schönes bildend sein müsse, so wird der Kulturfilm nicht mehr nur in dem oberflächlichen Sinne des Wortes »Kultur« Wissenswertes aus aller Welt als Kuriosität darbieten, sondern dann wird er darauf kommen, daß es Wesen auf der Welt gibt, deren Lebensbedingungen uns noch stärker interessieren als die der Seegurke und des Einsiedlerkrebses, wenn man sie uns nur ebenso naturwahr schildert! Und ist der Spielfilm inzwischen so weit gekommen, daß er unsere wesentlichen Lebensfragen ohne Furcht angreift, so wird die dumme Unterscheidung von Belehrung und Ergötzung von selbst wegfallen zugunsten einer einheitlichen, ehrlichen, mit künstlerischen Mitteln messerscharf zeichnenden Filmarbeit.

»Diese charakteristische Kunst ist nun die einzige wahre.«

4. Stil

Wie in den übrigen Künsten wird man auch beim Film zwischen dem persönlichen Stil eines einzelnen Künstlers und ganzen Stil-Epochen zu unterscheiden haben. Daß innerhalb der zwei Jahrzehnte Filmkunst, die hinter uns liegen, noch nicht viele echte Stilformen zu verzeichnen sind, wird niemanden wundern. Immerhin heben sich schon mindestens zwei große, festumrissene Stil-Epochen heraus, die des amerikanischen Groteskfilms und die des durch den Russenfilm am reinsten verkörperten Naturalismus.

Der Groteskfilm ist ein reiner Frühstil insofern, als er die Gestaltungsmittel der Kamera noch kaum verwendet: weder die Beleuchtung noch der Bildausschnitt, weder die Großaufnahme noch die Montage, weder die Flächigkeit des Bildes noch die Bewegung der Kamera werden im heutigen Sinne als bewußte Kunstmittel verwendet, sondern die Kamera dient fast ausschließlich als neutraler Konservierungsapparat, und es ist eigentlich nur eine einzige Eigenart des Films, die den Charakter dieses Stils stark beeinflußt, das ist der Wegfall des Akustischen. Wir haben es mit der Übertragung einer theaterhaften Varieté- und Akrobatenkunst zu tun, deren Betätigungsfeld sich im Film erweitert, aber nicht prinzipiell ändert dadurch, daß ihr nun das ganze Requisitarium der Wirklichkeit, Wolkenkratzer und D-Zug, Straße und Ozeandampfer zum Turngerät dienen kann, die aber unter dem Zwang der Stummheit einen echt pantomimischen Stil, einen ganz neuen Typ des optischen Witzes entwickelt. Und der Charakter des Unwirklichen, dessen solche Darbietungen bedürfen, um nicht sinnlos zu wirken, wird aufs beste gefördert dadurch, daß man den gewaltigsten Schuß, den plumpsten Keulenschlag auf den Kopf des Gegners, den heftigsten Sturz vom Dach nicht hört, und daher die Vorgänge die Schwere und Härte der Materie verlieren. So wird das schattenhafte Lichtbild der menschlichen Figur noch radikaler den irdischen Maßstäben entzogen.

Der Groteskfilm hat, wie es in der Kunstgeschichte oft vorkommt, aus den »Mängeln« einer unentwickelten Technik einen großen, man möchte sagen, archaischen Stil entwickelt. In dem Maß aber, wie diese Technik sich vervollkommnet, rückt der Film der Wirklichkeit energischer auf den Leib, bildet er die Oberflächen scharf ab, arbeitet er mit Hilfe der Beleuchtung das Körperliche der Dinge stark heraus. Die Großaufnahme entdeckt die Welt der kleinen Dinge und der Einzelheiten – kurz, der Film sieht sich gereizt, seine Gestaltungen auf der getreuen Abbildung des Irdischen aufzubauen. Daraus ergibt sich von selber die Forderung nach naturalistischer Handlung und naturalistischem Schauspielerstil. So entsteht der naturalistische Film, der heute die Welt beherrscht, der aber allerdings die Ausprägung eines echten Stils nur bei den Russen (und vielleicht bei Stroheim) gefunden hat, weil nämlich die Eigenarten der Technik und des Darstellungs-materials erst auf einen künstlerischen Geist verwandten Charakters stoßen müssen, wenn ein Stil sich ausbilden soll.

Neben diesen beiden deutlichen Stilen sehen wir in Umrissen einen drit-ten, der sich aus den besonderen Bedingungen des Tonfilms zu entwickeln scheint. Während einerseits das Hinzukommen von Naturgeräusch und Spra-che den Film noch fester an die Erde gebunden hat und so einen Naturalis-mus fortentwickelt, der sich im Farbenfilm und stereoskopischen Film voll-enden wird, trägt andrerseits die Musik dazu bei, die Dinge vom Boden zu lösen, die Gebärden des Filmschauspielers tänzerisch zu machen und so einen Stil musikalischer Pantomime heraufzuführen, der heute in der Durch-schnittsproduktion als »Operette« erst eine sehr kümmerliche Form gefun-den hat, bei Einzelbegabungen wie Clair und Lubitsch aber sich schon viel deutlicher realisiert.

Erwähnen wir schließlich noch den Zeichentrickfilm, der zum Groteskstil gehört und vielleicht dessen reinste Form darstellt, so haben wir die echten Filmstile, die bisher aufgetreten sind, wohl alle aufgeführt. Mit ihnen nicht zu verwechseln sind Filmtypen, deren Eigenart nur in der Wahl eines be-sonderen Stoffgebietes besteht, wie zum Beispiel der historische Film, der Kriminalfilm, der Problemfilm, der Märchenfilm oder die Filme des Grau-ens; und auch nicht jene Filmtypen, in denen nur eine bestimmte, mehr oder weniger äußerliche Manier verwirklicht ist wie im expressionistischen Film. Auch der »stilisierte Film« gehört nicht hierher, denn ein Film kann Stil haben, ohne stilisiert zu sein.

Als beste Beispiele für den persönlichen Stil von Regisseuren nennen wir die Arbeiten von Chaplin, Keaton, Stroheim, Eisenstein, Clair und Pudow-kin. Es gibt brauchbare Regisseure, denen aber ein Stil durchaus fehlt, wie etwa Pabst und Dupont, und es gibt Manieristen wie Fritz Lang. Auch beim Schauspieler unterscheiden wir deutlich den starken persönlichen Stil einer Greta Garbo von der bloßen Manier einer Marlene Dietrich – zu schwei-gen von jener großen Überzahl von Künstlern, denen, mag ihr Spiel noch so naturgetreu, rührend oder lustig sein, doch die Eigenart der Form fehlt, ohne die kein Stil möglich ist. Was aber keinen Stil hat, wird nie große Kunst sein können.

5. Epischer und dramatischer Film[1] (1934)

Für die Auswahl der im Spielfilm zu erzählenden Stoffe und für die Form, in der man sie vorträgt, wird man die Eigenarten der Kunstform Film zu berücksichtigen haben, und zwar vor allem die folgenden drei: der Film ist, auch noch als Tonfilm, eine optische Kunst, die den Augen erzählt; die Bilder, mit denen er erzählt, sind mechanisch-photographisch gewonnen, können also den Charakter dokumentarischer Naturtreue tragen und lassen sich ohne Mühe derart aneinander reihen, daß die allerverschiedensten Schauplätze unmittelbar hintereinander gezeigt werden können; die Erzählung der Handlung soll im Durchschnitt nicht länger als eine und eine viertel Stunde dauern.

Als außerordentlich aufschlußreich erweist es sich, auf die Filmerzählung zwei Begriffe anzuwenden, die von jeher für die Literatur-Theorie von großem Nutzen gewesen sind. In einem Aufsatz »Über epische und dramatische Dichtung« vom Jahre 1797 sagt Goethe: »Das epische Gedicht stellt vorzüglich den außer sich wirkenden Menschen vor: Schlachten, Reisen, jede Art von Unternehmung, die eine gewisse sinnliche Breite erfordert; die Tragödie der nach innen geführten Menschen, und die Handlungen der echten Tragödie bedürfen daher nur wenigen Raums.« Für Goethe war dieser Gegensatz noch identisch mit dem einer auf der Bühne dargestellten (dramatischen) und der vom Dichter in Gedicht oder Romanform erzählten (epischen) Handlung. Denn der Charakter breiter Schilderung, der dem Epos eigen ist, die ausführliche Beschreibung verschiedenartiger Schauplätze und großer äußerer Handlungen, kann in der Tat auf der Bühne, die sich mit einer spärlichen, künstlichen Andeutung des Milieus begnügen muß, immer nur einen engen Raum darstellt und in Ortswechseln schwerfällig ist, nicht sein Recht bekommen. Von dem Film hingegen kann man sagen, daß er das Epos auf die Bühne getragen hat, und da dieses sogar eine seiner bezeichnendsten Eigenarten ist, scheint die Einführung der Begriffe von »epischem« und »dramatischem« Film so wichtig.

Die beiden Gattungen, auf die wir so zu sprechen kommen, sind daher nicht dadurch gekennzeichnet, daß die eine sich nur »nach außen«, die andre »nach innen« wendet. Der dramatische Film vielmehr stellt sich ein bestimmtes Problem zur Lösung, zeigt zunächst die »Schürzung des Knotens«, d. h.

---

[1] Der Text folgt dem nicht publizierten deutschen Originalmanuskript für die geplante ›Enciclopedia del Cinema‹ und wurde nach der ersten publizierten Fassung (Epic and dramatic film, in: ›Film Culture‹ [New York], Nr. 11, 1957) durchgesehen. Das Originalmanuskript trägt den Titel: »Erzählung (Epischer und dramatischer Film)«.

gibt die Problemstellung, behandelt dann den Konflikt, in den dadurch die beteiligten Menschen gestürzt werden, ihre Versuche, eine Lösung zu finden, und schließlich diese Lösung selbst, die zumeist darin besteht, daß der Mensch an der Unlösbarkeit des Problems scheitert. Wie das Bühnendrama also hat der dramatische Film dynamischen Charakter: er gibt eine von Stufe zu Stufe fortschreitende Handlung, er besitzt als eine seiner charakteristischsten Wirkungen »Spannung«, und er konzentriert und beschränkt die Darstellung rigoros auf das, was der Motivierung und dem Fortgang dieser Handlung dient. Zu breiter Schilderung hat er keine Zeit. Schildert er ein Milieu, so tut er es nur insoweit, als dies zum Verständnis der Handlungen des Helden notwendig ist, er beschneidet nach Möglichkeit alle Vor- und Nachgeschichte und alle Nebenhandlungen und befaßt sich einzig mit der Darstellung des zentralen Konfliktes.

Der epische Film hingegen behandelt weder ein Problem noch gibt er eine Lösung. Auch ihm können, wie dem dramatischen Film, die großen Unstimmigkeiten des Lebens, die das Leid der Menschen verursachen, zum Thema dienen, aber er zeigt sie nur in ihren Auswirkungen, begnügt sich mit der Schilderung. Um ein Beispiel zu geben: der Film *Dr. Jekyll und Mr. Hyde* stellt ein Problem. Er zeigt, in welch schweren Konflikt mit seiner Umwelt ein Mensch gerät, dessen gute und schlechte Charakteranlagen sich in zwei voneinander unabhängigen Persönlichkeiten gruppieren. Das Problem wird gestellt, »spannend« entwickelt, und am Schluß liegt der Held tot, von seiner Umwelt getötet, am Boden – als ein Symbol dafür, daß das Problem nicht zu lösen war.[2] In dem Film *Don Quixote* hingegen sehen wir einen von den Ideen menschlicher Vollkommenheit, Edelkeit und Schönheit erfüllten Mann in den Zusammenstößen mit seiner Umwelt. Aber das Problem wird weder entwickelt noch gelöst, sondern der eine, immer gleiche Konflikt wird an immer neuen Beispielen geschildert, ohne daß es mit der Lösung irgendwie »vorwärtsginge«, und der Schluß ist mehr ein zufälliges Aufhören als eine Lösung. Ist also der dramatische Film dynamisch, so ist der epische statisch. Beschränkt sich der dramatische Film darauf, das zu erzählen, was seine Handlung weiterführt, so ist der epische auf breite Schilderung gestellt.

Man versteht die Wichtigkeit einer solchen Unterscheidung für die Filmdramaturgie. Der Film mit seiner Fähigkeit, ein Stück Welt in aller Genauigkeit zu beschreiben, es nach allen Richtungen, ohne die Hemmnisse der Theaterbühne, zu überfliegen und zu durchstreifen, sieht sich zunächst einmal auf Schilderung hingewiesen: also auf epische Aufgaben. Es gibt kein dokumentarisches Theater, aber es gibt einen dokumentarischen Film, und dokumentarische Filme sind durchaus epischer Natur. Andrerseits hat der

[2] Siehe auch »Der Tod im Film«, hier S. 135–137.

Film, genau wie das Theater, die Möglichkeit, eine sich entwickelnde Handlung spannend zu erzählen. Wir werden aber finden, daß der dramatische Film, verglichen mit dem Bühnendrama, fast immer einen deskriptiv-epischen Einschlag hat. Selbst die, die sich aufs Strengste auf einen engen Raum, wenige Figuren und ein Minimum an äußerer Handlung beschränken, die sogenannten »Kammerspiele«, haben im Vergleich zum Bühnenstück immer noch einen Schilderungscharakter, weil die Filmkamera mit einem einzigen Rundblick oder Rundgang eine solche Fülle von Eigenarten und Einzelheiten des Milieus erfaßt, wie sie einem Theaterpublikum nicht zu bieten sind.

Der Film schildert, aber er schildert schnell. Er springt von einem Schauplatz zum andern, von der eine Einzelheit herausgreifenden Nahbetrachtung zum großen Gesamtbild und zeigt so im Augenblick hundert Dinge, zu deren Schilderung der epische Dichter vieler Seiten bedürfte. Dies ist auch der Grund dafür, daß der Film einen epischen Stoff in einer Stunde bewältigt.

Charakteristisch für die epische Darstellungsweise und damit für den epischen Film ist im allgemeinen, daß er einzelne Episoden kettenartig koordiniert. Gerade diese Kettenform betont den Charakter des Statischen. Sowohl Odysseus wie Don Quixote erleben eine Serie von Abenteuern. Dabei ist die Mittelpunktsfigur entweder ein bloßer Vorwand, um eine Reihe von Schilderungen auf einen gemeinsamen Nenner zu bringen, oder aber diese Zentralfigur erscheint als ein sehr ausgeprägter Charaktertyp, dessen Konflikte mit der Umwelt an immer neuen Beispielen gezeigt werden. Sind wir soweit gekommen, so werden uns die Filme Chaplins und Keatons als Prototypen epischer Filmform verständlich. Man hat ihnen oft vorgeworfen, sie hätten keinen Aufbau, seien aus Einzelepisoden zusammengestückelt – und in der Tat ist dies in einigen Fällen ein berechtigter Einwand (denn auch ein Epos braucht Einheit und Aufbau). Die Episodenform als solche aber, die sich hier zeigt, ist nichts als die konsequente Anwendung des uralten epischen Erzählungsprinzips. Wir sehen die Zusammenstöße eines Menschentyps mit seiner Umwelt. Aber das Problem wird nicht gelöst. Episoden von gleicher dramaturgischer Funktion stehen, bis zu einem gewissen Grade miteinander vertauschbar, nebeneinander, und die berühmten Schlüsse dieser Filme (Chaplin verschwindet, ohne das schöne Mädchen geheiratet zu haben, im Hintergrund) sind nicht nur ein Ausdruck von Resignation und Verzicht, sondern zunächst einmal der Ausdruck des epischen Prinzips, daß es nicht um Handlung, Veränderung und Lösung, sondern um Schilderung eines unveränderlichen So-Seins geht.

Man hat oft mit Glück das Experiment gemacht, drei kurze Chaplin-Filme zu einem »abendfüllenden« Film zusammenzusetzen. Es ergab sich eine durchaus befriedigende Wirkung. Das Glücken eines solchen Experiments wäre für dramatische Filme ein niederschmetterndes Zeugnis. Der epische Film hingegen kommt seinem Wesen nach einer solchen Reihenbildung entgegen.

Viele Versuche hat man gemacht, die Einengung des einen kurzen Kinoabends zu überspringen und zu größeren epischen Formen zu gelangen. Die Serien der Chaplin-, Buster Keaton- oder Micky Maus-Filme sind eine Art großer Epen, die, weil sie Reihenform haben, dem Zuschauer ohne weiteres in wöchentlichen Fortsetzungen dargeboten werden können. Von dieser elementarsten Reihenform weichen gewisse Typen von Filmserien ab, die etwa die Erlebnisse eines Abenteurers in mehreren Filmen fortsetzungsweise erzählen. Solche Serien waren vor allem in früherer Zeit äußerst beliebt. Ein Dieb etwa wurde in Etappen um die ganze Erde verfolgt, und das Publikum fieberte nach der Fortsetzung des Films genauso wie nach der des Romans im Wochenblatt.

Eine besondere Spezies des epischen Films bildet die filmische Biographie. Die Zentralfigur wandert hier nicht durch den Raum wie Odysseus, sondern durch die Zeit. Man sieht, wie sich ein Mensch gegen die an ihn herantretenden Beanspruchungen behauptet, wie er trotz der Veränderungen, die er selbst im Ablaufe der Zeit erleidet, der gleiche bleibt. Die Auseinandersetzung eines Menschen mit der Zeit pflegt nur äußerlich dynamischen Charakter, d. h. einen Zeitsektor, zu haben. Ihrem Wesen nach pflegt sie epischen, statischen Charakters zu sein. So ist die Biographie eine ebenso charakteristisch filmische Ausdrucksform wie der Generationsfilm, ein Genre, das mit *Cavalcade* so zukunftsreich eröffnet wurde. So wie das einzelne Menschenleben, so hat auch die Generationenfolge epischen Charakter. Mit Bezug auf eine zentrale Figurengruppe entrollt sich die Schilderung verschiedenartiger Zeiten, Moden, Geschicke. Aber in allem Wechsel behauptet sich – statisches, höchst episches Motiv! – der Mensch in seinem immer gleichbleibenden Wesen.

6. Symbole (1934)

Von Symbolik spricht man, wenn ein Ding oder Vorgang durch ein andersartiges Ding, einen andersartigen Vorgang derart ersetzt wird, daß die Ersatzdarbietung Sinn und Wesen des dargestellten Objekts anschaulich macht. Der Sinn wird abgebildet, und darin liegt schon, daß die Symbolik zumeist einen abstrakten Tatbestand durch einen konkreteren ersetzt.

Es ist die Aufgabe jeder Weisheit, das Allgemeine und Gesetzliche in der Fülle des Besonderen, das uns die Welt bietet, zu erschauen. Die Werkzeuge der Weisheit sind Wissenschaft und Kunst. Während aber die Wissenschaft dieses Allgemeine in begrifflich abstrakter Form vorträgt, bleibt die Kunst gern in der Welt des Individuellen; ihre Formungs- und Erkenntnisarbeit besteht dann darin, Einzelfälle zu erfinden oder zu finden, die das Wesen des Irdischen oder einer irdischen Erscheinung besonders konzentriert und packend ausdrücken. Die Kunst beschreibt also gern – nicht ausschließlich allerdings – das den Sinnen Zugängliche, um auf solche mittelbare Weise das im Einzelfall wirkende Gesetz des Ganzen aufzuzeigen. Eine solche versinnlichende Darstellung nennen wir symbolisch. Jede Kunst bezieht ihre Darbietung auf ein oder mehrere bestimmte Sinnesgebiete, und so ist Filmsymbolik Umsetzung in Sichtbares und in zweiter Linie häufig auch – seit es den Tonfilm gibt – Umsetzung in Hörbares.

Ist die Beziehung zwischen Darstellung und Dargestelltem nicht unmittelbar ersichtlich, sondern nur durch Konvention künstlich hergestellt (wie bei Buchstaben, Morsezeichen, Flaggen), oder ist die anschauliche Beziehung durch häufige schematische Verwendung zum bloßen signalhaften Kennzeichen erstarrt, dann handelt es sich um Symbole im engeren Sinne (auch Allegorien genannt). So kennzeichnet der Totenkopf den Tod und der Löwe die Metro-Goldwyn-Mayer. Eine solche Zeichensprache ist jedoch für die künstlerische Gestaltung unbrauchbar, weil sie sich nur noch scheinbar an die Anschauung wendet, in Wirklichkeit aber mit abstrakten, formelhaften Gedächtnisassoziationen arbeitet.

Nur selten sind die künstlerischen Symbole als solche gekennzeichnet. Was sich als eine einfache Geschichte aus dem Leben gibt, ist in Wirklichkeit die Verkörperung einer Idee, und so wie jede gute Dramenhandlung überhaupt, läßt sich auch jede gute Filmhandlung auf ein abstraktes Ideenschema bringen. Sei es nun die Handlung als ganze oder ein einzelner Einfall – immer wird seine künstlerische Kraft davon abhängen, ob der Vorgang sich zugleich als wesentlicher Ausdruck einer allgemeinen Idee auffassen läßt, und gerade dies Hindurchleuchten des Allgemeinen und Elementaren ist es, was den tiefen, erschütternden Eindruck macht. Laurel und Hardy wirken auf den durchschnittlichen Zuschauer ebenso stark wie Chaplin, weil er im Chaplinfilm nichts als die Komik der äußeren Ereignisse erfaßt, während der tiefer Empfindende bei einem guten Chaplineinfall dem Weinen näher ist als dem Lachen. In *City Lights* schüttet das blinde Blumenmädchen, ohne es zu wissen, dem sie heimlich anschmachtenden Chaplin schmutziges Wasser ins Gesicht – über diesen originellen Einfall lachen bei jeder Vorstellung viele Leute, und es gibt andre, denen das Herz stillsteht bei diesem Abbild von unbewußter Roheit aus blindem Unverstand, von der Armseligkeit und Hilflosigkeit der Menschen, die so oft gerade dann nichts voneinander wissen, wenn sie einander nahe sind. Es kommt nicht darauf an, ob Chaplin selbst diese Blindheit und dies Wasser symbolisch gemeint hat. Sehr oft empfindet der Künstler (und der Zuschauer) etwas als stark, richtig und schön, ohne zu wissen weshalb.

Zumeist sind, wie gesagt, solche symbolischen Vorgänge zugleich Motive einer in der Wirklichkeit möglichen Handlung. Nur selten ist der symbolische Gehalt ihr einziger Sinn, so wenn in Abel Gances *Napoleon* über eine Revolutionsszene ein großes, durchsichtiges Bild der Freiheitskönigin kopiert ist oder wenn bei Eisenstein über weidenden Kühen die Vision eines himmelhohen Zuchtbullen auftaucht. So eine abstrakte Addition von Elementen, die der Künstler auch oft durch ein geeignetes Formmittel als gegenständlich nicht zusammengehörig kennzeichnet – etwa durch Aufeinanderkopieren – wirkt zumeist schwach. Wenn Lupu Pick und Carl Mayer in *Sylvester* das leidenschaftliche Erleben dreier Personen durch dazwischenmontierte Bilder eines sturmbewegten Meeres verdeutlichen, so ist das eine Metapher, die in der Literatur (man denke nur an die homerischen Gleichnisse) befriedigend sein könnte, weil der Dichter nicht die unmittelbare Anschauung gibt, mit der der Filmkünstler arbeitet. Im Filmbild finden sich die beiden Vergleichselemente nicht zur Einheit zusammen. Einzig in Legenden- oder Märchenfilmen – in Filmen also, die das »Wunderbare« zeigen dürfen – kann die rein symbolische Handlung zugleich genügend Wirklichkeit haben: das geistige Gleichnis konkretisiert sich hier zum leibhaftigen Zauber. So wenn bei Fritz Lang der *Müde Tod* die Lebenslichter auslöscht.

Zwei Grundtypen von symbolischer Darstellung können wir beim Film unterscheiden. In einem Fall liegt das Symbol schon im Vorgang begriffen, so in dem oben erwähnten Chaplinbeispiel oder wenn bei Stroheim ein ekelhafter, niedriger Mensch seinen Tod in der Latrine findet (in *Verrückte Weiber* wird die Leiche des Grafen Sergius von dem Mörder in das Kanalisationsrohr geworfen). In René Clairs *Vierzehntem Juli* flüchtet das Mädchen aus Schreck vor einem plötzlichen Donnerschlag in die Arme des Geliebten, dem sie noch zürnte, und am Schluß des gleichen Films stehen das Taxi des Helden und der Blumenwagen der Heldin, nachdem sie ineinandergerannt sind, wie aneinandergeschmiegt einsam im strömenden Regen – eine ironische Parallele zu dem happy end, das ihren Besitzern zur gleichen Zeit beschert wird.

Symbolische Wirkung entsteht aber auch durch die Art, wie ein Gegenstand von der Kamera aufgenommen wird, bzw. durch den Charakter der äußeren Gegenstandsformen. Die Ursymbole des Optischen, Helligkeit und Dunkel, Größe und Kleinheit, Harmonie und Disharmonie, Gleichgewicht und Schwerpunktsverschiebung, Ordnung und Unordnung, Geradheit und Schiefe etc. tun im Film kräftigste Wirkung. Das Böse und Traurige erscheint in Schwärze und Schatten, das Reine und Freudige erstrahlt im Lichte der Sonne oder der elektrischen Lampen; was klein, einsam und hilflos erscheinen soll, steht, aus großer Entfernung aufgenommen, winzig in einem sonst kahlen Bildfeld; das Ruhige und Harmonische hält sich in der Mitte des Bildes und bildet mit seinen Begrenzungslinien und Hauptachsen Parallelen zum Rechteck des Rahmens. Das Mächtige erscheint vorn und groß und verschluckt mittels perspektivischer Überschneidung das hinter ihm Liegende; und um zu einer Szene seligen Tanzes das ihrige hinzuzufügen, läßt die Kamera (wieder im *Vierzehnten Juli*) durch eine sanfte Aufwärtsbewegung den ganzen Saal samt Tänzern und Girlanden lautlos wie fallenden Schnee nach unten gleiten.

Symbolik ist Einkleidung eines Sinngehaltes in ein neues Anschauungsmotiv. Was Chaplin im *Goldrausch* mit zwei Gabeln und zwei Brötchen aufführt, ist kein Symbol des Tanzes, sondern selbst Tanz oder doch Nachahmung des Tanzes; wohl aber ist der Brötchentanz ein Symbol der Freude des armen Strolchs über den Besuch der schönen Mädchen. Der in allen Chaplinfilmen schweigend herumstehende Polizist ist kein Symbol der Polizei, sondern nur deren Vertreter; wohl aber symbolisiert er die Gesetzesmacht, die den Tunichtgut allenthalben bewacht und bedroht, oder noch allgemeiner gesagt: die Einengung der Begierden des Einzelnen durch die organisierte Macht der Gesamtheit.

Akustische Symbolik liegt vor, wenn durch ein monotones, regelmäßiges Geräusch die Zeit als unerbittlich und unangreifbar in ihrem Fortschreiten dargestellt wird. Oder wenn in einer trübseligen Arbeiterstube die Radioübertragung eines prunkvollen Ballfestes mit Musik, Gläserklingen und Gelächter erschallt – Symbolik des ungerechten Nebeneinanders von Überfluß und Entbehrung. In *Ich bin ein entflohener Kettensträfling* hört der junge Kaufmann, der gern Ingenieur werden möchte, an seinem Schreibtisch die Geräusche eines nahen Brückenbaus; dies Geräusch ist nicht ein Symbol des Brückenbaus (sondern nur eine pars pro toto-Darstellung dieses Baues), wohl aber das Symbol jenes andern Lebens, das ins Zimmer des Jünglings dringt und ihn mit Maschinengestampfe wie mit Sirenenklängen zu sich lockt.

7. Expressionistischer Film (1934)

Die Kunstrichtung des sogenannten Expressionismus hat in den ersten Nachkriegsjahren eine deutliche Einwirkung auch auf den Film geübt. Der berühmteste expressionistische Film, einer der bekanntesten deutschen und immer wieder als besonders deutsch bezeichneten Filme ist *Das Kabinett des Dr. Caligari,* von dem Regisseur Robert Wiene nach einem Manuskript von Carl Mayer und Hans Janowitz mit den Schauspielern Werner Krauß, Conrad Veidt und Friedrich Fehér gedreht. Die Bauten, die das eigentlich Charakteristische des Films ausmachen, stammen von Walter Reimann. In seinem Buch über »Expressionismus und Film« sagt Rudolf Kurtz: »Die Geschichte des expressionistischen Films in Deutschland ist die Geschichte einer Reihe von Wiederholungen. Der Anfang ist nicht übertroffen worden. Mit der sich verfeinernden Technik ist manche Form reizvoller und wirksamer geworden: aber es ist immer nur eine Nuancierung der Front, während der Grundriß unverändert gelassen ist. Erst im ›absoluten‹ Film schafft sich das Lebensgefühl eine neue radikale Form. Der expressionistische Film ist eine Episode, vielleicht wertvoll durch seine Bereicherungen – aber in dem Sinne unfruchtbar, daß er es zu einer allgemein erregenden und umformenden Bedeutung nicht gebracht hat. In *Caligari* ist ein Akkord angeschlagen, dessen Klangfülle durch seine Nachfolger nicht reicher, nicht kraftvoller geworden ist.«[1]

Robert Wiene hat noch einen zweiten expressionistischen Film gedreht: den *Raskolnikow,* nach Dostojewskij, mit Bauten des Russen Andrejew. Zwei weitere expressionistische Filme stammen von Karl Heinz Martin: *Von Morgens bis Mitternacht,* nach dem Drama von Georg Kaiser, mit dem Schauspieler Ernst Deutsch, Manuskript von Martin und Herbert Juttke, Bauten von Robert Neppach; und das *Haus zum Mond,* dessen Manuskript er mit Rudolf Leonhard schrieb, Schauspieler: Fritz Kortner und Leontine Kühnberg. Bekannt geworden ist Paul Lenis *Wachsfigurenkabinett,* eine Kombination von drei Geschichten um Harun-al-Raschid, Iwan den Schrecklichen und Jack the Ripper. Unter dem Einfluß des Expressionismus entstanden sind auch der russische Film *Aelita* und eine Reihe von weniger bekannten französischen Arbeiten.

Die expressionistischen Filme, auch *Caligari,* die zu ihrer Zeit großen Eindruck gemacht und Einfluß geübt haben, gehören nicht zu denjenigen Filmen, die noch heute, nach einigen Jahren, geschlossen und befriedigend wirken. Wenn sie heute dürftig, ja unfreiwillig komisch erscheinen, so liegt das wohl daran, daß wir heute bereits die innere Brüchigkeit des hier verwendeten Prinzips deutlich spüren. Man hat eine bestimmte Ausdrucksform der Flächendarstellung, der Grafik und Malerei, blindlings auf den Film, d. h. auf den körperlichen Raum übertragen. Die Schwierigkeit liegt nicht darin, daß man im Film keinen unnaturalistischen Schauplatz zeigen könnte – das kann man dort ebenso wie auf der Bühne. Aber das Prinzip, durch Zeichen- und Farbstrich Körperformen und Beleuchtungen in der Fläche zu gestalten, und die waghalsige Verzerrung der irdischen Formen lassen sich nicht ungestraft auf einen Raum übertragen, der voller dreidimensionaler und mit wirklichem Licht beleuchteter Körper ist. Vor allem die schiefen Häuser, verbogenen Geländer, schrägen Stühle und geknickten Laternen-

[1] Rudolf Kurtz, Expressionismus und Film, Berlin 1926, Zürich 1965, S. 62.

pfähle wirken dürftig und filmateliermäßig, weil sie sich in einem realen Raum nur dann gegen die Gesetze der Schwerkraft zu behaupten vermögen, wenn sie nicht das sind, was sie zu sein vorgeben, nur wenn sie Sperrholz-, Leinwand- und Pappe-Attrappen sind und nicht aus herzhaftem Ziegelstein, Holzbalken und Eisen. Sie wirken also peinlich unecht. Überlegungen und Eindrücke, die natürlich vor den Flächendarstellungen der Maler und Zeichner niemals auftauchen können. Ganz abgesehen davon, daß die Erscheinung des lebendigen Menschen, dessen irdische Struktur durch keine Maske zu vertuschen ist, die expressionistische Dekoration entlarvt: aus einer stilisierten Welt eine einfach nur mißglückte Welt macht! Aus demselben Grunde wirkt es schlecht, wenn in diesen Filmen gelegentlich den Schauspielern dicke Schminkstriche ins Gesicht gemalt werden, damit sie wie expressionistische Porträts aussehen. Ein Clownsgesicht kann man so bemalen – es ist ebenso naturfern wie ein Gemälde, aber ein zum guten Teil lebendiges und natürliches Menschenantlitz kann man nicht partiell stilisieren. Wenn die Bereiche des Naturalismus und der Stilisierung nicht peinlich auseinander gehalten werden, gibt es immer einen Mißerfolg.

Dennoch haben die expressionistischen Filme auf die Entwicklung der Filmkunst einen wichtigen Einfluß gehabt. Der Expressionismus hat ihr denselben Dienst getan wie den andern Künsten: er hat die Vorherrschaft der formalen Faktoren proklamiert und dadurch eine Periode, in der das Gegenständliche überbewertet wurde, beendet. Er hat die Farbe, die Form, die Bewegung, das Pathos der Leidenschaft entfesselt, und als sich die Überschwemmung verlaufen hatte, blieb eine gewisse Erfrischung zurück: lebhafteres Gefühl für den Wert der Gestaltungsfaktoren und mehr Freiheit und Unbefangenheit in ihrer Verwendung.

So hat der Expressionismus, wie bei Rudolf Kurtz nachzulesen ist, das Filmbild auf die blickführende Kraft der Konturen und Flächen, der Helligkeitsgegensätze und vor allem auf das Gestaltungsmittel des Lichtes hingewiesen. In allen expressionistischen Filmen ist mit äußerst kräftigen Lichtkontrasten, mit hell herausgehobenen Einzelpartien und breiten dunklen Schattenflächen gearbeitet worden. Diese Kunst der Lichtführung ist nicht mehr verlorengegangen, sie hat sich nur zu unaufdringlicheren Formen verfeinert. Die Ausdruckskraft der Linie und Fläche, zumal der schief gerichteten, wird – nachdem der Expressionismus nachdrücklich auf sie hingewiesen hat – zumeist nicht mehr durch eine Verzerrung des Objekts selbst, sondern durch entsprechende Kameraeinstellungen zur Geltung gebracht. Wir wissen heute, daß es kaum ein Kompositionsmotiv, kaum eine Bizarrerie gibt, die man nicht, ohne dem Gegenstand Gewalt anzutun, durch bloße Kameraeinstellung erzielen könnte. Diese Verstärkung des Ausdrucks durch Beleuchtung und Einstellung – das ist wohl der Expressionismus des Films von heute!

8. Malerei und Film (1934)

Seit den Anfängen der Photographie sind Maler häufig Photographen geworden, wohingegen es kaum ein Beispiel dafür gibt, daß ein bedeutender Filmkünstler früher Maler gewesen wäre – von Walter Ruttmann allenfalls abgesehen. Es könnte sein, daß nicht so sehr die Flächenbildgestaltung als die Gestaltung eines sich in der Zeit entwickelnden dramatischen Vorgangs denjenigen Faktor darstellt, der die eigentliche Filmbegabung ausmacht. (In der Tat sind Ruttmanns Filme spezifisch undramatisch!)

Dennoch hat die Malerei einen starken Einfluß auf den Film ausgeübt, soweit es sich um die Gestaltung des Bildes handelt, und zwar hat sich dieser Einfluß auf dem Umwege über die Photographie ausgewirkt. Nun handelt es sich ja beim Film fast nie um unbewegte Bilder wie bei Gemälde und Photographie, und so könnte strenggenommen von einer Komposition des statischen Bildes hier gar nicht die Rede sein. Praktisch ist es aber trotzdem so, daß die gleichen Prinzipien der Flächenaufteilung, wie sie die Maler von altersher benutzen und wie die Photographen sie übernommen haben, auch für den Film Geltung haben: beispielsweise gruppiert jede gute Filmeinstellung die Gegenstände des Bildes zu einfachen mathematischen Figuren, leitende Linien ordnen und vereinheitlichen die Vielheit des Gebotenen, die Flächen werden nach Größe, Form und Helligkeit zu einem Gleichgewicht ausbalanciert etc., und es ist wohl so, daß im Ablauf eines guten Films diese gut durchkomponierten Einstellungen als Akzente in kurzen Abständen hintereinander auftreten und durch Bewegungspassagen verbunden oder durch Schnitt aneinandergereiht werden. Dennoch wäre es sicherlich falsch, die filmische Bildgestaltung einfach auf die statische zurückführen zu wollen, denn es gibt auch eine spezifische Komposition der Bewegung, für die aber passende Termini eher aus der Musik als aus der Malerei zu entnehmen wären: Crescendi und Decrescendi, Staccati und Legati, chromatische Verläufe und Intervallsprünge.

Man sollte meinen, daß nicht so sehr die Farbenmalerei als vielmehr die Graphik auf den heutigen Schwarz-Weißfilm von Einfluß sein könnte. In Wirklichkeit ist aber trotzdem die Malerei dem Film verwandter, und zwar insoweit sie ohne starke Betonung des Zeichenstrichs die Fläche als Begrenzung plastischer Körper sprechen läßt. Die Graphik hingegen hat zum Filmbild eine viel losere Beziehung.

Die Einführung des Farbenfilms wird eine neue Verwandtschaft zwischen Malerei und Film schaffen. Bis dahin ist es neben der Linien- und Flächenkomposition vor allem die Beleuchtung, für die der Film sich interessiert. Erst allmählich haben die Filmleute gelernt, die Beleuchtung nicht nur als naturalistische Nachahmung der natürlichen Lichtquellen zu verwenden und nicht nur als unentbehrliches Hilfsmittel, um die Szenen sichtbar zu machen, sondern als ein prachtvolles Werkzeug, um das Auge des Zuschauers auf den Brennpunkt des Geschehens zu lenken, Wichtiges hervorzuheben, Unwichtiges zu unterdrücken. Diese Kunst der Lichtführung finden wir bei Malern, vor allem natürlich bei Rembrandt, mit dessen Namen man auch beim Film eine gewisse Gegenlichtbeleuchtung bezeichnet.

Was die direkte Verwendung der Malerei für den Film anlangt, so sind bekanntlich Farbe und Pinsel für den Filmarchitekten ebenso unentbehrlich wie für den Bühnenarchitekten. Doch scheint hier eine charakteristische Einschränkung zu bestehen. Während in der Malerei, aber auch auf der Bühne, die Gegenstände der Wirklichkeit so wirken dürfen – ja zumeist wirken *sollen,* daß man sie als gemalt erkennt, scheint dies im Film unmöglich und störend zu sein. Ein mit malerischen Mitteln stilisierter Baum beispielsweise wirkt unecht, weil er verrät, daß er aus einem andern Material ist, als Bäume zu sein pflegen. Sehr auffällig war das bei den sogenannten expressionistischen Filmen[1], die ja die Filmarchitektur bewußt malerisch stilisierten. Vor allem sind es die Schauspieler, die, als Wesen von Fleisch und Blut, die Scheinwelt des Malers desavouieren – aber da sich auf der Bühne der spielende Mensch mit den unnaturalistisch gemalten Kulissen gut verträgt, scheinen beim Film noch besondre Bedingungen vorzuliegen. Vielleicht hängt das damit zusammen, daß die getreue Wiedergabe des Materialcharakters so sehr zum Wesen des Films gehört und eins seiner Ausdrucksmittel bildet. Man kann also für den Film malen, man kann auch Dinge malen, die es in der Wirklichkeit nicht gibt, aber immer müssen sie so gemalt sein, daß man diese Dinge selbst zu sehen glaubt, nicht nur Abbilder, die man als solche erkennt.

Dies Gesetz gilt offenbar für den Film ganz allgemein: man kann zwar (wie etwa im *Nibelungen*film) einen riesigen Drachen zeigen, aber er muß wie ein lebendiges Tier, darf nicht als bewegtes Pappmodell wirken.

Ganz anders liegt es allerdings, sobald man zu einem Filmstil übergeht, der alles Naturalistische von vornherein eliminiert und daher den Materialcharakter des ganzen Films auf eine andre Ebene verschiebt. Es ist bekannt, daß in Zeichentrickfilmen das Gezeichnete nicht nur als gezeichnet wirkt, sondern auch so wirken *soll.* Ähnlich steht es mit Marionetten- oder Puppenfilmen.

Vom Trickfilm, zumal vom farbigen, her ließe sich eine Entwicklung zu einer Malerei des Films denken, die sich durchaus nicht nur der Karikatur zu bedienen brauchte, sondern die Mittel der Malerei zu einer Zeit- und Bewegungskunst erweitern könnte. Hier wäre sowohl eine Flächenkunst, nach Art des Zeichentrickfilms, wie auch eine räumliche, nach Art des Puppen-

[1] Siehe hier S. 148–150.

films, möglich – und das Hinzukommen der Farbe dürfte hier erstaunliche Möglichkeiten eröffnen.

Was endlich den Einfluß des Films auf die Malerei anlangt, so ist es wohl richtig, hier allgemeiner von einem Einfluß der Photographie zu sprechen. Gewisse schiefe Perspektiven auf modernen Gemälden, beispielsweise manche gewagte Aufsicht von oben, deuten auf den Einfluß des Films hin, und die Veränderung unserer Bewegungsvorstellungen seit der Erfindung der Momentphotographie ist ein besonders interessantes Kapitel. (Man erinnere sich der charakteristischen, von Demeny erzählten Geschichte, wonach der Maler Meissonier, als er Mareys Chronophotographien galoppierender Pferde betrachtet hatte, auf ein Blatt Papier ein laufendes Pferd skizzierte und sagte: »Wenn Ihr mir ein Pferd zeigt, das so läuft, dann erst werde ich mit Eurer Erfindung zufrieden sein!«) Dies Selbstbewußtsein des Malers gegenüber der Photographie, und das heißt gegenüber der Natur, hat seine tiefe Berechtigung. Ja, der Abstand zwischen Malerei und Wirklichkeit dürfte immer deutlicher werden, seit Photographie und Film die große Aufgabe übernommen haben, die bis in unsre Zeit dem Maler gestellt war: die Wirklichkeit naturgetreu zu kopieren und zu konservieren. Wieweit die in den letzten Jahrzehnten sehr deutlich gewordene Abkehr der Malerei vom Naturalismus bereits mit dem Auftreten von Photographie und Film zusammenhängt, ist nicht leicht zu sagen.

Der Vollständigkeit halber sei schließlich hinzugefügt, daß vom Berliner Institut für Kulturforschung unter Leitung von Dr. Hans Cürlis eine Serie von Kurzfilmen *Schaffende Hände* herausgebracht worden ist, in denen bedeutende Maler und Bildhauer bei ihrer Arbeit aufgenommen wurden. Solche Aufnahmen können für die Kunstwissenschaft von besonderer Bedeutung sein, weil sie den Entstehungsprozeß des Werkes und die Eigenarten der Technik, beispielsweise der Farbenmischung, der Handhaltung und Handbewegung etc. zeigen. Und weiterhin gibt es Möglichkeiten, zu Lehrzwecken nicht nur Photographien von Gemälden vorzuführen, sondern mittels der bewegten Kamera, die sich hier als Zeigestock betätigt, und durch Herausheben von Teilausschnitten den Aufbau der malerischen Komposition im Film zu demonstrieren.

E. Film und Staat

1. Der Film und seine Stiefmutter (1929)

Vor ein paar Wochen ist im Reichsrat der Entwurf des neuen Lichtspielgesetzes durchgegangen, der jetzt dem Reichstag vorgelegt werden soll. In der Presse ist die Mißgeburt, um die es da geht, bereits gebührend gewürdigt worden. Es ist deutlich gesagt worden, daß es sich nicht um eine Verbesserung, sondern um eine Verschlechterung handelt. Nach dem neuen Entwurf soll zum Beispiel außer der Landesprüfstelle nun auch jede Lokalbehörde berechtigt sein, die Vorführung von Filmen zu verbieten, wenn sie geeignet scheinen, Ruhe und Ordnung zu stören, so daß also künftighin das Repertoire, das der Rentier Krüger und die Mutter Wolffen im Kino vorgesetzt bekommen, davon abhängen wird, wie Herr Amtsvorsteher Wehrhahn über Pudowkin und Stroheim denkt. Gewiß, nach einem solchen Verbot muß die Landesbehörde binnen drei Tagen in Kenntnis gesetzt werden, und diese hat binnen einer Woche die getroffene Maßnahme aufzuheben oder bei der Oberprüfstelle den Antrag auf Widerruf zu stellen, aber welcher Kinobesitzer wird sich bei dieser Sachlage auf irgendwelche Wagnisse einlassen! Weiterhin wird im neuen Entwurf die Vorzensur auch auf die Sprechfilmtexte ausgedehnt, wodurch, da wir keine Theaterzensur haben, eine vollkommen sinnlose Situation entsteht. Es ist Bestrafung der Eltern vorgesehen, die dulden, daß Kinder unter 18 Jahren ins Kino gehen ... kurz, das Gesetz wird bei weitem unerträglicher. Aber nicht darauf soll hier das Hauptgewicht gelegt werden, es gibt einen radikaleren und bemerkenswerteren Gesichtspunkt.

Als im Jahre 1920 das Lichtspielgesetz in der Weimarer Nationalversammlung verhandelt wurde, war sich das deutsche Volk von links nach rechts einig in seinen Stämmen, daß auf die Filmproduktion der Daumen gehalten werden müsse. Ein demokratischer Abgeordneter teilte mit, in einer Münchner Frauenklinik sei ermittelt worden, daß die Hälfte der jugendlichen Wöchnerinnen den Verführer im Kino kennengelernt habe (Hört! Hört!) – wobei allerdings die Frage offenblieb, ob hieran die helle Leinwand oder der dunkle Zuschauerraum die Schuld trug; die Deutsche Volkspartei zitierte, ihrem Namen gemäß, das »allgemeine Volksempfinden«, der Sozialdemokrat gestand, seine Parteigenossen hätten eine Zensur vermeiden wollen, aber – und so ging denn das Gesetz durch. Nun war das Zustandekommen dieses Gesetzes, obwohl es allen Filmfreunden einen sauren Vorgeschmack von der republikanischen Freiheit gab, damals noch einigermaßen zu verstehen. Das Chaos und der Rausch des Zusammenbruchs und der Revolution hatten zu einer moralischen Haltlosigkeit geführt, die sich allenthalben austobte, und geschäftstüchtige Filmfabrikanten nutzten die Gier eines ausgehungerten Volkes aus, indem sie »Aufklärungsfilme« losließen, die heutzutage wohl keinen Hund mehr zum Beischlaf anreizen würden, deren Geschmacksniveau aber sicherlich unter aller Diskussion war. Immerhin mochte die Nervosität dieser wilden Jahre eine rigorose Maßnahme rechtfertigen.

Aber heute, nach neun Jahren? Was uns so skandalös an dem neuen Lichtspielentwurf erscheint, ist nicht so sehr, daß er eine Verschärfung bedeutet, sondern daß er nicht schlankweg die Aufhebung der Vorzensur und des Jugendverbots bringt. Diese Prolongierung des Belagerungszustandes auf dem Gebiet des Films entspringt nicht vernünftigen Erwägungen, sondern einfach dem Gesetz der Trägheit: man nimmt etwas, was nun einmal besteht, als gegeben hin, modelt ein bißchen daran und kommt nicht auf den Gedanken, ganz elementar die Existenzberechtigung dieses Zustandes zu prüfen. Man fingert an einem Anachronismus herum, statt ihn kurzerhand in den Mülleimer zu befördern. Die Radauerotik der ersten Nachkriegsjahre ist nicht mehr, erscheint heute komisch; man hüpft nicht mehr nach den Klängen des Hiawatha: »Licht aus, Messer raus, runter vom Balkon!«, man geht in die Kinos nicht zu dem Zweck, um die pantomimische Unzucht von Prostituierten und Homosexuellen zu betrachten, und auch wenn wir heute keine Filmzensur hätten, würde kaum ein Geschäftsmann, der eine Nase für den Geschmack seines Publikums hat, Schweinereien auf den Markt werfen, denn damit wären keine Rekordkassen zu erzielen – (und gegen die, die es doch täten, haben wir ja außerhalb des Lichtspielgesetzes genügend wirksame Paragraphen). Als die Nationalversammlung das Gesetz verabschiedete, stand die Filmkunst in ihren ersten Anfängen, war bestenfalls eine Hoffnung für die Zukunft; die Volksvertreter ließen es damals, zwecks Ausschmückung ihres strengen Werks, an schönen Prophezeiungen nicht fehlen, der Film sei berufen, ein Kulturfaktor zu werden; sie rissen dem Kinde die Beine aus und entließen es mit den besten Segenswünschen für seinen ferneren Lebensweg. Heute ist kein Prophezeien mehr nötig, heute hat der Film gezeigt, was er wert ist; heute hat sich, soviel es noch zu bemängeln geben mag, eine gewisse Geschmackstradition gebildet, die grobe Entgleisungen zur Seltenheit macht – was soll uns heute eine Filmzensur? Was soll, wenn es schon eine Zensur gibt, noch außerdem das Jugendverbot, wo doch jeder Jugendliche die Möglichkeit hat, sich im Sprechtheater beliebig viel Theaterstücke rauhesten Kalibers anzusehn (ohne daß deshalb die Wöchnerinnenkliniken wegen Überfüllung geschlossen werden müßten)?

Wir haben die Auswirkungen der Zensur ausprobiert, wir haben heute neun Jahre Erfahrung mehr. Wir haben mit angesehen, wie die großen

Russenfilme rücksichtslos verstümmelt und dadurch in ihrer künstlerischen Form zerbrochen worden sind, wir sehen an den Schwierigkeiten der Sprechfilmzensur, die ja nur die natürliche Konsequenz der bisherigen Filmzensur darstellt, daß der Ausnahmezustand im Lichtspieltheater unhaltbar ist, wir erleben Fälle wie den folgenden: das Theaterstück *Revolte im Erziehungshaus* ist in ganz Deutschland gespielt worden, aber der Film gleichen Titels und Inhalts ist nun schon zum dritten Mal von der Zensur zurückgewiesen worden, obwohl doch zweifellos grade in diesem Fall die Bühnenaufführung, das Gebrüll der revoltierenden Zöglinge, das Krachen der zertrümmerten Möbel, der ganze lärmende Tumult unvergleichlich aufregender wirken muß als jede Verfilmung. Und ebenso schlimm wie die Verstümmelung fertiger Filme ist die begreifliche Ängstlichkeit des Produzenten, der in jedem Film Zehntausende investiert und also nichts riskieren darf; daher denn die lauwarmen Filmlibretti, die Vermeidung jeder politischen Tendenz, jeder unerschrockenen Realistik, daher denn die Albernheit des Filmhelden, der im Zimmer der Geliebten bis zum Halse bekleidet in einem Sessel Platz nimmt, wenn die Nacht hereinbricht. So wird der Spielfilm im Interesse der öffentlichen Gesundheitspflege sauber beschnitten und schämig gereinigt, und wenn er vorgeführt worden ist, darf in jedem Sechserkino im Rahmen der Bühnenschau ein schmieriger Stimmungssänger auftreten und unzensiert die übelsten Zoten placieren.

Aber nicht nur aus Denkträgheit bleibt die Zwangsjacke verschnürt. In der Verlängerung des alten Lichtspielgesetzes drückt sich auch die spießbürgerliche Kunstfeindlichkeit der Leute, die uns regieren, aus. Diese Männer, in der trocknen Luft der Gewerkschaftsbureaus, der Hörsäle und der Schreibstuben aufgewachsen, benutzen hartnäckig das Werkzeug, das man ihnen nun einmal in die Hände gespielt hat, um einer unsoliden Branche, der sie mißtrauen, um der Kunst auf die Finger zu klopfen. Bezeichnend, daß fast alles, was aus offiziellem Munde zum Lobe des Films gesagt wird, sich auf den Lehrfilm bezieht. Der Lehrfilm ist der Primus, er erhält die Prämien, er ist artig, bringt im handgreiflichsten Sinne geistigen Gewinn, hier fühlt sich der Pauker im Abgeordneten zu kollegialer Solidarität bestimmt. Den Kulturfilm in Ehren, aber um ihn geht ja zunächst die Diskussion nicht. Für den Kunstfilm wird Schutz und Freiheit verlangt, für die phantastischste, launigste, unwirklichste Kunst, die es gibt und die eben wegen dieser Bohemetugenden allzu leicht das Mißtrauen gewerbsmäßiger Politiker erregt.

Und nicht einmal der Lehrfilm hat es leicht. Unter der Vorzensur hat er nicht zu leiden, aber als Ausgleich gibt es den Lampe-Ausschuß. Bekanntlich ruht auf jeder öffentlichen Filmvorführung eine Lustbarkeitssteuer, die für den Film weit höher ist als für die Sprechbühne. Auch hierin zeigt sich die Filmfeindlichkeit der Gesetzgeber, die nicht nur durch Zensur und Jugendverbot Staat und Moral schützen, sondern mit Verhängung der hohen Steuer ohne Scham zugeben, daß sie das Kino für ein bloßes Amüsement halten, aus dem man ruhigen Gewissens Bargeld herausschlagen kann. Der Film war ein Amüsement, als Henny Porten mit Pappflügeln an den Schultern unter der Regie ihres Papas den Weihnachtsengel spielte, und seit jener Zeit mag mancher, der es inzwischen im Staatsdienst weit gebracht hat, nicht im Kino gewesen sein. Das wäre seine Privatsache, wenn nicht von seinesgleichen das Schicksal der gesamten Filmproduktion abhinge. Doch zurück zum Lampe-Ausschuß. Er führt seinen Namen nach seinem Leiter, dem Professor Lampe vom Berliner Zentralinstitut für Erziehung und Unterricht. Unter dem Vorsitz dieses Mannes tagen Kommissionen, in denen Lehrer die Majorität innehaben und die darüber entscheiden dürfen, ob ein Film »volksbildend« ist, beziehungsweise ob er künstlerischen Wert hat; der »Lampeschein« bringt Ermäßigung der Lustbarkeitssteuer. Es liegt nun für den Produzenten praktisch so, daß ein Kulturfilm kaum beim Verleih unterzubringen ist, wenn er nicht den Lampeschein hat, und aus diesem Grunde kommen die meisten Kulturfilme vor den Lampe-Ausschuß. Hier nun toben sich die Pädagogen aus, hier regiert eine Lehrbuchpedanterie, die jedem frisch und originell gemachten Film zum Verderben wird. Fliegt in einer symbolischen Szene ein Wappenvogel durch die Luft, so sehen sich die Jugenderzieher an, ob die Krallenstellung vorschriftsmäßig und ob die Tageszeit, zu der der Flug vonstatten geht, auch mit dem Brehm vereinbar ist. Sie verlangen vom Lehrfilm einen schematischen Aufbau, eine kleinliche Ausführlichkeit, die zur Langeweile führt, sie fangen da an zu verdammen, wo der Filmfreund aufschaut und sich freut. Aus diesem Grunde sind die Leute vom Kulturfilm gezwungen, belehrenden Stumpfsinn zu fabrizieren: erst wird ein Stadtpanorama gezeigt, damit man auch deutlich sieht, daß die Kirche im Dorfe bleibt, und dann die Kirche solo (mit Angabe des Erbauungsjahrs im Zwischentitel) und dann das Rathaus, aber beileibe nicht in extravaganten Bildausschnitten oder Einstellungen und beileibe nicht »modern« montiert, nein, alles hübsch nach der Reihe, und wenn ein Karnickel auf der Leinwand erscheint, so muß eine Inschrift folgen: »Schon während der Regierung Amenophis IV. diente Meister Lampe den Ägyptern als wohlschmeckende Nahrung.« Sonst findet Meister Lampe das nicht volksbildend.

Die Filmkünstler haben es nicht leicht. Ihre Brotgeber von der Filmindustrie machen ihnen die Hölle heiß, hetzen sie, zwingen sie zu tausend Konzessionen, aber diese Brotgeber sind Kaufleute, und kein Mensch kann ihnen verdenken, wenn sie mit allen Mitteln versuchen, Geschäfte zu machen. Die Schikanen der Stiefmutter Staat aber wahren keinerlei berechtigtes Interesse. Sie entspringen der Gedankenlosigkeit und dem Unverständnis. Und das ist kein schönes Ursprungszeugnis.

157

2. Kuhle Wampe[1] (1932)

Dieser Tage fällt die Entscheidung der Filmprüfstelle über den von Bert Brecht und Ernst Ottwalt und dem Regisseur S. Th. Dudow hergestellten Film *Kuhle Wampe*. Es ist zu hoffen, daß die Kommission mit Leuten besetzt ist, die viel ins Kino gehen und also den Wust von Verlogenheit und Verspieltheit kennen, der augenblicklich produziert wird. Denn dies Aufatmen vor einem Stück Natürlichkeit und Wirklichkeit gibt die richtige Grundhaltung für die Bewertung des Kuhle Wampe-Films. Die Herren Zensoren müssen sich klar machen, daß eine solche Arbeit, bei allen Unvollkommenheiten, heute eine hegenswerte Seltenheit darstellt und nicht durch kleinliche Einwände verstümmelt werden darf. Ein Eingriff verbietet sich um so mehr, als die eigentliche Handlung des Films nicht politisch ist. Sie beweist keine politische Theorie. Sondern es wird nur eine Reportage von Schauplätzen gegeben, deren Betrachtung politisch ausgewertet werden kann: Arbeitssuche, arbeitslose Familie, Kleinbürgersiedlung, Arbeitersport. Der Film weist nicht Ursachen auf, sondern schildert die Sorgen der Hungernden und Wohnungslosen, die Häßlichkeit eines Biergelages und die gesunde Schönheit der kämpferischen Proletarierjugend. Im Zuschauer sollen durch bloßen Augenschein Sympathien für die Verfechter des Fortschritts geweckt werden. Was an Argumenten geboten wird, folgt nicht aus der Handlung, sondern ist reines Gespräch, so die ausgezeichnet gelungene Diskussion zwischen Arbeitern und Bürgern im überfüllten Stadtbahnwagen, eine Episode, die ohne weiteres als Kurzfilm für sich gezeigt werden könnte. Ähnlich wie dem Zuschauer geht es der Hauptfigur des Films. Der junge Mann wohnt einer Arbeitersportveranstaltung bei, die ihm gefällt. So wird er zum Mitkämpfer. Die Abneigung gegen eine allzu individuelle Handlung, die man wohl fälschlich für eine individualistische hielt, führt dazu, daß man es sich versagt, an einer lehrreichen Einzelbegebenheit den Mechanismus des herrschenden Systems und die notwendige politische Folgerung für die Betroffenen aufzuzeigen. Diese Unbestimmtheit, diese mehr hymnisch anfeuernde als aufklärende Haltung bedeutet für uns einen Einwand. Die Zensoren muß sie nachgiebiger stimmen, wie denn die notwendige Rücksicht auf die Zensur von vornherein manches Deutlichwerden verboten haben mag. Der Regisseur Dudow hat mit guten Rohstoffen gearbeitet: viele Freilichtaufnahmen, die übrigens in der unbefangenen Verwendung des natürlichen Außentons manche abergläubischen Vorurteile der Tontechniker beheben könnten; Verwendung von Nichtschauspielern, denen allerdings

---

[1] Mittlerer, selbständiger Teil des Artikels »Petzet, Kuhle Wampe, Albers«.

mangels geeigneter Dialogregie die Natürlichkeit des Sprechens abhanden gekommen ist. Wunderschön einfach die beiden jungen Leute: Ernst Busch und Hertha Thiele. Die Verfasser des Films halten sich nicht an die Tonfilmgepflogenheit, lange Akte auf einheitlichem Schauplatz durchzuspielen. Sie zeigen, zumal im ersten Teil, daß man, wie beim Stummfilm, von Ort zu Ort springen kann, wobei dann manchmal in der einzelnen Szene nur Platz für einen einzigen epigrammatischen, durch seine Kürze wirksamen Dialogsatz bleibt. Sehr gut geraten der Arbeiter, der mit holpriger Stimme seiner Frau eine lüstern-schmalzige Schilderung von Mata Haris Nackttänzen aus der Zeitung vorliest; der junge Selbstmörder, der vor dem Sprung aus dem Fenster sorglich seine Taschenuhr auf den Tisch legt; die Abtreibungsvision des Mädchens, eingeleitet von einem wirkungsvollen Aufschrei der Musik. Hanns Eislers kraftvolle Lieder, von Ernst Busch sehr schön, von Helene Weigel sehr unschön gesungen, vertiefen und befeuern das Bildgeschehen. Dieser Film, sauber, gesund, fortschrittlich muß unzerschnitten vor das Kinopublikum kommen, das einer solchen Erfrischung dringend bedarf.

3. Zensur ohne Hemmung   (1932)

Dieser Tage hat die Berliner Filmprüfstelle den Film *Kuhle Wampe* von Brecht, Ottwalt und Dudow verboten. Schon vor acht Tagen wiesen wir darauf hin, daß ein solches Verbot nicht zu rechtfertigen sein würde, und soweit sich aus den Mitteilungen über den Verlauf der Verhandlung und die Verbotsgründe ein Bild ergibt, hat man sich diesmal auch vor den groteskesten Argumenten nicht gescheut. Wieder scheint es der in der Filmzensurpraxis nun schon unheimlich berühmte Vertreter des Ministeriums gewesen zu sein, der als politischer Sachverständiger in der Rolle des advocatus diaboli die Zensurkammer an die Wand spielte, samt gesundem Menschenverstand und demokratischer Freiheit. Das Innenministerium vertrat Herr Oberregierungsrat Erbe.

Immer deutlicher wird, daß man gesonnen ist, alle irgend freiheitlichen und fortschrittlichen Filme zu verbieten, koste es, was es wolle. Nicht aus den Argumenten folgt das Verbot, sondern weil verboten werden soll, kratzt man die Verbotsgründe aus den entferntesten Ecken herbei. Was soll man dazu sagen, daß dem Film vorgeworfen wird, er betreibe kommunistische Propaganda und enthalte schwere Angriffe gegen die SPD, obwohl er vor der Prüfstelle ausgerechnet durch den sozialdemokratischen Reichstagsabgeordneten Landsberg vertreten wurde! Der *Kuhle Wampe*-Film ist, wie wir schon neulich sagten, von vornherein in Manuskript und Regie so angelegt worden, daß mit seiner Zulassung zu rechnen war; denn niemand arbeitet ja gern für den Abfallkasten. Deshalb bewegt sich alles Politische in den allgemeinsten Andeutungen: In dem großen Lied der Arbeitersportler wird nichts gesagt, als daß die Stärke in der Einigkeit bestehe, und die Diskussion über die ungerechte Verteilung der Güter gipfelt in den Sätzen: »Wer wird die Welt verändern? Die, denen sie nicht gefällt.« Wenn man das nicht mehr sagen kann, wenn nicht mehr mitgeteilt werden darf, daß es Menschen gibt, die den Zustand der Welt zu verändern wünschen, dann ist damit erwiesen, daß die Zensurpraxis beim nackten Machtkampf angelangt ist, in dem die Vernunft zu schweigen hat wie das Weib in der Kirche. A propos . . .

Es läuten die Glocken, die Kirche ist da. Wer den Film gesehen hat, wird sich vergeblich den Kopf zermartern, was die Stellvertreter Gottes diesmal geärgert haben könnte. Er wird nicht darauf kommen. Da sieht man in einer Szene, wie des Morgens junge Sportsleute aus ihren Zelten treten und nackt ins Wasser laufen. Während dies geschieht, läuten, wie den Prüfern aufgefallen ist, Kirchenglocken, und im Hintergrund ist ein Kirchturm sichtbar. Mir sind bei der Vorführung weder Glocken noch Turm aufgefallen – es bedarf dazu wohl einer krankhaften Empfindlichkeit für religiöse Symbole –, und außerdem sind diese kirchlichen Zutaten nicht etwa vom Regisseur tückisch hinzukomponiert, sondern es handelt sich um eine Freilichtaufnahme, bei der der liebe Gott es so eingerichtet hat, daß zufällig die Glocken läuteten. Ihm kann der erfreuliche Anblick junger nackter Menschen kaum unwillkommen oder neu gewesen sein, ja für einen weniger vermufften Religionskult könnte der nackte Mensch in der Natur geradezu ein erlesenes Symbol des Gottesdienstes abgeben. Aber es soll nicht sein, und wer künftig im Film etwa zeigt, wie eine Hündin Junge wirft oder ein Liebespaar sich auf einer Wiese küßt, der lasse zunächst seinen Regieassistenten den Horizont mit dem Feldstecher nach Kirchtürmen absuchen und den Tonmeister in der Abhörkabine auf etwaige versprengte Glockentöne horchen. Auf daß die kirchliche Bannmeile nicht verletzt werde.

Ein junger Arbeitsloser, dem durch die Notverordnung die Unterstützung entzogen wird, springt aus dem Fenster. Daß dies Motiv ausgerechnet eine Beleidigung des Reichspräsidenten sein solle, wird man um so schwerer verstehen, als im Film dieser Selbstmord keineswegs nur auf den Entzug des Stempelgeldes, sondern ganz eindeutig auch darauf zurückgeht, daß die Eltern des jungen Menschen ihn wegen seiner angeblichen Lässigkeit im Arbeitsuchen die heftigsten Vorwürfe machen. Bei einigem guten Willen läßt sich das gar nicht übersehen, und ebenso hinfällig ist die Behauptung, der Arbeitersportklub finanziere in diesem Film die Abtreibung. Denn die drei jungen Leute, die sich hier gegen den Paragraphen 218 vergehen, tun dies durchaus privat und nicht in ihrer Eigenschaft als Arbeitersportler, und zum

Überfluß wird klar angedeutet, wie schwer dem Mädchen der Entschluß wird und wie gern sie eigentlich ein Kind hätte.

Über einzelne Ausschnitte wäre zu diskutieren gewesen. Man könnte sich vorstellen, daß die Zensur den Richter verböte, der Exmissionsurteile teilnahmslos herunterschnarrt, oder allenfalls die Exmissions-Szene des Roten Sprachrohrs. Auch aus solchem Verbot ginge schon hervor, daß es nicht erlaubt ist, die Wahrheit zu zeigen, aber in diesen Fällen ließe sich wenigstens eine verständliche Begründung geben. Daß aber der Film als ganzer geeignet sei, die öffentliche Ordnung zu stören und zur Gewalttat aufzureizen, kann nur behauptet werden, wenn man es nicht mehr für nötig hält, auch nur den Schein einer freiheitlichen Gerechtigkeit zu wahren.

Der Film *Kuhle Wampe* wird nun noch einmal, von der Oberprüfstelle, beurteilt werden. Man muß hoffen, daß die Entscheidung, die alle anständige Filmkunst zugunsten des verlogenen Industriekitschs endgültig abdrosseln dürfte, noch unschädlich gemacht werden wird:

4. Die sogenannte Freiheit[1]   (1932)

Aus einem Referat, das in einer Berliner Kundgebung der »Deutschen Liga für Menschenrechte« gehalten wurde.

Meine Damen und Herren! Protestkundgebungen wie die heutige scheinen mir häufig etwas von jenen Regenprozessionen zu haben, in denen man den lieben Gott um schlecht Wetter bittet. Wir bitten nicht, wir fordern – aber das muß nicht unbedingt wirksamer sein. Warum entsteht in uns so leicht das Gefühl, daß solche Unternehmungen in der Luft schweben, nicht die genügende Wirkungskraft haben? Hauptsächlich deshalb, weil Kämpfe gegen Zensur und Unterdrückung allzuoft von Gesichtspunkten aus geführt werden, die das folgende falsche Bild der Sachlage ergeben: In einem von freiheitlichen Gesetzen regierten Staat gibt es einige bösartige Beamte, die aus purem schlechtem Willen oder Bockigkeit, aus Mangel an Vernunft oder rückschrittlich-spießbürgerlicher Gesinnung unsrer Freiheit Gewalt antun, indem sie die Gesetze »mißbrauchen«. Gegen diese Übergriffe gilt es zu protestieren, damit der Staat die Fehlhandlungen seiner Ausführungs-

---

[1] Arnheim hielt dieses Referat am 13. April 1932 auf einer Protestkundgebung gegen das *Kuhle Wampe*-Verbot.

organe schleunigst rückgängig mache und den von der Weimarer Verfassung verbürgten Freiheitszustand wieder herstelle.

Wer, bewußt oder unbewußt, von solchen Vorstellungen besessen ist, wird mit seinen Protestkundgebungen wenig ausrichten. Denn es ist sinnlos, Forderungen ins Blaue hinein aufzustellen, ohne sich zu überlegen, ob sie erfüllbar sind. Wenn wir Meinungsfreiheit fordern, so müssen wir wissen, ob die Leute, von denen wir sie fordern, diesen Anspruch erfüllen können, beziehungsweise: ob wir sie dazu zwingen können. Durch die Weimarer Verfassung ist das Recht der freien Meinungsäußerung verbrieft, die Zensur abgeschafft. Diese Bestimmungen sind großartig für einen Idealstaat. Die Schwäche der Verfassung liegt ja grade darin, daß sie in allen ihren Punkten, den achtundvierzigsten ausgenommen, für einen Idealstaat entworfen ist. Recht auf Meinungsfreiheit, das ist Recht auf Opposition; denn Blumenspenden und Beifallskundgebungen brauchen nicht erst durch Gesetz zugelassen zu werden. Wie aber steht es heute mit Opposition und Kritik?

Ein gesunder Mensch kann sich mehr leisten als ein kranker. Ein Kranker darf sich keine Freiheiten herausnehmen. Und so mag es sein, daß unser Staat, weil er krank ist, sich die Freiheiten, die wir meinen, nicht herausnehmen kann. Ich sage das wahrhaftig nicht, um die Zensur zu entschuldigen. Sie wird sich für derlei Anwälte bedanken. Denn indem man ihren Sinn auf solche Weise erklärt, stellt man den Staat, dessen Werkzeug sie ist, in ein ungünstiges Licht. Wir müssen begreifen, daß die Schreckensherrschaft, die nachgrade dazu geführt hat, daß man in jedem Rotkehlchen und in jedem Rotkohl ein kommunistisches Demonstrationsobjekt sieht und daß das verbriefte Recht auf Opposition auch nicht in den allgemeinsten, begrifflichsten, blassesten Formen mehr geübt werden darf – wir müssen begreifen, daß diese Schreckensherrschaft nicht Unart, sondern Notwehr ist. Sie bezeichnet die innere Brüchigkeit eines äußerlich mächtigen Systems. Jedes absterbende, aber auch jedes werdende Gebilde bedarf des Schutzes. Das Kücken im Dottersack braucht eine harte Kalkschale; das ausgewachsene Huhn kommt mit einem weichen Federkleid aus.

Die Frage lautet gar nicht: Zensur oder nicht Zensur? Sondern: Zensur zu welchem Zweck? Und damit zeigt sich deutlicher, warum Protestkundgebungen so häufig auch im eignen Lager unwirksam sind. Weil sie nämlich allzu unbestimmt im Namen der Freiheit unternommen werden. »Freiheit!« ist eine rein negative Parole, und deshalb kann sie nicht zünden. Denn sie besagt nur, was man nicht will, nicht aber, was man will. Erst wenn man sagt, für welche Ziele man Freiheit des Handelns fordert, gewinnt die Forderung Sinn und Schlagkraft. Schon beim alten Diogenes können Sie den Satz lesen: »Das Schönste auf der Welt ist die Redefreiheit!«, und so habe ich den Verdacht, daß diese Art Freiheitskult von Leuten erfunden worden ist, die als untätige Einspänner in einer Tonne leben. Es mag sein, daß in der

Meinung über diesen Punkt schon Generationsunterschiede vorliegen. Jedenfalls glaube ich nach dem Herzen der heutigen Jugend, ganz gleich, ob sie links steht oder rechts, zu sprechen, wenn ich sage: Hundertmal lieber gebunden in einem guten Staat als frei in einem schlechten! Und das Schönste auf der Welt ist nicht die Redefreiheit, sondern die Arbeit für das Wahre und Gute und Schöne.

Wir dürfen uns von unsern Gegnern nicht in die Stellung drängen lassen, als kämpften wir gegen Bindung für bloße Ungebundenheit. Die Zeit für solche Parolen ist vorbei. Der Zensurkampf ist Teil des Kampfes, den die eine politische Weltanschauung gegen die andre führt. Daraus folgt für unsre Haltung: Es ist sinnlos, dagegen zu protestieren, daß der Gegner Waffen benutzt. Vielmehr muß man prüfen, welche einem selber, zur Abwehr, zur Verfügung stehen. Welche Waffen haben wir?

Die ganze Reputation des heutigen Staates, seine einzige Propagandamöglichkeit beruht darauf, daß er ein über den Parteien schwebendes, objektives, gerechtes Gebilde sei, eine Staatsform, die sich zwar gegen Ausschreitung und Gewalttat schützen müsse, im übrigen aber jeden nach seiner Façon selig werden lasse. Aufklärung darüber zu schaffen, daß das nicht so ist, bedeutet unsre stärkste Waffe. Wir dürfen den Zensurkampf nicht aufziehen als einen Kampf gegen Willkürakte (denn es sind keine), sondern gegen grade sehr durchdachte, politisch sinnvolle Abwehrmaßnahmen des einen politischen Lagers gegen das andre. Wir können den amtlichen Sonntagsnachmittagsmantel lüften, der aus Verfassungsartikeln und Goethezitaten kunstvoll gewebt ist. Unsre einzige Machtchance liegt hier: Es könnte den Regierenden rätlich erscheinen, den Unterdrückungskampf gegen die Opposition abzudämpfen, um ihr nicht zu viel beweiskräftiges Material für ihre Aufklärungsarbeit zu liefern, um die brutale Geste, hinter der sich Schwäche verbirgt, nicht für allzu viele Augen sichtbar zu machen. Aufklären ist unsre Aufgabe, den Widerspruch aufzeigen zwischen dem, was dieser Staat tut und was er in Verfassungen und Verfassungsfeiern proklamiert. Nicht aber liegt es uns ob, an die Freiheitsideen und den Gerechtigkeitssinn dieses Staates zu appellieren. Denn damit helfen wir, die für ihn lebenswichtige Fiktion aufrechtzuerhalten, als ginge es um etwas andres als um Machtkampf.

Meine Damen und Herren! Im Lichtspielgesetz vom Mai 1920 steht, daß ein Film wegen einer Tendenz als solcher nicht verboten werden darf. Und so erweist sich die Praxis der Filmzensur als ein einziges, jahrelanges Suchen nach Mitteln und Umwegen, Filme dennoch wegen ihrer Tendenz als solcher zu verbieten. Denn das ist ja, politisch gesehen, ihre eigentliche Aufgabe: sie ist das Kampfmittel einer »Tendenz« gegen eine andre. Die Filmzensur legt schon rein äußerlich keinen Wert darauf, als ein ordentliches Gerichtsverfahren angesehen zu werden. Sie arbeitet nicht öffentlich, wie es selbstverständlich wäre, sondern streng geheim. Es ist sehr lehrreich, einmal mitzuerleben, wie Herr Ministerialrat Seeger Pressevertreter mit einer Handbewegung aus dem Saal fegt; obwohl ihm das Lichtspielgesetz keinerlei Anhalt dafür bietet.

Man will uns die Augen verbinden. Wir sollten uns das nicht ruhig gefallen lassen.

II. Filmkritik

A. Zur Theorie der Filmkritik

1. Notiz[1]

(1927)

Weshalb machen es sich manche *Filmkritiker* so leicht? Sie erzählen in launigem oder mißlaunigem Ton die genaue Handlung, fügen ein paar Namen und Werturteile daran und Schluß. Der Kritiker sollte einzelne Motive oder gar den Gang der Handlung immer nur dann erwähnen, wenn er damit eine Behauptung anschaulich belegen, eine Geistesrichtung charakterisieren, einen gelungenen Wurf kennzeichnen will. Aber weshalb dem Publikum unnötig vorher die Spannung rauben, die doch beim Film eine so große Rolle spielt?

2. Fachliche Filmkritik

(1929)

Die Leute vom Fach, die Schauspieler, Regisseure, Produktionsleiter und Manuskriptautoren pflegen für die Auslassungen der Filmkritiker jene heitere Resignation bereit zu halten, mit der man sich wappnet, wenn Kinder, Kranke, Greise – Leute, die nichts dafür können, Unsinn reden. Mit Recht? Mit Unrecht? Mit Unrecht sicher einmal insoweit, als die Fachleute glauben, daß dem durchschnittlichen Filmkritiker, der vom Schreibtisch und nicht aus dem Atelier kommt, die nötigsten technischen Vorkenntnisse fehlen. Sie staunen, wenn sie erfahren, daß das, was sie für intime Geheimnisse ihrer Branche halten, auch dem Kritiker geläufig ist, daß er weiß, wie ein Filmmanuskript aussieht, was eine Überblendung ist, daß die Kamera manchmal auf Schienen läuft und daß der Film aus Einzelstreifen zusammengeklebt wird – Dinge, die heute jeder Tertianer beherrscht und die man leicht begreifen kann, ohne daß erst eine jahrelange Bestrahlung mit Quecksilberlicht notwendig wäre. Ein Filmkritiker soll noch ein wenig mehr von der Technik des Films wissen: er soll selbst einmal mit einer Kamera und mit einem Projektionsapparat hantiert, ein entwickeltes Positiv in den Fingern gehabt, ein paar Atelieraufnahmen beigewohnt haben – aber ich denke, es gibt nicht viele Filmkritiker, denen diese primitivsten Vorke..ntnisse feh-

---

[1] Einer von sechs kurzen Beiträgen zu verschiedenen Filmthemen, von Arnheim unter dem Titel »Vom Film« zusammengefaßt.

len. Insoweit also handelt es sich um die übliche Unterschätzung des Nichtfachmannes.

Sehr viel ernster zu nehmen aber sind die Vorwürfe gegen die Inkompetenz der Filmkritiker, wenn sie so lauten: »Da setzt ihr euch in den Zuschauerraum, seht den Film an, beurteilt den Regisseur, die Schauspieler, den Architekten, den Photographen, und habt keine Ahnung, wie der Film zustandegekommen ist! Ihr laßt den Pudowkin einen Platz heraufrücken, weil er in der Mongolei herrliche Landschaften und Typen aufgenommen hat – ja, welchem Regisseur sonst werden denn die Geldmittel zu so einer Expedition bewilligt! Kunststück, den Potemkin-Film zu machen, wenn man über die ganze Stadt Odessa und über die Schwarze-Meer-Flotte verfügen kann. Sie meinen, dieser Chaplinfilm sei nicht gut? Ja wissen Sie nicht, daß damals die Scheidungsgeschichte lief? Sie kreiden mir als Regisseur an, daß die Hauptschauspielerin steif wie ein Stock ist? Habe ich mir die Dame ausgesucht oder hat sie mir der Direktor aus Gründen spezialisierter Menschenliebe aufgedrängt? Sie sagen, ich sei eine schlechte Schauspielerin? Ja meinen Sie, daß unter einem solchen Regisseur . . .? Das Drehbuch ist gut? Das Drehbuch ist ein Dreck – der Regisseur hat die Einfälle hineingearbeitet! Der Regisseur hat Einfälle? Die sind alle von Jannings selbst. Die Massenszene ist unsorgfältig? Dazu müssen Sie eben wissen, daß der Produktionsleiter mit der Uhr in der Hand hinter mir steht . . . In meinem Film wirkt die Bildbewegung gezwungen? Ja wissen Sie nicht, daß nur ganz wenige Operateure sich ein derart teures Stativ . . .« Der Filmkritiker sitzt klein und häßlich dabei und kommt nicht zu Worte. Wenn er sich nicht schriftlich verteidigt.

Es geht um die Frage, ob man ein Werk rein als fertiges Endprodukt hinnehmen und als solches würdigen, oder ob man den Entstehungsprozeß mitberücksichtigen, also bedenken soll, ob der Künstler im ungehinderten Vollbesitz seiner Mittel gewesen sei. Diese Frage besteht natürlich für jedes Kunstwerk, aber akut geworden ist sie erst beim Film, und zwar aus vorwiegend wirtschaftlichen Gründen. Die äußern Voraussetzungen für die Arbeit des Malers, Musikers, Dichters sind nicht groß: Hat der Maler Leinwand und Farben, gutes Licht und gute Gesundheit, schaut ihm kein neugieriges altes Weib über die Schulter, so hängt es nur noch von seiner eignen Begabung, Laune, Energie, Konzentrationsfähigkeit ab, ob ein gutes oder ein schlechtes Bild entsteht. Notenpapier, ein ruhiges Zimmer, eine Schreibmaschine, Essen und Trinken – es sind alles erschwingliche Dinge, wenn man an die Herstellungsmittel eines Films denkt. Bücher, Musikstücke, Bilder werden als fertige Produkte und ohne viel Rücksicht auf die Arbeitsbedingungen des Künstlers kritisiert, weil es auf diesen Gebieten die Regel ist, daß man ein Werk nur dann herausbringt, wenn man unbehindert hat arbeiten können. Es gibt Ausnahmefälle, aber selbst wenn so Krasses vorliegt, wie der Unterschied zwischen dem geistig gesunden und dem nervenkranken van Gogh, ist dieser Umstand eigentlich nur für den Experten von Belang, während die Kunstfreunde sagen: Krank oder nicht krank – was taugen die Bilder? Beim Film aber liegt das alles anders.

Da die Herstellungskosten eines Films in die Zehntausende gehen, braucht der Künstler den Kaufmann, und dieser wieder verlangt billige, gut absetzbare Ware. So sieht sich schon der Produktionsleiter gezwungen, Experimente zu vermeiden, mehr auf den Publikumsgeschmack als auf den Kunstwert zu achten. Der Manuskriptschreiber muß nach sensationellen Stoffen, nach wohlschmeckender Handlung suchen, sich nach gangbaren Mustern richten. Der Regisseur muß schnell, möglichst ohne herumzuprobieren, Szene auf Szene herunterdrehen, komplizierende Neuigkeiten vermeiden, kostspielige Dekorationen umgehen, den Launen hochbezahlter Publikumslieblinge nachgeben, damit sie nicht abspringen. Der Schauspieler muß mit gut eingeführten mimischen Mitteln arbeiten, damit er nicht durch Eigenart unliebsames Aufsehen erregt, und sein Leben lang den Typ spielen, den das Publikum an ihm lieben gelernt hat. Oder mindestens meinen die Leute, die zu sagen haben, daß das alles so sein müsse, und das macht hierfür keinen Unterschied.

Der Filmkünstler ist, im Gegensatz zu seinen Kollegen von den andern Fakultäten, so gut wie nie im Vollbesitz seiner Mittel, und so empfindet er es als ungerecht, wenn man ihn nach Leistungen beurteilt, für die andre verantwortlicher sind als er.

Nun ist es zweifellos publizistische Pflicht, diese Zustände in der Filmproduktion öffentlich zu kritisieren. Aber man sollte diese Aufklärungsarbeit nicht mit der andern, nicht weniger wichtigen Aufgabe des Kritikers, der rein ästhetischen, in einen Topf werfen und vor allem nicht verlangen, daß die ästhetische Kritik immer zugleich auch Atelierkritik sei. Denn diese Forderung ist fast unerfüllbar. Sie verlangte vom Filmkritiker intimste Fühlungnahme mit den Produzenten, er müßte ständig über die innenpolitischen Verhältnisse in den einzelnen Filmgesellschaften informiert sein, so daß er am Premierenabend genau wüßte, unter welchen Bedingungen der Film zustande gekommen ist. Ganz abgesehen davon, daß solche umfassenden Informationen sich nicht ohne große Schwierigkeiten erzielen lassen: – man vergesse nicht, daß es die wichtige Aufgabe des Kritikers ist, das fertige Werk unvoreingenommen zu beurteilen. Wer am Entstehen einer Sache allzu nah beteiligt ist, steht ihr nicht objektiv gegenüber – womit nicht gleich darauf abgezielt wird, daß der Mensch schwach ist, besonders vorn auf der Brust, wo die Brieftasche sitzt. Sondern: Wer den ersten Vorbesprechungen beigewohnt hat, wer dabei war, wie das Manuskript zehnmal umgekrempelt werden mußte, wie verschiedene Besetzungen ausprobiert wurden, wie bei der Aufnahme alles ganz anders wurde, als man vorher gedacht hatte – der

169

verliert notwendig den Blick für das fertige Werk. Der Filmkritiker soll hier als unbefangene Instanz wirken. Wird auch er in den Produktionsprozeß hineingezwungen, so gibt es keine wirkliche Autorität mehr für gut und böse.

Und es ist auch nicht richtig, daß ohne solche intimen Vorkenntnisse eine produktive Filmkritik nicht möglich sei. Konstatiert der Kritiker öffentlich, die vielen Großaufnahmen der Frau X. hätten dem und dem Film empfindlich geschadet, so kann er die Frage, wer daran schuld sei, offen lassen; und der Regisseur, der die Großaufnahmen nicht gewollt hat, kann den rot angestrichenen Ausschnitt schwingen und zeigen, daß er recht gehabt hat. Schlecht aufgebaute Handlung, unklare Photographie, die Hauptrolle falsch besetzt – der Filmkritiker hält sich an die Resultate, und die Produzenten unter sich wissen dann schon, wer der Sündenbock war. Und im übrigen ist es in vielen Fällen durchaus nicht schwer, rein aus dem Film heraus zu beurteilen, wem die Verantwortung für eine bestimmte Leistung zufällt. Es ist nicht schwer zu sehen, daß im *Göttlichen Weib* die weibliche Hauptrolle schlecht war, weil eine schlechte Regie aus einer guten Schauspielerin nichts zu machen wußte, während zum Beispiel im *Goldrausch* derselbe Effekt den umgekehrten Grund hat. Man erkennt, etwa bei Lubitschens amerikanischen Filmen, trotz der Bindung an schematische Themen in jeder Szene den guten Regisseur (*Alt-Heidelberg*!).

Und dies führt schon zu der letzten Frage: Wieweit soll der Filmkritiker nun wirklich fachlich gebildet sein? Hier ist zu sagen, daß die Filmkritiker zwar, wie erwähnt, zumeist ausreichende technische Vorkenntnisse haben, daß sie aber vielfach von diesen Kenntnissen bei der Würdigung eines Films keinen Gebrauch machen. Man pflegt, verführt durch das riesige Publikum, das sich der Film, alle andern Künste überflügelnd, rasch geschaffen hat, zu behaupten, der Film sei eine Volkskunst, sei leichter verständlich als die übrigen Künste. In Wirklichkeit steht es mit dem Verständnis für den Film nicht anders als mit dem Kunstverständnis überhaupt: es ist unendlich rar. Allzuviele Filmkritiker sehen, wie das große Publikum auch, am Film nicht viel mehr als das Inhaltliche: Die Handlung, eine etwaige Tendenz, wird gelobt, getadelt, langweilig oder unterhaltsam, verhetzend oder verdienstlich genannt; ein paar Worte der Zensur für die Darsteller, für den Operateur, eine Verlegenheitsfloskel für den Regisseur – Schluß. Da verlohnt es sich schon, wenn der Kritiker sich bei intelligenten Filmkünstlern darüber informiert, worum es ihnen eigentlich geht. Er wird mit Erstaunen hören, daß vielleicht das Publikum, nicht aber der Hersteller mit solchen Kritiken irgend etwas anfangen kann; weil sie nicht zur Sache reden. Fachlich im guten Sinne nenne ich es, wenn der Kritiker darauf zu achten weiß, ob ein Vorgang geschickt oder umständlich, originell oder herkömmlich »in Bilder gesetzt« ist, wenn er sich bei einem Film wie dem *Kampf der Tertia* nicht aus Begeisterung über das ungewöhnlich schöne Thema darüber hinwegsetzt, daß der Film mittelmäßig gemacht ist; sich nicht durch ein oder zwei malerisch photographierte Einzelszenen dahin beruhigt, auch die Machart sei erstklassig. Unfachlich ist es, wenn der Kritiker sich, ohne Gefühl für die Gesetze und Grenzen der filmischen Mittel, aus reiner Freude an sensationellen Neuigkeiten darüber begeistert, daß der Tonfilm kommt oder daß im *Johanna*-Film statt eines Filmstreifens ein Photomatonstreifen geboten wird. Fachlich ist es, der Schauspielerin Elisabeth Bergner an praktischen Beispielen zu beweisen, daß sie photographisch und mimisch Unzureichendes bietet. Unfachlich, bei einem Film wie *Wie Madame befehlen* aus Ärger über die alberne Fabel zu übersehen, wie präzis und dicht Manuskript und Regie sind, wie Adolphe Menjou in jedem Augenblick haargenau das richtige Quantum Mimik liefert. Fachlich, bei einer hübschen Darstellerleistung wie dem »Maxe« von Fritz Kampers in *Somnambul* zu wissen, daß diese Mittel von Jannings stammen. Unfachlich, bei zwei Schauspielerinnen wie Brigitte Helm und Lilian Harvey zu übersehen, daß sie vielleicht die einzigen wären, die wir den Größen von Hollywood entgegenzustellen hätten, wenn nicht Stumpfsinn, Trägheit, Mangel an Geschmack und Blick dies Material ungenutzt ließen; Greta Garbo war in der *Freudlosen Gasse* langweilig und mittelmäßig, und aus Anna Sten wäre eine Lee Parry zu machen gewesen. Und, was mir das Wichtigste zu sein scheint: der fachliche Filmkritiker wertet einen Film, der heute herauskommt, nicht als Einzelleistung. Ist ein Film als ganzer schlecht, so hat der Kritiker nachzuspüren, ob nicht eine einzelne Feinheit darin ist, die einen Fortschritt bedeutet, ein Darsteller, der bei besserer Behandlung Gutes leisten könnte. Er hat zu erkunden, wo der Fehler sitzt und wie er künftig zu vermeiden ist. Er hat zu unterscheiden, was am einzelnen Film typisch für die Gesamtentwicklung ist und was nur ihm zufällig und einmalig zukommt. Bei dem *Lebenden Leichnam* zum Beispiel wird er es als einen für diesen Film traurigen, aber sonst unsymptomatischen Unfall ansehen, daß die wundervolle Leistung Pudowkins als Fedja blockiert wird von der unglückseligen Maria Jacobini, die – bedauernswert anzuschauen, wie ein durch einen Fabrikschornstein gestürztes Kaninchen – mit gerefftem Mienenspiel die Handlung entlangtreibt; mit beträchtlich lauterer Stimme aber wird er vermerken, daß das russische Stilmittel, durch Zwischenmontierung von Landschaften, steinernen Denkmälern, Kirchenkuppeln die Begebenheiten symbolisch zu umkleiden, hier unter den Händen eines russischen Regisseurs zu einer starren, ärgerlichen Manier wird – eine Gefahr, die, wie man sich bei solchem Beispiel sagen muß, der ganzen russischen Filmkunst drohen könnte. Der Filmkritiker sieht die Filmproduktion der ganzen Welt als eine einheitliche Arbeit, in der jedes einzelne Werk seinen Platz hat. Diesen Platz anzuweisen, ist die Aufgabe des Kritikers. Hunderte von Filmen darf er, als rein industrielle Massenprodukte, unerwähnt lassen, wo aber ein lehrreiches Beispiel, ein lehrreicher Irrtum geliefert wird, da hat er einzuhaken. Denn der Kritiker soll nicht zensieren. Zensuren sind gleichgültig. Er soll steuern helfen.

3. Der Filmkritiker von morgen (1935)

Es hat lange gedauert, bis die Filmkritik aufhörte, ein Nebenamt der Lokalreporter, der Theater- und Buchkritiker zu sein. Es fehlte beim Zeitungsverleger die Vorstellung, daß es sich hier um etwas anderes handeln könne als um eine redaktionelle Gegengabe für die Inserate der Kinotheater. Als dann endlich die Filmkritik mit eigenen, eben filmmäßigen Begriffen arbeitete, auf ein gutes geistiges Niveau und an einen Platz im Blatt gelangt war, der dem der Theater- und der Kunstkritik entsprach, da begann die Filmkunst nach rascher Blüte schon wieder zu welken, und heute ist der Hauptfehler des Filmkritikers gerade der, daß er Filme auf die gleiche Weise beurteilt, wie seine Kollegen die Bilder, die Romane, die Theaterstücke.

Es ist wahr, daß auch in jenen etwa fünfzehn Jahren, während derer sich die Entwicklung der Filmkunst vollzog, nur ganz selten einmal ein wirklich reines Kunstwerk, und sei es auch nur der Absicht nach, entstand, aber der Filmkritiker hätte damals die Möglichkeit gehabt, einen derart seltenen, derart aufregenden Prozeß in seinen einzelnen Stufen zu beobachten, aufzuzeichnen und zu kommentieren, daß ihn seine Kollegen darum hätten beneiden müssen, wenn schon auf ihren eigenen Gebieten eine alte Kunsttradition für Werke von reinerem Wollen und höherem Niveau sorgte. Hier nämlich entstand eine Kunstform! Hier wurden einem zunächst rein mechanischen Abbildungsverfahren allmählich Mittel abgewonnen, die es gestatteten, die Wirklichkeit künstlerisch zu charakterisieren. Und dieses erstmalige Experiment war für die Ästhetik so kostbar, daß es darauf, mindestens zunächst einmal, viel mehr ankam, als auf die für die endgültige Beurteilung des Phänomens ausschlaggebende Tatsache, bis zu welcher Höhe sich die neue Kunst werde entwickeln lassen (wie uns denn die Frage, ob der Film Kunst sei oder nicht, falsch gestellt und zu ersetzen scheint durch diejenige, bis zu welchem Grade er Kunst sein könne).

Präsentierte sich also, wie gesagt, nur ganz selten einmal ein dem Gelingen und dem Wollen nach reines Kunstwerk, so bedeutete damals doch fast jeder neue Film in irgend einem Drehbuchmotiv, irgend einer Einstellung, einem Beleuchtungseffekt eine Etappe in der Ausbildung der neuen optischen Sprache, und dies zu konstatieren, hätte damals die Aufgabe des Filmkritikers sein sollen.

Aber die Filmkritik war dazu im großen Ganzen nicht reif, und so ging die Gelegenheit ziemlich ungenutzt vorüber.

Künstlerische Gestaltung ist nicht Luxus, ist nicht Schmuck oder Zugabe, sondern dient dazu, das Thema, die Handlung auszudrücken, und so hatten sich im Film die künstlerischen Mittel unter dem – durch das Fehlen des Wortes verursachten – Zwang entwickelt, die Handlung, die Figurencharaktere, das Milieu optisch klarzumachen. Man war so zu einer besonderen, stummen Pantomimik, zur Umsetzung »innerer« in sichtbare Handlungsmotive, zu den Gestaltungsmitteln der Filmkamera und zur Montage gelangt. Mit dem Sprechfilm verschwand die Notwendigkeit zur Verwendung aller dieser Mittel.

Ja, nicht nur die Notwendigkeit, sondern bis zu einem hohen Grade auch die Möglichkeit. Zwar bot sich nun rein äußerlich-praktisch ein bequemeres, unmittelbareres Mittel, über Vorgang, Charakter und Milieu zu berichten, – aber Wort und Bild waren jedes für sich so umfassende Darstellungsmittel, daß sie einander bei gleichzeitiger Anwendung künstlerisch nicht ergänzen, sondern nur beeinträchtigen, verstümmeln konnten.

Die sich daraus ergebende Entwicklung – der Verfall der filmkünstlerischen Ausdrucksmittel – ist heute noch nicht abgeschlossen. Auch sie ist ästhetisch recht interessant und verdiente daher größere Aufmerksamkeit der Filmkritiker. Es wäre zu belegen, wie sich unter dem Einfluß des Dialogs die Einstellungen entwerten, die Einzelszenen verlängern und damit auch die Montage verfällt; wie die Fahraufnahme überhand nimmt, der Schauspieler den Bildraum erobert, die äußere Handlung zugunsten der gesprochenen verkümmert. Was der Tonfilm begonnen, werden der farbige, der plastische, der Großformatfilm und die »direkte Übertragung« realer Szenen durch das Fernsehen vollenden.

Leider legt die Mehrzahl der Kritiker sich von dieser Sachlage keine Rechenschaft ab. Man sieht, daß die Filme künstlerisch unergiebig sind, sieht aber nicht, daß das so sein muß. Man schiebt die Schuld auf den einzelnen Produzenten oder Regisseur, so als ob es auch gute Sprechfilme geben könnte.

Es wird eine Aufgabe des Filmkritikers von morgen – vielleicht wird er auch »Fernsehkritiker« heißen – sein, die lächerliche Figur aus der Welt zu schaffen, die der normale Filmkritiker und Filmtheoretiker heute macht: der lebt vom Glanze seiner Erinnerungen wie die siebzigjährigen Ex-Hofschauspielerinnen, kramt in vergilbten Photographien wie diese, spricht von Namen, die längst verschollen sind. Er diskutiert mit seinesgleichen Filme, die seit zehn oder mehr Jahren niemand mehr hat sehen können und über die sich daher alles und nichts sagen läßt, argumentiert über Montage wie die Scholastiker über das Dasein Gottes und glaubt, daß es das alles heute noch geben könne. Er sitzt des Abends mit andächtiger Aufmerksamkeit als kritischer Kunstfreund im Kino, als lebten wir noch in den Zeiten der Griffith, Stroheim, Murnau und Eisenstein. Er glaubt, schlechte Filme zu sehen, statt zu begreifen, daß das, was er sieht, gar nicht mehr Film ist.

Alle jene theoretischen Studien wären großartig, wenn man sie bewußt als historische oder rein theoretische Untersuchungen betriebe. Sie sind lächerlich, sobald man sie, wie allgemein geschieht, der heutigen Filmproduktion als Rezept vorsetzt. Wir wissen sehr wohl, daß noch manchmal – und das wird auch morgen noch so sein – unter den Händen eines Avantgardisten, Schmalfilmamateurs, Dokumentenjägers ein wirklicher Film entsteht, aber die Arbeit eines Kritikers kann ja nicht solche Ausnahmefälle, sondern muß die breite Tagesproduktion betreffen, und diese kann einer ästhetischen Kritik nur dann unterzogen werden, wenn sie – sei sie nun schlecht oder gut – prinzipiell in den Bezirk der Ästhetik fällt, d. h. die Möglichkeit hat, Kunstwerke zu schaffen. Früher waren die guten Filme nur der Qualität nach von den durchschnittlichen verschieden; heute sind sie Außenseiter, Überbleibsel, Dinge grundsätzlich anderer Natur als das, was normalerweise durch die Kinos geht.

So mancher Kritiker flüchtet sich heute, da er ja nun einmal schreiben muß, in die Ironie, begnügt sich mit mehr oder weniger guten Witzen und mit detaillierter Schauspielerkritik. Gibt es gar nichts Besseres für ihn zu tun? Zweifellos ja. Der Filmkritiker sollte sich heute nachdrücklich auf seine zweite große Aufgabe besinnen, eine Aufgabe, die ihm schon immer gestellt war, für deren Vernachlässigung aber früher allenfalls als Entschuldigung gelten konnte, daß die ästhetische Kritik viel Platz und Interesse beanspruchen durfte. Wir meinen die Charakterisierung des Films als Wirtschaftsprodukt und als Ausdruck politisch-moralischer Anschauungen.

Filme werden von Fabrikanten als eine Ware fabriziert, die möglichst viel mehr Geld einbringen soll, als sie gekostet hat, d. h. so gehalten sein soll, daß möglichst viele sie abnehmen. Nichtsdestoweniger gab es zumal früher immer wieder Fälle, in denen der Fabrikant dem von ihm beauftragten Künstler eine gewisse Freiheit in Stoffwahl und Ausführung ließ, in der Hoffnung, daß der Film deswegen oder trotzdem finanziellen Erfolg bringen werde. Aber jede wirtschaftliche Organisation hat das Bestreben, sich zu vervollkommnen, unkontrollierte Faktoren auszuschalten, und so hat die Filmproduktion inzwischen den Künstler immer mehr zum bloßen Ausführungsorgan für das gemacht, was der »producer« ihm, auf Grund eines raffinierten Gefühls für »das, was gefällt«, herzustellen aufgibt. Wir denken dabei an den ausgeprägtesten Typ der heutigen kommerziellen Filmproduktion, vor allem an die amerikanische, und sehen dabei zunächst von denjenigen Fällen ab, in denen autoritäre Stellen, Regierungen, Organisationen, usw. der kaufmännischen Initiative eine andre entgegenzustellen suchen. In der industrialisierten Produktion ist es für einen Film heute bei weitem bezeichnender, von welcher Firma als von welchem Regisseur er gemacht ist. Die neuen Regisseure sind immer weniger voneinander zu unterscheiden, und die neuen Schauspieler auch.

Der normale Filmkritiker von heute kennt diesen Tatbestand in der Theorie sehr wohl, aber in der Praxis treibt er Stilkritik an George Cukor und vertieft sich in die psychologischen Eigenarten von Joan Crawford, ohne sich klarzumachen, daß diese Gestalten, selbst wenn ihnen der Anlage nach etwas von künstlerischer Eigenart gegeben sein sollte, zumindest in der praktischen Betätigung zu gänzlicher Unselbständigkeit verdammt sind. Man wirft dem Regisseur vor, er habe in »seinem« Drehbuch das Charakteristische des Milieus nicht herausgearbeitet und hält das Zusammentreffen eines bestimmten Regisseurs mit einem bestimmten Schauspieler für ein künstlerisch motiviertes Ereignis, dessen Gründe untersucht und beurteilt werden müßten. In einem neulich in diesen Blättern erschienenen Aufsatz, der im übrigen durchaus auch Andeutungen der wirklichen Kausalzusammenhänge enthielt, wurde nichtsdestoweniger dem Regisseur Mamoulian vorgeworfen, daß er sich der »unschuldigen Eitelkeit« der Greta Garbo unterworfen habe. Etwa gleichzeitig erschien in einer deutschen Zeitung ein Interview, in dem Greta Garbo sagte: »Ob ich mit dem Christina-Film zufrieden bin? Nein, gar nicht: wie können Sie so etwas glauben? Wenn ich zu bestimmen gehabt hätte, wäre er ganz anders geworden. Doch was man sich selbst wünscht, das wird ja nie verwirklicht. Die Rolle, von der ich geträumt habe, werde ich niemals spielen.« Es geht uns hier nicht um eine Verteidigung der Garbo, sondern um die Tatsache, daß ein solcher Film von Regisseur und Schauspielerin, ob sie nun einverstanden und begeistert waren oder abgestoßen und vergewaltigt, nur so gemacht werden durfte, wie er gemacht worden ist! Man kann einem Künstler allenfalls im allgemeinen vorwerfen, daß er sich solchen Produktionsmethoden verschreibe. Einen Film aber dann als das freie Werk von Künstlern zu beurteilen wie einen Roman oder ein Gemälde – während heutzutage auch eine Königin unter den Schauspielerinnen noch nicht einmal darüber bestimmen darf, in welchem Winkel ihr die Augenbrauen gezogen werden – verschleiert in schädlicher Weise den wirklichen Tatbestand.

Ähnlich unzureichend ist z. B. die heute verbreitete Art, historische Filme zu kritisieren. Man stellt die Abweichungen vom historischen Tatbestand fest und beurteilt nun den Manuskriptautor oder den Regisseur oder den Produzenten in einem Sinne, als habe er die Quellen nicht richtig studiert oder sei aus reiner Laune, aus Unverstand, aus Mangel an Objektivität oder aber auch im Dienste einer bestimmten künstlerischen oder wissenschaftlichen Idee von der Wahrheit abgegangen, genau so wie man den Autor eines historischen Romans oder Dramas oder eines wissenschaftlichen Geschichtswerkes kritisieren würde. In Wirklichkeit kennt der, von Fachleuten beratene und mit prächtigen Archiven versehene Produzent den geschichtlichen Tatbestand wahrscheinlich besser als der Kritiker und denkt gar nicht daran, in der Gestaltung des Films seine Launen, seinen Unverstand, seine persönliche Auffassung auszutoben. Eine Fabrik ist kein Platz für solche Passionen. Jede Veränderung der Historie ist vielmehr – genau so wie jede Veränderung eines zu verfilmenden Romans oder Theaterstückes – eine scharf auskalkulierte, wirtschaftliche Maßnahme, dazu bestimmt, den Film für das Publikum sympathischer, anziehender, spannender, prächtiger, aufregender zu machen. In diesen Filmen ist viel weniger Willkür als in den Werken so mancher Künstler oder Wissenschaftler. Sie werden nach erprobten Regeln zubereitet, und von den Grundzügen der Handlung bis zu den Handbewegungen des Helden dient alles dem gleichen Zweck.

Solange der Kritiker das nicht weiß oder nicht sagt, ist seine Kritik wertlos. Sie ist wertlos, solange er an Einzelpersonen und in Einzelfällen Lob und Tadel austeilt, ohne dabei zu begreifen, daß Filme auf Grund allgemeiner Gesetze so ausfallen, wie sie sind.

Erstes Gesetz: Der Sprechfilm als Darstellungsmittel schließt künstlerische Gestaltung aus.

Zweites Gesetz: Der Film wird als eine Ware derart hergestellt, daß sie sich möglichst gut verkaufen läßt.

Drittes Gesetz: Der Film ist nicht so sehr Ausdruck von Einzelmeinungen, als vielmehr Ausdruck allgemeiner politischer und moralischer Anschauungen.

Zum dritten Punkt ist zu sagen, daß in denjenigen Ländern, die im Sinne einer bestimmten Weltanschauung gelenkt werden, die Regierungen heute in äußerst nützlicher Weise auf den politisch-moralischen Gehalt des Films hinweisen. Leider hilft ihnen der Filmkritiker dabei noch nicht ausreichend. Er sieht z. B. nicht, daß ein amerikanischer Durchschnittsfilm, der ihm nur künstlerisch belanglos und albern scheint, äußerst interessant wird, sobald man ihn als charakteristisch für das ansieht, was dem Volk drüben schmeckt. Ob ein Film nun vom Produzenten auf die Volkspsyche abgestimmt, oder ob er unter dem Einfluß einer politischen Instanz als Propaganda- und Erziehungsmittel benutzt wird – immer muß es, heute wie morgen, die Aufgabe des Filmkritikers sein, diesen Gehalt zu analysieren und, positiv oder negativ, zu bewerten.

Der Film ist eins der charakteristischsten Ausdrucksmittel und eins der wirksamsten Beeinflussungsmittel unserer Zeit. In ihm wirken nicht Einzelmenschen, sondern Völker, Klassen, Staatsformen. Der Filmkritiker von morgen wird dem Rechnung tragen müssen. Der von heute tut leider allzu häufig noch so, als sei das Kino ein kleines Luxustheater, in dem ein paar eigenwillige Künstler ein paar Kunstfreunden vorspielen. Dieser Kritiker von heute ist leider von gestern.

B. ›Stachelschwein‹-Kritiken (1925 bis 1928)

1. Dr. Caligari redivivus (1925)

Der Erfolg dieses Films beruhte einstens weniger auf der Zugkraft der Handlung oder der Darstellung als auf den »expressionistischen« Dekorationen, die man hier zum ersten Male verwendet sah. Seitdem sich aber die Methode, Rechtwinkliges schief zu machen, Häuschen gegeneinander fallen zu lassen und Rundliches spitz darzustellen für Cabaret-, Theater und Kino-Einrichtungen eingebürgert hat, und seitdem die Wände auch des dürftigsten Cafés in feurigen Zungen die extravagante Modesprache sprechen, muten einen Dekorationen dieser Art eher konventionell als fortschrittlich an, und man konstatiert bei dieser Gelegenheit, daß es sich hier (wie auch bei vielem, was seit Jahren die Kunstausstellungen dekoriert) gar nicht um Expressionismus, d. h. um Darstellung des berühmten »Wesentlichen in den Dingen« handelt, sondern daß hier einfach das Äußerliche der Objekte nach ornamentalen Gesichtspunkten umgearbeitet, wenn auch sehr hübsch umgearbeitet worden ist. Hat man die Kleinstadtstraßen winkliger, die Nachtszenen gespenstischer, die verschiedenen Innenräume nüchterner, gemütlicher, ärmlicher, glanzvoller machen können? Nein, sondern man hat sie in einen entzückenden Tapetenstil hineinkomponiert, der aber den Charakter der Dinge verfälscht und bei weitem nicht so viel »wesentlichen« Ausdruck gibt wie die lediglich getreue Photographie (man denke etwa an den *Letzten Mann*).

Gerade wo die ganze Geschichte das Hirngespinst eines Wahnsinnigen sein soll, hätte man »menschlichere« Verzerrungen der Realität bringen können. Und dann: die Figuren, die in diesem bunten Klim-Bim herumagieren, sind keineswegs stilisiert; sie haben solide Schauspielergesichter, anziehbare Kleider, natürliche Gebärden, und so nimmt man es den armen Leuten übel, daß sie ein nach den Gesetzen organismischer Statik konstruiertes Gesäß haben, wenn dieses vom Regisseur auf einen Stuhl gepflanzt wird, dessen windschiefe Proportionen zu aller Belastung nein sagen. Man hätte den Dekorationsmaler Marionetten entwerfen lassen und damit seine verrückten Kulissen bevölkern sollen. So aber hat der Zuschauer das beruhigende Gefühl, daß an der Stelle, wo jetzt ein Mord geschieht, noch vor fünf Minuten ein fleckiger Malerkittel gehockt und die letzte Feile an den garantiert fortschrittlichen Kubismus gelegt hat; und selbst bei den Höhepunkten der Tragik lächelt man den Schauspielern augenzwinkernd zu: »Kinder, ihr tut ja doch bloß so!« Denn in so unstabilem Pinselwerk können die Leute einfach nichts Ernsthaftes »erleben«. (So nett sich die Leidenschaftlichkeit vor all den Zacken auch ausnimmt!)

Der Schauspieler Werner Krauß gibt, wie so oft, zwar keinen Menschen, wohl aber eine Plakatfigur von genialer Einprägsamkeit. Bei ihm könnte man eher von Expressionismus sprechen, wenn auch von einem unlebendigen, inszenierten. Conrad Veidt, hier noch typisch im Knospenstadium seines Könnens, weiß durch gute, primitive Mittel infantile Schauergefühle in uns zu erwecken, indem er als Somnambuler schrecklich mit den Augen rollt oder etwa im schwarzen, engen Trikot eine mondbeleuchtete Wand entlang schleicht.

Bleibt noch die Frage, ob der Film veraltet ist. Nun, ich glaube, es liegt uns heute näher, Mörder und Wahnsinnige weniger märchenhaft aufzufassen. Unsere Schriftsteller schreiben die Biographien wirklicher Verbrecher, die Kunsterzeugnisse der Geisteskranken liegen uns greifbar reproduziert vor Augen. Auch hier sehen wir jetzt die Phantastik mehr im Realen. – Und wenn die Zwangsvorstellungen des Dr. Caligari so dargestellt werden, daß die Buchstabenreihe: »Du mußt Caligari werden!« laufschriftartig auf Wänden und Wolken erscheint, so hindern einen anno 1925 Erinnerungen an Lichtreklame und Devisen wie: »Du darfst nur Walasco rauchen!« an dem richtigen Genuß dieser Szene.

2. Buster Keaton als Sherlock Holmes jun. (1925)

Buster Keaton ist ein ungelenker Junge mit großen Augen und blöde-träumerischen Wimpern darüber. Überall wird er schlecht behandelt und nach unten gedrückt: er muß in einem Kino reinemachen und Filme vorführen. Desto größer aber sind seine Ambitionen: er fühlt das Zeug zum Detektiv in sich. Der Detektiv, das ist ihm, wie allen Jungen, das scharfgezeichnete Profil mit den Adleraugen, die Schnittmusterfigur auf Taille, der Mann, der vom Flugzeug in den D-Zug springt und vom D-Zug ins Auto. (Sollte jemand das Bedürfnis haben, die Nibelungensage – so wie man es jüngst mit dem Hamlet versucht hat – auf modern herauszubringen, um sie dem Volksempfinden zu nähern, so müßte Siegfried als Privatdetektiv auftreten, weil er nur dann eine wirkungsvolle Inkarnation des heutigen Kämpferideals wäre!) – Buster Keaton, der Vorführer, läßt eines Abends den Film »Hearts and Pearls« durchlaufen; darin stiehlt ein Verbrecher eine wertvolle Perlenkette, und schon rennt der Vorführer durchs Parkett, springt in den Film und spielt mit. Es kommt eine erschütternde Szene, in der er als der berühmte Sherlock Holmes jun. auftritt, vorschriftsmäßig aufgedonnert in

178

Frack und weißer Weste. Mit einem Maximum jener unerklärlichen ge-pflegten Nonchalance, die in den Werken der 10 Pfennig-Barden den ge-fürchteten Frank Robinson auszeichnet, übergibt er dem Diener den Zylin-der und die weißen Handschuhe und macht sich an die Untersuchung. In der nun folgenden Verbrecherjagd wird die Schwäche der Schauerromane, ihre Unwahrscheinlichkeit, in grotesker Karikierung zum Grundprinzip und Haupteffekt. Alle tausend Wunder der Technik stehen in den erstaunlichsten Kombinationen nebeneinander. Der Verbrecher lockt den Detektiv auf ein Dach, steigt dann ins Auto und saust ab. Da aber zufällig eine aufgezogene Eisenbahnschranke mit ihrem obersten Ende über das Dach ragt, läßt sich Sherlock Holmes an diesem Hebel in gemächlichem Bogen in das Auto gleiten und fährt mit. Ein andermal muß ihn ein Polizist vorn aufs Motorrad nehmen. Eine wilde Fahrt beginnt, der Polizist fällt hinterrücks vom Sitz, das Rad saust ohne Steuermann und mit dem nichtsahnenden Buster Keaton auf der Lenkstange weiter, flitzt in Schlangenlinien zwischen Autos durch, fährt über Brücken und Wagenverdecks und passiert eine Sekunde vor der heranfauchenden Lokomotive die Schienen. Der unselige Detektiv hält sich die Ohren zu und staunt über die schneidige Kilometerzahl.

Wie er schließlich die Perlen wiedererobert? Er umschleicht das Haus der Verbrecher, stellt einen flachen Pappkarton, der das Kostüm einer alten Frau enthält, vor ein Fenster, geht dann zur Tür hinein und läßt sich fangen. Die triumphierenden Verbrecher zeigen ihm höhnisch die gestohlene Kette. Er reißt sie an sich, macht einen Hechtsprung durchs Fenster und durch den Karton und trippelt draußen als fertig verputzte Olle an seinen Verfolgern vorüber. Dieser Sherlock Holmes jun. macht seinen Alten Herrn unmöglich. Dieser Buster Keaton erledigt den Abenteurer-Kitsch so gründlich, daß man ihn aus pädagogischen Gründen gern einmal in einer Henny Porten-Rolle sehen möchte!

Gegen Ende des Films erwacht Buster Keaton im Vorführungsraum aus seinen Träumen. »Hearts and Pearls« ist beim letzten Akt angelangt, die Katharsis hat stattgefunden, und Held und Heldin halten sich umschlungen. Da erscheint Busters Freundin, und er, der bisher zu jeglicher Annäherung zu schüchtern war, geht nach dem Beispiel der Filmleute zum Angriff vor. Tiefe Wahrheit: gerade bei den heftigsten Gemütswallungen braucht der Mensch von heute das Beispiel des Kintoppstils. Wenn ihm jemand stirbt oder geboren wird, wenn er liebt, haßt, kondoliert oder beglückwünscht – gerade dann ist er am wenigsten er selbst, gerade dann versagen ihm Zunge und Feder, und die verwässerten Metaphern der Familien-Nachrichten und des Briefstellers müssen für ihn schwindeln, weil er die Wahrheit nicht zu sagen weiß. Buster Keaton imitiert den Filmliebhaber stückweise: er küßt die Hand, verübt einen langen Blick, steckt den Ring an, aber als auf der Leinwand prosaisch und unvermittelt zwei dralle Babys von der Zukunft reden, da stoppt er ab und kratzt sich den Kopf. Das kommt davon, wenn der Kientopp die Forderungen der idealen Sphäre vernachlässigt!

3. Das Phantom der Oper (1925)

Zu einer Zeit, wo die feinen Damen noch aussehen wie bei Toulouse-Lautrec, geht in der Pariser Oper ein Phantom um. Mangels unheimlich wirkender Einfälle des Regisseurs, sieht man den sehr realen Schatten eines Mannes mit breiter Hutkrempe die Wände des Bühnenhauses entlanghuschen. Bei diesem für die Beteiligten grausenerregenden Anblick ziehen sich die neugierigen Tanzmädchen zu einem, dem älteren Ballettstil entnommenen Halbkreis zurück, obwohl echtes Entsetzen und echtes Zurückweichen gemeint ist. Schon hier offenbart sich das unselige Bestreben des Regisseurs, seine Schauspieler opernmäßig agieren zu lassen, auch wenn die Szene sich gar nicht auf der Bühne, sondern gewissermaßen im Leben abspielt; er glaubte wohl, auf diese Weise den Stil seines Themas am besten zu treffen! – Das Phantom hat seine Augen, über deren Existenz übrigens die Meinungen des verängstigten Bühnenpersonals stark auseinandergehen, auf eine junge Schauspielerin minderen Ranges geworfen. Dieser erscheint es unsichtbar und flößt ihr mit seiner »tiefen, weichen Stimme« den Genius der Musik ein. Davon bekommt man nun leider nichts zu hören, jedoch sieht man die Sängerin mit verzücktem Lächeln die Augen verdrehen und die vorgestreckten Unterarme hin- und herschwenken, so also kämpfe in ihr ein Schubertlied mit einem Sonnenstich. Sie verspricht, dem »Meister« zu dienen, und nun lanciert er sie für die Hauptrollen, mit Hilfsmitteln, die weniger gespenstisch sind, als man sie wohl heutzutage zu dem gleichen Zwecke anwenden müßte: er steckt schwarzumrandete Briefe durch die Türen und droht der Operndirektion und der Primadonna mit Mord und Totschlag. Wirklich bemächtigt sich, als eines Abends die Primadonna wieder das Gretchen singt, des Publikums eine seltsame Unruhe, wenn man dem (übrigens während des ganzen Films mit grauslicher Originalgraphik verschönerten) Zwischentext das glauben soll, was das Bild nur dürftig bezeugt. Die Beleuchtung funktioniert nicht recht, und plötzlich saust der große Kronleuchter ins Publikum. Vermutlich auf den weisen Rat des Regisseurs hin, hier sei Ruhe die erste Bürgerpflicht, gestaltet sich die nun folgende Panik für den Zuschauer nicht besonders aufregend. Die Statisten rennen zwar, aber man sieht es ihnen an, daß sie dafür stundenweise honoriert werden. – Von diesem Tage an singt Christine, des Phantoms schwache Seite, das Gretchen. Das Phantom jedoch wünscht, es nun nicht länger bei einem rein telefonischplatonischen Verhältnis bewenden zu lassen und erscheint deshalb zum ersten Male leibhaftig in Christines Garderobe, zwar, wie angebracht, im Gesellschaftsanzug, aber mit einer neckischen Maske vorgebunden. Die Sängerin wird in die unterirdischen Stockwerke der Oper geführt, wo das Phantom eine Flucht prunkvoll aufgedonnerter Gemächer (»Wie sich der kleine Moritz ein Schloß vorstellt«) sein eigen nennt. Hier soll sich nun Christine einerseits bei ihrem Mäzen erotisch revanchieren, andererseits – indem, wie man erfährt, »zwei Seelen in seiner Brust wohnen« – ihn zu einem besseren Selbst zurückführen und ihn erlösen; jedoch werden diese beiden Projekte dauernd so durcheinander vorgebracht, daß man schließlich auf den Gedanken kommt, es handle sich wohl letzten Endes um ein und dieselbe Sache! Immer noch trägt das Phantom seine Maske und ist aus Eitelkeitsgründen auch nicht geneigt, den Schleier zu lüften. Dies Geschäft jedoch besorgt Christine mit raschem Griff, und nun sieht man ein so entsetzliches Gesicht, halb Totenkopf, halb Mensch, daß der erste brauchbare Eindruck des Films da ist. Christine taumelt effektvoll zurück und fällt, ohne sich sonderlich zu stoßen, nach hinten auf den Teppich. Die Sache steht schlimm! – Aber an der Oberwelt sind die Retter am Werk. Ein Geheimagent der Pariser Kriminalpolizei, der den Zuschauer bis dahin in Unruhe und Unklarheit über seine Funktion versetzt hatte, indem er von Zeit zu Zeit, mit einer russischen Pelzmütze bekleidet, monumental in den Ecken herumstand und unverständliche, wenn auch wohl bedeutsame Blicke um sich warf, überreicht nun dem Polizeipräsidenten einen Zettel, den er vermutlich, nach den Gepflogenheiten aller Filmdetektive, aus der Luft gegriffen hat, und auf dem zu lesen steht, daß das Phantom der Oper Erik heißt und zur Zeit der zweiten Revolution Scharfrichter in den unterhalb der Opernmauern gelegenen Folterkammern war. Erik soll wahnsinnig sein und noch jetzt dort unten hausen. – Auch Christines Bräutigam, ein junger Offizier, tut was für seine Gage. Am Tage des großen Maskenballs in der Oper erlaubt das Phantom den Liebenden, sich zum letzten Male zu sehen. Sie treffen sich auf dem Dach der Oper, am Fuße der großen Engelsfigur, und verabreden, daß sie am nächsten Tage, wo Christine wieder einmal singen soll, nach der Vorstellung fliehen wollen: jedoch hockt das Gespenst über ihren Köpfen, in den Armen des Steinengels, hört zu und denkt sich sein Teil. Am nächsten Abend, als man wieder »Faust« spielt – das Programm scheint damals etwas eintönig gewesen zu sein – knipst das Phantom während der Vorstellung das Licht aus, kriecht durch den Souffleurkasten und holt Christine von der Bühne in die Unterwelt zurück. Die herbeieilende Direktion findet nur noch die beiden blonden Gretchenzöpfe neben dem Spinnrocken. Nun ist der Augenblick gekommen, wo der Detektiv, wieder auf dem Wege göttlicher Inspiration, die Geheimwege des Phantoms entdeckt; er und der Bräutigam steigen in die unterirdischen Stockwerke hinab, verirren sich in den alten Folterkammern und werden hier von dem Phantom nach Art des E. A. Poe langsam geröstet. Christine muß alles durch ein Fenster mitansehen, aber obwohl ihr Verlobter wegen der Glut schon den Frackkragen abknöpft und sich anschickt, in den flüssigen Aggregatzustand überzugehen, kommt ihr Entsetzen über den Arienstil nicht hinaus. – Die Katastrophe naht: eine Rotte Bühnenarbeiter hat den Weg in die Unterwelt gefunden, das Phantom reißt Christine an sich, flieht nach oben, wirft das Mädchen in eine Droschke und springt auf den Kutschbock. Nun sieht man eine Weile auf dunklem Grund nur das gräßliche Gesicht des Wahnsinnigen und seine weißen Hände, die den Zügel gepackt halten: die prachtvollste Szene Lon Chaneys, für dessen Leistung der Film leider sonst eine so jämmerliche Untermalung abgibt, vermutlich weil man hier einmal eben nur ihn allein sieht. – Dann stürzt der Wagen um, das Phantom springt in die Seine und wird sowohl von den herbeieilenden Bühnenarbeitern wie von dem, gerührt der Garderobe zuströmenden Publikum nicht mehr gesehen.

Die Handlung, die dem Roman von Gaston Leroux entnommen ist, und der Aufbau des Manuskripts ist so geschickt, daß es dem Regisseur nicht immer gelingt, Spannung und Grausen, Empfindungen, die ja ohnehin von künstlerischer Qualität in hohem Grade unabhängig zu sein scheinen, zu vernichten.

4. Emil Jannings: »Varieté« (1926)

Woher das besondere Entzücken über die Natürlichkeit einer Schauspielerleistung? Ein Theoretiker mag sich wundern und meinen, es sei doch wohl das Leichteste von der Welt, vor den Jupiterlampen herumzulaufen wie auch sonst im Leben: ungezwungen, einfach, ohne alle Kunst. Und doch hat hier das Publikum die richtige Nase für eine wirkliche Leistung. Denn was der Künstler da im Film zeigt, das ist ja gar kein wirkliches Leben, sondern gerahmtes, zweidimensionales, photographiertes, komponiertes. Der Künstler muß die photographische Wirkung seines Äußern bis ins Kleinste kennen, jede Bewegung muß ihm mit ihrer Schwere und Bedeutung klar sein, er muß im höchsten Grade bewußt sein, also das Gegenteil jenes »natürlichen« Menschen, der (wie Meyrinks Tausendfuß) nicht mehr gehen kann, wenn er auf seine Beine achtet. Und wenn er dies hat (angeboren oder erlernt), dann kommt erst die höhere Leistung: so viel Ursprünglichkeit und Naturkraft entwickeln, daß die Echtheit der Darstellung sich der unwirklichen Tonleiter dieser spezifisch pantomimischen Bewegungen und Bilder ebenso frei und ungehemmt bedient wie einer »natürlichen«; der naturalistische Schauspieler muß so gut auf Stelzen laufen können, daß man denkt, es seien seine eigenen Beine! Die ekstatischste Schiller-Gestik ist dem Novizen unvergleichlich viel eher erreichbar als eine jener simplen Szenen, wo Emil Jannings sein Baby trockenlegt, eine Frau begehrlich ansieht, die Spielkarten mit naiver Begeisterung auf den Tisch kloppt. So etwas hat eine unmittelbare Evidenz, die in keiner Schauspielschule gelehrt werden kann. Es sind die überzeugenden Gebärden dieses grobschlächtigen, gutmütigen Artisten, und doch sind sie janningshaft, haben sie den für ihn charakteristischen tapsigen, schwerblütigen Rhythmus. Seine Figuren haben, wie alle guten Kunstwerke, außer ihrer jeweiligen Individualität eine wichtige Portion vom immer gleichen Wesen ihres Schöpfers. Auf den Höhepunkten des Affekts, wenn er in sinnlose Wut gerät oder verzweifelt weint oder einen Menschen ermordet hat, in Augenblicken, wo wir nicht mehr erfreut konstatieren: »Ja, so stimmt's! So sieht so etwas aus!«, wir, die wir noch nie einen Mörder eine Sekunde nach seiner Tat gesehen haben, da hat Jannings eine jenseits der Naturalismusfrage stehende, stilisierte Monumentalität, die packt, mitreißt, aufregt. Das unbewegliche Stieren der dunklen Augen gibt die Wirkung, das bloße Dasein dieses Gesichts, das in hundert verschiedenen Situationen jedesmal vollkommen anders aussieht, ohne daß man sagen könnte, wie es zugeht. Gewiß hat dieser Mann mancherlei, was ihm der liebe Gott ohne sein Zutun in die Wiege gelegt hat: er ist seiner menschlichen Struktur nach ein solches Energiezentrum, sein Blick wirkt so grausam faszinierend, weil es eben der eines fertig gebauten, gewichtig fundierten Menschen ist, so daß nicht alles, was den Wert dieses Schauspielers ausmacht, seine eigene künstlerische Leistung ist. Aber wen interessiert das?

Varieté gehört zu den allerbesten Filmen. Das Manuskript erfüllt seinen Zweck: es erzeugt Spannung und gibt dem Regisseur und den Spielern Gelegenheit, gewissermaßen ihre Kollektion auszubreiten, was denn auch ausgiebig und zu unser aller Freude geschieht. Ehemann, Ehefrau und Hausfreund zu einer Artistengruppe zu kombinieren und diese drei, die beruflich aufs schärfste solidarisch und in Einklang sein müssen, wenn es kein Genick kosten soll, menschlich gegeneinander zu treiben, ist ein guter dramatischer Einfall. Hoch oben an der Decke des Wintergartens schwingen die drei hin und her, fangen sich an den Füßen, schleudern sich die rettenden Trapeze zu. Wenn man das so sieht und weiß, daß unter den weißen Trikots etwas sitzt, was nicht stimmt, was sich beißt – dann wird einem doch seltsam zumute. Warwick Ward spielt sehr gut einen schmalknochigen, intriganten Artisten. Lya de Putti ist schön, dumm, schlangenhaft und wollüstig. (Verzeihung, in diesem Film natürlich!) Besonders die letztere Fähigkeit, erotische Erregung optisch zu demonstrieren, ist sehr ausgebildet; dabei hilft ihr der Regisseur mit ein paar schlüpfrigen Bildausschnitten, Nacktheiten, deren

Hauptpointen außerhalb des Bildrahmens oder zum mindesten so liegen, daß sie dem Zuschauerauge zwar verhüllt, aber doch leicht enthüllbar sind; vielversprechende Postanweisungen auf ein beinahe »abhebbares« Guthaben. Kitsch und Mache jedoch, für Rollen wie die ihrige sonst allzu beliebt, läßt der Regisseur nur sporadisch durchgehen, da, wo sie es gar nicht anders kann. Überhaupt hat dieser E. A. Dupont wieder einmal eine Meisterleistung vollbracht. Es kann nicht im einzelnen geschildert werden, wie er die Kräfte eines Jannings sorglich verteilt, zu Beginn wenig (nur den Rücken!) herzeigt, am Schluß sie um Höhepunkte gruppiert. Auch von dem Reiz und der Stimmungskraft der Bilder muß sich jeder Stachelschweinist selbst überzeugen. Erwähnt sei nur, welchen erstaunlichen Mut zur Realität er hat: Jannings hat, in der wilden Szene, wo er den Nebenbuhler ermorden will, einen Hut auf, einen alltäglichen, komischen, geknifften Herrenhut; und als er langsam von der Leiche aufsteht, ist dieser Hut vom Kampfe zerbeult, verbogen – ein lächerlicher Anblick in fast allen Situationen sonst. Daß hier trivialste Lächerlichkeit zu höchstem Grausen umgestimmt werden kann, das zeugt schon von mehr als einem glücklichen Griff.

5. Metropolis (1927)

> ... und wenn es köstlich war, so ist es
> Mühe und Arbeit gewesen.

Schon vor seinem Erscheinen haben uns die Zeitschriften so lange hinter den Kulissen dieses Films auf und ab gehetzt, daß wir nun ziemlich erschöpft und apathisch in den Zuschauerraum wanken. Wir haben Regisseur und Darsteller schuften sehen, daß uns vom Zusehen die Knochen krachten. Wir wissen, daß die Brigitte Helm direkt aus der Pension kommt, und wie oft die Verbrennungsszene probiert worden ist. Wir wissen, wie teuer die Kostüme für die Komparsen und das Blech zur Anfertigung des Drehbuchs waren, und über die Ausmaße des Turms von Babel haben wir keine Illusionen mehr. Man reißt uns aus dem Märchenland in die Filmstadt; man verrät, daß der Weihnachtsmann in Wirklichkeit bloß der Papa ist, aber dafür sollen wir nun auch anerkennen, wie er unter seinem Bart geschwitzt hat, und das ist ein Bestechungsversuch. Denn bei aller Kunstbetrachtung hat grausame Gleichgültigkeit zu herrschen gegen die Arbeitsmenge und die Mittel, mit denen das Werk zustande kam. Wenn wir bei der Vorführung nur den Eindruck bekommen, die Sache sei nicht von Pappe, so ist es gleichgültig, ob es in Wirklichkeit doch welche war. Und ob es schwierig war, sie zu kaufen und aufzubauen.

Diese Stadt Metropolis ist auf einem Sand gebaut, der unfruchtbarer ist als der märkische in Neubabelsberg – auf dem Manuskript der Thea von Harbou. Dabei gilt es ausnahmsweise, weniger darauf zu achten, ob es wohlgebaut und filmgerecht ist, als auf die Handlung. Denn hier wurde nicht weniger versucht, als mit weicher Frauenhand die soziale Frage zu lösen. Die begriffliche Übersteigerung des Gegensatzes von Unternehmer und Arbeiter führt zur Konstruktion der Zukunftsstadt, in der die gesellschaftlichen Klassen übersichtlich in Etagen angeordnet sind: oben an der Sonne wohnen die weißseidenen Kapitalisten, unter der Erde im Keller die Arbeiter. Haß auf beiden Seiten, der Kampf entbrennt, in der Arbeiterstadt ersaufen die Häuser, oben geht wenigstens das Licht aus, die Parteien stoßen aufeinander – da tritt, einigermaßen plötzlich, ein lieber, gutherziger Junge dazwischen, legt die Hände der Feinde ineinander, und die Glocken läuten den Zukunftsstaat ein; Sinnspruch: »Mittler zwischen Hirn und Händen muß das Herz sein!« – Die Sache löst sich also unleugbar anders, als wir uns das bisher gedacht haben, und von Nationalökonomie ist dabei wenig die Rede. Aber es ist ja eine alte Sache, daß sich das Herz im Film sehr vorteilhaft ausnimmt, nicht als Symbol des pulsierenden Lebens, der blutvollen Realität, sondern weil das Adjektivum »herzig« davon abgeleitet werden kann, und weil die Sonne darin scheint. Eine Originalschriftstellerin hat etwas vom König Midas: was sie auch anfaßt, wird goldig; und kommt sie einmal an einen ernsthaften Stoff, so treibt sie mit Entsetzen Kitsch; da hilft kein guter Wille.

Das Milieu dieses Films läßt sich zwanglos als ein scherzhaftes Symbol der Fusion deutscher und amerikanischer Filmgesellschaften deuten. Einerseits das Extrem des Ingenieur-Amerikanismus, der allerdings weniger aus den Technischen Hochschulen als aus den Zukunftsromanen der Jungensbücher stammt: das glatte Antlitz der Erde endgültig durch Wolkenkratzer bis zur Unkenntlichkeit verstümmelt, Lichtreklamen von wahrhaft apokalyptischer Leuchtkraft, wacker verstopfte Automobilstraßen, der Industrielle mit den stahlharten Sinnmuskeln und dem Finger auf dem Druckknopf. Andrerseits das ganze staubfängerische Kunstgewerbe europäischen Gemütslebens. Sieht man diesen Zukunftsmenschen auf die Seele, so darf man sagen: die Welt ist genau dieselbe geblieben, bloß die Häusermode hat sich etwas geändert. Die Annäherung zweier Liebender geht mit gewohnter Umständlichkeit vor sich, die Einladungskarten sind in schnörkliger Fraktur gedruckt, das ideale Mädchen erscheint im Gretchenkostüm, die Frommen bekreuzigen sich vor dem Altar eines ausgesprochen gotischen Doms mit abenteuerlichen Wasserspeiern und baufälligem Gemäuer, die Hexe wird auf dem Scheiterhaufen verbrannt, die Maschine erscheint als ein höllischer Moloch mit aufgesperrtem Feuerrachen und bösen Augen. Mondäne Genreszenen und mittelalterliche Spukgemälde, in Maschinenöl gemalt. Von neuer Sachlichkeit keine Spur. Von einer Auslüftung der Seele durch den nüchtern-hygienischen

Stil der Technik nicht das mindeste. Diesem spießbürgerlichen Kunstsalon entnahm der Snob Fritz Lang die Anregung zur Arbeit zweier Jahre.

Es zog eine aus, das erlösende Wort der Zeit zu finden – in einem Roman, der sich gleichzeitig zur Verfilmung eignen sollte. Neckisch leuchtet ihr Bubenköpfchen aus dem Programmheft, und doch ist sie gefährlich. Denn sie pflanzt Sentimentalitäten auf einem Gebiet, wo sie ohnehin genügend wuchern und rücksichtslos ausgekrautet werden müßten, wenn es vorwärts gehen soll in der Welt. Mag die Courths- und Kleinmalerei weiter die sexuelle Sphäre kolorieren – vom Sozialismus halte man manikürte Finger fern!

Fritz Lang hat viele schöne Bilder geschaffen und die erstaunliche Begabung Brigitte Helm entdeckt. Ich kann es ihm nicht verübeln, daß er in einzelnen Szenen, der Wasserkatastrophe, dem Zweikampf, die Menge der Einfälle nicht mitleidslos genug zu beschneiden wußte, sondern immer wieder neue Beleuchtungen und Einstellungen versuchte. Gerade hier liegen diesmal die Qualitäten; und ist der Zuschauer ein Lebenskünstler, so wird er sich aus diesen Bildern Genüsse holen und, wenn er gerade seinen oberflächlichen Tag hat, um der kunstvollen Packung willen die bezuckerten Aufbaupillen schlucken, die sie enthält.

6. Der Bergner-Film »Liebe« (1927)

Liebe – was die Natur da für einen Luxus treibt. Sie benötigt die Zusammenfügung zweier »ungleichpoliger« Geschöpfe, und nun sehe man sich den Umstand an! Die gerade Linie ist die kürzeste Verbindung zwischen zwei Punkten, aber für die Liebe gilt offenbar eine andere Mathematik. Selbst bei den Vögeln geht es nicht ohne Jagden und Verfolgungen ab, die Wilden laufen mit Schamtüchern herum, und geht man in dieser Reihe aufwärts bis zur Filigrantechnik der Kokotte, so zeigt sich immer dasselbe: der Umweg als Selbstzweck. Das kann einen ärgern, besonders wenn man zusieht; und ein bißchen ärgert uns das heute alle, besonders wenn wir zusehen. Das Rezept der Liebesgeschichte, sei sie nun erlebt oder erzählt, ist immer dasselbe: der Wasserfall wird durch ein Labyrinth geleitet; die Springbrunnenröhren an den Abhängen von Frascati – eine Lustbarkeit für Genießer, ein Ärgernis für Wassermühlenbesitzer. Allenthalben sprühen in kunstvollen Kurven Energien in die Luft. Der Rest ist ein kümmerlicher Spannungsausgleich, ein mehr oder weniger gestiefelter Kater.

Liebe – zwischen einer Herzogin und einem Marquis. Solche Leute, von sachlicher Arbeit sowieso entbunden, sind von jeher dafür privilegiert, das

Spiel der Liebe glaubhaft und mit dem nötigen Ernst aufzuführen. Er liebt sie, aber er sitzt auf dem Stuhl und trommelt mit den Fingern – schlapp, denkt man, da bricht er um Mitternacht mit Verve in ihr Schlafzimmer. Sie lockt ihn mit Mund und Händen zu sich – scharf, denkt man, da wirft sie ihn um Mitternacht aus dem Schlafzimmer. Also spielt sie nur mit ihm, denkt man, da geht sie ins Kloster, als er sich vor ihr verschließt und ihre Briefe nicht liest. Also liebt er sie nicht mehr, da macht er sich auf und sucht sie jahrelang in allen Ländern. Er dringt in ihr Kloster ein, findet ihre Zelle. Wiedervereinigung, denkt man, da liegt sie just im Sarge, woraus zu ersehen ist, daß der Gevatter Tod auch eine kokette Ader hat. Jeder tut immer das, was er seinem dramatischen Charakter nach durchaus nicht tun dürfte, und diese kleinen Überraschungen, die ja das Wesen der Liebe nicht übel kennzeichnen, kräuseln ein wenig die Oberfläche des allzu öden, stehenden Gewässers. Man sehnt sich nach den Stromschnellen des Harry Piel, wenn breit und ausführlich die Gefühle der Liebenden entrollt werden – ein fachpsychologischer Kulturfilm über den Gesichtsausdruck erotisch Erregter. »Ein bißchen viel lebende Bilder zu so wenig Text«, stöhnt der Zuschauer, denn auf der Leinwand geschieht nichts Filmmäßiges. Die Dialogführenden eilen vom Fauteuil zum Sofa, vom Sofa zum Spinett und zurück, damit man sieht, daß sie sich bewegen. Im übrigen zucken ihre Gesichter schmerzlich oder erfreut oder in schmerzlicher Freude, ohne daß ein Ende abzusehen ist. Regie: Paul Czinner.

Es ist nicht zu verwundern, daß ein solcher Regisseur nicht der Mann ist, um Elisabeth Bergner zu einer Filmschauspielerin zu machen. Seine erste Aufgabe wäre, ihr mimisches Tempo zu verringern. Die natürliche Geschwindigkeit des Lebens und selbst die der Bühne ist für den Film zu groß. Man weiß, wie in Wochenschauen die berühmten Persönlichkeiten gehetzt vorübereilen, wie eine nervöse Unruhe über den Gesichtern zu liegen scheint. Der Filmschauspieler hat eine Muße zu entwickeln, die vielleicht eine gewisse geistige Unregsamkeit und Unkompliziertheit voraussetzt. Und so könnte es sein, daß Elisabeth Bergner sich für den Film überhaupt nicht eignet. Sie denkt zuviel, die Leute sind gefährlich! Ihr Gesicht vibriert, behende klappern die Lider; wenn sie dem Geliebten mit einer Geste einen Stuhl anweist, so tut sie's gleich dreimal, wohl weil sie es einfach nicht fertig bekommt, soviel Zeit mit so wenig auszufüllen; ihre Lippen, ihre Augen sind in unaufhörlicher, blitzschneller Aktion; selbst wenn sie Kirchenmusik spielt, eilen ihre Finger allzu geschäftig über die Tasten und Registerknöpfe der Orgel – man kommt nicht mit. Sie hat einen Intellekt, der ihr die Behendigkeit eines Floretts verleiht und der das ganze schwerfällige Filmvolk um sie herum düpiert, der aber doch wie ein Fremdkörper wirkt. Dabei springt manchmal für Augenblicke eine erstaunliche, nie gekannte Lebensechtheit in der Darstellung des modernen ziselierten Kulturmenschen heraus, und doch ist das nicht mehr als vorzügliche Darstellungskunst. Wer die Bergner ein einziges Mal auf der Bühne gesehen hat und – jenseits alles Darstellerischen – das Einmalige dieser Persönlichkeit gespürt hat, der muß hier traurig sein. An einer großen Schauspielerin wird gesündigt und am Sinn des Films auch – eine unproduktive Ehe. Der Film, die reine Optik, muß notwendig ein geringeres geistiges Niveau haben als eine Sprechkunst, und ihn intellektualisieren heißt ihn vergiften. Eine Tänzerin kann, wenn sie so etwas überhaupt beabsichtigt, zwar die einfache Kurve einer Sehnsucht ausdrükken, nicht aber einen komplizierten Seelenzustand, wie ihn etwa ein dramatischer Monolog vermittelt. Die Bergner sucht den großen primitiven Linien der Filmrolle aus eigener Kraft diejenige Gedankenfülle zu verleihen, die ihr sonst der Bühnenautor liefert, und dabei muß sie notwendig an den Mitteln der Pantomimik scheitern. In den wenigen wirklich eindrucksvollen und wohltuenden Szenen dieses Films spielt sie überhaupt nicht: sie steht an einem Pfeiler und wartet auf den Geliebten oder sie schreitet als Nonne mit unbeweglichem Gesicht durch einen Raum. Von solchen elementaren Wirkungen des ruhenden Bildes her könnte Elisabeth Bergner sich vielleicht einen Filmstil entwickeln. Wär' sie nur dümmer.

7. Pudowkins »Mutter« (1927)

Dieser Film ist vom Range des *Potemkin* und ihm in Vielem ähnlich. Wieder gelingt es, den einen großen Geist der Revolution dadurch zu beschwören, daß die Geschichte irgendeines kleinen historischen Aufstandes erzählt wird; damals war es die Matrosenmeuterei auf einem Kreuzer, diesmal ist es ein Fabrikarbeiterstreik. Und wenn es wahr ist, daß ein Werk um so besser ist, je elementarer die Inhalte sind, die es vermittelt, so wird hier große Kunst gemacht: Die tobende Empörung gegen den Unterdrücker, gewiß ein Urtrieb des Menschen, kann nicht nackter und konzentrierter gegeben werden. Wieder ist der Film so sehr Handlung ohne Kulisse und »Stil«, wieder scheint so sehr das Volk statt einer Schauspielertruppe am Werke zu sein, daß man nicht als Kunstgenießer, sondern als aufgeregter Mitmensch davor sitzt. Das muß ja keineswegs bei jedem großen Kunstwerk so sein. Man denke nur, was für ein stilisiertes Werk der *Goldrausch* ist. Wenn bei Chaplin die Hütte oder die Hose rutscht, glaubt man keinen Augenblick an die Ernsthaftigkeit der Gefahr, und doch läßt die menschliche Echtheit dieser Szenen nichts zu wünschen übrig. Bei den Russen aber fühlen wir die Mordgewehre der Soldaten auf uns selber gerichtet; wir sind es, die für die versteckten Waffen fürchten, und wenn der Zuchthausaufseher, von einem Stein getroffen, hintaumelt und die Revolte beginnt, fangen wir wild an zu klatschen. Man mag diese Haltung naiv oder kunstfremd nennen, hier ist sie natürlich und selbstverständlich. Wirklich, man sollte nicht so ängstlich darauf bedacht sein, sich nur ja nicht von der bloßen Handlung beeinflussen zu lassen. Gerade auf Menschen, die einen Instinkt für Kunst haben, kann die Handlung einen solchen Eindruck nur dann machen, wenn sie kunstvoll vorgetragen ist: geprägt in eine Form, die gar nicht als selbständiger ästhetischer Faktor auftritt, sondern nur die Funktion hat, das Thema packend zu gestalten.

Dieselbe Anekdote – »ein ergreifendes Dokument menschlicher Geschichte«, wie mit Recht gesagt wird – ließe uns gleichgültig, wenn sie mittelmäßig verfilmt wäre. Ja selbst, wenn sie damals, als sie wirklich geschah, gedreht worden wäre, könnten möglicherweise ganz wirkungslose Bilder entstanden sein. Dieser Russenfilm ist doch nicht naturalistisch, nicht bloß »das Leben, wie es ist«. Wenn die Gerichtsverhandlungsszenen damit eingeleitet werden, daß in blitzschnellen Riesenaufnahmen die kalten, grauen Quadern des Justizgebäudes auftauchen und der Kommißstiefel des wachestehenden Soldaten als ein großes, schwarzes, unheimliches Ding erscheint, dann glauben wir, daß etwas vom Wesentlichen der Situation damit auf ganz neue Weise getroffen ist. Auch ein andrer Regisseur hätte vielleicht das Haus und den Posten gezeigt, und wir hätten gewußt: aha, der Prozeß! Aber das wäre nicht mehr als bloße Ortsbezeichnung, sachliche Information, Regie-Anmerkung gewesen. Und ähnlich in der Szene, wo der Gefangene aus der Zelle befreit wird: die Leiter wäre angestellt worden, einer wäre hochgeklettert – der Zuschauer hätte verstanden, aber sich nicht geängstigt. Und bei Pudowkin? Der Gefangene blickt aus dem Fenster: er sieht die große Umfriedungsmauer, die in einer scharfen Horizontalen quer durch das ganze Bild gegen den leeren Himmel abschneidet. Und plötzlich kommt in diese starre Fläche eine Bewegung. Zwei dunkle Striche laufen auf der Mauer entlang, das sind die oberen Enden der rettenden Leiter, die draußen vorbeigetragen wird. Und wie wir das sehen, da begreifen wir nicht nur, was vorgeht, sondern die Sachlage ist so überraschend neu und ungewöhnlich erfaßt, daß wir unmittelbar miterleben: statt konventioneller Filmbilder die Sache selber, belastet mit aller Gefühlsstärke der Wirklichkeit. Wem so etwas einfällt, der hat den schöpferischen Blick, und Pudowkins Film ist so voll von Einfällen, daß sich das Herzklopfen gar nicht legen will.

8. Buster Keatons »General«   (1927)

Buster Keaton spielt diesmal im Kostüm der sechziger Jahre. Er trägt eine
würdige Melone und schwarze Locken im Genick wie die Familienväter auf
den Daguerreotypien. Und da glaubt man statt seines dußligen Jungengesichts auf einmal die feinen, schmalen Züge einer älteren Aristokratin zu sehen, die sehr kultiviert, aber ein bißchen schwach im Kopf ist. Er könnte
Kakteen sammeln und in Musen-Almanachen blättern. Aber der Kenner
weiß, daß eine Kombination von Buster Keaton und einem Kaktus etwas
ganz anderes ergeben würde als ein Spitzwegbild, und natürlich wird es auch
diesmal wieder gar kein Idyll, aber dafür eine ungewöhnlich herrliche Groteske.

Buster Keaton liebt es, sich in einem Film auf ein einziges Objekt zu konzentrieren und dessen Komik möglichst restlos auszuschlachten. Neulich war
es ein Salondampfer, diesmal ist es »the general«. Das ist erstens der General
aus dem amerikanischen Bürgerkriege, zweitens der Name einer Lokomotive, die von Buster bedient wird, und deshalb werden diesmal Krieg und
Eisenbahn seziert ... und die Eingeweide fliegen bunt wie eine Narrenkappe
durcheinander, so daß uns Hören und Sehen vergeht.

Der »general« hat etwa die Geschwindigkeit der Berliner Straßenbahn;
er trägt statt des modernen Schornsteinzylinders ein altmodisches dreieckiges Häubchen, aus dem es furchtbar qualmt, und vorn hängt wie ein Walfischbart eine bauchige, eiserne Schürze. Zwei von diesen tuntigen Maschinen verfolgen einander. Nun ist eine atembeklemmende Jagd mit wildgewordenen Verkehrsmitteln gewiß nichts Neues, aber dasselbe Motiv auf das
Zeitlupentempo einer vergangenen Technik übertragen ist unbezwinglich komisch. Sie hetzen sich in aller Ruhe und bleiben schön unter sich, weil wir
ja bloß zugucken und unsre teuflischen Motorräder nicht mit ins Parkett
bringen dürfen. Und Buster Keaton kutschiert, daß die Schienen und die Zuschauer sich biegen.

Recht und Unrecht sind, wie immer in den Groteskfilmen, sehr seltsam
verteilt. Da stehen auf der einen Seite ein paar klobige Riesengestalten, die
unter unförmigen Kalabresern häßlich dreinblicken. Ihre düsteren Koteletten
verheißen Böses, und die Fäuste in den Taschen lassen durchblicken, daß es
sich um respektable Gegner handelt – aber wenn sie auftreten, wissen wir
schon, daß sie nachher den Knüppel auf den Kopf kriegen und mit einem
irren Kopfschütteln zu Boden gehen werden. Auf der anderen Seite aber
steht mit schwachen Muskeln und verschüchterten Augen der Kleine, der
eine schier menschenunmögliche Ungeschicklichkeit mit graziösester Gelenkigkeit vorführt. Das Gute, das er will, mißlingt ihm auf eine so mysteriöse
Weise, daß doch wieder Gutes daraus wird. Wenn er hinter seine Lokomotive

eine riesenhafte Kanone koppelt, um damit auf den vorneweg fliehenden Zug der Feinde zu schießen, so ereignet sich Folgendes: während die Zündschnur brennt, senkt die Maschine langsam ihr Rohr und stiert mit offenem Maul gerade auf Buster Keaton und seinen »general«; aber im letzten Moment macht die Strecke eine Kurve, und die Kanonenkugel fegt an Buster vorbei in die feindliche Maschine. Diese Begebenheit zeigt die besondere Art von Buster Keatons Geschick: kaum daß ihm etwas schiefgeht, so dreht sich die ganze Welt (und die reicht ja hier nicht weiter als unser Auge) ein paar Grad herum, und die Sache ist wieder gerade!

Diese Ungerechtigkeit, dieser Schwindel, der zugleich Komik und Seekrankheit erzeugt, wird mit Hilfe einer absonderlichen Drehbühne inszeniert. Auf der arbeiten die Requisiten so ineinander, wie sie es nach allen Gesetzen der Wahrscheinlichkeit nicht tun dürften. Wenn Buster Keaton kriegerisch seinen Säbel zieht, so fliegt die Klinge vom Griff ab und saust dem feindlichen Soldaten, der im Gebüsch liegt und gerade auf Buster zielte, tödlich in den Rücken. Mit solchen Mitteln gewinnt er aus Versehen Krieg und Braut. Aber da er sein eigner Regisseur ist, so kann er sich den Leutnantstitel und den Verlobungskuß nicht gönnen, ohne sich noch eine Verlegenheit und dem Publikum noch einen Spaß zu machen. Und deshalb verbindet er diese beiden Äste des guten Endes zu einem disharmonischen Schlußakkord: er verlegt das Liebesidyll auf eine belebte Straße, wo die gemeinen Soldaten in Haufen vorbeilaufen und den Herrn Leutnant grüßen. So daß er vor Grüßen nicht zum Küssen kommt. Der tobende Beifall des Publikums stört ihn weniger, obwohl er ihn so doch wohl selten erlebt haben mag.

9. Die Weber (1927)

Nachdem die letzten Verbeugungen des Dirigenten in der Orchesterversenkung untergetaucht waren, trat Theodor Loos im Gesellschaftsanzug vor den roten Samtvorhang und verlas mit kunstgerecht vibrierenden Stimmbändern Heines Weberlied, Ludwig Hardts wohlerworbenes Privateigentum, Zeile für Zeile aus dem Buch. Fünf Minuten später agierte er mit wildem Gelock auf der Leinwand und führte als roter Bäcker die aufständischen Weber an. Dieser schmerzhaft plötzliche Wechsel charakterisiert die ganze Veranstaltung. Die dramatische Illusion war zu schwach, um vergessen zu lassen, daß dieser Film nicht vom Kollektivgeist eines revolutionären Volkes als sinnvolle Feierstunde gefordert, sondern daß hier offenbar eine ganz andere Konstellation anregend gewesen war: kürzliche Kassenerfolge der Russenfilme, Popularität des Namens Gerhart Hauptmann, todsichere Wirkung aggressiver Massenszenen. Störend spürte man um sich herum das Premierenpublikum, das nach Schluß der Vorstellung, durch Beifallskundgebungen an den revolutionären Stellen körperlich angenehm erfrischt wie nach halbstündigem Mensendiecken, gefederten Schrittes den geschmackvollen Heimstätten zuströmt, um sich ein paar Tage später bei der Uraufführung des nächsten amerikanischen Gesellschaftsfilms wieder gesellig zu vereinigen.

Die Sache ist nicht damit abgetan, daß dieser Film *Die Weber* eben nicht so gut ist wie der *Potemkin* und Einen daher weniger in seinen Bann zwingt. Sondern er ist ein beruhigendes Beispiel dafür, daß die Fähigkeit des Künstlers, seinen Beruf als bezahlter Kunstproduzent zu vergessen und sich hinter hermetisch abgeschlossenen Ateliermauern im idealen Reiche der Kunst überzeugend zu tummeln, glücklicherweise dort ihre natürlichen Grenzen hat, wo sie anfangen würde, Unanständigkeit der Gesinnung zu sein. Muß man sich nicht an die Überzeugung klammern, daß dieser Film, das Geschäftsobjekt eines gewerblichen Unternehmens, a priori nicht so gut werden konnte wie der *Potemkin*? Und wirklich, er ist im Grunde literarisch. Während sich in den Russenfilmen die hohe Kunstfertigkeit der Hersteller völlig damit begnügt, die bloße Handlung zu möglichster Wirkung zu bringen, hat man hier Zeit genug, die schönen Bilder und die ausgezeichneten Leistungen der Schauspieler zu bewundern. Bezeichnend, daß der erste Applaus einigen sehr geschickten Trickaufnahmen von Zwischentiteln galt. Bezeichnend, daß bei der Szene, wo das Militär anrückt, die einen aus politischen Gründen pfiffen, die Andern die wohlgelungene Photographie beklatschten; dieser geräuschvolle Kampf zwischen zwei Meinungen, die gar nicht im Gegensatz zueinander standen, sondern sich nur auf verschiedenen Ebenen der Wertung bewegten, zeigt, wie wenig die Einheit von Mittel und Zweck erreicht war. Oder gehässiger gesagt: wie wenig klar herauskam, was hier Mittel und was Zweck war. Ganz am Schluß steht, wahrhaftig unerwartet, Hauptmanns Vorwort zu seinen *Webern*, so daß der Befreiungskampf der schlesischen Arbeiter schließlich doch auf das repräsentable Wort »Gerhart« herausläuft. Und diese Huldigung ist eine Schändung. Hätte denn vor dreißig Jahren der junge Dichter sein Drama schreiben können, wenn ihm statt der heiligen Sache seine Autorschaft irgendwie im Mittelpunkt des Interesses gestanden hätte? Wer seinen Geist mitempfinden oder ihn im Film nachschaffen will, muß sich ebenso streng wie er an die Sache halten.

Die Beifallskundgebungen kamen sicher aus einem echten und spontanen Affekt. Aber der entsteht genau so auf dem Sechstagerennen bei einem Überrundungsversuch. Er läßt sich durch ziemlich beliebige Reize erzeugen, und deshalb kann man sich nicht über ihn freuen. Berufssport ist ein Luxus, Kunst ist ein Luxus, aber Revolution ist keiner. Und gerade weil es richtig ist, daß es bei aller bildenden Kunst nicht auf das Thema, sondern nur auf die Qualität der Darstellung und den Eigenwert der hervorgerufenen Affekte ankommt, gibt es zu gewissen Zeiten Themen, deren künstlerische Verwertung eine Profanierung ist. Ein revolutionäres Volk verdient eine revolutionäre Kunst. Aber in einem Lande, wo politische und soziale Mißstände so wenig die allgemeine Zufriedenheit aufstören, ist diese zweistündige Revolution, diese symbolische Ersatzhandlung, die Befriedigung verschafft, ohne eine Leistung zu sein, ein Verrat an der Kunst und am revolutionären Gedanken.

10. Vortrag über den »Napoleon«-Film (1927)

> Danton: »Wir wissen wenig voneinander. Wir sind Dickhäuter, wir strecken die Hände nacheinander aus, aber es ist vergebliche Mühe, wir reiben nur das grobe Leder aneinander ab –«
>
> (Georg Büchner)

Meine Damen und Herren! Wir sind in der glücklichen Lage, Ihnen heute eine ganz besondere Rarität vorführen zu können, einen historischen Film nämlich im doppelten Sinne des Wortes. Er wurde noch frisch unter dem Eindruck der napoleonischen Taten vor ungefähr hundert Jahren von dem Regisseur Abel Gance in Frankreich entworfen und ausgeführt. Sie werden, um dies Werk richtig zu würdigen, nicht heutige Maßstäbe anlegen oder gar einen regelrechten Kunstgenuß erwarten dürfen. In der Geschichte der Filmkunst liegt es ja vorläufig noch nicht so wie bei den übrigen Künsten, daß nämlich jede Epoche ihre besondere Eigenart und auch ihre besondere Qualität hat. Wir sind auf diesem Gebiet noch im allerersten Stadium, wo die Kunstform des Films überhaupt geschaffen werden soll. Sie werden in diesem Napoleon-Film daher alle die Fehler, die auf einem noch unsicheren Verständnis für die Mittel des bewegten Bildes beruhen, und mit denen wir ja noch heute zu kämpfen haben, in besonderer Ausprägung vorfinden. Und Sie werden daran erkennen, nicht nur wie weit wir schon gekommen sind, sondern vor allem, wie weit wir noch zu gehen haben.

Auffallen wird Ihnen zunächst die ganz unpsychologische Art, Menschen zu charakterisieren. Bemerken Sie etwa, wie die Köpfe der französischen Revolution karikiert statt geschildert sind: Robespierres scharfes Rokokogesicht, wie mit der Schere ausgeschnitten, puppenhaft unbeweglich – eine verständliche Hieroglyphe, aber kein Mensch. Marat und Danton, zwei wüst frisierte, herumtobende Medizinmänner, denen statt des Herzens eine Pferdepumpe eingebaut zu sein scheint. Oder sehen Sie, wie Napoleon schon als Kind die Gesten und Abzeichen seines Alters vorführen muß. Er lenkt eine Schneeballschlacht, die Arme verschränkt, den Mund zusammengepreßt, ganz der Alte – von später. Ist es nicht interessant, wie hier die heranwachsende Persönlichkeit einfach so dargestellt wird, daß man die äußeren Kennzeichen des ausgewachsenen Napoleon auf den jungen überträgt! Wir würden heute anspruchsvoller sein, wir würden verlangen, daß der napoleonische Charakter zunächst in typisch jugendlicher Form gezeigt würde, daß die äußere Szenerie schon der Abwechslung halber gerade eine ganz andere, dafür aber der Charakter des Helden in seinen wesentlichen Triebkräften (nicht in seinen handgreiflichen Äußerungen und Merkmalen) genau derselbe sei – wie Sie sehen, ein tieferer aber auch schwieriger zu erfüllender Begriff von Einheitlichkeit. Uns scheint etwa die kleine, ganz unmilitärische und daher im oberflächlichen Sinne unnapoleonische Anekdote von »Napoleon und der Obstfrau zu Brienne«, die uns Johann Peter Hebel erzählt, diese Aufgabe weit besser zu erfüllen als dieser junge Filmfeldherr, der unerträglich frühreif und anmaßend wirkt, weil er seine Maske fünfzig Jahre zu früh trägt.

Weiter liegt es uns heute fern, unserem Publikum in einer so abgeschliffenen Weise symbolisch zu kommen. Wenn der kleine Napoleon ausgerechnet auf einer Kanone einschläft, wenn er mit einem Adler befreundet ist und dieser sich auf der Mastspitze seines Schiffes niederläßt, wenn er die Trikolore als Segel aufzieht, wenn er in der Geographiestunde bei dem Wort St. Helena in hellseherisches Träumen versinkt, so sind das gewiß alles Szenen vom Typus dessen, was wir »Einfälle« nennen, aber sozusagen Einfälle am untauglichen Objekt. Diese Welt der Briefmarkensymbole bietet modernen Lungen keine frische Luft mehr, wir verlangen, die Besonderheit des Vorganges und die Auserwähltheit des Helden nicht durch Mittel veranschaulicht zu sehen, die erst auf dem Wege über eine verstandesmäßige Symbol-Ausdeutung zur Charakteristik dienen. Ich brauche Ihnen nicht zu sagen, daß ja jede Filmszene symbolisch gemeint ist, insofern als sie immer typisch sein soll, nicht willkürlich herausgegriffen. Aber es ist klar, daß die *Kunst* des Typisierens erst da anfängt, wo die verhärteten Populartypen nicht mehr zugelassen sind, die ihre Charaktereigenschaften wie Orden vorne auf der Brust tragen.

Altmodisch ist auch der Versuch, durch Haufenbildung Massenwirkungen zu erzielen. Wir überlassen es heute dem Zirkus Krone, in drei Manegen zu spielen. Abel Gance braucht drei Projektionsflächen nebeneinander, weshalb sein Film auch nur in Riesentheatern vorführbar ist. Aber auch in diesen bringt man es, wie Sie sehen, nicht fertig, drei Projektionsapparate genau aufeinander einzustellen, so daß die drei Bilder weder verschieden hell sind noch aneinander vorbeiwackeln. Sollte Ihnen dies die räumliche Illusion der

Feldlagerszenen geraubt haben, so trösten Sie sich: – auch bei idealer Projektion würden diese kindlichen Pappterrassen einer Schaufensterauslage ähnlicher sein als einem Gebirge. Schlimmer ist, daß dieser dreifachen Projektion zuliebe die Normalleinwandfläche derart verkleinert werden mußte, daß der Zuschauer die Platzangst bekommt, weil die Schauspieler dauernd mit dem Kopf an die Decke stoßen.

Dieser Imperialismus der Fläche ist auch ästhetisch falsch. Wir wissen heute, daß gerade die Beschränkung auf einen festen Rahmen die erste Voraussetzung für irgendwelche Bildwirkung ist. Außerdem ist die panoramaartige Riesenfläche für unser Auge, so wie es nun einmal konstruiert ist, ohne Änderung der Fixationsrichtung garnicht übersehbar, es bedürfte dazu des »Dreiländerblicks«, wie ihn Hans Reimann einmal geschildert hat. Figuren und Staffage schwimmen hilflos und haltlos herum, fast keine Möglichkeit des Bildaufbaus ist vorhanden.

Daß dieser Film beklemmend und anstrengend wirkt, beweist Ihnen, wie gut unser Auge schon gelernt hat, bildmäßig zu sehen. Alle diese Szenen sind nur gegenständlich gedacht; aber Sie können heute nicht mehr ein mit Requisiten und wimmelnden Menschen vollgestopftes Bild sehen, ohne etwas wie Bildaufbau und Gleichgewichtsverteilung darin zu suchen. Und die krampfhafte Arbeit, dort Sinn herauszufinden, wo keiner deponiert ist, macht Ihnen Kopfschmerzen. Wie schlecht sind diese Volksversammlungen, diese unstrukturierten Flächen voller wedelnder Menschenköpfchen. Wie unübersichtlich und verworren ist die Schneeballschlacht, eine ermüdende, endlose Keilerei, ein undeutliches Vorüberflitzen von Menschen, Unklarheit der Bewegungsrichtung, Mangel an jeder einheitlichen Linie. Wie vollgepfropft, ohne Blickfang, ohne Haupt- und Nebenpunkte ist noch die einfachste Stube. Der bekannte Trick, zwei Aufnahmen übereinander zu zeigen, wirkt hier grausam, weil die beiden Bilder optisch meist nicht aufeinander abgestimmt sind, sondern etwa die Napoleon-Silhouette wie ein zappelnder Schmutzfleck auf dem Riesengesicht der Josephine erscheint. An die paar Szenen, in denen etwas von Verständnis für die Aufgaben des Films zu spüren ist – Aufnahmen von marschierenden Soldaten, das Auf- und Abwogen einer Konventsitzung – klammern Sie sich begierig fest, wenn auch nicht ganz so lange wie sie der Regisseur Ihnen vorführt, denn das nimmt und nimmt kein Ende.

Wenn Napoleon dem Standesbeamten ungeduldig zuruft, er möchte seinen Text abkürzen, wenn er im Reisewagen zwischen allerlei militärischen Depeschen einen Liebesbrief schreibt, dann spüren Sie darin, wenigstens rein thematisch, etwas Lebendiges. Wenn aber das Paar im Zeitlupentempo auf die Schleier des bekränzten Ehebetts zuschwebt, dann konstatieren Sie mißvergnügt, daß dem Verfasser wieder einmal nichts eingefallen ist. »Es kam, wie es kommen mußte . . .« ist kein schönes Leitmotiv.

Ob der Napoleon-Darsteller Albert Dieudonné wirklich ein Gottesgeschenk ist, kann nicht entschieden werden, weil die Schauspieler-Arbeit in einem solchen Film noch fast nur im Markieren und Maskieren besteht. Das machte er gut. Die Ähnlichkeit mit Napoleon war nicht gering, die mit dem Adler allerdings noch verblüffender, wozu gesagt werden muß, daß die blassen Augen, die vorspringende Nase, die allzu scharf geschnittene Schnabelpartie bei einem Menschen etwas weniger Heldenhaftes bedeutet als bei einem Adler – nämlich einen gewissen blutleeren Fanatismus, der dem Charakter Napoleons nicht ganz gerecht wird.

Meine Damen und Herren! Wir sind nicht hochmütig genug, zu behaupten, daß heute, nach hundert Jahren, die meisten unsrer Filmregisseure in der Lage seien, die Fehler dieses Films ganz zu vermeiden, aber wir glauben, daß viele Leute heute wenigstens schon den Blick für solche Dinge bekommen haben. Gönnen wir dem Regisseur Abel Gance die wohlverdiente Ruhe. Gewiß, er hat sich als ein Dickhäuter erwiesen, er hat von seinem Objekt nur das grobe Leder zu fassen bekommen. Aber indem er uns den Punkt markiert, von dem wir ausgegangen sind, weist er uns die Richtung in die Zukunft.

11. Zirkus[1] (1928)

Rund ist die Manege, rund wie unsre Erde. Darin tummeln sich gewichtige Männer, die beruflich der Komik obliegen. Aber obwohl sie für ihr Gewerbe eine erstklassige Ausrüstung mitbringen: dicke Bäuche und wildbemalte Gesichter, machen sie dem Publikum doch keinen rechten Eindruck. Trübselig, als seien ihnen alle Zwerchfelle weggeschwommen, sitzen sie nun hinter den Kulissen, und auf einmal bringt der kleine Zivilist die Sensation. Vom fachmännischen Standpunkt aus kommt der kleine Mann schon wegen seines alltäglichen Äußeren für eine ernstzunehmende Komik gar nicht in Frage. Aber der nicht ausgebildete Zuschauer merkt sofort, daß die Alltagsgarderobe hier einen ironischen Beiklang hat, ohne daß sich sagen ließe, woran das liegt. Die steife Glocke, die gegebene Kopfbedeckung für einen unauffälligen Staatsbürger, thront als sinnlose Blase vorn auf der Stirn, und der Spazierstock, das Szepter der Männlichkeit, stolziert steif und gespreizt vorneweg. Behaftet mit einer dackelhaften Abart von Menschenwürde schreitet der kleine Mann durchs Leben, keineswegs geneigt, sich oder andere zu be-

[1] Dritter, selbständiger Teil der Kritik »Titania-Palast, Alraune, Zirkus«.

lustigen, sondern nur begierig, zu essen und zu lieben. Er tut aufs Haar, was wir alle tun, er flieht vor Gefahren, spielt sich vor der Freundin auf, feilscht mit dem Chef und zieht sich gern fein an. Aber eine mysteriöse Verschiebung der Gesichtspunkte bewirkt, daß der Zweck dieser vernünftigen Beschäftigungen zum bloßen Vorwand wird. Das, was im Leben nur unbemerkte Begleitmusik wäre, drängt sich vor und gibt eine groteske Saxophon-Melodie zum besten. So fällt ein schiefes Scheinwerferlicht auf die Begebenheiten und verteilt Licht und Schatten auf eine neuartige, höchst plastische Weise. So hält Chaplin unserm Leben einen Vexierspiegel vor. Er zeigt uns im Besonderen das Allgemeine, er macht unsere Augen weise, und so erblicken wir in diesem Zirkus die Welt und damit die Welt als Zirkus: Süß und ehrenvoll ist es, in einem chemisch gereinigten Trauerspiel eines übernatürlichen Todes zu sterben. Aber da es in Wirklichkeit selten vorkommt, daß der liebe Gott jemanden, dem er nicht wohl will, so dekorativ aufs Haupt schlägt, scheint uns das Walten der Parzen wahrer und ergreifender dargestellt, wenn dem kleinen Charlie vom Schnürboden ein Sandsack auf die Birne plumpst. Die Angst vor einem lächerlichen Zirkuspony ist wirkliche, gewaltige Angst, und die Liebe zu einer etwas unansehnlichen Balletteuse ist wirkliche, große Liebe. So nimmt Chaplin unser Leid und unsre Freuden unter ein Verkleinerungsglas.

Die pompöse Zirkuswelt mit den peitschenknallenden Tyrannen, den schönen Mädchen und den schwebenden Seiltänzern hat nicht ewigen Bestand. Das riesige Zelt, das uns eine lange Stunde lang die Grenzen der Welt darstellte, wird abgerissen, und die prächtig verzierten Wohnwagen fahren in langer Reihe aus unserm Gesichtsfeld. Charlie bleibt allein zurück. Bedeutsam wie ein Denkmal steht die Silhouette des kleinen Mannes vor dem hellen Nichts. Und dann zieht sich die Blende um ihn herum zu einem Kreis zusammen, rund wie die Manege. Aber es ist nur noch Platz für *einen* darin übrig geblieben.

12. Das Ende von St. Petersburg nebst Randbemerkungen und Seitenblicken (1928)

Da sagen die Leute immer, die Russen könnten nur deshalb so gute Filme machen, weil der revolutionäre Gedanke ihnen ein tragfähiges, allgemeingültiges Thema liefere. Unter uns, ich glaube nicht daran. Kommt man, den Mantelkragen hochgeschlagen, aus dem blitzenden Kinotheater in den eiskalten, dunklen Abend und ist es einem vergönnt, noch ein paar Minuten länger als der Film gedauert hat, mit den Augen des großen Filmdichters W. J. Pudowkin zu sehen, so bemerkt man, daß auch unsere träge, unpolitische, salzlose Welt voll ist von gewaltigen Bildern: da warten zwei Droschkenkutscher, in dicke Pelze eingekugelt, und schlagen ihre ungefügen Armstummel übereinander, um sich zu erwärmen, da steht an der Ecke ein Kontrollmädchen, das Licht fällt von hinten, und so ist sie nur als Silhouette sichtbar, nichts von ihrem Gesicht, aber der Atem fährt ihr stoßweise wie eine weiße Rauchfahne aus dem Munde. In solchen Motiven und Beleuchtungen scheint das schmerzhafte, aufregende, scharfe Gefühl: »Es ist kalt!« packend ins Bildmäßige übersetzt. Frieren aber ist ein ebenso elementares Motiv wie sich empören. Daß es mindestens möglich ist, aus dem feierlichen Thema der Revolution eine höchst triviale, lächerliche und unerträglich langweilige Sache zu machen, beweist etwa die Berliner Aufführung der Piscatorbühne von Sinclairs »Singenden Galgenvögeln«, wo ein Haufen in Szene gesetzter Leitartikelmetaphern im billigsten Schauspielschuljargon herunterdeklamiert und -gestöhnt und eine rhythmische Abwandlung des Hallelujah-Schlagers nach dem Text »Hoch die Solidarität!« wie ein Rosenkranz bis zur Bewußtlosigkeit hergebetet wurde. Der Stoff macht es nicht, aber die Russen haben ein paar begabte Regisseure, und – wenn schon ein allgemeinerer Faktor mitspielen soll – vielleicht eine weniger borniert Ateliertradition, weniger Hindernisse.

Eine Handlung in Bildern erzählen – von den Gesetzgebern der Filmästhetik leicht befohlen, von dem Praktiker schwierig zu befolgen. Das Tolle an der Leistung Pudowkins ist, daß er in seiner Arbeit fast restlos die Konsequenz aus der Begrenztheit der Filmmittel zieht, daß rein durch die Oberflächenbeschaffenheit der Materialien aufregende Geschichten sinnfällig werden. Es ist recht schmerzhaft für den Zuschauer, wie energisch sein Auge unablässig herangezogen wird, wie es niemals bloß zur Kenntnis nehmen darf, sondern immer *sehen* muß. Ein Schlagwetter von Bildern, die so einprägsam sind, daß man sie gar nicht los wird; wie die Sonne, wenn sie sich in unsere Netzhaut eingebrannt hat, uns auf allen Wänden und Tischen erscheint. Die scharfen Glasspitzen der zerbrochenen Scheibe, wenn die Revolte im Kontor ausgebrochen ist und das ohnmächtige Gesicht der Stenotypistin auf dem Fensterbrett liegt. Die weißen Telegraphendrähte, wie mit einem spröden Diamanten in die Schwärze des Nachthimmels eingekratzt, wenn die Telegramme der Mobilmachung kommen. Die mit Metallfäden überflochtenen Ordensbrüste der Würdenträger, wenn im Kronrat der Krieg beschlossen wird. Der nasse, lehmige Abhang an der Front, die Schmutzwasserkanäle, in denen die Gesichter und die Stiefel der Toten schwimmen, der schwarzglänzende Blutfleck an der Schläfe eines Geprügelten, die hastigen, häßlichen Kreidestriche auf der Schiefertafel, wenn die Börsenkurse notiert werden (sie sahen ja wohl im russischen Original ähnlich aus!), die rohen Kartoffeln der Armen und die samtenen Weintrauben der Reichen, das blankgeputzte Leder einer zerrissenen Arbeiterjacke und der lächerlich glattgewölbte, auf Taille gearbeitete Gabardinebusen des Abteilungschefs.

Die Leute, die in diesem Film den Helden spielen, sind ein plumpes, unsensibles Geschlecht. Sie haben Schnurrbärte und harte Stoppeln im Gesicht, die Brauen wachsen ihnen struppig über die Augen, die Arme hängen wie mit Blei gefüllt zur Erde, die Beine biegen sich kaum in den Knien und kommen immer nur ein paar Zentimeter vom Boden los. Eine leise Berührung, einen leisen Wind, ein leises Wort würden sie, meint man, nicht spüren. Sie hören auf grobe, einfache Worte, »Brot« und »Arbeit« und »Streik«, sie fühlen den Zugriff der Polizeisoldaten, und der Sturm der Revolution packt sie an. Ihre Bewegungen sind einfach verständlich wie die der Tiere, und deshalb eignen sie sich für den Film. Aber was sie fühlen und denken, dringt nicht immer durch die knittrige Haut, die schwerfälligen Gesichtsmuskeln und das Bartfell an die Oberfläche. Wenn man ihnen sagt, daß ihre Frau im Sterben liegt, so halten sie den Kopf gerade und ruhig, und es zeigt sich keine Weichenverschiebung. Aber wir wissen, daß etwas in ihnen los ist, und deshalb wirkt ihre Starre erschütternd. Trotzdem stapfen sie nicht mit jener breitbeinigen Monumentalität einher, die von Hodler zu anderen Zwecken erfunden worden ist und nun allenthalben für Wahl- und Zeitungsplakate, für proletarische Sprechchöre, soziale Graphik und Tendenzdramen verwendet wird. Der Arbeitsmann, mit den wilden Backenknochen und tiefen Augenhöhlen, anzuschauen wie ein von Hugo Lederer entworfener Granit-Ramses, mit monotoner Stimme und ständig geballter Faust ist ein dummes, bequemes Klischee aus dem Poesiealbum der Revolutionäre. Bei Pudowkin sieht man den Arbeiter wirklich als Menschen, wie er bei der Fabrikarbeit vor der Weißglut des flüssigen Metalls zurückzuckt und die Augen zukneift (während nach der Meinung der Lyriker hier ausschließlich zusammengebissene Zähne in Frage kommen), wie er hastig ein Stück Brot zerkaut, wie er mit einem dankbaren, breiten Lachen die Frau begrüßt. Man sieht den plumpen, blonden Bauern-Parsival; und das herrliche Gesicht der Baranowskaja, in dem die Mundwinkel durch Sorge, Willensanspannung und übermenschliche Beherrschung wie eingefroren sind, möge man einmal mit der ehrenwerten Originalgraphik der Frau Kollwitz vergleichen. Aber man sage nicht immer, daß es solche Menschen bei uns nicht gibt, daß es die Russen in der Auswahl der Typen leichter haben. Mit der berufsmäßigen Filmkomparserie allerdings kommt man da nicht aus, aber der Regisseur benutze für die Fahrt zum Atelier ab und zu die Straßenbahn oder die Stadtbahn, statt sich mit den vier Wänden seines Wagens und dem »Filmkurier« als täglicher Augenweide zu begnügen. Anregung, wie sie oft gerade durch den Zufall kommt, braucht jeder, und wer von morgens bis mitternachts immer mit Filmleuten zusammensitzt, wird leicht zum »Fachmann«,.

der mit Hilfe einer festgelegten »Kinothek« seinen Streifen automatisch herunterdreht.

Auch die Feinde der Arbeiter sind bei Pudowkin keine monumentalen Cäsaren, keine dämonischen Bluthunde, es sind alberne, unintelligente Kleinbürger, mit einer unsauberen, heuchlerischen Sinnlichkeit um die fettigen Lippen, verärgert, phantasielos, dickköpfig; keine schlechten Menschen, denn zur Schlechtigkeit gehört Niveau, sondern unansehnliche, mickrige Fehlfarbenphysiognomien. Diese Schnapsnase in einem aufgequollenen Kosakengesicht, dieser gelbhäutige, klapprige Bahnhofsvorsteher, dieser feixende, dümmlich-eitle Wachoffizier, dieses gewichste und gekremte Mopsgesicht des Geschäftsführers – so, in der Tat, sehen die Tyrannen des zwanzigsten Jahrhunderts aus, so klein, so minderwertig und so gemein. Nur der Großindustrielle, der »Höchste«, wird als eine Art von Moloch symbolisiert, die Kamera photographiert ihn aus demütiger Froschperspektive von unten herauf, so daß die fette Nase mit dem Bärtchen über das Doppelkinn ragt wie ein Kanonenrohr über die Brüstung einer Festungsmauer.

Bleibt noch von den unbegreiflich schönen und charakteristischen Bildern zu erzählen. Reizvolle Lichteffekte und verblüffende Aufnahmen sind heute nichts Seltenes mehr. Wer neulich in der ersten Vorstellung der »Gesellschaft Neuer Film« (nebenbei: auf dem Programm steht: »Den Bestrebungen der Gesellschaft stellen sich folgende *Namen* zur Verfügung«, und dann werden zwanzig berühmte Leute aufgezählt. Stille Teilhaber sozusagen. Aber hat die Filmkunst es nötig, sich adoptieren zu lassen, damit sie ein vornehmeres Etikett trägt? Was nützt die Liste der »Sympathisierenden«, die doch alle einen Ganztagsberuf haben, in vielen Komitees sitzen und unmöglich für Alles Zeit haben können? Wer arbeitet *wirklich* mit?), wer also in dieser Veranstaltung Hans Richters *Filmstudie,* Man Rays *Emak Bakia* und Comte Etienne de Beaumonts *Lichter und Helligkeiten*[1] gesehen hat, der weiß, was für eine zauberhafte Graphik sich aus den gewöhnlichsten Gebrauchsgegenständen herausholen läßt. Aber diese »absoluten« Filme sind eigentlich nur Materialsammlungen, kostbare Rohstoffe für einen, der Sinn und Form hineinzubringen wüßte. Und in unsern Spielfilmen erlebt man es jetzt oft, daß der Regisseur raffinierte Einstellungen und malerische Schwarz-Weiß-Wirkungen bringt, ohne daß dadurch charakterisiert oder der Blick des Zuschauers auf das Wesentliche gelenkt würde. Hier kann man bei Pudowkin viel lernen. Seine Bilder sehen niemals aus wie Ausschnitte aus der mit unnötigen Details vollgestopften, unkomponierten Wirklichkeit, sondern als ob immer nur mit Deckweiß die nötigsten Lichter auf den dunklen Grund gesetzt seien und alles andere leer gelassen wäre. Es ist beruhigend, immer

[1] Es kann sich hierbei nur um *Jeux des reflets et de la vitesse* von Henri Chomette handeln. Nach Hans Scheugl/Ernst Schmidt jr. (Eine Subgeschichte des Films, Frankfurt 1974, S. 130) war Etienne de Beaumont der Finanzier des Films.

genau zu wissen, wo man hinzusehen hat, es ist niemals mehr auf dem Bild, als nötig ist, und was die Reklameleute »Blickfang« nennen, kann man hier studieren. Noch erstaunlicher aber ist, wie Pudowkin durch glücklich herausgegriffene Situationen und Ansichten jedes Motiv der Handlung schlagend illustriert. Da fährt der Großindustrielle mit seinem Mitarbeiter im Fahrstuhl durch das Geschäftsgebäude und weiht ihn während der Fahrt in seine neuen, großzügigen Pläne ein; die wechselnden Lichtstreifen der abwärts fliegenden Stockwerke streifen über die Gesichter, und das so dargestellte unaufhaltsame Nachobengleiten ist wie eine pompöse Apotheose des »Aufstiegs«. Da ist eine mit geradezu keuscher Zurückhaltung erdachte Abschiedsszene, wie der Bauernjunge, der auf Arbeitssuche in die Stadt muß, mit einer alten Frau den Feldweg entlang geht, wie ein Wind ihnen Staub entgegenbläst, und die beiden sich den Unterarm vors Gesicht halten, so daß es fast aussieht, als weinten sie. Da drehen sich Windmühlenflügel mit einer sinnlosen, gefühllosen Beharrlichkeit und die Haufenwolken eilen unbeirrbar über den Himmel, während die Menschen so viel Leid und Unrecht erleben, daß sie den Weltlauf mit ihren Händen aufhalten und rufen möchten: »So geht das doch nicht weiter!«, aber der sieht und hört nichts! Da ist die Mandoline, die hinter einem viehischen, uniformierten Menschenschinder an der Wand der Wachstube hängt, als Schmuck sozusagen, und da ist der Taschendieb, den sie laufengelassen haben und der nun im Paradeschritt vor der Front die Fahne mit dem Bilde des Zaren trägt. Da ist das Riesenstandbild des Zaren im Vordergrunde eines Bildes, während ganz hinten am Horizont zwei erbärmliche Menschlein unter dem ausgestreckten Riesenarm des Bronzeherrschers entlanglaufen – perspektivische Verkleinerung als bildliche Demonstration des Größen-Abstandes zwischen Machthaber und Sklave (nicht bloß als reizvolle »Einstellung« ohne tiefere Bedeutung). Das ist Filmkunst.

Was macht es da, daß dieser Film im Aufbau nicht so geschlossen ist wie Eisensteins *Potemkin*, daß die Geschichte der eigentlichen Revolution keinen rechten Höhepunkt mehr hat, sondern Szene an Szene reiht. Die Weltgeschichte wird nun einmal ohne Spielleiter aufgeführt, wie es gerade kommt, und wer sich gezwungenermaßen treulich an sie hält, muß die Mängel der Realität mit in sein Werk übernehmen. Aber man behalte bei solchen Vergleichen zwischen zwei guten Filmen den richtigen Maßstab. Es hat seinen Sinn, zu fragen, ob *Zirkus* oder *Goldrausch* besser sei, aber man vergesse dabei das ihnen Gemeinsame nicht, daß sie in ihrer Qualität alle beide turmhoch über dem Durchschnitt schweben.

Zum Schluß danken wir dem neuen »Volksverband für Filmkunst«, daß er gerade mit der Uraufführung dieses Russenfilms seine Arbeit begann. Der Verband will für 50 Pfennig im Monat gute Filme zeigen; *Abenteuer eines Zehnmarkscheins* von Balázs, Pabstens *Freudlose Gasse* und ein neuer französischer Kriegsfilm kommen demnächst dran. (Geschäftsstelle: Friedrich-straße 235.) Wir hoffen, daß sich die Programme auf diesem Niveau halten und daß die Abonnenten des Vereins sich nicht solchen Gefühlsschwankungen ausgesetzt sehen werden wie der unorganisierte Kinobesucher, der hinter-einanderweg – von der minderwertigen Massenproduktion ganz abgesehen – einmal eine so langweilige Fleißarbeit wie den Bergner-Czinner-Film *Donna Juana* ansehen muß und etwa zur selben Zeit himmelhoch jauchzend die Greta Garbo in *Es war* und *Totentanz der Liebe* für sich entdeckt. Dieser höchst begabten und schönen Schauspielerin gedenkend, hält der Kritiker eine Minute lang die Schreibmaschine an und verharrt in schweigender Er-innerung.

13. Spione (1928)

Wer bei den Russen gelernt hat, mit wieviel Phantasie man Naturalist sein kann, der begreift um so besser, wie wenig Phantasie dazu gehört, »Phanta-sie« zu haben. Wo die Naturgesetze ihr Recht verloren haben, da läßt sichs billig zaubern.

Fritz Lang betreibt im Märchenlande mit bescheidenem Nutzen ein kleines Installationsgeschäft. Er fabriziert Luftschlösser aus Telephonen, Telegra-phen, Laufschriften, Mikrophonen, Schaltern und Signallampen. Unbefugten ist der Eintritt nicht gestattet, aber für zwei Mark darf man sich die Sache einmal von ferne betrachten. Die Utensilien der Technik dienen hier ledig-lich kunstgewerblichen Zwecken, die Formeln sind bloß zum Schmuck da, Fachleute werden nicht zugezogen, und die Filmdichterin Thea von Harbou spickt ihre Gleichungen unbekümmert mit großen Unbekannten, ohne viel darauf zu achten, ob sie am Schluß auch aufgehen. Wenn das Wort »Ende« erscheint, wird das Kino geschlossen – da kann kein Irrtum passieren.

Der Zuschauer aber schwitzt, um das vielfältige Fadenwerk der Handlung nicht aus den Fingern zu verlieren. Er sucht allenthalben Logik und Folge-richtigkeit, denn er sagt sich, zwischen soviel Präzisionsmechanik könne sich das Gangliensystem der Verfasserin nicht haben lumpen lassen. Um zu ent-scheiden, ob dies Vertrauen gerechtfertigt ist oder ob sich die Verfasserin ab und zu die dichterische Freiheit nimmt, eine Masche fallen zu lassen und etwa das so entstehende Loch einfach mit Tinte vollzumalen, dazu bedürfte es eines sorgfältigen Quellenstudiums; und so erklärt sich wohl auch die an sich befremdliche Aufforderung im vorangehenden Reklameteil, man möge den Roman der Thea von Harbou kaufen und lesen. Jedenfalls ist von dem durchschnittlichen Zuschauer, selbst wenn er bei psychotechnischen

Intelligenzprüfungen eine gute Figur machen würde, nicht zu verlangen, daß er sich diese polyphone Handlung auf Anhieb mit restlosem Verständnis einverleibe. Die erste halbe Stunde lang bemüht er sich brav, alles richtig zu rubrizieren: wenn einer verfolgt oder ermordet wird, forscht er gewissenhaft, warum dies geschehe, und wenn jemand auftritt, kramt er in seinem Gedächtnis, ob und in welcher Mission diese Person schon einmal gesichtet worden sei. Bald aber erkennt er, daß seine lange Leitung gegenüber den eleganten Neuerwerbungen der modernen Technik ein hoffnungslos veraltetes und unbrauchbares Empfangsgerät ist, er lehnt sich im Sessel zurück, macht Feierabend und betrachtet das wilde Getriebe auf der Leinwand fürderhin mit jener reinen Freude, die man empfindet, wenn man andere Leute arbeiten sieht.

Die Personen dieses Films scheinen doch weniger zu Spionagezwecken als zur Bedienung der technischen Apparate engagiert zu sein. Wenn sie so mit dem Komfort herumwirtschaften, wirken sie alle ein bißchen wie die Mannequins einer Staubsaugerfirma. Hin und wieder zwar erinnert das Drehbuch leise daran, daß sie sich im Grunde damit beschäftigen, geheime Pläne und Verträge zu stehlen, aber das ist mit soviel Raffinement versteckt, daß der Zuschauer, harmlos wie ein Filmpolizeipräsident, es kaum merkt. Man sieht die Leute telephonieren und photographieren, Eisenbahn und Auto fahren, Blitzgespräche anmelden und Flugzeuge mieten, und das füllt den Tag so schön aus, daß eigentlich gar kein Zweck mehr dahinter zu stecken braucht. Man kommt gar nicht darauf, sie nach dem Sinn ihrer Existenz zu fragen, so pompös und zeitraubend ist der Aufwand der Hilfsmittel, den sie dabei entfalten. Und das ist eigentlich ihr einziger menschlicher Zug.

Im übrigen wirken diese Menschen, wie in Fritz Langs Filmen fast immer, tot und unwirklich. Liebe, Haß, Ehrgeiz und Verräterei – alle Leidenschaften werden entfacht, aber es bleibt ein kaltes Feuerwerk. Bis zur unfreiwilligen Komik gesteigert ist dies Puppenhafte in der Hauptfigur des geheimnisvollen Bankiers und Spionagechefs Haghi. Alle menschlichen Regungen und Bewegungen sind ihm fremd. Mit symmetrisch angeordneten Fäusten sitzt er vorm Schreibtisch in einem Rollstuhl, und es scheint, als ob er bloß deshalb gelähmt ist, weil seine Beine sich unten zu einem Postament versteinert haben – eine unglückselige Zentaurenfigur, oben Mensch, unten Denkmal (Sünden der Väter!). Statt zweier Raben begleitet ihn eine Krankenschwester, die in freien Minuten seinen Mussolinikopf auf Lenin zu frisieren hat und ihm Feuer reicht, wenn er in aufregenden Situationen eine Zigarette benötigt, um den Rauch mit ostentativem Gleichmut durch die Nase zu blasen. Seine Rolle, die Hauptrolle, beschränkt sich im wesentlichen auf ein paar Handgriffe, die man selbst im Film als stummes Spiel bezeichnen muß: er hebt den Hörer ab, er überreicht gelassen kleine Auftragszettel oder schaut mit monumentaler Ruhe ins Weite, als säße er der Kamera eines

Pressephotographen Modell. Es mag sein, daß er gute Bilder gibt, aber damit sind selbst heutzutage die Funktionen eines großen Politikers nicht erschöpft, und wenn Fritz Lang glaubt, daß wir von der unheimlichen Genialität seines Mannes schon überzeugt sind, weil er wie sein eigenes Erbbegräbnis aussieht, hat er unvorsichtig von sich auf uns geschlossen. Einzig den kaiserlichen Hofmaler Fischer vermöchte solche Charakterisierungskunst zu überzeugen.

Man sollte meinen, daß die Schauspieler dieses Films ihre Rollen mit größtem Vergnügen spielen, denn es ist ja beim Theaterspielen wie beim Musizieren: je doller der Kitsch, desto besser liegt er in den Fingern. Die Leute dürfen sich austoben, sie dürfen laufen und brüllen, sich rasend gegen die Wände werfen, ringen und prügeln, und die bekömmliche Gymnastik gigantischer Verzweiflungsszenen wird ihnen nicht vorenthalten. Es ist ein schweißtreibender und wegen der vielen Explosionen und Zusammenstöße vielleicht nicht ganz ungefährlicher Sport, der aber edlere Teile durchaus unverletzt läßt. So fehlt die Möglichkeit zu guten Leistungen. Klein-Rogge, Fritsch, Rasp, Vallentin spielen, was sie schon oft gespielt haben. Die neue Gerda Maurus scheint unsere Sammlung nur um eine Doublette der Tschechowa zu vermehren; wir wollen uns das nicht zweimal sagen lassen.

Fritz Lang dreht das alles geschickt und sauber herunter, aber ohne daß man auch nur für Augenblicke auf den Gedanken käme, es könne sich hier um Filmkunst handeln. Die Luxusausgabe eines Zehnpfennig-Detektivschmökers, nicht mehr! Zwar läßt sich nicht leugnen, daß die Atmosphäre manchmal mit Spannung geladen ist, aber wenn dann der Donner sich entlädt, klingt es wie das rollende Zungen-R eines Schmierenkomödianten. Es blitzt, aber es schlägt nicht ein.

14. Erich von Stroheim in der Kamera (1928)

Unter den Linden, in einer Straße also, die der Berliner für seine auswärtige Verwandtschaft aufgebaut hat und von deren Läden, Cafés und Prachtbauten er nur die Schaufenster und die Fassaden zu benutzen pflegt, in der ausgetrockneten Schlagader der City, wo nur Ausländer, Studenten und Parlamentarier ihren abenteuerlichen Sitten und Gebräuchen obliegen, hat sich vor kurzem sang- und klanglos ein Kino aufgetan, wie wir es uns seit langem wünschen, – die »Kamera«! Wer von den Goldfeldern des Westens kommt, wird hier allerdings den Komfort vermissen, den er von Haus aus gewohnt ist: weder gleicht dies kleine Kino der Prunkvilla eines Warenhausinhabers, noch darf man an der Kasse mehr als zwei Mark bezahlen. Es ist keine Orgel eingebaut, deren Pfeifen in den sieben Regenbogenfarben der Eiswaffel anlaufen könnten, keine Bühnenschau erfüllt das Publikum mit Furcht und Mitleid, und der Bühnenrahmen ist nicht darauf eingerichtet, siebzig Mann Orchester in Liftboyfräcken auszuspeien; hinter der Szene sitzt einer am Klavier und bimmelt improvisierte Melodien vor sich hin, und das genügt uns – allen »Problemen der Filmmusik« zum Trotz – bei weitem. In diesem Kino werden die schönsten Filme der Vergangenheit gespielt: unbekannte Chaplinfilme von 1914, Greta Garbo in der *Freudlosen Gasse,* ein uralter Film der Asta Nielsen, und Herr Ernst Lubitsch von den Kammerspielen Berlin zeigt *Die Augen der Mumie Ma,* 1667 Meter lang, mit Herrn Emil Jannings vom Deutschen Theater, Herrn Harry Liedtke und Frl. Pola Negri vom Stadttheater Warschau. Der liebe Gott möge den Ungläubigen ein sichtbarliches Zeichen geben und der »Kamera« ein ganzseitiges Inserat an seinem Himmel spendieren, damit das Publikum in Scharen herbeiströme.

Vor einigen Jahren wurde im Ufapalast ein Film ausgepfiffen, nicht zu Ende gespielt, und vom Programm abgesetzt: *Gier nach Geld,* Regie Erich von Stroheim. Jetzt läuft er in der »Kamera«. Diesmal pfeift keiner, aber den Leuten wird doch himmelangst, und nach Schluß der Vorstellung laufen sie Unter den Linden den nachtwandelnden Amerikanern und Halbweltlerinnen nachtwandlerisch in die Quere. Denn in diesem Film ist das Grausige mit jener germanischen Gründlichkeit konterfeit, die sich von Matthias Grünewald und Hieronymus Bosch und dem Höllenbrueghel bis auf Otto Dix und George Grosz erhalten hat. Dieser Film entspricht nicht so sehr dem Bedürfnis, aus Wahrheitsliebe und Gerechtigkeitsgefühl die Mängel dieser Welt aufzuzeichnen, sondern der ästhetischen Freude am Häßlichen. Und daraus ist schon viel große Kunst geworden. Erich von Stroheim arbeitet niemals ins Leere oder mit schematischen Mitteln. Jedes Stückchen Kulisse, das gerahmte Brautpaar an der Wand, das Hufeisen an der Tür, die Kanarienvögel im Bauer, ruft uns eindringlich seinen Sinn zu, und jede Handbewegung greift uns nach dem Herzen. Wir folgen ihm willig.

In San Francisco lebt der Zahnarzt McTeague. Er ist ein gutmütiger, dicker Mann mit blonden Locken; man sieht ihm gleich an, daß er engagiert ist, um betrogen zu werden. Er ist nicht weltgewandt und nicht gerissen, er pflegt die Menschen schlicht mit der Zange zu behandeln, und mit Frauenmündern ist er bisher nur während ärztlicher Bemühungen in Kontakt gekommen. Da pocht das Schicksal an die Pforte des Sprechzimmers. McTeagues Freund Marcus bringt seine Cousine und angehende Braut Trina zur Behandlung. Marcus trägt die Stigmata des Verbrechers: seine dicken Lippen klappen aufeinander wie nasse Handtücher, und die Haare hat man ihm auf dem Wasserwege in die Stirn gebogen. Er setzt sich breitbeinig hin, und bei der Konversation verwendet er anstelle des Vokativs einen Ellenbogenstoß in die Hüfte des Zuhörers. Trina sieht lediglich im Gesicht einem menschlichen Wesen ähnlich, auf dem Kopfe trägt sie ein riesiges, schwarzes Rad, und auch über ihren Körper wird man sich nicht recht klar, denn die Geschichte spielt um die Wende des Jahrhunderts, wo die Frauen noch wie Ausgrabungen aus den ägyptischen Königsgräbern aussahen. Trina setzt sich mit Hut auf den Operationsstuhl, aber da sie sich so nicht hintenüberlegen kann, nimmt sie ihn widerstrebend ab – selbst vor dem Arzt und dem Bräutigam zeigt sie sich offenbar nur ungern so nackt! –, und da sieht man, daß sie ihr Haar in einem dicken Blechkuchen um die Stirn gewulstet hat, so wie das damals eben Mode war. Sie hat ein entsetzlich weißes Gesicht und große, schwarze Augen, in denen Hysterie, Bleichsucht und unsympathische Heimlichkeiten lauern. Sie sieht aus, als ob sie nach Keller riecht, und in einem Farbenfilm müßte sie von Munch koloriert sein. Das guterzogene, anständige junge Mädchen von damals. McTeague muß ihr drei Zähne ziehen und eine goldene Brücke bauen, und eines Tages, als er die Patientin narkotisiert hat, küßt er sie auf das zwischen Napfkuchenfrisur und Fischbeinstehkragen gelegene Feld seiner Tätigkeit. Der Kampf zwischen ärztlicher Standesehre und sinnlicher Begierde wird von dem Regisseur etwas sehr drastisch an McTeagues Körperoberfläche verlegt, so daß des Zahnarztes Schwanken uns in Gestalt sehr merklicher Schwankungen seines Brustkorbes deutlich gemacht wird. Gefaßt, wie beim Zahnarzt, lassen wir alles über uns ergehen, spülen einmal weg, und warten der kommenden Dinge. Und unsere Tapferkeit lohnt sich, denn der Film wird von Minute zu Minute schöner. Marcus verzichtet auf die Braut, McTeague macht ihr in einem einsamen Bahnhofshäuschen bei strömendem Regen einen Antrag. Trina, diesmal nicht in Narkose, gebärdet sich, als sei der Antrag ein unsittlicher gewesen, tobt wie ein wildes Tier, schlägt um sich, weint, stürzt davon. »Was hat sie gegen ihn?« denkt der Zuschauer. »Sie liebt mich!« sagt der Zahnarzt, und so kompliziert scheint denn auch die Liebe dazumal ausgesehen zu haben. Zunächst ist aber von Erotik nicht weiter die Rede, sondern es wird lediglich Hochzeit gefeiert. Hier folgen nun Szenen von der Qualität der besten Russenfilme. Wie der Geistliche mit den Kiefern mahlt, wie seine Augen von Zeit zu Zeit ruckartig zu Gott gewissermaßen aufstoßen, wie die schluchzende Mutter sich gerührt am Busen zupft, wie die zweite Tochter mit der Brille und dem Stoßgebiß – »die lassen wir mal studieren!« – das Pianoforte beackert, wie der Brautvater in strammer Haltung seine Tochter herbeiführt, und wie schließlich nachher die Braut in hündischer, erbärmlicher Angst mit wehendem Schleier die Treppe herabläuft, der Mutter nach. Wie die Mutter ihr beruhigend ins Ohr tuschelt, – ». . . du hast doch einen so guten Mann«, und sich dann die Stufen hinabwälzt, bäuchlings von unten herauf photographiert, befriedigt, ruhig, »Die Vermählung ihrer Tochter zeigen hocherfreut an . . .«.

In Trinas Schnürleib wohnt eine Seele mit Wespentaille und dito Stachel. Wenn sie den Mann, dem sie sich mit Schrecken hingegeben hat, nach erfolgter Akklimatisierung brünstig liebkost, so hat man den Eindruck von etwas Schamlosem, Illegitimem: sie vergeht sich in unzüchtigen Augenblicken mit einem ungeliebten Gegner; denn ihre Ehe ist Kampf. Sie stiehlt ihm Kleingeld aus der Hosentasche, sie belügt ihn, und während er harmlos geöffneten Mundes schläft, sitzt sie mit zusammengepreßten Lippen auf dem Bettrand und reibt sich, nachdem sie etwas Fettcreme aus der Tube gedrückt hat, schadenfroh die Hände (ein). Hier verdient Stroheim Beifall bei offener Szene. McTeague verliert seine Praxis, Trinas Augustenfrisur verfilzt sich, aus der Waschschüssel springt eine Ecke heraus, stinkendes Fleisch kommt in den Kochtopf. In diesem grandiosen Verwesungsprozeß spielt die ganze Wohnung in einer Hauptrolle mit; während über McTeagues Gesicht borstiges Unkraut wuchert, scheint auf allen Wänden und Möbeln staubiges Moos zu sprießen, die Kleider riechen nach Regenwasser, die Kanarienvögel haben kein Futter, der Zuschauer fühlt das Bedürfnis, unter die Wannebrause zu gehen.

Der tragische Konflikt ist hier aus den Lebensbedingungen eines bestimmten Zeitmilieus heraus zwangsmäßig und packend entwickelt, und sogleich wittern wir hinter den fremden Kostümen Menschen von unserm Schlage; während uns zum Beispiel der *Weg allen Fleisches,* der etwa zur selben Zeit spielt, eine altmodische Sache mit überlebten Problemen zu sein schien und wir vor dem heruntergekommenen Bettler Emil Jannings die Tür zuschlugen: »Wir können nichts geben!« Hier zollen wir reichliches Mitgefühl, und dies, obwohl der Stationsweg bis zur endlichen Katastrophe – der Ermordung der Frau – auch für den Zuschauer nicht leicht zu gehen ist; er zieht zwar vor jedem einzelnen Bilde ehrfürchtig den Hut, das Ganze aber ermüdet. *Gier nach Geld* ist kein geschlossenes Kunstwerk, sondern ein herrlicher Komposthaufen Kunst zum darin wühlen. Dieser Film ist ein gutes Beispiel dafür, wie unangebracht es in einem so frühen Stadium einer Kunst ist, ein Werk als ganzes als »schlecht« abzutun, statt sich die Brocken herauszuziehen, die auf künftige Vollkommenheit hinweisen. Zu den Meistergemälden der italienischen Renaissance führt ein jahrhundertelanger Entwicklungsprozeß, und nachträglich spürt man, wie sich in manchen unbeholfenen und unfertigen Bildern der Vorgänger einzelne Elemente des Neuen, Großen immer reiner herauskristallisieren. Beim Film geht es mit Riesenschritten vorwärts. Heute, nach ein paar Jahren schon, wüßten wir – besonders im kompositionellen Aufbau der Handlung aus richtig geschnittenen und richtig hintereinandergesetzten Einzelszenen – viele Mängel dieses Stroheimfilms zu vermeiden. Stroheim selbst würde diesen Film heute wohl schon anders machen. Aber ein Werk, das an sich weder einheitlich gut, noch im ganzen geschlossen ist, kann höchsten Wert als Glied einer Entwicklung besitzen und muß daher als solches nicht isoliert bewertet werden. Und darum ist es albern und unsachlich, wenn das gebildete Filmpublikum von heute die Achseln zuckt über die amerikanischen Gesellschaftsfilme mit ihrer verkitschten Handlung und ihren Geschmacksentgleisungen. Man achte darauf, wie plötzlich, zwischendurch einmal, eine geniale Aufnahme gelingt, wie irgendein Requisit meisterlich verwendet ist – und gehe vergnügt nach Hause. Mit Humor abtun mag man die rettungslos altmodischen Produktionsgruppen um Fritz Lang, Paul Czinner, Henny Porten usw., bei denen auch ausgezeichnete Teilleistungen den Eindruck nicht verwischen können, daß hier von Filmkunst, selbst im embryonalen Zustande, nichts zu spüren ist, daß diese Leute nicht auf holpriger, hindernisreicher Straße zum Ziel stolpern, sondern auf behaglich asphaltierten Abwegen in das Nichts der Vergessenheit kutschieren.

Wir wissen seit diesem Film, daß Erich von Stroheim zu den Klassikern gehört. Ein großer Dichter, zu dessen Zeit die Sprache noch nicht fertig erfunden war.

C. ›Weltbühne‹-Kritiken (1928 bis 1933)

1. Vorwürfe gegen einen guten Film (1928)

Man kann einen dekorativen alten Mann knipsen und sich freuen, wie das Licht ihm um den Bart geht. Man kann auch eine Filmaufnahme von ihm machen und dabei die Stellung der Lichtquelle und des Apparates variieren; dann wird das Licht in immer wieder neuen, überraschenden Einfällen das durchziselierte Ruinenwerk des alten Gesichtes überspielen. Die moderne französische Filmschule, Man Ray, Picabia, Léger, hat gezeigt, daß sich mit blinkenden Tellern, geschwungenen Damenbeinen, Strohhüten und Sprengwagen symphonische Orgien für das Auge komponieren lassen; in diesen Filmen turnt die Kamera in wilden Sätzen um ihre Opfer, und diese selber rotieren sinnlos, lassen sich gewagt beleuchten – alles nur zur Erzielung einer dynamischen Ornamentik. All dies ist erlaubt, all dies gibt Möglichkeiten zu guter Filmkunst. Nicht erlaubt aber ist es, die Geschmacksrichtung des »absoluten« Films auf einen Spielfilm zu übertragen. Wenn eine Schauspielerin den Weg zum Opfertod geht, ist es nicht an der Zeit, ihr Gesicht und das ihrer Henker als ein reizendes Stück Kunstgewerbe aus Gottvaters Werkstatt Falte für Falte unter die Lupe zu nehmen und die feine Arbeit zu bewundern.

Der Regisseur Carl Th. Dreyer hat für die Société Générale de Films die letzten Lebenstage der Jeanne d'Arc verfilmt. Auch am Manuskript hat er mitgearbeitet. Darin findet sich fast gar keine äußere Handlung. Ein für die Angeklagte und für die Zuschauer peinliches Verhör in Dialogform erstreckt sich über viele hundert Meter. Aber die Kamera ist rege: sie photographiert den wundervoll beseelten Kopf der Mademoiselle Falconetti schief von oben, zielt schräg auf das Kinn, bringt fünfzigmal die schöne En face-Aufnahme, blickt dem Kirchenrichter in die Nasenlöcher, fährt ihm auf Schienen eilig gegen die Stirn, nimmt ihn bei Verhörsfrage eins von vorne, bei zwei von der Seite, malt auf weißem Grunde Tonsuren, Fetthälse, Geieraugen – herrliche Porträts in bestürzender Zahl, aber alles auf Kosten der dramatischen Wirkung. Eine Gerichtsverhandlung ist keine Gemäldegalerie. Fast nie ist eine Bildgruppierung, eine Bewegung der Kamera hier aus dem Sinn der Aktion heraus erfunden: Es ist famos, wenn ein zu jäher Entgegnung auffahrender Mönch so groß aufgenommen wird, daß die Nahperspektive das Gesicht in einer Sekunde ins Riesige verzerrt, aber es ist ein unangemessener Einfall, eine Reihe vorwärtseilender Träger mit der Kamera so zu überholen, daß sie zurückzurutschen scheinen. Der Richtplatz ist mit anmutig gewölbten Kopfsteinen dekorativ ausgebeult wie eine gute Metall-treibarbeit, die Nägel auf der Folterbank führen ein wohleinstudiertes Tänzchen auf, und diese Schönheiten zerstören den Film.

Kommt hinzu, daß er fast völlig aus Großaufnahmen zusammengesetzt ist. Den Nachteil dieser Technik konnte man schon an bestimmten Russenfilmen studieren. Großaufnahmen sind schön, aber sie sind immer zugleich Detailaufnahmen, und man muß sie schon sehr geschickt in die »Totalen« hineinschneiden, damit nicht das Ganze zerfällt. Es geschieht sonst leicht, daß man vom Inventar der Handlung immer nur einzelne Möbelstücke, schön deutlich, zu sehen bekommt und dabei den Grundriß nicht kapiert.

Es wird berichtet, daß die Schauspieler dieses Films weder geschminkt sind noch Perücken tragen. Aber falsche Haare schaden wenig, wenn nur die Gesinnung echt ist. Niemand zwingt einen Filmkünstler, dramatische Geschehnisse aufzunehmen. Wenn er es aber tut, muß er an sein Thema glauben.

2. Lotte Reinigers Schattenfilme (1928)

Es ist nicht leicht, Märchen auch für das Auge lebendig zu machen, weil die zauberische Kraft, mit der sich Kinder Erzähltes vorstellen können, durch jedes Bild allzuleicht gelähmt wird. Selbst die Hexentechnik des Films erreicht kaum je die souveräne Beschwingtheit jugendlicher Phantasie; in den hübschen Märchenfilmen von Starewitsch haben die höchst kunstvoll konstruierten Tiere etwas erschreckend Roboterhaftes – unheimliche, nachtwandelnde Maschinchen. Lotte Reiniger benutzt die ideale Technik: den Silhouettenfilm. Die Silhouette ist nicht so wirklichkeitsnah wie ein plastisches Ding, und sei es noch so phantastisch erdacht; sie bewahrt dadurch den Zuschauer, besonders den kindlichen, vor dem Entsetzen, das sich einstellt, wenn Märchenhaftes bis über einen gewissen Grad der Anschaulichkeit hinaus greifbare Wirklichkeit wird. Die bewegliche Silhouette hält mit Charme ganz die richtige Grenze zwischen Kunstprodukt und Leben; man glaubt ihr genug, um gefesselt zu werden, und man glaubt ihr nicht genug, um bei dem Erlebnis des Übernatürlichen eine Gänsehaut zu kriegen.

Lotte Reiniger verfilmt Hugh Loftings *Doktor Dolittle* und entwickelt dabei eine unglaubliche Ausdruckskraft der Umrißlinie. Die schlenkernde Gliederkette, die einen langen Negerprinzen bildet, das samtige Kugelchen, als das der Doktor Dolittle oder sein träges Ferkel über die Leinwand rollen, die groteske Unproportioniertheit eines Giraffenleibes und die schmale Eleganz einer Schwalbe – die beherzte Schere schneidet flotte Kurven in das schwarze Papier, und es entstehen in wohltuend abgerundeten und schnittigen Formen lebendige Wesen. Alles ist karikiert, aber mit so viel Feingefühl für den realen Charakter eines jeden Geschöpfs, daß die Akzentuierung nie zur Verzerrung wird.

Wenn man bedenkt, daß die Künstlerin während der Aufnahme keine einzige Bewegung vor sich sieht, sondern auf ihrem Tricktisch Glied für Glied Millimeter für Millimeter verschiebt, daß jede Geste aus hundert Einzelbildchen in einem langen Arbeitsprozeß zusammengestückelt werden muß, ist es fast unglaublich mitanzusehen, wie auf der Leinwand, wenn das Werk von monatelanger Geduld in Sekunden vorüberrasselt, jede Figur aufs Haar richtig agiert, wie die Affen an den Ästen schwingen, die Ente eilends und plump daherwatschelt, der Löwe als gespreiztes Wappentier hochmütig das Hinterteil wiegt, die Welle spritzt und der Schnee weich zu Boden gleitet. Es muß für Lotte Reiniger ein höchst beglückendes Gefühl sein, ähnlich dem, wenn ein Musiker sein stummgeborenes Kind zum ersten Mal mit Ohren hört, die unhandlichen, mühselig mit Drähten zusammengeflickten Kartonplättchen ohne alle Lenkung einer menschlichen Hand ausgelassene, verblüffende Tänze, lebensvoll wie die Natur selber und doch gebunden in dem graziösen Stil reizvollster persönlicher Formgebung, vorführen zu sehen.

3. Griechen und Mongolen (1929)

Es gibt immer noch Menschen, die es für eine Sünde wider den Geist halten, wenn jemand ebenso gern oder lieber ins Kino geht als ins Theater. Das hat verschiedene Gründe: Der Film stammt aus schlechter Familie; er hat ein größeres Publikum, als das bei Qualitätsartikeln der Fall zu sein pflegt; Amüsierfilm und Kunstfilm sind bisher weder im Atelier noch im Theater voneinander getrennt. Gut. Aber man gehe doch einmal zu Vergleichszwecken in zwei repräsentative Aufführungen, wie sie grade zeitlich beieinander liegen: wer dieser Tage nach der Uraufführung des neuen Pudowkin-Films *Sturm über Asien* aus der Matinee im Capitol kam, der bemerkte nicht recht, was man ihm als Sonntagsmittagessen vorsetzte, schwieg, wirkte leicht geistesgestört. Wer nach Jessners *Ödipus* aus dem Staatsschauspielhaus kam, war redebegierig, suchte nach einem hartnäckigen Herrn gegenteiliger Ansicht, um ihm mit schlagenden Argumenten auf den Leib zu rücken. Im Kino eine große Erschütterung, im Theater ein diskutables Experiment.

Pudowkin behandelt den Aufstand der Mongolen gegen die Weißgardisten. Nachdem er drei Viertel des Films lang in breiter Erzählung die Marktgebräuche der mongolischen Pelzjäger, ihre Heimatlandschaft, ihre Tempelzeremonien geschildert hat, hebt sich in höchst kunstvollem Aufbau eine einzelne Gestalt heraus, tritt in den Mittelpunkt der Handlung, in den Kulturfilm schiebt sich das dynamische Motiv der revolutionären Empörung, und in einem gewaltigen Anlauf rast der Film ans Ziel. Der Ansturm der Mongolen wird durch einen gewaltigen Wind symbolisiert, der die feindlichen Soldaten von ihren Pferden wirft und zu Boden drückt, ein rollender Rückzug von Militärmützen und Konservendosen, die Blätter werden von den Bäumen gerissen und jagen dem Widersacher entgegen – das Land wird reingekehrt. Hier ist die zufällige, weit vom allgemeinen Interesse abliegende Episode eines kleinen Aufstandes zum mächtigen Ausdruck menschlicher Empörung gemacht, und in einem höchst elementaren Symbol, das von den Naturkräften genommen ist, macht Pudowkin seinen Gegenstand zu einer Angelegenheit aller Welt. Im Staatstheater geschieht das Umgekehrte. Hier wird durch allerlei nuancierendes Probieren, durch »Einfälle« und Absonderlichkeiten die gradlinige Wucht des größten Dramas der Weltliteratur zu einem anfechtbaren Berliner Theaterabend herabgemindert. Wohl gibt es, besonders im Vergleich zu dem durchschnittlichen Niveau der Berliner Theater, vieles, was man an dieser Aufführung loben könnte. Nimmt man aber die hohen Maßstäbe, die einem der Pudowkin-Film in die Hand legt, so spürt man überall Unsicherheit, Traditionslosigkeit und Mangel an deutlich gerichtetem Stilwillen. Aus der Hochparterretür eines verräucherten Neuköllner Hinterhauses bei Nacht, tritt, von rechts oben her, König Ödipus vor sein Volk. Die Bühne ist von schiefen Treppen überschnitten, Pölzigs Architektur ist unübersichtlich, so daß man sich nicht wundert, wenn der Hirte, obwohl er schon vorm Palast steht, fragt, wo hier der König Ödipus zu suchen sei. Auch der Zuschauer muß erst suchen. Einfachheit und harmonische Symmetrie sind – und man fühlt, daß es mit Willen geschieht – gemieden, der König und seine Gemahlin biegen, wenn sie den von Sophokles gradlinig entworfenen Gang der Handlung entlangschreiten, mehrfach um die Ecke, entschwinden dem Auge derer, die sie zu sehen ein Anrecht haben, und treten durch Seitenpförtchen überraschend wieder ans Rampenlicht. Die thebanischen Bürger zelebrieren, wenn der Vorhang aufgeht, einen monotonen Sprechchor und untermalen so, im Sinne der griechischen Aufführungspraxis, das Spiel der Solisten als Tuttikörper, verlieren sich aber im Laufe des Abends mehrfach in zwanglose Gespräche, ja inszenieren sogar am Geländer einer Treppe empor eine Art von zischelnder Stiller Post, wenn eine Neuigkeit weitergegeben werden soll. Stilschwankungen allenthalben. Das eigentliche Ödipus-Drama wird durch eine Bearbeitung von Heinz Lipmann so zusammengefaßt, daß am gleichen Abend noch der *Ödipus auf Kolonos* gegeben werden kann. Damit wird bewirkt, daß die Schicksalsschläge mit einer atemberaubenden Schnelligkeit auf Ödipus niederfahren und man mit unübersehbarer Spannung der Handlung folgt, während nach der Pause ein gleichmäßig und ohne viel Aktion dahinschreitendes Festspiel den Zuschauer ermüden muß, der vorher so ganz auf dramatische Begebenheit eingestellt worden war, der auf einem Schlitten in aufregender Fahrt zu Tal gesaust war und nun noch eine Stunde lang seinen Karren durch die Ebene schleppen muß. Welch unglückliche Komposition eines Theaterabends, wenn man an Pudowkin denkt, wo das umgekehrte Prinzip mit höchster Wirkung verwandt ist.

Pudowkin hat für seinen Film einen Mongolen gefunden, der mit dem treuherzigen Ernst eines innerlich Beteiligten, begabt mit einem übersichtlich gemeißelten Kopf, mit der prachtvollen Einfachheit des Asiaten, seine Rolle durchführt. Jessners Ödipus ist Fritz Kortner, ein scharfsinniger Nervenmensch des zwanzigsten Jahrhunderts, dessen geschmeidige Bosheit etwa in Wedekindrollen zu unvergeßlichen Leistungen geführt hat, der aber zum Ödipus paßt wie Margo Lion zum Gretchen. Man spürt, daß er seine Rolle sehr ernst nimmt, aber er schmückt, in der Bemühung nach Charakteristik, die großzügige Gestik seiner Partie mit hundert Komplizierungen, macht in jeder Bewegung Vorbehalte, gibt, wenn er Vorwärts! sagt, immer einen Schuß Rückwärts als intellektuelle Würze hinein, in jede Freude ein wenig Schmerz, und in jeden Schmerz ein wenig Ironie. Die Variabilität seiner Stimme, die innerhalb eines einzigen Satzes gern durch alle Register spielt, erzeugt ein Schaukeln, wo flotte Fahrt am Platze wäre. Er ist der Typus des modernen Schauspielers, ist mit allen Wassern der Gegenwart gewaschen und erzielt oft große Erfolge dadurch, daß er gedichtete Gestalten vergangener Zeiten mit höchstem Leben zu erfüllen scheint, wobei er in Wirklichkeit nur eine, seinem Publikum ähnliche Figur auf die Bühne stellt, so daß nun Hamlet wie ein sympathischer, kluger Mensch spricht, und die Freude an einem Gleichgearteten auf der Bühne, die mehr Wohlbehagen als Bereicherung bringt, erkauft wird mit dem Verzicht auf das Erlebnis von etwas Andersartigem, befruchtend Neuem, das allein zu großen Eindrücken führen kann. Ist es nicht charakteristisch, daß man diesen Schauspieler den Ödipus spielen läßt, während Pudowkin in die Mongolei fährt, um Land und Leute so echt wie möglich zu bekommen.

Und noch eins: große Teile von *Sturm über Asien* werden von Menschen gespielt, die nie einen Film gesehen, geschweige gefilmt haben. Nun soll Jessners Ensemble hier nicht in eine gehässige Parallele zu Pudowkins angelernten Mongolen gesetzt werden, aber es wirkt doch erstaunlich, wie gering das rein technische Niveau der durchschnittlichen Schauspielerarbeit ist. Pudowkin dreht einen naturalistischen Film und kann daher große Effekte erzielen, wenn er einfach unverbildete Menschen bei unbefangener Beschäftigung aufnimmt. Griechische Tragödie ist kein naturalistischer Film. Sie ist, vom Standpunkt der Imitation gesehen, etwas höchst Lebensfernes und verlangt ausgiebig eine bewußte Schulung der Bewegungen und des

Sprechens. Mit Ausnahme des alten Kraußneck und von Ida Roland, die ja auch beide aus einer festen Theatertradition kommen, hört man niemals ohne Unruhe zu, wenn diese Schauspieler langsam und getragen sprechen. Die Konsonanten strömen ihnen etwas unberechenbar aus Mund und Nase, es entsteht eine Art summarische Geräuschmusik, die bei den Berliner Chansons der Cläre Waldoff, wie man sie augenblicklich im »Kabarett der Komiker« hören kann, am Platze ist, aber nicht bei Sophokles. Der Film verlangt unerbittlich vollständige Intaktheit aller Mittel: ein Pickel auf der Backe, ein schiefgewachsener Finger, eine leise Ungeschultheit der Bewegungen machen einen Schauspieler automatisch unbrauchbar. Von unsern Bühnenschauspielern hingegen hat man durchschnittlich den Eindruck, daß sie mit derselben Vorbildung sprechen wie die Leute im Parkett, nur lauter. Wenn dem nicht so ist, um so schlimmer für die Vorbildung. Es scheint, daß man an unsern Bühnen den Unterschied zwischen Privatleben und Theaterspielen ein wenig unterschätzt.

4. Alte Chaplinfilme (1929)

Wie von zwanzig Polizeiknüppeln durchgewalkt, taumelt der Zuschauer mit verdrehten Augen aus dem Lokal. Noch nie, so lange die Welt steht, ist ein Mensch, der einen Knüppelhieb auf den Kopf bekommen hat, wie eine betrunkene Ente die Straße entlang getorkelt und hat dabei die Augen verdreht, aber in allen Chaplinfilmen ist dies die programmäßige Reaktion auf Gummiknüppel, und jedermann erkennt sie an und versteht sie, denn es ist dies die pantomimische Idealform der Ohnmacht, und wenn im gewöhnlichen Leben Ohnmachten ohne die wünschenswerte Anschaulichkeit vor sich gehen, so ist es eben Sache der Kunst, das Unansehnliche sehenswert zu machen. Wenn der Philosoph Plato in seinem »Staat« die berühmte Parabel erzählt von den Menschen, die in einer dunklen Höhle sitzen und vor sich an der Wand nur die Schatten der wirklichen Dinge sehen, so ist da offensichtlich vom Kino die Rede, aber niemals hätte Plato sich träumen lassen, daß der Fortschritt der Technik einmal gestatten werde, die schattenhaften Abbilder an der Wand wahrer zu gestalten als das Leben selbst. In einem Chaplinfilm ist kein Gesicht, keine Handbewegung naturgetreu, und es ist eigentlich ein blamables Faktum für die Apostel der »Sachlichkeit«, die immer predigen, die Mission des Films sei ungeschminkter Realismus, daß gleich die erste Blüte der jungen Filmkunst sich so geschminkt und so gar nicht in Naturfarben präsentiert hat. Die Welt des Chaplinfilms ist bevölkert mit den gewaltigen Körpern bärtiger Männer, denen die Augenbrauen mephistophelisch nach oben gebogen sind und denen Lackkugeln in den Augenhöhlen rollen wie chinesischen Dämonen. Und baufällige Greise sind da mit albernem Moosbehang ums Kinn, verheiratet mit megärenhaften Wasserspeiern, und alle diese Fabelwesen ergehen sich in rätselhaften Beschäftigungen; sieht man aber genauer hin, so sind es die Beschäftigungen des täglichen Lebens, die durch eine seltsame Fügung in Spuk und Irrsinn verwandelt wurden. Ein Kellner präsentiert dem kleinen Mann, dessen Rolle jeder von uns schon einmal gespielt hat, die Rechnung wie ein Todesurteil, ein Seekranker, der auf die Reeling zustolpert, richtet seine Mündung mit Sicherheit auf Chaplins Kleider; stützt man den Ellenbogen sorgenvoll auf den Eßtisch, so steht gerade an dieser Stelle sicherlich ein gefüllter Teller, und zu was für seltsamen Manipulationen führen die menschlichen Tischsitten, wenn man nur diejenigen benutzt, die verboten sind: man kann den Kaffee mit dem Messer umrühren und das Messer am Brot abwischen, und dann schmeckt das Brot nach Kaffee; auch ist es schwierig, eine Leiter zu tragen, ohne damit Nebenmenschen umzumähen. Die Menschen mögen arbeiten, essen oder beten – der kleine Mann muß sich fürchten und wundern. Denn er ist nicht nur arm, es fehlen ihm nicht nur Schlips und Kragen, sondern er paßt überhaupt nicht in diese Welt, auch nicht in die der Armen: die Schuhe, mit denen er auf die Welt gekommen ist, sind ihm zu groß, er ist von Kopf zu Füßen ein paar Nummern zu klein geraten und findet sich nun zwischen all dem muskulösen Gewerbefleiß der Schutzmänner, Kellner, Kaufleute und Ganoven nicht zurecht. Das ist das Weltbild des Mannes, der mitten im Hollywoodbetrieb, wo jeder Ateliertag Tausende kostet und die Kunst mit der Stoppuhr fabriziert wird, manchmal plötzlich verschwindet und tagelang mit seinen Plänen in der Einsamkeit herumläuft, des Mannes, dessen Scheidungsaffäre ausbrach, als er sich nicht gefallen lassen wollte, daß seine Frau eines Abends einen Trupp lärmender Gäste ins Haus brachte. Daß es diesem Romantiker mit den Nerven eines sarkastischen Sonderlings gelungen ist, mit seinem höchst unamerikanischen Weltbild einen von Radiowellen und Morsezeichen umsummten Erdball zu erobern, sollte wiederum den Aposteln der »Sachlichkeit« Anlaß zum Nachdenken geben.

Fünfzehn Jahre sind diese Filme alt, und nichts ist an ihnen veraltet als die Frisur der Heldin. Sie haben ihren Stil, der einmal in der Geschichte der Filmkunst der Frühstil heißen wird; denn es wird hier im Grunde noch mit einer ganz primitiven Vorstellung von den Möglichkeiten des Films gearbeitet: die Kamera dient lediglich als Wiedergabeorgan für eine Situation, die sich rein räumlich – von der Phantastik der Figuren und der Begebenheiten abgesehen – genau so in der Wirklichkeit oder auf einer Bühne abspielen könnte. Der Schauplatz bleibt ganze Szenen hindurch konstant, die laufende Totalaufnahme ist kaum von Naheinstellungen unterbrochen, nirgends eine raffinierte Einstellung, nirgends Charakterisierung durch kühn herausgegriffene Details. Nirgends vollends ein souveränes Springen von Situation zu Situation – denn die Vorstellung, daß die Kamera frei ist von der Einheit des Ortes, der ihre Objekte in der Realität untertan sind, war eine Revolution, von der Chaplin bis heute unberührt ist.

Manchmal allenfalls – so wenn er mit dem Gesäß zum Zuschauer über der Reeling des Schiffes zappelt und jeder meint, er sei der Seekrankheit zum Opfer gefallen, und plötzlich dreht er sich um und hat einen Fisch geangelt – ist die besondre, durch die Blickrichtung der Kamera bedingte Perspektive zu einem witzigen Effekt ausgenutzt, der die photographierte Handlung nicht nur an sich, sondern sub spezie einer spezifisch filmischen »Einstellung« in des Wortes doppelter Bedeutung erfaßt. Dies ist ein erster Schritt zur Emanzipierung des Filmstreifens von den realen Raumbedingungen des abgebildeten Objekts.

Um so wichtiger ist, daß diese Filme nicht veraltet sind oder veralten können. Die Mehrzahl der guten Filme, die ein paar Jahre alt sind, wirkt heute kindlich primitiv: man lacht über die Dürftigkeit der Lichteffekte und der Trickaufnahmen, über die ungeschickte Kriegsbemalung und die noch dicker aufgetragene Mimik der Darsteller – das macht: es handelt sich dabei um unvollkommene Versuche, zu einem Ziel zu gelangen, dem wir heute näher sind als vor fünf Jahren. Der amerikanische Groteskfilm aber, dessen Meister Chaplin ist, arbeitet nur mit Mitteln, die er beherrscht: die Kunstlosigkeit der Beleuchtung stört nicht, denn es kommt hier auf Beleuchtung nicht an, sondern nur auf den Inhalt der Vorgänge, Schminke und Bärte stören nicht, denn hier wird bewußt bombastische Maskenkunst getrieben, und die Raffinements fortschrittlicher Montage können nicht vermißt werden, wo sie von vornherein nicht in die Kalkulation eingesetzt worden sind. Daher kommt es, daß hier, beim amerikanischen Groteskfilm, zum erstenmal – so wie bei den übrigen Künsten – der Fortschritt der Technik nicht Entwertung des Vorhergehenden bedeutet: so wie die Fresken eines Masaccio nicht wertlos geworden sind, weil man es heute besser versteht, eine hockende Figur zu zeichnen, so wird die vehementeste Entwicklung der Filmkunst nicht vernichten, was Charlie Chaplin und Buster Keaton, Fatty Arbuckle und Harold Lloyd geleistet haben.

In siebzig Jahren wird es ein Filmmuseum geben, und die Filmleute werden manchmal hineingehen und sich im kühlen Vorführungsraum, wo die besten Jahrgänge lagern, einen alten Meister zeigen lassen, der durch eine Expertise von Geheimrat Coogan als eigenhändig erklärt und im Kunsthandel auf hunderttausend Mark geschätzt ist; da werden sie eine Stunde auf ihren Sitzen zappeln und dann mit verdrehten Augen auf die Straße torkeln wie betrunkene Enten, und dann werden sie mit fehlerfrei synchronisierter sowie verschleierter Stimme einander ins wulstige Ohr flüstern: »Kunststück, ein echter Chaplin!«

5. Stumme Schönheit und tönender Unfug

Die Docks von New York

Ständen diese Docks wirklich in New York und nicht in einem Atelier von Hollywood, ihre Düsternis wäre gewiß nicht umspielt von so unirdischen Blitzlichtern, die – wie die Schläge des Bildhauerhammers aus dem kompakten Stein – aus der samtigen Schwärze der Projektionswand allerlei grausiges Gewässer, Balkenwerk, schwanke Stege und schwelende Lampen herausmeißeln. Dies Hafenlabyrinth, zugleich märchenhaft und voll konzentrierten Lebens, hätte man mit Freilichtaufnahmen niemals zuwege gebracht. Augentrug aus Pappe und Holz und dem Licht versteckter Scheinwerfer ist dazu nötig, nicht Realität. Die immer stärker werdende Verdrängung der Außenaufnahmen durch eine Atelierkunst, die sich nicht auf die Zufälle des von der Wirklichkeit Geschaffenen verläßt, sondern ein Material benutzt, das ganz von ihr selbst zusammengetragen und daher ganz in ihrer Hand ist, bedeutet einen weiteren großen Schritt auf dem Wege des Films von der Reportage zu einer Eigenwelt. Weißer Nebeldampf steigt auf um massive Silhouettenfiguren, und dann plötzlich springt dieser erstaunliche Film aus der feuchten Nachtwelt des Vorspiels in die Helle einer Hafenkneipe, die die Gesichter und damit die Schicksale der handelnden Personen enthüllt.

Das weiße Antlitz, das weiße Kleid, die weißen Locken des Mädchens geben den optischen Kontrapunkt zu der schwarzen Figur des Schiffsheizers, und so ist – höchst glückliche und kunstvolle Kongruenz! – das Widerspiel und Miteinanderspiel dieser beiden Menschenseelen schon im Primitivsten der Anschauung, schon in den Schwarz-Weiß-Flecken, die sich auf der Leinwand bewegen, aufgezeichnet. Dies intime Ineinander äußerlichster Formelemente und innersten Handlungsgehalts ist wirkliche Filmkunst, weil die Grundforderung einer jeden Kunst ist, daß sie die unsinnlichen Inhalte ihres Gegenstands durch die sinnlich erfaßbaren Materialbedingungen, die grade ihr eigen sind, decke und offenbare. Wichtig zu betonen, daß dieser Effekt nur durch die Unfarbigkeit des heutigen Films zu erzielen ist, daß also grade die Beschränkung auf ein, verglichen mit der Naturwirklichkeit: abstraktes Material, den Zugang zur Kunst liefert.

Die besondre Filmbegabung, die darin besteht, das Wesentliche eines darzustellenden Vorgangs nicht nur an sich, sondern sub spezie der Veranschaulichungsfähigkeiten des Filmbildes zu erfassen, ist den Schöpfern dieses Films (Regie: Josef von Sternberg, Manuskript: Jules Furthmann) im hohen Maße eigen. Wenn die Selbstmörderin aus dem Boot ins Wasser springt, sieht man im Bilde nichts als die bewegte Wasserfläche, in der sich der Umriß des Bootes mit der aufgerichteten, dann abspringenden Frau spiegelt. Diese indirekte Darstellung, eins der wichtigsten Mittel moderner Filmtechnik, leistet – solange sie nicht, wie zum Beispiel bei den allzu beliebten Schlagschattenaufnahmen, zum Schema erstarrt ist – zweierlei: Das Unabgenutzte einer solchen Auffassung greift das Auge des Beschauers aktiver an und macht ihm dadurch den Vorgang lebendiger; zweitens drängt sich das Dekorativ-Bildmäßige einer solchen Aufnahme besser auf (ähnlich, wie man die Farben einer Landschaft besser sieht, wenn man mit dem Kopf nach unten zwischen den Beinen durchschaut!). Springt nun der Schatten der Frau vom Boot ab, so sieht man im nächsten Augenblick die Frau selbst in das selbe Wasser fallen, das eben noch ihr Spiegelbild trug, und dies überraschende Nacheinander des indirekten und des direkten Anblicks ohne Einstellungswechsel ist der Prototyp eines schlagenden filmischen Einfalls.

So könnte man Dutzende von Beispielen anführen. Jedes Motiv ist just für die Kamera erfunden: der mörderische Schuß, dessen Stummheit sonst durch Pulverdampf wettgemacht zu werden pflegt, manifestiert sich optisch im erschreckten Aufstieben der Enten; die Gier des Mädchens nach der Manneskraft des Geliebten wird, ohne daß Dialog notwendig wäre, durch eine unheimlich obszöne Detailszene vor Augen geführt, wenn sie seinen unanständig tätowierten Arm, dessen Muskeln er vor ihr spielen läßt, lüstern betastet; das Penelope-Motiv der ausgerissenen Westentasche, die umständlich genäht wird, damit sich der Abschied verzögere; die geschickte Handhabung dynamischer Gegensätze, so wenn um den stetig daherschreitenden Seemann ein nervöser Kamerad zappelt oder wenn das ruhige Gesicht des Missionars, der in der Spelunke eine Trauung vollziehen soll, einem tobenden Meer brüllender Gesichter und fuchtelnder Arme gegenübersteht.

Der Bildfreude solcher Filmkünstler kommt das Milieu vierschrötiger Matrosen besonders entgegen, denn hier sind Menschen, die handeln, wo ziseliertere Wesen nur denken, deren Gefühle also schon von selbst Pantomime sind und nicht erst übersetzt werden müssen. Der großartige George Bancroft braucht weder Eifersucht noch Lebensfreude noch Ärger durch viel Mimik zu interpretieren, denn ehe es geschehen, hat er ja schon den Nebenbuhler bei der Jacke ergriffen und über ein paar Tische geworfen, hat er einen Zuber zum Munde gehoben, aus dem ihm die leckere Flüssigkeit über das Gesicht läuft. Nichtsdestoweniger wäre es im Interesse des guten Geschmackes wünschenswert, dieses Schauspielers Verbrauch an Knockouts etwas einzuschränken. Wie in seinem früheren Film *Polizei* greift er links und rechts wahllos in die Gesichter der Statisterie und mäht Männer; er pufft Kellner vor die Brust und schiebt Polizisten aus dem Wege – gut, gut, aber wir sind nicht im Sportpalast! Muskeln beiseite, sein gutes, aufmerksames Hundegesicht sichert ihm, kaum daß wir ihn zum erstenmal gesehen, einen Fensterplatz in unserm Herzen. Schade, daß das Objekt seiner

Liebe, Betty Compson, aus Kalkstein und nicht aus Fleisch und Blut besteht. Sie gehört zu den Schauspielern, deren Charakter und Gefühle erst aus der Inhaltsangabe des Programmhefts klar werden: »Das Mädchen ist eine Straßendirne« und »... daß ihre Sehnsucht dahin geht, geheiratet zu werden« – ach so, wir sahen nur ein starres, gepflegtes Eiskrem-Mädchen unbestimmten Standes, mit schwarzgemalten Augen und rotgeschminktem Herzen. Wann endlich werden die Amerikaner aufhören, ihre besten Filme zu verunstalten, indem sie in das Zentrum einer von Sinnlichkeit und Fülle platzenden Handlung eine anämische Nutte hineinokulieren, die bestenfalls in ein Konfektionsschaufenster gehörte?

Ein Abenteuer mit dem Tonfilm

Ich weiß nicht, was das mit der australischen Oberpostdirektion ist! Sie sollte beim Engagieren ihrer Beamten etwas vorsichtiger sein, vielleicht Eignungsprüfungen einführen! Doch wir wollen nicht vorgreifen.

Kaum erschien auf der Leinwand eine Schrift, die anzeigte, daß jetzt der Tobisfilm *Das Land ohne Frauen* mit Conrad Veidt zu sehen sein werde, da begann es in der Orchestergegend scharf zu rascheln, und wie hinter einem australischen Moskitonetz verborgen, ertönte eine heisere Musik. Ein ähnliches Rauschen ging durch die Reihen der Zuschauer, und eine Dame, die neben dem Kritiker saß, sagte: »Das ist eben der Tonfilm.« Hinter ihr jedoch begann ein Herr, dem offenbar der Tobis-Musikautomat geringerer Höflichkeit wert schien als lebendige Kinomusiker, mit ungenierter Stimme das Personenverzeichnis zu verlesen, das sich ihm wie den Umsitzenden auf der Projektionswand bot. Er geriet aber alsbald in Idealkonkurrenz mit einer vehementen Frauenstimme, die im Dunkel des Podiums, sichtlich unter Verwendung des Hábaschen Vierteltonsystems, ein Volkslied von unbestimmter Tonart anstimmte, was die Hörer in Verwirrung brachte und sie verhinderte, die Besetzung gründlich ihrem Gedächtnis einzuverleiben. Kurz darauf eilten einige erregte Männer mit Tropenhüten eine Straße entlang und hängten einen Mann an einen Galgen. »So geht es hierzulande jedem, der eines andern Weib berührt«, las der Herr aus dem Publikum mit lauter Stimme vor. Da wußten auf einmal alle, wozu Conrad Veidt engagiert war, nur dieser selbst wußte es nicht. Er küßte vorderhand seine alte Mutter auf die Stirn und eilte zum Dampfer, bei dessen Anblick der Orchesterersatz in ein dissonantes Flöten ausbrach, gleichsam um die Schiffspfeife anzuzeigen. Auf dem Dampfer befanden sich vierhundertdreizehn Mädchen, die sich anschickten, der Frauennot in Australien abzuhelfen, oder genau genommen waren es nur vierhundertzwölf, denn eine war während der Reise gestorben. »Conrad Veidt bekommt keine Frau«, sagte die Dame im Zuschauerraum.

Sie wurde niedergezischt, und dennoch sollte sie recht behalten, denn als die Schiffsoffiziere auslosten, welcher Mann nun keine Frau bekommen solle, geschah es, daß das Los unter vierhundertzwölf Statisten just auf den einzigen Schauspieler mit Stargage traf, worauf dieser ans Ende der Liste gesetzt und der Name eines andern, ebenfalls nicht billigen Australiers an seine Stelle geschrieben wurde. So war die Besetzung geregelt, und es fehlte nur noch, daß die fragliche Braut Nummer 68 sich mit ihrem Gatten weniger zufrieden zeigte als die übrigen vierhundertelf Bräute. Diese nämlich widersetzten sich der an die Züchtungsmethoden von Geflügelfarmen erinnernden Massenpaarung keineswegs, verliebten sich in die ihnen zugedachte Nummer und wappneten sich aus den Beständen eines Engroslagers von Trauringen für die jäh bevorstehende Ehe. Der Farmer Nummer 68 hingegen, wie in dem dunkeln Gefühl, daß er einem bekannten Schauspieler seine Frau weggeschnappt habe, ließ diese einen schweren Koffer schleppen; sie stürzte über die Schienen, was eine leichte Ausrenkung des linken Fußknöchels sowie der ehelichen Gemeinschaft nach sich zog. Conrad Veidt aber, zu unerwartetem Zölibat verdammt, erlitt einen hysterischen Zusammenbruch, wie man ihn bei einem Telegraphenbeamten nicht erwartet hätte, was ihm aber Anlaß gab zu einer herrlich gespielten Lachkrampfszene, dem einzigen Lichtpunkt in einem langen, dunklen Abend. Er öffnete die Tür einer Kneipe, und sogleich erhob sich im Orchester ein entsetzlicher Stimmenlärm, die Musiker schienen mit dem Dirigenten uneins geworden, das Publikum ward unruhig, aber allmählich wurde klar, daß dieser unverständliche Lärm mit den Darbietungen in der australischen Kneipe zusammenhing und daß die Schauspieler nicht nur eine Pantomime für die Kamera, sondern auch etwas Rhabarber für das Mikrophon beigesteuert hatten. Aber die Stimmen lagen, fern von ihren Besitzern, in einem wirren Haufen durcheinander wie die Schuhe bei jenem berühmten Schelmenstreich Till Eulenspiegels. Conrad Veidt, obwohl pensionsberechtigter Beamter, schnitt sich nun an einem Glasscherben die Pulsader auf, was mit der Gründlichkeit eines Chirurgiefilms vorgeführt wurde, und ließ sich von einem Schiffsoffizier, der ihm beisprang, aufklären, welche Frau eigentlich für ihn bestimmt gewesen war. Diese ruhte inzwischen, durch ein Moskitonetz sowie durch ihren schlimmen Fuß vor jeder ehelichen Pflicht geschützt, neben ihrem Gatten, der sich aber bald wieder den Geschäften hingab und zwecks Goldgräberei ein Kamel mietete. Kaum war das Gebrüll dieses Tieres – vom Tonfilmapparat glücklich imitiert – in der Ferne verklungen, als Conrad Veidt in das Haus der freudlosen Witwe eindrang. Diese stürzte ohnmächtig zu Boden, während vier Meter unter ihren Füßen in der Dunkelheit ihre Stimme heiser aufschrie. Und schon drangen wilde Männer ins Zimmer, ergriffen den Ehebrecher, schlugen ihn blutig, ließen ihn auf einer Eisenbahndrehscheibe in Schächerhaltung um sich selbst wirbeln, bis ihn der Arzt des Ortes im letzten Augenblick vom

Galgen befreite. Soweit wäre alles gut abgegangen, wenn nicht der Tonfilm die Zeit für gekommen gehalten hätte, die Personen nun auch sprechen zu lassen. Es geschah also, daß Conrad Veidts alte Mutter den Mund öffnete und mit der Trompetenstimme eines versoffenen Elefanten Trostworte flüsterte, die der Sohn nicht minder sonor, jedoch unter Zermalmung der S-Laute, beantwortete. Nun war das Eis gebrochen, das Sprechen nahm überhand, so daß der Vorleser im Parkett nur noch wenig zu tun fand, aber keinem wollte die Sache so recht gelingen. Sie sprachen alle mit Pedal, und das S schien von der Zensur gestrichen: »Verlaffe mich nicht!« flehte die Dame Nummer 68 und zerriß einen wichtigen Brief, was ein prasselndes Geräusch hervorrief. Inzwischen ereilte den goldsuchenden Farmer, seinen Kameraden und das Kamel in der Wüste ein Samum, der unter Aufbietung des gesamten Tonbildsyndikats vonstatten ging und beinahe mit Tod geendet hätte. Der Regen troff eimerweise über den Kopf des Kamels, aber bald konnte des Postbeamten betagte Mutter mit dem Donnerorgan des Propheten Jeremia mitteilen, daß der Nebenbuhler lebendig davongekommen sei. Man zerrte das Kamel mit dem glücklich heimgekehrten Goldfinder durch einen Orkan babylonischer Beifallsgeräusche, worauf Conrad Veidt sich bei dem Verkehrswesen, dem er sein Leben lang gedient, den Tod holte, indem er sich vor eine herbeirasende Lokomotive legte. Das Kamel eilte, nach Beendigung der Aufnahmen im Atelier, an Leib und Seele zerschlagen aber in dem stolzen Bewußtsein, als einziger unter allen Mitwirkenden die für den Tobisapparat geeignete Stimmlage getroffen zu haben, in den heimatlichen Zoo, wo es sich unter Zitierung des berühmten Ausspruchs: »Spaß, habe ich eine Nacht gehabt!« unter die Käfiggenossen mengte. Der Kritiker entwich mit ähnlichen Gefühlen.

6. Die Frau im Mond (1929)

> ... daß keiner groß zu denken hätt.
> Befolgend dies ward der Trabant.
> Ein völlig deutscher Gegenstand.

Die Fritz Lang-Filme sind Parvenus: zu Geld gekommene Hintertreppenromane. Daß eins der Nick-Carter-Heftchen, die in diesem Film als Statisten auftreten, nur zehn Pfennige kostet, *Die Frau im Mond* aber Millionen, ist eigentlich der einzige Unterschied zwischen den beiden Produkten. Traurig nur, daß, zeitgemäß ausgedrückt, eine so wenig seriöse Firma eine Art Monopolvertrag hat, in jedem Jahr den Repräsentationsfilm der deutschen

Filmindustrie, ja Deutschlands herzustellen, denn für das Ausland ist deutscher Film gleich Fritz Lang, dessen kindische Riesenspielzeuge sich glücklich der alteingesessenen Vorstellung von deutscher Märchenromantik und Grübelei einpassen. Dabei sind diese Filme, die nur durch eine Riesenreklame alljährlich zu einer Art Weihnachtsbescherung des deutschen Kinobesuchers aufgedonnert werden, Bagatellen, Nebensächlichkeiten, Durchschnitt, und was Thea von Harbou sich ausdenkt, ist, auch wenn es noch so teuer vor die Leute gebracht wird, nicht fürs Deutschtum repräsentativ, sondern privater Scherlkitsch. Wenn sich für dasselbe Geld nicht wundervolle Filme herstellen ließen, wenn man nicht zwei Jahre lang vergeudete Arbeitskraft von Hunderten fleißiger Menschen bedauerte, so könnte man sich diese vergnügliche Jules-Verne-Historie, die auf den Quintaner im Menschen spekuliert, mit ruhigem Vergnügen betrachten.

Den gestirnten Himmel über sich und den Kostenanschlag in sich, den Mond zu Häupten und die Sonne im Herzen – unter dieser astrologischen Konstellation hat das Ehepaar Lang gearbeitet. Im Krater blühn wieder die Bäume. Der Teig ist, wie gehabt, mit allen Eiern angerührt: Raketenschiff, blinder Passagier, Radioreportage – alle Errungenschaften sind eingearbeitet (nur mit dem Persilflieger, der vor zwei Jahren ein Ereignis war und heute überlebt ist, haben sie sich verkalkuliert). Gewiß, die Technik ist fortgeschritten: Wenn man sich erinnert, wie kümmerlich vor Jahren das mit dem seligen Gunnar Tolnaes bemannte *Himmelsschiff* startete, und nun das Raketenschiff wie eine geröntgte Kaulquappe durch den schwarzen Weltenraum schießen sieht, so merkt man, wie die Zeit vergeht. Der wissenschaftliche Beirat hat allerlei bemerkenswerte Berechnungen und ansehnliche Apparate beigesteuert, nur eins berührt merkwürdig: Daß etwa ein Dichter, der verfilmt worden ist, sich im Grabe umdreht, versteht man, daß aber der Mond, wenn ihm das gleiche Schicksal widerfährt, unter dem herbeieilenden Raumschiff wie ein Irrsinniger um seine Achse tobt, wundert jeden, der in der Schule gelernt hat, daß die Rotations- und Umlaufszeit des Mondes achtundzwanzig Tage beträgt.

Das Raumschiff heißt »Friede«, als führe es pankosmische Bestrebungen im Schilde, dabei ist Friede lediglich der Vorname der mitreisenden Astronomiestudentin, die während der Weltraumexpedition, wo alle Gravitationskräfte außer Rand und Band geraten, die einzige feste Attraktion für die Mitspieler darstellt. Diese Methode, irgendwelche Privatschicksale ideologisch zu überbauen, ist bekanntlich für Frau Harbou charakteristisch. Glücklicherweise hat sie diesmal nicht, wie schon mehrmals, das Hauptmotiv des Films aus der Politik entnommen, aber nach wie vor stellt sie sich Engrosgeschäftsleute oder Wissenschaftler vor wie Ludendorff die Freimaurer und die Juden. Die »fünf reichsten Leute der Welt« sitzen um einen Tisch wie die Weisen von Zion, ihr Beauftragter wütet gegen die Konkurrenz mit Feuer und Schwert, raubt Tresors aus, wirft anästhesierende Blumensträuße ins Auto und läßt Fabriken durch Fernzündung explodieren. Ein Hörsaal voller Wissenschaftler sieht aus wie eine Protestversammlung betrunkner Schizophrener, und der große Gelehrte schläft mit einem Globus im Bett und hält sich eine zahme Maus.

Wie seinerzeit in Duponts *Varieté* auf dem Trapez, so herrscht hier im Raumschiff Eifersucht. Der Astralkapitän Willy Fritsch liebt Fräulein Friede, die sich aber mit einem andern verlobt hat. Daher bekommt dieser Verlobte von Thea von Harbou den Uriasbrief der Feigheit in die Brusttasche: er wirkt verächtlich, drängt auf vorschnelle Heimfahrt und saust auch schließlich, feurige Raketen nach hinten auspuffend, allein nach Hause. Das rektifizierte Paar verlebt – ein neuer Tip! – seine Flitterwochen in der Kraterlandschaft. Friede im Monde und den Menschen ein Wohlgefallen!

7. Tauberton und Studio (1930)

> Als ich das erste Mal meinen Tonfilm
> *Ich glaub nie mehr an eine Frau* mir
> vorführen ließ, war ich doch erschrok-
> ken, wie weit menschliche Erfindungs-
> kunst gehen kann . . .
>
> Richard Tauber

Und es wankte an einem Stabe einer einher, der hatte die Ohren voll Tonfilm, schluchzte und war gebrochen an Leib und Seele, und er bat sie alle um Verzeihung, weil er sie so oft geschmäht hatte. Er griff nach Harry Liedtkes Hand, sowie nach der von Hanns Henny Porten, er stützte sich auf Lee Parry und Harry Piel und sprach: »Sehet, ich habe gesündigt!« Und er wandte sich gen Friedrich Zelnik und an den Busen des dicken Doktor Johannes Guter, winkte Paul Czinnern herbei und Otto Gebühr, und als er Fritz Langs ansichtig wurde, blickte er Gerda Maurus in die Nasenlöcher und redete abermals: »Vergebet mir, denn ich habe Übles an euch getan!« Da schwiegen sie alle betreten, denn sie waren noch nicht synchronisiert. Und der Büßer wallfahrtete, um seine Seele zu erfrischen, in die Große Frankfurter Allee, da lief in einem kleinen Kino: »Das blutige Skelett. Fünfzehn monumentale Akte aus dem Sittenleben der Großstadt. Rauchen gestattet.« Und das war ein stummer Film.

Was es schon seit Jahrzehnten nicht mehr gibt; was man für schweres Geld auf eine große Varietébühne verfrachten würde, wenn es irgendwo, in der tiefsten Provinz, noch auf einer Schmiere anzutreffen wäre; was man nicht mehr parodieren darf, weil das Original schon zu lange verschollen ist – das feiert im Tonfilm unbefangen glänzende Auferstehung. Denn wo gäbe es das noch, daß eine Dirne beim Anblick eines reinen Jünglings in die Kniee bricht und mit tränenschwerer Stimme beichtet: »Ich liebte ihn. Er war der erste. Aber nicht lange, so schlug er mich und trieb mich auf die Straße . . .«? Und wo könnte man noch wackere Männer sehen, die einander auf die Schulter klopfen und sagen: »Freund, ich will ja nur dein Bestes!«? In dem Richard-Tauber-Tonfilm: *Ich glaub nie mehr an eine Frau.* Den Kammersänger haben sie in ein Seebärenfell gesteckt, und da stapft er nun auf der Leinwand umher, ein freundlicher Mann, der seine schöne Stimme wo weiter unten abgegeben hat, da singt sie sich ab und zu etwas im Dunkeln. Der Mann auf der Leinwand fällt alle paar Minuten in Trance, lehnt sich an einen Türpfosten, seine Blicke schweifen durch den Zuschauerraum zur Vorführerkabine, dann muß die Handlung unterbrochen werden, er verwandelt sich in eine Großaufnahme, und sein riesenhaftes Brustbild trällert einen Kammergesang, wogegen die Lieder, wie sie die Hausangestellten beim Strümpfestopfen singen, anspruchsvolle Intellektuellenkost sind. Wo er singt, da läßt sich alles nieder, wetterfeste Freudendamen von der Reeperbahn erstarren gruppenweise zu lebenden Bildern, in Seemannsbärten quillt die Träne, und der Regisseur geht mal einen trinken. Der Zuschauer fühlt sich weniger gemütlich. Er verfährt notgedrungen nach Otto Reutters Rezept: »Und dann saß er wie gebannt, starrte immer nach der Wand.« Er sieht minutenlang wie unter dem Mikroskop die Kaumuskulatur des Kammersängers in Tätigkeit, manchmal wölbt sich eine Augenbraue, gewaltig wie ein Gebirge auf der Landkarte, die Lippen gebären – das mag für Gesangsstudierende nicht uninteressant sein. Dieser Film, der ein gewaltiges Kassenstück werden dürfte, ist hergestellt von der Emelka. Und an so etwas ist unsereins mit einundfünfzig Prozent beteiligt.

Während die Filmindustrie jedem, der es bis jetzt nicht mit Augen gesehen hat, nun in die Ohren brüllt, wie ausgelaugt und verkrustet sie ist, erfrischt es immer, Außenseiterfilme zu sehen. Der Vorzug solcher Filme gegenüber dem Industrieprodukt ist vor allem ein negativer: sie sind schon deshalb schön, weil das ganze Ölzeug fehlt, weil keine genormten Typen verwendet werden. Es hat sich außerhalb der Fachwelt herumgesprochen, daß sehr vielfach Nichtschauspieler für den Film geeigneter sind als Professionals, daß man, um Filmrollen zu spielen, nicht so sehr etwas können als etwas haben muß, nämlich eine gewisse animalische Unbefangenheit und Ausgeprägtheit. Je mehr sich der Film vom Theatralischen entfernt, um so mehr wird der Mensch zum Requisit, gleichgeordnet den (ebenfalls ungelernten) Tieren, Pflanzen und toten Gegenständen. Aber die Fachleute holen sich nach wie vor ihre malerischen Verbrecher und Bettler von der Modellbörse.

Die Außenseiter tuns nicht. *Menschen am Sonntag,* der erste Film des »Filmstudios 1929« (Leitung: Moritz Seeler), wird dargestellt von fünf Leuten, die noch nie vor der Kamera gestanden haben: von einem Taxichauffeur, einem Weinreisenden, einer Komparsin, einem Mannequin und einer Verkäuferin. Die Fünf sind nicht gut ausgewählt, aber das Prinzip ist gut, und es ist sehr fesselnd, ihnen zuzusehen, schon weil sie ihre Köpfe noch nicht wie auf einem Stativ mit routinierter Glätte nach oben und zur Seite rollen und weil es manchmal lebendig und zufällig über diese unverschminkten Gesichter huscht. Im ganzen möchte man sich die Arbeit eines solchen Experimentalstudios in den künstlerischen Absichten anspruchsvoller wünschen. Leider haben fast alle unsre Außenseiter »Reportage«-Ideale. Nur zu verständlich, daß sie sagen: »Wir haben genug von den Kitschbaronen und der verlogenen Hollywoodromantik – wir wollen einmal zeigen, was eine Portierfrau oder ein Fahrkartenkontrolleur den Tag über tun!« Aber diese Neugier ist schnell befriedigt, und schon jetzt beginnen die Reportagen herzlich langweilig zu werden. Zumal, wenn nicht Einzelschicksale aufgezeichnet, sondern Querschnitte durch das Leben der Masse versucht werden. Da fehlt dann leicht jeder Faden, und es entsteht ein Typ des Kulturfilms, dem nicht sehr viel Abwechslung abzugewinnen ist. Vor allem aber muß man sich entscheiden, ob man einen Bericht oder einen Spielfilm drehen will. Zeigt man, was fünf Menschen am Sonntag erleben, so kann man (und muß man) nicht gleichzeitig Abstecher ins allgemeine Menschenleben geben; in der Kunst gibt es keine Abstecher. Photographisch enthält der Film ein paar wunderhübsche Einstellungen und Einfälle, aber sie treten zurück. Ein Studio sollte frecher sein, sollte sich in den raffiniertesten Kamerakünsten versuchen und sich auch in der Auswahl der Themen und der gedanklichen Motive in Regionen wagen, die den Brancheproduzenten verboten sind. So überwiegt doch eine recht harmlose und wenig interessante Spielhandlung. Man sollte mehr Mut zum Unfertigen, zum Ausprobieren von Einzeleinfällen aufbringen. Man sollte sich nicht damit begnügen, an die Quelle der Wirklichkeit zu gehen, sondern versuchen, die Fülle dieser Anregungen höchst bewußt und sei es in penetrantester Übertreibung künstlerisch zu formen und zu vertiefen. Aber es macht nichts, daß an so einer Arbeit so viel zu bemängeln ist – im Gegenteil, grade dazu ist sie da, und was diese Neulinge falsch machen, ist tausendmal wichtiger, als was ein Trupp fingerfertiger Geschäftsfilmmanufakturisten richtig macht. Alle ungarischen Rhapsoden des Geheimrats Hugenberg gäben wir leichten Herzens hin, wenn wir dafür jede Woche einen solchen Experimentalfilm sehen dürften.

8. Ermler und Eisenstein

Die Schwärze der Nacht macht die Welt nackt und leer, da gehen, auf der dunkeln Leinwand ausgespart wie zwei Abstrakta, im bleichen Licht eines Scheinwerfers zwei weiße Männerchen mit erhobener Waffe aufeinander zu, ein deutscher und ein russischer Soldat. Großaufnahme, und siehe, unter dem deutschen Helm hervor späht dasselbe Gesicht wie unter der russischen Pelzmütze. Und sie staunen sich an, erkennen sich und lassen die Waffe sinken. In den Generalstabsstuben wettern der deutsche und der russische General und befehlen Angriff, und der Adjutant, der den Befehl weitergeben soll, trägt wiederum, hüben wie drüben, dasselbe eine Gesicht. Die phantastische Fähigkeit des Films, Menschen zu verdoppeln, die sonst vor allem benutzt wurde, um die Maskenkunst von Höchstgagenschauspielern sensationell herauszustellen, darf hier dazu dienen, die Sinnlosigkeit des Krieges augenfällig zu machen.

Dieselbe Schlagkraft des primitiv-sinnlichen Einfalls konstatiert man auch im Grundgedanken des Films, aus dem diese Szene stammt. *Der Mann, der das Gedächtnis verlor,* hergestellt von dem jungen Sowkinoregisseur Friedrich Ermler. Im Jahre 1919 verliert der Fabrikarbeiter Iwan sein Gedächtnis, und nach zehn Jahren wird er wieder sehend, kommt nach Leningrad, nein, nach St. Petersburg, da steht auf dem breiten Platz riesenhaft das Denkmal eines kleinen Zivilisten mit Spitzbart, in den Straßenbahnen sitzen Frauen mit unanständig kurzen Röcken, und in den Fabriken hat niemand zu sagen und alle sind Chef. Man sollte sich nicht beeilen, diesen Film propagandistisch zu nennen. »Die Unterscheidung zwischen Kunst und Propaganda ist eine reine Klassenunterscheidung« – dieser grundfalsche Satz Upton Sinclairs, hier hat er Geltung. Ermler hat keinen Exportfilm machen wollen, sondern er hat sich die Wirklichkeit, seine Wirklichkeit zum Stoff genommen, und er kann nichts dafür, daß gewissen Ausländern das Gewissen pocht, wenn er diese neue, vorbildliche Wirklichkeit zeigt.

Das Schicksal des Knechts Iwan demonstriert in glücklicher dramatischer Zuspitzung die Seelenerschütterung einer ganzen Generation. Ein ungewöhnlich glücklicher Filmstoff. Leider kann man dasselbe nicht von dem neuen Eisenstein-Film *Der Kampf um die Erde* sagen, der, was die Form anlangt, wieder eine Schatzkammer ist. Er ist im Berliner Uraufführungstheater knapp acht Tage und vor halb leerem Hause gelaufen, und Béla Balázs hat hier (in Nummer 8) gefragt, wie man denn bei einem weltpolitisch so überaus wichtigen Thema wagen könne zu sagen, dieser Film ginge uns nichts an. Wenn ich recht sehe, hat er da den Filmstoff mit dem Film verwechselt. Auch der Youngplan etwa geht uns viel an, aber ein Film mit diesem Thema hätte trotzdem alle Anwartschaft, entsetzlich langweilig auszufallen! Eisenstein verfilmt nicht den Agrarplan der Sowjetunion – wie könnte er das auch, ohne mit Text, Zahlen und Kurven zu arbeiten! –, sondern er gibt nur ein paar Momentbilder von dessen äußerlicher Auswirkung, wie sie eben einer Augenkunst zugänglich sind. Wohl sind auch hier, wie etwa beim *Potemkin,* alle menschlichen Leidenschaften im Spiel, wenn die abgejagte Bäuerin sich gegen ein falsches Eigentumsprinzip und vorsintflutliche Werkzeuge und die Stumpfheit der Leidgenossen empört, aber diese Leidenschaften manifestieren sich in mimischen Einzeldarbietungen, die nicht zusammengefügt sind zu einer aufwärts führenden Handlung. Ein Zuchtstier und eine Milchzentrifuge werden angeschafft, und ein paar Menschen schauen, teils vergnügt, teils mißvergnügt, zu. Während im *Potemkin* der Aufruhr der Matrosen in stetiger Steigerung zu einem Höhepunkt führt, wo dem Zuschauer das Herz stockt, wenn die Kanonenrohre sich heben, ist die treibende, dramatische Kraft in der *Generallinie* etwas Theoretisches, also Unsichtbares: wenn die Not am höchsten ist, greift ein Lenin ex machina ein, Einigkeit und Recht und Freiheit sowie Geld und Baumaterial fallen wie Manna vom Himmel, und es tut nichts zur Sache, ob der Zuschauer von anderswoher weiß, daß dieser Segen einer vernünftigen Wirtschaftspolitik und nicht nur einem Zaubertrick des Filmdichters zu danken ist und daß hinter dem vernünftigen Bezirkskommissar mit der Schirmmütze eine Macht steht: in dem Film ist nichts dergleichen zu sehen. Das Schicksal der Eisenbahnlokomotive aus *Turksib,* die sich durch Steinwüsten und ausgebrannte Steppen ihren Weg zum Siege bahnt, erweckt mehr menschenbrüderliche Anteilnahme als die Not dieser Bauern, die auf eine optisch unübersichtliche und ungradlinige Weise ihren Betrieb renovieren. Die Bodenreform ist nicht dazu da, um malerische Filmstoffe zu liefern? Eben, eben. Die Einwände gegen diesen Film liegen sehr nahe, wenn man nur das, was er wirklich enthält, zu trennen weiß von dem, was man nur sonst zum Thema gelernt hat; und wenn man nicht – dies nicht etwa zu Béla Balázs gesagt! – jenem unseligen Kurfürstendammsnobismus verfallen ist, der mittlerweile von der Psychoanalyse zum Traktor gefunden hat und für dessen unsolid fundierten Enthusiasmus unerschütterliche Kritiklosigkeit so bezeichnend ist. Eisensteins herrliche Begabung ist diesmal am untauglichen Objekt gescheitert. Hinzu kommt, daß der Film schon in Rußland und nun noch hier in Deutschland zu wiederholten Malen energisch verstümmelt worden ist, so daß, wie versichert wird, mit der alten Urfassung kaum noch eine Ähnlichkeit besteht.

9. Chaplin nach wie vor

Wie in der ersten Szene der *City Lights,* so könnte Charlie Chaplins Denkmal einst aussehen: in den Armen einer aufragenden Steinfigur liegt, durchaus fehl am Ort, ein schwarzes Bündelchen – zusammengerollt wie ein Hund schläft der kleine Strolch, und unten steht die große Menge und ruft: Komm herunter! Charlie eignet sich nicht für Denkmäler, nicht für Marmor. Er kommt herunter.

Die Zeit ist mächtig fortgeschritten, aber nicht über ihn hinweg. Er bringt, als sei nichts geschehen, alles, was der Lärm der Lautsprecher seit zwei Jahren totschweigt. Seine Bildtechnik gar ist noch dieselbe wie vor dem Kriege; keine Montage, kein Mitspiel der Beleuchtung, und gibt er einmal eine Großaufnahme, so ist es ein ganz primitiv und nur der Deutlichkeit halber herausgeschnittener Porträtkopf. Ja, selbst das gedruckte Wort, inzwischen so sehr der Verachtung verfallen, daß die Filmkünstler – man würdige das Ausmaß dieses Abscheus – nicht einmal den eignen Namen mehr vor ihre Filme schreiben, liefert fröhliche Zwischentitel wie einst. Eine ganze Vergangenheit, deren sich feine Leute heut nicht mehr gern erinnern, steigt auf. Der gute Ton verstummt.

Chaplins stille Kunst spricht zu uns wie nur je. *City Lights* ist dem *Zirkus* und dem *Goldrausch* so ähnlich, daß diese ganze Meisterklasse ein einziger Film sein könnte. Und andrerseits ist *City Lights* eine Kombination ineinandergeflochtener Einakter, die nur durch Personalunion verbunden sind: »Chaplin und der Millionär«, »Chaplin als Boxer«, »Chaplin und das blinde Blumenmädchen«. Aber immer wieder erschüttert die geniale Unerschöpflichkeit dieser Figur und dieses Filmstils. Mit einer fast aufdringlichen Einfachheit der Mittel werden immer wieder ganz neu die Beziehungen und Bedeutungen unsres Lebens aufgedeckt, seien sie nun äußerlicher oder sehr innerlicher Art. Wenn der betrunkene Charlie mitten zwischen seinen Spaghetti eine endlose Fastnachtspapierschlange verspeist, so wird damit durch einen überraschenden Kurzschluß zwischen zwei einander bisher fremden Dingen ein Charakter unüberbietbar veraugenscheinlicht – der Charakter einer Nudelschlange nur, eine ziemlich gleichgültige Sache. Aber wenn das blonde Mädchen, nicht ahnend, daß der Verliebte anbetend bei ihr sitzt, in ihrer Blindheit ihm einen Topf kalten Wassers ins Gesicht schüttet, so kann man das so tief nehmen, wie man will.

Chaplins Thema hat sich nicht geändert. Mit den Galoschen des Unglücks angetan, hoppelt er die Treppe zum Glück empor. Immer wenn das Ziel erreicht scheint, fällt ein prasselndes Dementi vom Himmel, ein diabolus ex machina. Schönheit, Geld und Muskelkraft werden ihm nur irrtümlicherweise und vorübergehend zuteil. Das Mädchen liebt ihn nur, solange sie blind, der Millionär nur, solange er betrunken ist, und wenn das dürre Männchen einen Starken niederboxt, so geschieht das hinten herum und nur als Vorspiel der eignen Niederlage. Ihm, dem Armen, gehts nicht gut, aber auch der Reiche erscheint als ein vom Besitz Besessener, als ein Kranker, auf dem seine Güter lasten: Mit Mann und Roß und Wagen hat ihn der Herr geschlagen. Der Reiche tritt mit dem Strick um den Hals auf, ohne daß dazu politisches Theater benötigt würde, die Liebe zeigt sich als eine Jagd nach zweiundzwanzig Mark Miete, und ihre Blütenzweige dienen dem Broterwerb. Denn sowie es feierlich wird, bekommt Chaplin den Schluckauf, auch wenn ihm nicht grade eine kleine Pfeife in die Kehle geraten ist.

Niemals dient Chaplins Frohsinn dazu, über unsre mehr lächerliche als heitere Wirklichkeit hinwegzufeixen. Stets ist sein Lachen dem Drama näher verwandt als der Humoreske. Denn seine spielerische Hand greift ohne Umstände immer wieder nach den tiefsten Dingen, und diese haben nun einmal die Eigenschaft, wenig lustig zu sein.

Chaplin hat seinen Film nicht allein nach Europa fahren lassen, er hat ihn begleitet, wohl in dem Gefühl, daß doppelt besser hält und daß der stumme Film jetzt alle Reserven aufbieten müsse. Wenn er nun, vom Beifall strapaziert, heimkehrt, wird er die Gewißheit mitnehmen, daß die Bataille gewonnen ist. Im Kampf zwischen dem Genie und den Apparaturen hat Chaplin gesiegt.

10. Garbo und Gassenhauer (1931)

Unter Jaques Feyders Regie erschien uns damals in den *Neuen Herren* die stumme Filmkamera wie das bewegliche Auge eines klugen, humorvollen Menschen, das in tausend überraschenden Bildern durch den bloßen Hinblick deutet, enthüllt, urteilt. Diesmal, in *Anna Christie,* ruht die Kamera, Feyder macht ein Theaterstück – oder vorsichtiger ausgedrückt: er läßt die Schauspieler eins machen. Eine Kneipe, eine Schiffskajüte ruhen stabil, als seien sie vom Schnürboden herabgewunden, viertelstundenlang vor unsern Augen, die Schauspieler kommen zur Kamera statt die Kamera zu ihnen, und wenn einmal eine Wandeldekoration des New Yorker Hafens hinter dem ruhenden Kohlenkahn vorbeizieht, fühlt man sich schon gedrängt, solch naturalistisches Raffinement einfältig zu bestaunen. Es ist vollkommener Bühnenstil, und dagegen wäre gar nichts einzuwenden, denn so etwas hat, in sauberer Trennung gegen alles, was tonfilmisch genannt werden könnte, seine Berechtigung und seine eignen künstlerischen Gesetze – wenn nicht grade diese Gesetze, die uralten der Bühne, so schmerzlich verletzt würden. Brächten nicht Theo Shall durch natürliche Unbefangenheit, Hans

Junkermann durch angeborene Theaterinstinkte und Greta Garbo durch ihre großartige Begabung von sich aus Bewegung und Leben in das Spiel, so wäre das Ganze eine Schmiere, die in einem Bumstheater des Berliner Weddings zu einer Attraktion für den Westen werden könnte. Frau Salka Steuermann beispielsweise, die, als vierter Mann in diesem Skat ums Glück, mit rollenden Augen und gefletschter Oberlippe eine Kolossalprostituierte hinlegt, fände auf Berliner Bühnen nur in Frau Lucie Carow eine Rivalin. Wer uns Theater bietet, muß sich Theatermaßstäbe gefallen lassen! Wobei noch ganz abgesehen ist von mehr äußerlichen Fehlern, wie den entsetzlichen Soft-Großaufnahmen der Garbo und der seltsamen Akustik, die etwa bewirkt, daß eine Menschenstimme auf offenem Meer so klingt wie im Salon einer Siedlungskleinwohnung.

Trotz aller Hindernisse bietet Greta Garbo eine Leistung, um derentwillen jedermann gebeten sei, sich diesen Film anzusehen. Man sollte die beschämende Tatsache nicht vergessen, daß Greta Garbo seit ihren Anfängen mit der *Freudlosen Gasse* noch nicht ein einziges Mal einen Regisseur und eine Rolle gehabt hat, die ihrer Begabung einigermaßen gerecht geworden wären. Diesmal hat sie von Hasenclever gedichtete Sätze wie: »So sind die Männer!« und »Die Liebe zu dir hat mich rein gemacht!« zu sprechen. Sie muß ein plötzlich hereinbrechendes Happy end mit ihrem Leibe decken, muß mühselig eine fremde Sprache sprechen, deren Betonungen sie auf ihre Echtheit hin nicht kontrollieren kann, so daß sie mit den deutschen Worten ahnungslos manchen kitschigen Tonfall übernimmt. Und trotzdem bereichert ihre herrliche tiefe Stimme (die übrigens frappierend an Elisabeth Bergners erinnert) das Bild, das wir seit Jahren lieben. Greta Garbo hat, auch wenn sie spricht, das Sparsame, keusch Verhaltene aller großen Schauspieler, die schlichte Intelligenz und auch jene höchst persönliche aber fast unveränderliche Sprachmelodie, die alle Theatertöne auf den Kopf stellt, jeden Satz eigentümlich zurechtbiegt, alle Betonungen selbstherrlich transponiert zu einem nie gehörten bezaubernden Gesang.

Es ist schwer, über einen Film zu berichten, von dem man nicht mehr und nicht weniger sagen möchte als: Ganz nett. Besonders schwer, wenn dieser Film von einem Manne stammt, der durch seine ruhige Vernunft überall auffiel, wo es galt, die Filmkunst öffentlich zu repräsentieren. Lupu Pick hat für den Film und die Filmkünstler Wichtigeres geleistet, als das in seinem Nachlaßwerk *Gassenhauer* zum Ausdruck kommt. Dieser Gassenhauer ist eine neue Platte auf einem alten Leierkasten. Der Leiermann macht seine Sache nicht schlecht, man hört zu, gibt seinen Groschen und geht weiter. Pick verwendet, wenn er sich nicht durch die viel zu langen Musikintermezzi hemmen läßt, die bewegliche Bildtechnik des stummen Films. Vieles ist geschickt, weniges auffällig, und nur die saubere Arbeit der beiden Kameraleute Schüfftan und Baberske verdient wirkliche Anerkennung. In einigen wenigen Szenen finden sich tonfilmische Einfälle, so etwa wenn ein Alltags-Instrumentarium den Schlagerrefrain variiert: er klingt aus dem Gröhlen eines Gefangenen durch die Zuchthausmauern, ein Landstreicher pfeift ihn, durch die Fenster eines Vergnügungslokals dringt er als gedämpfte Tanzmusik auf die Straße. Die falsche Akustik der Ateliers, die bei einem Theaterfilm wie *Anna Christie* nur stört, wird bei jedem Versuch zu wirklichem Tonfilm gradezu lebensgefährlich. Da gibt es eine hübsch ausgedachte Szene in einem Treppenhaus: junge Musikanten haben sich in den verschiedenen Stockwerken versteckt, um einen dicken Mädchenjäger auf dem Kriegspfade zu stören – während er im Dunkeln nach oben schleicht, meckern die Instrumente, zetern aus den Haustüren die Stimmen der aufgeschreckten Hausbewohner. Aber der Einfall verpufft, weil klanglich nicht im mindesten die Illusion des Treppenhauses erzielt ist und weil man nicht einmal andeutungsweise erkennen kann, woher die einzelnen Stimmen kommen. Nichts von den hallenden Echos, von der unheimlichen Tiefe eines solchen Treppenraums.

Lupu Pick arbeitet ohne Stars, aber auch unberühmte Schauspieler können langweilig sein. Er beschäftigt den »Nachwuchs«, aber was nützt das, wenn von sechs jungen Leuten nur die zwei gut sind, deren Eignung nicht mehr bewiesen zu werden braucht: Ernst Busch in seiner männlichen Anmut und Hans Deppe mit dem eilfertigen Geschnatter einer brünstigen Ente. Hingegen werden wir uns an Albert Hoermanns verbissenes Renaissanceprofil wohl kaum zu gewöhnen brauchen, und die kleine Ina Albrecht ist ebenso blutarm wie der ihr zu Ehren komponierte Gassenhauer. Um nahrhaftere Kost wird herzlich gebeten.

11. Granowsky probiert (1931)

Unter den guten Filmen verdienen diejenigen besondre Begünstigung und Nachsicht, die nicht nur mit erprobten, sichern Mitteln eine unanfechtbare und befriedigende Leistung bieten, sondern dem Filmapparat neue Ausdrucksformen abzuringen suchen, experimentieren, wagen, und sei es auch ohne viel Sorge um Stileinheit und geschlossene künstlerische Wirkung. Ein Film vom erstern Typ ist Liebmann-Siodmaks *Voruntersuchung*: gute Tendenz, geschickte Szenenführung, ausgezeichnete Schauspieler und das geschmackvollste Happy end (wenn schon Happy end), dessen ich mich erinnere – »Gerda!« sagt der junge Mann zögernd ins Telephon, wendet sich ab, verbirgt den Hörer vor den Zuschauern und Mitspielern, man hört nichts weiter, und das Spiel ist aus. Mit einem solchen Film kann man zufrieden sein, aber vor Granowskys *Lied vom Leben* sitzt man aufgeregt, geschüttelt, wütend, begeistert, höhnisch ablehnend und kindlich staunend. Denn hier ist siebzehnhundert Meter lang alles durcheinandergeschüttet, was ein eifriger, neugieriger, übermütig spielender Filmarbeiter nur irgend erdenken kann, um sein geliebtes Handwerkszeug auszubeuten. Alle Möglichkeiten der Montage sind verwendet, Zerrlinsen, drehbare Multiplikationslinsen, Zeitraffer- und Zeitlupenaufnahmen, nachsynchronisierter Dialog, Geräuschmusik, illustrierte Songs, Spiegelaufnahmen, rückwärts laufende Tonstreifen, zerschnittene Wortbänder. Dieser Film ist nicht in drei Atelierwochen forsch heruntergedreht, sondern in Monaten zusammengebastelt, er ist mit Gehalt gemästet, ist höchst lehrreich. Und wenn es viel gegen ihn einzuwenden gibt, so gilt da für die Kunst dasselbe wie für die Wissenschaft: nichts ist förderlicher, aber nichts ist auch seltner als gute Beispiele dafür, wie mans nicht machen soll. Granowsky gibt uns ein Vorbild und viele Gegenbeispiele.

Das Lied vom Leben – ein unendliches und darum ein schlechtes Thema. Denn was ein Kunstwerk am allerdringlichsten braucht, sind Grenzen. Wer auszieht, das ganze Leben zu erjagen, wird mit einem Häufchen Chaos im Kescher heimkommen. Wer sich aber an einen kleinen Ausschnitt hält, wird damit vielleicht unversehens die ganze Welt eingefangen haben. Dieser Film versucht einen Mittelweg, der kaum gangbar ist: es wird die Privatgeschichte von zwei oder drei Menschen gegeben, aber zwischendurch wird dann ab und zu ein großes Rad geschlagen, bunt entfaltet sich ein Bild der Welt, ein Mosaik aus zusammenhanglosen Ausschnitten und ohne zwingende Verbindung mit der eigentlichen Handlung. Wenn ein sehr realer junger Mann mit solidem Beruf und ein junges Mädchen mit bürgerlichem Familiennamen, die eben noch an den Quais des Hamburger Hafens herumliefen, plötzlich in einer exotischen Landschaft auftauchen, wo Affe und Pinguin, Giraffe und Walroß sich unbekümmert im gleichen Klima tummeln, nur weil diese Bilder einen eingelegten »Paradies-Song« illustrieren sollen, so widerspricht das dem pedantischen Wirklichkeitssinn des Films, gegen den man nicht sündigen darf! Und ebenso gibt es einen Bruch, wenn die Spielhandlung ausklingt in einen ganz unpersönlichen Bilderbogen aus dem Seemannsleben.

Man kann bei Granowsky ausgezeichnet studieren, wie alles Überwirkliche, Symbolische in einem Spielfilm die Wirkungen nicht erhöht, sondern abschwächt. Wenn wir den ekelhaften Lebemann, der das junge Mädchen heiraten will, sein Gebiß aus dem Munde nehmen und in ein Glas tun sehen, so ist das deutlich genug, und das Bild braucht nicht noch in ein Totengerippe zu überblenden. Für den lärmenden Rausch einer Hochzeitsgesellschaft braucht man nicht durcheinanderschwebende Sektgläserkompanien – die einfachen Großeinstellungen der üppigen Schlemmerschüsseln (gleich am Anfang) sind bei weitem wirksamer. Die gerade in ihrer Leibhaftigkeit so packende Operationsszene wird paralysiert, wenn zum Schluß Ärzte, Schwestern und Instrumente kaleidoskopartig und im Zeitraffer durcheinanderwirbeln. Und die aufkopierte Sanduhr als Symbol des Zeitablaufs, die faustische Fahrt in der Krangondel und die Menschen in Tierkäfigen sind hart an der Grenze des Kitschs. Dabei ist die Verwendung symbolischer Szenen im Film schon aus einem ganz äußerlichen Grunde sehr gefährlich. Gut verwendbar sind die beliebten Großaufnahmen von Wellen und glitzernden Reflexen, und ich habe selten eine bessere Traumszene gesehen als bei Granowsky die durchsichtigen Segelboote, die übers Wasser gleiten, aber sowie man gegenständlichere Motive wählt, hat das Filmbild eine Realistik, die symbolischer Verwendung widerstreitet. Ein Totenkopf wirkt eben nicht als Symbol, sondern als ein irdisches Stück Knochen, ein Kapitel Anatomie, und ähnlich ist es mit Granowskys Galerie von Kinderskeletten, die nicht überwirklich, sondern als ein nicht hergehöriges Stück Wirklichkeit erscheinen. Die echte Symbolik des Films liegt nicht im Überwirklichen, sondern in der deutenden Darbietung von Wirklichem.

Granowskys Arbeit ist sehr charakteristisch für die seltsame Art, in der bei den russischen Filmkünstlern prachtvolle sinnliche Anschauung überdeckt wird von einem Hang zu theoretischem Konstruieren. Die Russen sind wahre Fanatiker der Filmtheorie, sie haben da gradezu kabbalistische Systeme ausgedacht, und deren Anwendung auf die praktische künstlerische Arbeit ist dann meist wenig erfreulich. Eisensteins theoretische Äußerungen sind an geschwollener Phrasenhaftigkeit kaum zu überbieten, Amateurphilosophie, aufgepappte Marxismen, rauschender Tiefsinn, und das wirkt sich dann in der Praxis aus, so wenn er beispielsweise jetzt damit umgeht, das Kapital von Marx zu verfilmen. Aus dieser Haltung erklärt sich auch die merkwürdige Auffassung vom Tonfilm bei den Russen. Ebenso wie sie sich beim stummen Film nicht gern mit ihrer herrlichen Kunst der Wirklichkeitsbetrachtung begnügen, sondern durch Montage symbolischer Bilder »Gedanken« einzufügen suchen, ebenso suchen sie den eigentlichen Sinn des Tonfilms im Asynchronismus, das heißt im Zusammenfügen nichtzusammengehöriger Ton- und Bildszenen. Zu dieser Meinung hat sich Pudowkin bekannt. In diesem Sinne illustriert Granowsky Songs eines unsichtbaren Sprechers durch Bilder – ein Prinzip, dessen Brauchbarkeit man nach so wenigen Beispielen noch nicht recht beurteilen kann; nur soviel ist sicher: unverwendbar ist der wortgetreue Parallelismus von Text und Bild (»Groß ist der Ozean« und dazu ein Bild des Meeres – da schwächt das Bild den Text und der Text das Bild). Dagegen wirkt es sehr gut, wenn dem plötzlich einsetzenden Chor im Liede ein »Bewegungschor« im Bild entspricht, eine Gruppe kletternder Matrosen. Immerhin scheint es mir unbezweifelbar, daß der Asynchronismus nicht das Kernprinzip des Tonfilms, sondern nur eine spezielle Möglichkeit ist. Bei Granowsky hat man das Gefühl, daß er schon das Nachsynchronisieren von Dialog für eine Art souveräne Meisterung der Tonapparatur hält, während es sich dabei doch um einen ganz äußerlichen Kniff handelt, der angebracht sein mag, wenn man – wie in den ausgezeichneten Klinikszenen – Dialog nur in einzelnen kurzen Worten, als eine Art Morsetaster-Ticken verwendet, obwohl auch hier schon der Stimmklang leicht etwas störend Fremdartiges bekommt. Sehr zukunftsreich scheinen mir hingegen die Versuche mit Geräuschmelodien, so etwa wenn Maschinengeräusche von verschiedner Tonhöhe wie Töne einer Melodie hintereinander montiert werden. Auch für die Verwendung von Begleitmusik gibt es einige lehrreiche Beispiele: den Trompetenruf des Säuglings und das gewichtige Schreiten der Einleitungstakte, wo der Rhythmus der Bildsprünge durch einen genau parallel gehenden Tonrhythmus akzentuiert wird.

Ganz vorbildlich ist die Photographie. Man kann an diesem Film zeigen, wie das kräftige Herausarbeiten der Schwarz-Weißwerte nicht nur eine Luxuszugabe, eine Delikatesse ist, sondern notwendige Voraussetzung für die Realisierung der künstlerischen Idee. Die große Operationsszene zum Beispiel bezieht ihre ganze Wirkung aus dem schlagenden Kontrast der weißen Mäntel, der weißen Wäsche, der weißen Watte zu den schwarzen Gummihandschuhen und Instrumenten und Gesichtern. Man braucht nur an dieselbe Szene aus *Frauennot – Frauenglück* zu denken, um des Unterschiedes bewußt zu werden. Der Kuriosität halber sei bei dieser Gelegenheit erwähnt, daß der Oberzensor Seeger, der den Film mit siebenundvierzig Ausschnitten freigab, in einem Interview geäußert hat, charakteristisch für Granowskys Sensationsgier sei, daß er in seinem Film nicht die normale Geburt, sondern den Ausnahmefall Kaiserschnitt zeige. Da hat Herr Seeger einen zukunftsreichen Gedanken in die Welt gesetzt. Seinerzeit hat ja Friedrich Schiller in niedriger Spekulation auf die sadistischen Triebe des Publikums Tells Apfelschuß auf die Bühne gebracht, obwohl solche akrobatischen Schaustellungen doch sicherlich nicht zum normalen Verkehr zwischen Regenten und Revolutionären gehören. Lebte Schiller heute, unser Ober-Cutaway würde ihm schon zeigen, was eine moralische Anstalt ist!

12. Kino-Rondo (1931)

Was den Film *Die Heilige Flamme* von Berthold Viertel anlangt, so wäre es ein sinniger Propagandaeinfall gewesen, den Nachbarinnen der Premierenbesucher kleine Riechfläschchen als Gastgeschenk überreichen zu lassen. Es ist nicht zu verstehen, wie man einen solchen Film in einem großen Kino herausbringen kann, statt ihn vor den Augen jeglicher Kritik keusch zu verbergen. Ohne mehr über die Leistungen der mitwirkenden Schauspieler begeben wir uns frohen Herzens zu Fritz Langs Kriminalfilm *M,* denn hier darf der Besucher auf spannende Unterhaltung und der Polemiker auf einen dankbaren Stoff hoffen. Lang ist der Verfasser, lang ist auch diesmal wieder sein Film, und kurz ist allein der Titel, aber wenn nach fast zweieinhalb Stunden der letzte Schupo von der Bildfläche verschwunden ist, findet man weniger Anlaß zu unerwünschter Heiterkeit als zu einer Gratulation. Das Ehepaar Lang-Harbou, vom Monde zur Erde und von der Ufa zur Nero hinübergewechselt, hat uns diesmal einen bei weitem bessern Film geliefert. Die beiden liebten es, Politik und Wissenschaft für die Zirkusmanege zu dressieren, Zeitprobleme zu verwagnern, dekorative Bärte und dito Menschenmassen wallten endlos über die Projektionswand, und so wurde die nüchterne Wirklichkeit durch kostspielige Schönheitsreparaturen korrigiert. Diesmal weht irdischere Luft, weder Gerda Maurus noch Klein-Rogge behindern die Aussicht, und vom alten Fritz Lang-Stil ist eigentlich nur die Freude an feierlichen round table-Konferenzen geblieben. Auch diesmal setzt es wieder weidlich Generalversammlungen, deren Apotheose, das mißglückte Ganovengericht der letzten Szene, anzusehen ist wie eine Gruppenaufnahme vom Stiftungsfest der Komparsenbörse. Diese, die ideetragende und dramatische Szene ist ungeschickt und theatralisch, aber zuvor gibt man uns ein lebendiges und dichtes Bild der jovialen Feindschaft zwischen Polizei und Verbrecherwelt. Kriminalkommissare und schwere Jungen erscheinen weniger dämonisch als berlinisch – Vertreter zweier solid bürgerlicher Berufe, die im Begehen und Verhindern strafbarer Handlungen ihr täglich Brot finden. Der geheimnisvolle Mörder als Geschäftsstörung für die organisierte Konkurrenz im Bouillonkeller und als Renommeeschädigung für die Herren vom Alexanderplatz. Und als wirksamer Widerpart dieser vorwiegend geschäftlichen Transaktionen die Mörderfigur, das aufgeweichte Babygesicht des Tiermenschen, den unvernünftige Lust beherrscht und der zwischen lauter hemdsärmeliger Sachlichkeit zu einem grausigen Generalvertreter der Gemütssphäre, des Unpraktischen wird, eine pervertierte Spielart des Künstlertums. Lang-Harbou und ihr Operateur Fritzarno Wagner gestalten hundert kleine, einfallsreiche Bilder mit einer angenehmen Routine, die Mittel des Tonfilms sind zuweilen mit Geschick ausgenutzt, so wenn der Mörder sich sein eignes Leitmotiv pfeift, und einmal, bei der indirekten Darstellung des Lustmordes, gibt es einen ganz großen Augenblick: aus dem Mordgebüsch schwebt die groteske Ballonpuppe empor, verfängt sich zappelnd in den Telegraphendrähten, ein skurriles Abbild der Seele des ermordeten kleinen Mädchens.

Während man im Fall Fritz Lang einem Mann, der schon schlechtere Tage gesehen hat, Achtung und Anerkennung zollt, kann man bei René Clairs *Le Million* nach Herzenslust begeistert sein. Clairs zweite Tonfilmoperette, gespielt von freundlichen jungen Leuten, die, wenn sie verzweifelt sind, nicht mit den Händen im Haar wühlen, sondern kindlich an den Fingernägeln knabbern, übertrifft noch seine erste, *Sous les toits de Paris*. Clair arbeitet äußerlich mit konventionellen Mitteln: weder der Montmartre-Maler, der seinen Gläubigern entflieht, noch der eitle Tenor Ambrosio Sopranelli kommt uns überraschend, aber jede Einzelheit ist durchsetzt von einem intelligenten Humor, der die Akrobatentricks der amerikanischen Groteske mit südlichem Temperament erwärmt. Ein charmanter Künstler ist hier am Werk, der derbe Pointen wie Ballastsäcke abwirft, auf daß der Ballon nur um so leichter schwebe. Man darf sich dafür bedanken, daß der Film in der Originalfassung vorgeführt wird, denn die Behendigkeit des französischen Dialogs wäre in einer Übersetzung nicht zu retten gewesen. Ganz großartig, weil nicht künstlich gestellt, sondern der Wirklichkeit gestohlen, ist die Parodie auf die Liebeskitschfilme: ein Liebespaar ist auf eine Opernbühne verschlagen worden, nun hocken sie ängstlich, während der Vorstellung, hinter einem Versatzstück; sie können voneinander nicht lassen, denn sonst bekäme das Publikum im Parkett sie zu sehen, und so beschließen sie, für ewig beieinander zu bleiben ... eine Frühlingslandschaft aus Pappe ist um sie, der Mond baumelt am Prospekt, und während ein geschäftiger Bühnenarbeiter auf dem Schnürboden einen Blütenregen inszeniert, liefert ein muskulöses Sängerpaar vorn an der Rampe die passende Tonuntermalung. Dieser Film hatte bei einem anspruchsvollen Berliner Publikum einen spontanen Erfolg, und als René Clair erschien, tobte der Beifall so lange, bis der Parfümzerstäuber im Kronleuchter aus Opposition zu zischen und zu pfeifen begann. Dieser Minorität hat sich die Bildstelle des Zentralinstituts angeschlossen, indem sie unter dem Vorsitz des Regierungsrats Voelger dem Film das Prädikat »künstlerisch wertvoll« und damit die Lustbarkeitssteuer-Ermäßigung verweigerte. Folgende Gutachter haben, wie der ›Film-Kurier‹ berichtet, an diesem blamablen Urteil mitgewirkt: Theaterbesitzer Holleufer, Doktor Curt Glaser, der Maler Professor Sandkuhl und der Musiker Doktor Reichenbach. Was würde eigentlich geschehen, wenn man Herrn Sandkuhl für die juryfreie Kunstschau oder Herrn Glaser für die Kunstbibliothek ein Richterkollegium auf die Nase setzte, bestehend etwa aus einem Filmregisseur, einem Professor für Kirchenmusik, einer Geographielehrerin, einem Kunsthändler und keinem einzigen Maler! Die Besetzung des »Lampe«-Ausschusses wechselt, aber fast nie nimmt jemand stimmberechtigt an den Sitzungen teil, der sich hauptberuflich mit dem Film beschäftigt, und die Ergebnisse sind denn auch danach. Auf den großen Erfolg des Clair-Films hin hat sich übrigens Herr Doktor Voelger bereit erklärt, sein Urteil noch einmal zu überprüfen, – eine sympathische Handlung, zu der nur wenige den Mut finden, die aber ein neuer Beweis für die in der Potsdamer Straße herrschende Unsicherheit ist.

Was die Entgleisung des *D-Zugs 13* im U-T Kurfürstendamm und die des neugebackenen Regisseurs Kurt Gerron in seiner ersten »Groteske« anlangt, so wäre es ein sinniger Propagandaeinfall gewesen . . . (siehe oben).

13. Tabu (1931)

Es ist sicher nicht wahr, daß sich Südsee-Insulaner so benehmen, wie sich vor zehn Jahren europäische und amerikanische Filmschauspieler zu benehmen pflegten. Man muß es deshalb Flaherty-Murnaus Südseefilm *Tabu* verübeln, wenn eine Insulanerin, um Schreck zu markieren, effektvoll die Augen aufreißt, die Arme ausbreitet und mit langsamen Ballettschritten zurückweicht, oder wenn ein Jüngling im Schmerz zu einer raffaelischen Dreieckskomposition erstarrt. Henny Porten-Mimik kleidet ein nacktes Noa Noa-Mädchen ebenso schlecht wie einen nackten Papua Zylinder und Stehkragen. Zumal an einzelnen Stellen dieses Films die natürlichen Ausdrucksbewegungen der Südseeleute sehr lebendig festgehalten sind: wenn der Liebhaber sein Mädchen tröstet, indem er ihr streichelnd die Knie, Arme, Augen mit Quellwasser befeuchtet; wenn die jungen Leute mit obszönem Vibrieren der Oberschenkel einen Liebestanz aufführen; wenn der Jäger auf der Klippe, am ganzen Leib schwingend vor Ungeduld und Jagdlust, den Speer zum Fischstechen hebt.

Die Filmleute, Missionare des Malteserkreuzes, zeigen den Insulanern, wie es auf einer romantischen Südseeinsel auszusehen hat. Die schönen Berge am Horizont, die schlanken Bogen der Palmenstämme wirken fast wie im Atelier nachgebaut, wenn in diesem echten Milieu die echten Südseeleute ein Hollywood-Tahiti aufführen. Es herrscht ein Überangebot an Blütenzweigen und Kränzen im Haar, so als ob im Paradies zwecks Räumung des Lagers ein Saisonausverkauf von Schönheit stattfindet.

Sehr lehrreich, wie sich auch in einen solchen, am andern Ende der Welt spielenden Film die Ideologie der bürgerlichen Filmproduktion einschmuggelt; wie der nackte Wilde den Abendländern ihre Staatsmoral schmackhaft machen muß. Die Insulaner leben sorgenlos glücklich wie die Frackbarone in unsern Gesellschaftsfilmen. Ebenso wie der Generaldirektor im Film gelegentlich einmal stirnrunzelnd ins Telephon spricht, damit der Zuschauer ein Bild vom Geschäftlichen bekomme, so wirft der Insulaner ab und zu malerisch einen Speer, zwecks Lebensunterhalt, und liegt im übrigen mit Blumen im Haar seiner Geliebten ob. Das Wirtschaftliche erscheint nur als dämonisches Motiv: wenn der schleichende chinesische Schankwirt seinen Schuldschein zückt. Die Liebe lehnt sich, damit dramatische Spannung ins Manuskript komme, gegen die Gesetze auf, sei es nun das Tabu der Südseereligion oder das Sakrament der christlichen Ehe, aber hier wie dort siegt in volksbildender Weise das Gesetz, und den Missetäter beißen die Haie.

Als Spielfilm gewertet ist *Tabu* eine einfallsarme, gedehnte Liebesgeschichte. Als Kulturfilm bietet er weniger, vor allem weniger ungestellt Wahres, als wir heute verlangen. Flahertys *Moana* war erheblich besser. Man erfährt nicht viel vom Leben der Südseeleute, und manches wirkt verdächtig opernhaft: das Rheintöchteridyll der badenden jungen Mädchen oder das feierliche Zusammentreffen der beiden Häuptlinge, wo ein Pergament entrollt und eine Botschaft im Karl May-Stil verlesen wird.

Es handelt sich um einen stumm aufgenommenen, nachsynchronisierten Film. Und dazu ist noch eins zu sagen. Seit man beliebige Ton- und Bildstreifen übereinanderkopieren kann, steht es mit der Wahrheitsliebe des Films noch mißlicher als früher. Zur Zeit des stummen Films konnte man nur durch die Auswahl dessen, was man zeigte, lügen. Heute kann man Ton und Bild täuschend zusammenfügen, die gar nicht zusammengehören. René Clair hat neulich, in einem Aufsatz für die Zeitschrift »Plans«, erzählt: »Ich habe einen Operateur erlebt, der in seinen Tonstreifen von der Ankunft eines Staatsmannes zuviel Beifallklatschen und zu wenig Protestgeschrei hineinbekommen hatte und deshalb zwanzig Meter mit einem Kollegen austauschte, der reich an beleidigenden Akklamationen aber arm an Hochrufen war.« So steht es mit der Authentizität des Tonfilms. In *Tabu* hat man die Bilder vom Musizieren und Singen der Südseeleute mit einer Musik unterlegt, die teils an Schuhplattler, teils an evangelische Choräle erinnert und mit bayrischen Jodlern untermischt ist. Dies Verfahren, dokumentarische Filme nachträglich mit Tonzusätzen auszustatten, die jedes unbefangene Publikum für echt nimmt, ist ganz außerordentlich gefährlich. Es bringt Verwirrung und Irreführung, wenn wahre Bilder durch falsche Töne unmerklich zu Lügen werden.

14. Die Russen spielen (1931)

Man hat das dilettantische Zeittheater, diese Inflation des Ungeistes, ohne Gepränge zu Grabe befördert. Aus Lampels prügelnden Schupos und Fürsorgezöglingen sind teils wohlbezahlte Liebhaber, teils hochherrschaftliche Livreekomparsen, teils Stammkunden der Stellennachweise geworden, Wilhelm der Zweite hat nun auch seine Bühnenlaufbahn beendet und ist endgültig abgeschminkt, der Donner explodierender Granaten, der die Kehlen der Tonfilmlautsprecher aufrauhte, ist dem zierlichen Gesumm der Comedian Harmonists und den hausgemachten Liebeswalzern der Schlagerkomponisten gewichen, aus rauhem Feldlärm wurden muntre Feste, aus furchtbarn Märschen holde Tanzmusiken. Der grimme Krieg hat seine Stirn entrunzelt, und statt geharnischte Rosse zu besteigen, um drohender Gegner Seelen zu erschrecken, hüpft er behend in einer Dame Zimmer nach üppigem Gefallen einer Laute. In den teuren Theaterchen des Berliner Westens verwechseln unbeschäftigte Eheleute das Bäumelein und tummeln sich verliebte Landmädchen, und selbst in den Chansontexten der literarischen Revuen hat das Chasseurhütchen den Pazifismus verdrängt. Welche Stücke füllen die Herzen mit Jubel, die Kassen mit Geld? Die große unzeitgemäße, überzeitliche Kunst, Schillers *Kabale und Liebe*, die klassische Operette, Offenbachs *Schöne Helena,* und im Kino Lubitschs *Lächelnder Leutnant,* ein Kapitel Wiener Rokoko, graziös und obszön wie französische Kupferstiche, die fast geniale Spitzenleistung einer bezaubernden, tändelnden Luxuskunst. Mit nachsichtiger Heiterkeit belacht das Publikum Schiebungen, Schwindel und Luftgeschäfte in Kurt Gerrons *Meine Frau – die Hochstaplerin*; die Luft ist mit börsianischen Epigrammen geschwängert, Pleite mit Refraingesang, Hochstapelei als charmante Handarbeit für schöne Frauenhände, zehntausend Paar Würstchen und die eheliche Treue werden in derselben Valuta gehandelt. Hier lockt der Geist der Zeit. Während die Gruppe junger Schauspieler ihre Aufführungen des Sowjetstücks *Avantgarde* von Katajew nach acht Tagen abbrechen muß, weil die Pachtsumme für das Theater nicht zu verdienen ist.

Sehr seltsam wirken die frisch eingeführten Filme und Theaterstücke der Sowjet-Union in einer Stadt, in der der Ernst des Lebens von den Bühnen abgetreten ist und nur noch in Kassenabrechnungen und Gagenverhandlungen seine tristen Rollen spielt. Den Luxus, Not auf dem Theater zu sehen, will man sich hierzulande nicht mehr gestatten. Und so bringen die russischen Stücke, die von den Kämpfen der Wirklichkeit berichten, einen Mißklang in den Frohsinn unsrer trägen Konkursmassen.

Dsiga Wertoff arbeitet in seinem Tonfilm *Enthusiasmus* nach denselben Prinzipien fort, die wir aus seinen stummen Filmen kennen. Wieder verzichtet er auf gestellte Aufnahmen und damit auf Spielhandlung. Mit Montage allein soll die Gestaltung bestritten werden, und durch diese ziemlich künstliche, theoretisch ausgedachte Beschränkung entsteht eine Überlastung des Schnitts, ein nur locker zusammengehaltenes Bildgeflimmer, das die Nerven der Zuschauer stark beansprucht. Nicht ohne Gegengabe beansprucht, denn dieser anstrengende Hymnus auf die Arbeitsfreude vermittelt uns mit ungewöhnlicher Kraft das Lebensgefühl des Sowjetmenschen. Zum ersten Mal empfindet man, daß das deutliche Manko einer solchen Filmvorführung nicht auf der Leinwand, sondern im Zuschauerraum zu suchen ist, in diesem Parkett fremder, bestenfalls sympathisierender Menschen, die gekommen sind, ein Kunstwerk zu sehen. So wie die Monotonie eines Arbeitsliedes für die Arbeitenden selbst sinnvoll und hilfreich, für den zuhörenden Musikfreund aber auf die Dauer quälend und langweilig ist, so braucht die besessene, gleichförmige Raserei eines solchen Films die Resonanz von Zuschauern, die ihre eigne Tagesarbeit, ihre realsten Pläne und Sehnsüchte hier zu einer Symphonie gestaltet finden. Wertoff sagte mir neulich im Gespräch, daß ihm als Ideal eine Art plastischer Film vorschwebe, der nicht mehr in der flachen Projektionswand lokalisiert sei, sondern dessen Figuren ins Publikum hineinzulaufen schienen oder leibhaftig hineinliefen. Ein solcher Film würde uns noch schlechter vorbereitet finden, denn dieser Enthusiasmus hat als Voraussetzung den tätigen Enthusiasmus der Zuschauer!

Wertoff besingt den Gedanken der Aufbauarbeit, aber er versagt es sich, ihn in eine Geschichte zu kleiden, und so ist er unvermeidlich auf eine begrenzte Zahl von Bildsymbolen angewiesen, die allzu schnell erstarren: die stillstehende, die laufende, die rasende Maschine; die marschierenden, die hämmernden, die singenden Arbeiterbrigaden. Dralle Mädchengesichter im Kopftuch lächeln dem Gelingen des Fünfjahresplans entgegen, und byzantinische Zwiebeltürme versinnbildlichen den christlichen Zarismus. Photographisch sind diese Bilder immer wieder neu, selten hat man so schöne Aufnahmen aus Bergwerken und Walzwerken gesehen, aber Sinn und Gehalt sind, trotz aller Flüssigkeit der Kamerakunst, schon jetzt erstarrt.

Sehr eindrucksvoll ist jedoch der anschauliche Beweis, wie sich in der Bewertung der Arbeit das Vorzeichen ändert, sobald nicht mehr in die Tasche der Unternehmer, sondern für den kommunistischen Staat gearbeitet wird. Dieselben Bilder, mit denen man früher das Elend der Ausgesaugten malte, bezeichnen nun den begeisterten Kampf um die Erde. Die Monotonie des Arbeitsrhythmus ist nicht mehr entnervender Stumpfsinn, sondern Kraft; plötzlich entdeckt man, wie ähnlich sie dem Marschtakt der revolutionären Kampflieder ist, und so tauscht Wertoff die Motive aus, begleitet die schreitenden Kolonnen durch das Stampfen der Maschinen und verkoppelt mit dem optischen Schwungtanz der Räder und Kolben den Gesang der Revolutionäre. Bei Fritz Lang (*Metropolis*) verwandelte sich die Maschine in einen Moloch mit glühendem Rachen, bei den Russen wird sie Kamerad und Turngerät. Und während Fritz Lang (*Nibelungen*) das stimmungsvolle Spiel der einfallenden Sonnenstrahlen im Fabelwald der Siegfriedsage zeigte, streichen bei Wertoff diese selben Sonnenstrahlen zärtlich durch die Fabrikräume, machen den Arbeitsplatz feierlich und schön wie eine Kirche. Der Schweiß in den Gesichtern der Fabrikarbeiter leuchtet plötzlich als Glanz, und die weißglühenden Eisenstangen schmücken das Walzwerk wie Lichtgirlanden einen Festsaal.

Die Russen suchen nach einer dem Kollektivismus adäquaten Kunstform, und in diesem Bemühen beladen sie ihre Werke mit einem etwas großsprecherischen Wust theoretischer Formulierungen. Sie sind Amateurbastler der Philosophie, und für ihren naiven Stolz, ihre prahlerische Umständlichkeit wüßte ich kein besseres Bild als die höchst russische Episode jenes schrulligen Erfinders in *Avantgarde,* der, um eine simple Klingelleitung zu legen, eine Konstruktion mit Sprungfedern und Gewichten ersinnt. Sehen wir nicht auf die Programme, sondern auf die praktischen Lösungen, so zeigt sich, daß sich der Kollektivismus bisher der Darstellung entzieht. Wertoff verzichtet sehr radikal auf alles Individuelle, auch auf das menschliche Individuum. Immer neue Schauplätze und Figuren huschen in Momentaufnahmen vorüber, aber was sich aus diesen Splittern, und seien sie noch so leuchtend, zusammensetzen läßt, bleibt ein in seiner Abstraktheit ziemlich unabwandelbares Gebilde.

Im Gegensatz dazu versuchen Valentin Katajew, in dem Theaterstück *Avantgarde,* und Nikolai Ekk, in dem Film *Der Weg ins Leben,* den neuen Inhalt in den alten dramatischen Formen darzustellen. In Spielhandlungen wollen sie die Schicksale von Gruppen schildern: eine landwirtschaftliche Kommune, eine Horde verwahrloster Jungen. Aber die Handlung kann nicht anders beginnen, als indem Sprecher, Führer sich aus der Gruppe lösen. Und deren Drama, nicht das der Gruppe, wird nun verhandelt. Grade weil die Masse, während die Solisten ihr Spiel aufführen, als rhabarbernder Chor den Hintergrund füllt, grade deshalb wirken diese Solisten nicht als herausgegriffene Einzelmenschen, sondern als Könige klassischer Schlachtendramen. Man schenke sich diese Staffage. Man glaube nicht, daß im Drama Individuelles schon notwendig Individualistisches sei. Der Konflikt des Einzelnen mit der Gesellschaft, dieser natürliche Stoff des Sowjetdramas, läßt sich in einem Kammerspiel mit zwei Personen behandeln.

Katajew macht uns mit den Freuden und den Schmerzen seiner Helden nicht sehr eindringlich vertraut – aber es fragt sich, ob er das unterläßt, weil er ein guter Bolschewist oder weil er ein mäßiger Dichter ist. Der Grundsatz, daß der echte Mann nicht redet, sondern handelt, hat für das Drama keine Gültigkeit. Bei Schiller spricht Tell minutenlang, ehe er den Pfeil auf Geßler abschießt. Bei Katajew schlägt ein Mißvergnügter dem Anführer wortlos einen Ziegelstein auf den Kopf. Bezeichnend auch, wie unglücklich die Frauenrolle in das Stück eingerenkt ist. Dabei zeigen einige wirksam ausgedachte Einzelszenen, daß Katajew Theaterblut hat. Möge er es sich nicht durch die Doktrinen der roten Professoren verwässern lassen.

In *Avantgarde* wie im *Weg zum Leben* findet sich das identische Motiv: der Führer fällt, aber seine Aktion triumphiert. Auf diese Weise soll offensichtlich gezeigt werden, wie das Leben des Einzelnen sich im Leben der Gemeinschaft auflöst, aber wiederum übersehen die Verfasser, daß ja hier nicht irgend ein Stück Masse stirbt, sondern die Führerfigur, ein Ausnahmemensch, für den man mit dramatischen Mitteln Anteil geweckt hat. Bei Ekk gibt der Tod des kleinen Tatarenjungen Mustafa zugleich einen befriedigenden Abschluß dieses Einzelschicksals, denn eine dramatische Wandlung vom verbrecherischen Zerstörer zum Aufbaufanatiker hat sich vollzogen. Katajews »Genosse Vorsteher« hingegen ist ein Mann, der infolge bedauerlicher Verzögerung einer Traktorenlieferung einen Stein an den Kopf bekommt – eine Lokalnotiz, kein Bühnenstoff.

Ekks *Weg zum Leben* führt die Linie der großen Russenfilme weiter. Im ersten Teil zwar stört eine seltsame Unfreiheit der Einstellungstechnik. Man sieht porträthafte Großaufnahmen, die einen Katalog der Darsteller, aber keinen Bildablauf ergeben. Der Kopf einer Toten wird wie ein Obststilleben dekorativ dargeboten. Und den ganzen Film hindurch stehen Zwischentitel als störende Eselsbrücken zwischen Bild und Bild. Aber wie kraftvoll und eigenartig sind alle diese Bilder. Mit welcher Unbefangenheit ist die Schönheit im Häßlichen gesehen. Und wenn für den still beobachtenden Westeuropäer diese allzu tugendliche Erzählung von der Zivilisierung der verwahrlosten Kinder ein wenig an die erbaulichen Bekehrungsgeschichten des ›Kriegsrufs‹ erinnern mag, so vergesse man nicht, welcher schöne Unterschied besteht zwischen den verlogenen, gerissenen, narkotisierenden Happy ends unsrer Liebesgeschichten und der kindlichen Gläubigkeit, dem Willen zum Guten, in den Bilderfibeln der Russen.

15. Marokko (1931)

Vor Josef von Sternbergs Film *Marokko* (bei uns stimmungsvoll *Herzen in Flammen* geheißen) hat sich das bessere Berlin heftig blamiert. Was ein gelernter Premierentiger ist, der braucht nur einen schnellen Blick auf tanzende Araberinnen, den singenden Muezzin, die marschierenden Fremdenlegionäre zu werfen, und schon weiß er: »Das ist ein Kitschfilm!«, schon fährt er mit Gebrüll aus der Haut und aus dem Kino. Marlene Dietrichs schöne Beine vollends legen ihm den Verdacht nahe, daß sie keine schöne Seele haben könne – er schenkt es sich, das nachzuprüfen.

Dabei spielt dieser Film ebenso wenig in Marokko wie Othello in Venedig oder Tasso in Belriguardo. Gewiß, die Pappgeographie, die beim Theater Vorteil bringt, wirkt beim Film immer als ein Manko, und so schädigt es Sternbergs Filme, daß in ihnen Leben immer nur in einem Meter Umkreis um den Menschen herrscht. Aber dieser enge Kreis wird zum Zauberkreis: Sternberg hext Seele in drei Filmschauspieler, drei herrliche, schlanke Zuchttiere, die man mit dem leisesten Zügeldruck lenken, aber grade deshalb ebenso leicht den richtigen wie den falschen Weg schicken kann.

Sternberg weiß, was wenige wissen: daß die Kunst mit der Schönheit, nicht mit der Natürlichkeit anfängt. Man besehe sich Marlene Dietrich, Gary Cooper, Adolphe Menjou auf ihre tänzerische Schönheit hin, und dann prüfe man unsre hiesigen Prominenten – man wird manches einsehen. Schauspieler und Tänzer sind näher verwandt, als man bei uns wahr haben möchte.

Wobei gar nicht bestritten werden soll, daß Sternbergs Schönheit etwas süß, etwas parfümiert ist. Aber was schadet das, wenn er trotzdem und trotz Marokko mit seinen Schauspielern ein Trio von unglaublich moderner Klangfarbe aufführt! Was wir immer fordern und vermissen: die Liebe ohne Arien, ohne Geträller, ohne Tauberei – hier ist sie; jeder, der Augen hat, könnte sie sehen, aber Marokko ist wohl etwas weit weg, und die allzu dekorativen maurischen Fenster versperren wohl die Aussicht. Die Liebe als schicksalhafter Zwischenfall für Menschen, die still und ernst werden, wenn es ihnen geschieht; die keine großen Worte machen, die manchmal leise lächeln über den Schrecken, denen ihnen ihr Glück einjagt, Marlene Dietrich sieht den Geliebten fast feindlich an, und wie die Nachricht von einem Trauerfall klingt ihr »I begin to like you«. Schweigen – Amor geht wie ein Engel durchs Zimmer. Der Kuß verbirgt sich hinter dem Fächer, der eingeschnitzte Name der Geliebten unter einem Haufen von Zigarettenstummeln. Gewiß ist diese Verhaltenheit der Grund für das Mißlingen der (kurz nach der Berliner Premiere amputierten) Schlußszene, die nur als Temperamentsausbruch verständlich wäre, nicht als stiller Entschluß einer klugen, wenn auch verliebten Frau – aber wer in diesem Film den Anstand, die unpathetische Delikatesse nicht sieht, dem sitzen die Augen hinter dem Gehirn statt davor.

Die militärische Ehrenbezeugung des Legionärs wird zu einer zierlichen, ironischen Arabeske umgedichtet, wird zum Verständigungsmittel zwischen Frau und Mann, dient statt Umarmung und Schmachten als optische Chiffre der Liebe. So ist *Marokko* voller raffinierter Bildsymbole. An Gary Coopers Soloszene könnte man die ganze Filmkunst exemplifizieren. Es ist einer der besten optischen Monologe, die wir kennen: das Glück der Geliebten – das Armband des reichen Freiers liegt auf dem Tisch; soll er desertieren? – spielerisch nimmt er sein Käppi ab und probiert Marlenes Zylinder; und dann schreibt er mit einem Schminkstift auf den Spiegel: »Ich habs mir überlegt – leb wohl!« Er hat sichs überlegt, und wir konnten es sehen.

Sternberg ist kein Revolutionär. Er empört sich nicht gegen die Schmalztöpfe Kaliforniens. Man mag darüber denken, wie man will – die Leistungen dieses Regisseurs darf man nicht übersehen.

16. Teils teuer, teils gut

Der Ufapalast hatte, wenn man das von einem Palast sagen kann, eine Pechsträhne. Er bot einmal Afrika, einmal Wien, beidemal Langeweile. Als der Expeditionsfilm *Trader Horn,* von W. S. van Dyke und Clyde de Vinna mit viel Mühe und viel Geld hergestellt, eine halbe Stunde gelaufen war, ging ein freudiges Rauschen durchs Publikum, denn zum erstenmal war ein Satz des Dialogs deutlich zu verstehen gewesen. »Der Löwe ist nämlich ein bißchen blöd« – nun, das fiel in dieser Umgebung nicht auf. Im übrigen murmelten die Schauspieler mit den afrikanischen Gewässern um die Wette, und als der Wasserfall in Funktion trat, herrschte minutenlang ein Krach wie auf dem Tempelhofer Flughafen. Scherzhaft imitierte Tierstimmen tönten um das Lagerfeuer, zwei Herren in Tropenhüten wanderten rastlos wie das jüdische Volk durch die Steppe, alle paar Sekunden blieb der eine stehen, packte den andern an der Schulter und rief: »Ha, was ist dies?«, und dann murmelte der andre Brehmzitate in das verschnupfte Mikrophon: »Dies ist der sogenannte Wasserhirsch, auch genannt die Antilopengazelle; er hält sich in niedrigem Gebüsch auf und dient dem Tiger zur Speise.« Und dann schoß er oder warf einen Stein in die lehrreiche Tierwelt. Eine beträchtliche Anzahl von Raubtieren und Wiederkäuern, die sich freundlicherweise zur Verfügung gestellt hatten, zerfleischten einander, bis sie als Leichen vor der Kamera lagen, ein Nashorn spuckte in naturalistischer Weise Blutklumpen und starb, einem Löwen wurde ein Speer ins Auge geworfen, und unter den Kannibalen tauchte als verschlepptes weißes Weib ein verschminktes nacktes Girl mit reichondulierter Wasserstoffmähne auf. »Ja, siehst du, das ist Afrika«, stieß der Trader Horn mühselig unter seinem Helm hervor. Er irrte. Es war bestenfalls Hollywood.

Kaum war die Bildfläche von den mißhandelten Tieren und Negern gesäubert, da bevölkerte sie sich mit vielen hundert wienerisch bekleideten Statisten, die mit einer Ausführlichkeit Walzer zu tanzen begannen, als handle es sich um die Propagierung einer neuen Kunstform. Angetrunkene Personen beiderlei Geschlechts wiegten zur Musik viertelstundenlang den Oberkörper hin und her, und dieser einförmige Pendelverkehr schlug immer neue Breschen in den guten Willen des Zuschauers, der mit Vergnügen gekommen war, um Erik Charells erste Filmarbeit zu betrachten. Zweieinhalb bis vier Millionen soll dieser Film der Pommer-Produktion, *Der Kongreß tanzt,* gekostet haben – die Angaben schwanken; jedenfalls ist er der teuerste deutsche Film seit Jahren. Und einer der dürftigsten. Zu Charells Unglück hatte einen Tag vorher ein andrer Theatermann sein Filmdebut gefeiert, Fritz Kortner. Welcher Unterschied! Bei Kortner ein überwältigender Reichtum an Einfällen, die den Film so unter Druck setzten, daß er zu zerspringen drohte, der schöne Eifer eines temperamentvollen Anfängers, eine jahrelang aufgestaute Regiekraft, der plötzlich das Schleusentor aufgezogen wurde und die wie eine Springflut auf Max Pallenbergs Regenschirm und auf den atemlosen Zuschauer niederging. Erik Charells erster Film wirkt wie sein fünfzigster: nichts von Frische, nichts von Eigenwilligkeit. Dieser neue Regisseur ist durch den Wolf der Industriebelange gedreht, noch ehe man ihn recht hineingeworfen hat. Der Produktionsleiter darf für ihn Gefühle hegen wie der Klassenlehrer für den Primus. Welch sanfter Most.

Schweigen wir davon, daß der Film einen historisch-politischen Stoff behandelt. Er ist seinem Gegenstand so meilenfern, daß sich der Vergleich nur mit Gewalt herbeiziehen läßt. Dieser Zar, dieser Metternich sind nicht schlechtgetroffene Masken geschichtlicher Figuren, sie haben vielmehr nicht das leiseste mit ihnen zu tun. Und der Kongreß, der da tanzt, ist noch nicht einmal ein Tänzerkongreß. Denn das ist das Auffälligste an diesem Film: er ist noch nicht einmal leicht, beschwingt, choreographisch reizvoll. Man besehe sich die Lieblingsszene der Hersteller: Lilian Harvey fährt, endlose Minuten lang, an einer tönenden Wandeldekoration vorüber – ein Einfall, der von Lubitsch ausgeliehen und dann gehörig ausgepumpt worden ist, auf daß der Film nicht zu billig werde. Man sehe, wie die Schauspielerin in dieser Szene in stoßhaften Zappelbewegungen mit den Sprungfedern der Kutsche wetteifert. Dazu ein Tanzregisseur? Man sehe die eintönige Loheland-Gymnastik, mit der sie eine mehrstöckige Villa im Tanzschritt besichtigt. Selten habe ich die Gliedmaßen eines Menschen in so heftiger, anhaltender Bewegung gesehen wie bei dieser bedauernswerten Schauspielerin, von der wir doch wissen, daß sie reizend und begabt ist. Jener Folterknecht mit dem Acht-Millimeter-Rohrstock, dessen Bekanntschaft wir einem geschmacklosen Einfall der Autoren Falk und Liebmann verdanken, scheint dauernd hinter ihr her gewesen zu sein, auf daß sie Grazie zeige. (Programmheft: »Christel kommt ins Kittchen und soll 25 Schläge bekommen auf den sanft gerundeten Körperteil, auf dem sie zur Freude aller Handschuhkäufer immer so zierlich und kokett gesessen hat.«) Und die Komparsenregimenter, die immer wieder in den Straßen Wiens für Charell demonstrieren? Sie schwenken freundlich die Arme. Dazu ein Tanzregisseur?

Man hat den Charme auf Lastwagen nach Babelsberg transportiert. Man läßt Spitzenhöschen zappeln. Man hat das Organ des Schauspielers Paul Hörbiger auf eine penetrante Blechstimmung gebracht. Willy Fritsch, der doch lebendige Menschen spielen kann, versagt. Die Sandrock versagt. Lil Dagover weiß vor Raffinement nicht aus noch ein. Conrad Veidt kaut Gebäck und steht ohne Text in der Dekoration herum. Ein Schaden für die Schauspieler, ein Jammer ums Geld. Und da bricht man denn unwillkürlich in die Worte aus, die der Kritiker der ›Lichtbildbühne‹ für diesen Film gefunden hat: »So ist eine Konfitüre entstanden, die den unbekannten Millionen, denen dieser Film gewidmet ist, munden wird wie himmlisches Manna.«

Die Konfitüre ist ein Gummibonbon. Jedes Motiv ist unerträglich zerdehnt. Da ist der Doppelgänger-Einfall: Zar Alexander läßt sich in gefährlichen und langweiligen Situationen von einem Double, einem stumpfsinnigen Herrn Uralsky, vertreten. Das Motiv wird zu Tode gehetzt und ist zugleich filmisch ganz unausgenutzt. Ein Vogel stößt einen Sirenenpfiff aus, während Lilian Harvey ihren Strumpf anzieht – aber er tuts gleich viermal. Wenn Conrad Veidt sich ein Glas Wasser eingießt, so kann man Wetten abschließen, daß er im nächsten Augenblick das Wasser vor Überraschung über den Rand fließen lassen wird. Und zum Schluß, ich lüge nicht, schiebt sich ein Pappschiff wie Lohengrins Schwan vor den Vollmond, und darauf steht Napoleons Silhouette mit verschränkten Armen.

Dieser Film verdient, daß wir ihn so wichtig nehmen. Er geht, mit den neuesten, teuersten Hilfsmitteln hergestellt, in französischer und englischer Version ins Ausland. Aus den Zeitungen sprudeln die Kritiken wie Champagner empor. Und das Publikum? Es ist schade, daß es für Kinobesucher keine Doubles gibt. Ich kann mir Leute denken, die in diesen Film gern den dußligen Uralsky geschickt hätten. Dem hätte er gemundet wie himmlisches Manna.

Charells Film ist nicht gedreht, sondern geleiert. Man vergleiche ihn mit dem durchaus nicht großartigen, mit viel weniger Ambition herausgebrachten *Soir de Rafle (Eine Razzia in Paris)*. Es ist fast dilettantisch, wie in der ersten Szene die Atelier-Apachen zwanglos durcheinanderspazieren, aber es ist fast genial, wie der Boxtrainer sich von seinem trottligen Schüler knock out schlagen läßt, um ihm einen Scheck abzulisten. Der Regisseur Carmine Gallone führt einen gefährlich langen Boxkampf mit ungewöhnlichem Geschick durch, er gibt seinem Schauspieler Albert Préjean alle nötige Sicherheit; und durch die unansehnlich photographierten Bilder leuchtet das Gesicht der wunderschönen Annabella wie die Sonne an einem mißgelaunten Novembertag.

Der *Brave Sünder* aber, Fritz Kortners erster Film, Alfred Polgars erster Film, Max Pallenbergs erster Film, gehört zum Besten, was in deutschen Ateliers seit vielen Jahren geschaffen worden ist. Soviel Humor, soviel Klugheit, soviel konzentrierter Fleiß und soviel Talent sind lange nicht an einen Film gewendet worden. Er hat die liebenswürdigsten, beglückendsten Fehler, die ein Erstlingswerk haben kann: alles darin schäumt über, und vor der Fülle der Möglichkeiten entschließt man sich für keine ganz. Dieser Film ist gestopft wie eine Mastgans; gestopft wie ein Strumpf: die Fäden sind immer wieder kreuz und quer, dicht durcheinander gezogen, bis ein festes, etwas undurchsichtiges Gespinst entstand – erst wenn man diesen betäubenden, verwirrenden Film zum zweiten Mal gesehen hat, würdigt man recht, wie fanatisch durchgearbeitet er ist, wie das kleinste Motiv vorbereitet, gestützt, begründet wird. Bewundernswert, wie die Zusammenarbeit eines so eigenwilligen Regisseurs und eines so eigenwilligen Schauspielers geglückt ist. (Der Manuskriptautor, der ja nach den Gewohnheiten des heutigen Filmbetriebs im Atelier zu schweigen hat wie das Weib in der Kirche, dürfte von den Beiden ein wenig an die Wand gedrückt worden sein.)

Kortners Phantasie ist malerisch und übersprudelnd, Polgars Epigramme übersteigen durchaus den Gesichtskreis österreichischer Oberkassierer, und Pallenberg ist Clown im schönsten Sinne des Wortes. Deshalb wirken Bureau und Aktiengesellschaft als peinlicher Erdenrest. Ein durchaus überirdisches Spiel entsteht. Der Kassierer redet mit Zungen, mit wie vielen Zungen, die Wirtshausszene mit dem vermeintlichen Raubmörder wird zu einem hinreißenden Zirkus, biedre Gehaltsempfänger toben durchs Lokal, kriechen untern Tisch, belecken einander in eifrigem Tuscheln, die Kamera tanzt über ihren Köpfen wie der Knüppel aus dem Sack. Ein Hut saust durch eine Regenlandschaft, ein Telephondraht fesselt wie Laokoons Schlange den Bureaulöwen, und wenn nach glücklicher Lösung des Knotens die Glocken läuten und der Unterkassierer spricht: »Man könnte fromm werden!«, dann antwortet ihm Pallenberg: »Wittek, warum gleich ins Extreme stürzen?« Das ist hinreißend, das ist bestes Österreich, und von dieser Melodie aus hätte der ganze Film gemacht werden müssen. Statt dessen ist der Grundstoff des Manuskripts adalbertisch: trocken, alltäglich, unpoetisch. »Bureau ist ein innerer Zustand«, aber nicht der dieser drei Filmkünstler.

Die Bar- und Traumszenen gehören zum Hübschesten, was je auf einer Leinwand zu sehen war. Wie da schon Traum ist, wo noch Wirklichkeit ist; wie noch Wirklichkeit, wo schon Traum. Wie sich im Scheinwerferlicht ein irdischer Raum auflöst in ein gespenstisches Flackern, wie ein durchaus glaubwürdiges Tanzlokal zur Hölle wird, wo die kleinbürgerlichen Symbole des Lasters und des Verbrechens Körper gewinnen – »eine sinnliche Täuschung, eine Sinnestäuschung«, wie Pallenberg stammelt. Die nackte Negerin tanzt, Messer sausen in die heilige Aktentasche, und ganz sachte verschwimmt, in geschickten Spiegel- und Zeitlupenaufnahmen, die Welt, ganz sachte wird sie Traum, der schönste Traum, den die Filmkunst hervorgebracht hat. Weder in den *Geheimnissen einer Seele* noch in *Narkose* ist annähernd solches erreicht worden. Hier herrscht nicht Phantasterei und nicht Kunstgewerbe; die exakte Unlogik des echten Traums holt jedes Motiv aus der Wirklichkeit, verquickt Unzusammengehöriges, weicht die realen Relationen auf. Als Orgelchoral ertönt das Leitmotiv der Defraudation, das Lieblingslied des betrügerischen Direktors, und leichenhafte Stuckengel blasen Posaune. Die spielerischen Einfälle der französischen Avantgardisten sind hier zum erstenmal in einen strengen Sinn eingespannt. Dieser Traum, Fritz Kortner, bedeutet Glück!

Der Film ist nicht leicht, er ist schwer. Er hat einen unheimlichen, bösen Humor. Manchmal erklingt stroheimisches Gelächter. Er ist sehr deutsch. Wer eine zierliche Kost erwartet, wird sich den Magen verderben. Gegen diese Schwere des Gehalts ist nichts zu sagen, wohl aber gegen die Schwere der Form. Kortner wird in seinen nächsten Filmen ganz von selbst eine losere Hand bekommen, seinen Einfällen mehr Platz, mehr Nährboden verschaffen, so daß sie einander nicht überwuchern. Und er wird ihnen jene gewisse Schlamperei und Lässigkeit des Wirklichen geben, damit sie um so stärker wirken: diesmal steht der Boy der Engelbar noch eine Nuance zu deutlich vorm Spiegel, der Regen fällt zu plötzlich, der Familienkrach setzt wie ein Leierkasten ein, das Gruppenporträt überm Sofa erscheint auf Kommando, und der Direktor trällert mit zu absichtlicher Unabsichtlichkeit seine Melodie. Noch wirkt das Gewollte nicht wie Zufall, noch lauern die Pointen auf ihr Stichwort. Und Pallenberg wird, vielleicht, einsehen, daß er nicht dann am besten ist, wenn er Schlager-Einlagen bringt, Text und Musik von Pallenberg, wenn er Phonomontagen zertrümmerter Sätze ausspuckt, wenn er in Monologen Gehörtes und Gelesenes schubweise laut verdaut (»wieso irrsinnig – wieso irrsinnig?«), sondern dann, wenn er gar nichts sagt, wenn er traurig die Augen rollt, wenn er nichts ist als ein verschlamptes, stilles Stück Mensch, den Kneifer als bombastische Bastion auf der Nase, und Schnurrbart, Lippe und Kinn unordentlich herunterhängend wie ein schlechtgebundner Schlips. Er braucht keinen schiefen Zylinder und keine rutschenden Unterhosen, keine Auftritte und keine Abgänge – es genügt, daß er da ist.

17. X 27[1] (1932)

Für jeden, der Josef von Sternbergs Filme liebt, muß es ein fast tragisches Erlebnis sein, seinen neuesten Marlene-Dietrich-Film *X 27* (*Dishonoured*) zu sehen. Es ist, als wenn man einen Menschen, den man gesund gekannt hat, in Wahnsinn verfallen sieht: alle gefährlichen Elemente seines Charakters, die bisher zurückgedrängt, von andern ausbalanciert waren, gewinnen plötzlich unheimliche Macht, ergreifen Besitz, und nur noch hier und da spürt man gespenstische Reste des einstigen Wertes. Man darf hoffen, daß Sternberg uns nicht endgültig verloren ist, sondern daß *Dishonoured*, dieser reichlich unangenehme Film, nur ein gelegentliches Ausgleiten bedeutet. Aber der Schreck sitzt.

[1] Letztes, selbständiges Drittel der Kritik »Betrübliche Filme«.

Sternbergs ganze Begabung ruht in den Nerven und im Verstande. Sein meisterliches Gefühl für die Bildsprache und die Schönheit des gestaltenden Lichts betätigt sich immer nur an der Oberfläche des Geschehens. Es ist ein kluges, virtuoses Spiel mit den Dingen. Sternberg gehört zu den drei oder vier Menschen auf der Welt, die sich die neue Kunstform des Films bis zur Vollendung dienstbar gemacht haben. Auch diesmal beobachtet man wieder mit atemloser Bewunderung, wie er die Handlung zu raffen, im Fluge anzudeuten versteht, wie er eine Schlacht hinskizziert und dann andrerseits Szenen, auf die es ihm ankommt, mit der gelassenen Breite der Wirklichkeit ausspielt. Prachtvoll trifft er das unruhige Geflimmer eines Maskenfestes, das Dunkel einer Gefängniszelle, zeichnet er in nebligen, abgestuften Grauflächen ein Flugzeug im Morgenlicht. Wieder ist das Manuskript ohne die geringste leere Stelle: jeden Augenblick führt die Handlung dem Schauspieler die Hand. Aber dies Überwuchern der Oberfläche mit Kleinzeug, das Neugier und Schaulust anregt, wird stellenweise zur Manier; so wenn er das Arbeitszimmer des Geheimpolizisten kindisch mit chemischen Retorten und riesigen Wandkarten überhäuft oder wenn die Schauspieler nervös an allerlei Püppchen herumfingern. Weil die spielerische Lust an der Erfindung, nicht der ehrliche Drang, ein Stück Wirklichkeit optisch zu gestalten, die Atelierarbeit diktiert, deshalb wird allzu leicht die Grenze überschritten, wo das Mittel sich selbständig macht.

Hollywood ist eine Kolonie entwurzelter Menschen. Keinem Ding auf der Welt gehört ihr Herz, jedem gehört ihr Auge. Fern von allem, worum die Menschen kämpfen, leben sie auf den Golfplätzen des Paradieses. Aber in Paradiesen gedeihen keine Künstler. Sie kennen das Elend aus den abgezehrten Gesichtern der Filmkomparsen, sie kennen die malerischen Konturen zerbröckelnder Mauern und den Glanz einer nassen Straße zur Nachtzeit. Ihnen dienen die herrlichsten Photographen der Welt. Die zaubern ihnen den Rauch der Geschütze ins Atelier, den Dunst einer Hafenkneipe, das Jammern eines einsamen Tieres in der Wüste. Aber es ist alles nicht wahr, alles nicht notwendig. Es müßte nicht sein, wenn der Produktionsleiter nicht Wert darauf legte. Diese Menschen spielen Schöpfung, so wie sie Golf spielen. Sie machen es fast ebenso geschickt wie Gottvater, sie bezaubern uns, aber plötzlich wird uns eiskalt, und wir haben etwas gemerkt.

Was kümmert Josef von Sternberg die österreichische Spionage während des Weltkrieges? Ihn interessiert das Spiel mit den Leidenschaften, die mondäne Kühle im Kampf um Leben und Tod, der Glanz der Frauenhaare und Uniformen, das optische Bonmot. Die schöne Spionin bittet den jungen Offizier, fünf Minuten bevor sie erschossen wird, um einen Spiegel. Er zieht seinen Säbel und hält ihn ihr vors Gesicht. Er will ihr mit dem schwarzen Tuch die Augen verbinden; sie nimmt es ihm aus der Hand und wischt ihm die Tränen ab. Wie geschickt sind diese Motive aus der Handlung heraus erfunden, wie gut wären sie, wenn sie nicht so außerordentlich widerwärtig und geschmacklos wären! Hier verrät sich Sternberg. Hier verrät er, daß der Tod und die Liebe ihn nicht interessieren, sondern nur ihr funkelndes Lichtbild. Und die Frau, die seine Göttin geworden ist, weil sie in Vollendung vor aller Augen führt, was sein eignes, eigenstes Wesen ist, die Kühle, die marmorne Indolenz, das Jenseits von Gut und Böse, die gelassene Frivolität – diese Frau, die sein Werk und sein Werkzeug ist, versagt, sobald er versagt. Noch niemals war sie so monoton und so künstlich. Sie kullert mit den Augen, sie simuliert ein Bauernmädchen, sie schüttelt die Mähne, wenn sie Beethoven spielt, sie schreitet unbewegten Gesichts über Leichen, ein wandelnder Frigidaire auf zwei berühmten Beinen, die dem Zuschauer so lange entgegengereckt werden, bis er sich wie ein Voyeur vorkommt und Übelsein verspürt.

Ein labiler Mensch wie Sternberg müßte in einer Gemeinschaft leben, die ihm ein intensives Verhältnis zur Wirklichkeit aufzwänge. Lebte er in Rußland, er würde die herrlichsten Filme der Welt machen. Aber leider lebt er in Hollywood.

18. Der französische Film (1932)

Bei allen, die das Kino mehr mit dem Verstande als mit den Sinnen lieben, haben die französischen Filme eine ganz große Nummer. Denn sie sind mit aufdringlicher Deutlichkeit anders gemacht als die Filme der Durchschnittsindustrie. Daß in Charles Dreyers *Johanna von Orléans* Außenseiterisches gewagt wurde, merkten auch Leute mit kurzem Gesicht und langer Leitung. Hier demonstrierte sich das Prinzip der Großaufnahme in Großaufnahme, ein wichtiges Formmittel wurde in ärgerlicher Manier überdosiert, und zugleich zeigten die Oberammergau-Bärte der Inquisitoren eine verdächtige Gepflegtheit, die gut zu der säuberlich getünchten Zuckerhutarchitektur paßte. Seltsame Lebensferne, Freude an der polierten, geistreich erklügelten Form. Ein Einzelfall?

In Jean Renoirs *Nana* spielte die groteske Catherine Heßling, ebenso begabt wie exzentrisch, ausgerechnet eine Zolafigur. Der betreßte Kammerherr Werner Krauß mußte auf dem Teppich Männchen machen wie ein Hund, und ein junger Liebhaber beging mit einer Schneiderschere Selbstmord. Obwohl kein Grund vorlag, diesen Todesfall lustig zu nehmen. Der Regisseur machte sich aus der Tragödie einen Atelierjux, brachte den Zuschauer mit viel Kunst zum Schaudern und rief dann »April, April«. Renoirs *Mädchen mit den Schwefelhölzchen* war die hysterische Persiflage eines stillen Ander-

250

sen-Märchens, eine pervertierte Cocteauparodie. Peinlicher Übermut, gespeist von einer Unzahl geschickter Bildeinfälle. Viel Gefühl für die Reize der Filmtechnik, keinerlei natürliche Verbundenheit mit dem Gegenstand der Darstellung. Weil der leitende Instinkt für das von der Sache Geforderte fehlte, fiel man von einem Ton in den andern und verletzte Stil und Geschmack. Es duftete süß und gefährlich nach Montmartre.

In der Groteske ging alles gut. In René Clairs *Entr'acte* wirkte der mit Trauerkränzen dekorierte Sprengwagen, der im Eilzugstempo vor dem Beileidsgefolge hertobte, bezaubernd witzig, denn hier war man allem Irdischen so fern, daß der Tod zu einem schrulligen Knochenmann wurde, mit dem ein Spielchen wohl erlaubt war. Im *Florentinerhut* machte Clair aus der Quadrille einen Hexentanz, führte er mit den Kostümen der neunziger Jahre einen gespenstischen Mummenschanz auf. In den zierlichen Operetten *Sous les Toits de Paris* und *Le Million* durfte und mußte ein Galanteriewarenlager aufgeschlagen werden. Jungenhafte Laune betätigte sich glücklich und beglückend am Spielzeug. Man freute sich, daß einer Dummheiten machte, und verlangte nicht, daß es zugleich Klugheiten seien.

Im *David Golder* destillierte der Regisseur Julien Duvivier aus Leid und Grausamkeit ein stimulierendes Parfüm für die galante Welt. Der Schauspieler Harry Baur und ein Foxterrier waren die einzigen lebendigen Wesen in diesem hochtragischen Modesalon. Landschaftsprospekte, Schafherden, Autos, mißratene Damen der Gesellschaft und Fabrikbureaus waren von Elisabeth Arden aufgemöbelt. Runzellos wie Valentinos Wange bot sich die Erdoberfläche den entzückten Augen der Kinobesucher. Die Kamera warf schiefe Blicke, wo gerade Ansichten passender gewesen wären, und ein entmenschtes Eheweib legte über fünfzehn Runden einen sensationellen Erpressungskampf am Sterbebette hin, bis sie durch technischen k. o. außer Betrieb gesetzt wurde. Mit allen Registern der Kino-Orgel wurde auf den Nerven der Zuschauer herumgetrommelt, und doch konnte man an jedem Bild beweisen, daß hier Routine und Extravaganz, bestenfalls Vergnügen an der handwerklichen Technik, das Geschehen lenkte, keinesfalls aber Mitgefühl für die Schicksale der handelnden Personen.

So steht es mit dem französischen Film. Anregend, witzig, geistreich, erfinderisch im Technischen, Frivolität ohne Tiefe, kokettes Spiel mit den Gestaltungsmitteln; unverbindlich im Gedanklichen, Stilistischen, Geschmacklichen. Nicht jedermanns Sache, wenn man von der einen, prächtigen Ausnahme, Jacques Feyder, absieht.

Dieser Tage zeigte René Clair seinen neuen Film *A nous la liberté* (*Es lebe die Freiheit*). Wer wollte die Schönheiten dieser Arbeit leugnen! Mehr als eine Szene durchleuchtet das Röntgenlicht schelmischer Weisheit: Eine Sekunde der Unaufmerksamkeit stürzt die höchste Ordnung der Fließarbeit in höchste Unordnung; wie ein geheimnisvoll süßes Echo klingt das Lied des

Mädchens noch aus dem leeren Fenster in das Ohr des Liebhabers, während sie schon die Treppe heruntergeht; der monotone Sprechgesang im Engagementsbureau der Fabrik: »Dites votre nom et votre age!«; der trottlige Festredner vor dem leeren Fabrikhof; die vergnüglich faulenzenden Arbeiter in der automatischen Fabrik. Echte Genieblitze – und doch wird man des Films nicht recht froh. Blitze ergeben kein gutes Licht.

Da ist zunächst, was das Politische anlangt, diese spätbürgerliche Romantik: Arbeiter und Generaldirektor entfliehen, brüderlich eingehakt, der Fabrik, um als Landstreicher auf den Chausseen zu singen. Solche Flucht läßt wenig Verwandtes in uns anklingen; zumal wir uns gar nicht so sehr nach Freiheit sehnen, sondern, als Untergebene eines Staatsgebildes, das uns nicht benötigt, das uns nicht gefällt und dem wir nicht gefallen, nach einer vernünftigen Bindung, nach zweckvoller Einordnung in eine nützliche Gemeinschaft. Landstreicher? Wir sind uns schon jetzt zu landstreicherisch, zu funktionslos. – Und weiter: es gibt empfindliche Menschen, die Zuchthausszenen unter keinen Umständen komisch finden und die nicht darüber lachen, daß sich einer in seiner Zelle aufknüpft, selbst wenn das Gitter aus der Mauerfassung rutscht und dem Lebensmüden auf den Schädel bumst.

Darüber hinaus gibt es eine Reihe von künstlerischen Einwänden. Es ist René Clair nicht gelungen, einen einheitlichen Stil zu finden. Chaplins Filme spielen auf einer Exzentrikbühne, wo ein Schlag mit dem Gummiknüppel nicht wehtut und die Liebe nicht heiß macht. Ein Puppenspiel ohne peinliche Erdenreste und nur deshalb genußreich. Clair hat keine solche geschlossene Vision. Seine herrlichen Schauspieler sind gänzlich von dieser Welt, sie stehen auf derbem Boden, und dennoch tritt plötzlich der Generaldirektor, ein programmatisches Lied schmetternd, in die Gruppe seiner Berater. Eine stabile Fabrik steht da, und sie wird nicht märchenhafter dadurch, daß sie in jener mondänen Variante des Bauhausstils erbaut ist, die für Kosmetikläden und intime Bars bevorzugt wird. Sie wirkt nur geschmacklos und widersinnig. Und die sehr realen Kontrolluhren werden nicht überirdisch, weil bei jeder Zeigerdrehung ein lieblich melodisches Klingeln ertönt. Auch die Hammerschläge der arbeitenden Zuchthäusler erklingen als mozartisches Glockenspiel. Und die ruckenden Zahlenbänder in einem sonst gar nicht parodistischen Bureau wirken als kümmerliche Attrappe. Clair tastet herum, er hat keine Übersicht, er kittet Einfälle, er ist wie ein Maler, der links unten nicht mehr weiß, was er rechts oben gemalt hat. Seine Figuren ordnen sich plötzlich zu operettenhaft symmetrischen Chören, aber gleich darauf lassen sie's wieder sein und benehmen sich zwanglos alltäglich. Launisch wie sie ist er in der Behandlung des Tons. Lautlos marschieren die Zuchthäusler, und im nächsten Augenblick trampeln sie fürs Ohr ebenso laut wie fürs Auge. Die Schauspieler unterbrechen ohne Grund ihr Plaudern und machen sich dem Publikum minutenlang durch bloße Mimik verständlich. Plötzlich beginnt ein totes Ding zu singen, eine Blume, aber das bleibt ein einmaliges Kuriosum – stilistisch durch nichts gestützt. Musik und Gesang tönt mal ins Bild, mal aus dem Bild; niemals weiß man, ob die Schauspieler mithören oder ob nur Begleitung für den Zuschauer tönt. Das ist nicht souveränes Spiel mit den Mitteln, sondern unmittelbar beunruhigende Konfusion.

Clair hat kein Gefühl dafür, daß das pointierte Gegeneinandersetzen von Situationen nur dann schlagkräftig ist, wenn diese Situationen vollen Wirklichkeitsgehalt haben. Er verbiegt die Welt, bis sie zu seinem Einfall paßt, weil er dem Einfall näher ist als der Welt. Die Parallele zwischen Zuchthaus und Fabrik überspitzt und schwächt er, indem er die Fabrikarbeiter von einem Unteroffizier anschnauzen, im Takt marschieren, am laufenden Band frühstücken läßt. Wenn nach der fingierten Festrede ein zufälliges Beifallklatschen aus dem Nebenzimmer ertönt, so wirkt das nicht sehr komisch, weil die grotesk aufeinanderprallenden Situationen in sich keine ausreichende eigene Kausalität haben, sondern ad hoc konstruiert sind. Clair konstruiert. Er läßt die fertigen Grammophone in einem deckenlosen Raum stehen, damit die Kamera elegant, ohne Zwischenschnitt, zu der Freilichtszene der tanzenden Arbeiter herüberschwenken kann. Er läßt, wie in den ältesten Filmen, seine Personen unaufhörlich aus dem Nichts auftreten. Ein ungeschickter Gott schiebt sie zur gleichen Zeit auf den gleichen Schauplatz. Das Motiv mit dem rinnenden Blut ist aufdringlich gedoubelt. Der Fabrikhof hockt eng neben der Straße, in der das Mädchen wohnt, nur weil den Regisseur der Zwischenraum nicht interessiert. Aber diese Nonchalance rächt sich an allen Ecken und Enden, schlägt ihm seine Effekte tot.

Statt den Vorgang durch Einfälle zu verdeutlichen, begräbt er die Handlung unter einem Sturzregen von Gags, verfängt er sich in Nebenmotiven, spinnt er überflüssige Hetzjagden aus, verdoppelt er die Motivierungen. Das Grundmotiv: Flucht des Reichen in die Freiheit, überrundet und zersprengt er durch das Erpressermotiv, das den Generaldirektor zwingt, sein Eigentum im Stich zu lassen und vor der Polizei auszurücken. Und obendrein fegt aus eines unbekannten Gottes Windmaschine noch Sturm dazwischen. So gibt René Clair, um am Schluß seines Films reinen Tisch zu bekommen, aus drei dicken Schläuchen zugleich Wasser, und gerade deshalb bleibt mancher Zuschauer ziemlich trocken. Wunderbar sind die Gesetze des Theaters.

René Clair, witzig und begabt wie wenige, müßte lernen, daß ein Künstler kein Landstreicher sein soll. Sondern ein Arbeiter. Nicht gerade einer am laufenden Band, wie die Kollegen aus der Friedrichstraße, aber immerhin ein Arbeiter. Es lebe die Freiheit. Nur mache sie sich ihr Leben nicht zu leicht.

19. Antwort[1]   (1932)

> In der vorigen Nummer habe ich mich
> in dem Artikel »Film – gestern, heute
> und morgen« mit der prinzipiell geg-
> nerischen Kritik Rudolf Arnheims
> über René Clairs *Es lebe die Freiheit*
> polemisch befaßt. Arnheim ergreift
> nunmehr zu einer Erwiderung das
> Wort, auf die ich leider nichts ande-
> res zu erwidern hätte, als was ich schon
> vor acht Tagen gesagt habe. Ich er-
> widere also nichts.   ·   hs.

Nachdem Sie, verehrter Herr Doktor Sinsheimer, vorigen Sonntag an dieser
Stelle geschildert haben, wie ich in der ›Weltbühne‹ René Clair »an die
Leine soziologischer und ästhetischer Postulate genommen« und »mit ästhetischen Forderungen zugedeckt« habe, muß der Leser mich für einen be-
glatzten Schreibtischgreis mit viel Brille halten. Aber sind ästhetische Gesetze
denn etwas anderes als Gesetze der praktischen Wirkung? Mir fiel auf, daß
sich René Clair die Wirkung ziemlich jedes seiner lustigen Einfälle selber
verdarb, so daß man schon nach den ersten hundert Metern unruhig hin- und
herrutschte, als röche es im Theater brenzlig. Ich versuchte zu sagen, warum
es brenzlig roch. Denn der Anlaß lohnte. Allzu oft sonst betätigt sich der
Filmkritiker als Don Quichote, mußte er so tun, als verwechsele er die süd-
liche Friedrichstraße mit dem Weg zum Parnaß. Clair aber verdiente wirkliche Kritik. Hat denn in der Kunst der holde Wahnsinn des Begabten Anspruch auf den Schutz des § 51? Nein, hier wenn irgendwo war Ernst am
Platze.

Ein so in dem Spiel ästhetischer Formen verfangenes Volk wie die Franzosen und ein so unbedingt naturnahes Kunstmaterial wie der Film – das
konnte nicht gut ausgehen! Clair wäre ein »Wildling«? Wildlinge sind Eisenstein oder Stroheim. Mir erscheint Clair im Gegenteil als ein auf Hohe Schule dressiertes Zirkuspferd, das nun, zum erstenmal vorm Pfluge, etwas peinlich dahertänzelt. Sein Film ist nicht ungebändigt quellender Rohstoff, son-

---

[1] Hermann Sinsheimer, Filmkritiker und Kulturredakteur des ›Berliner Tage-
blatts‹, setzte sich kontrovers mit Arnheims Clair-Kritik in »Der französische
Film« (hier S. 250–253) auseinander. Arnheims »Antwort«, die im ›Berliner Tageblatt‹ abgedruckt wurde, gehört deshalb in den Zusammenhang seiner ›Weltbühne‹-Kritiken.

dern ungebändigtes Formenspiel, aus Mangel an Kontakt mit dem Stoff, mit der Sache, mit dem Sinn. Seine Stillosigkeit und Unpräzision – die Ursache für das Verpuffen vieler Wirkungen – und seine Geschmacksentgleisungen kommen daher. Ähnlich steht es mit Clairs vielgerühmter »Leichtigkeit«. Es gibt mozartische Leichtigkeit und die des Menetekel-Spruches; ich meine: man hat gut leicht sein, wenn man keiner Schwerkraft unterworfen ist. Echten Humor kann man so ernst nehmen, wie man nur irgend will. René Clair fehlt die Schwere, die Charlie Chaplin so leicht macht. Vergnügliches Kunstgewerbe.

Habe ich mich »auf eine ästhetische Ordnung der Filmdinge von übermorgen versteift«? Der heutige Filmkritiker muß, da er von so jungen Dingen handelt, genau umgekehrt verfahren wie der Paläontologe, der es mit den uralten zu tun hat. Aus gelegentlichen Versteinerungen, aus Abdrücken manchmal nicht eben edler Teile muß er die Filmkunst präkonstruieren: die Gesetze des Baues, die der Film der Zukunft in glücklichen Augenblicken vielleicht restlos erfüllen wird, die aber deshalb ebenso schon auf den heutigen Film angewendet werden müssen. Der »Shakespeare des Films« steht noch aus. Die Gesetze seines Werkes gelten schon heute. Ausnahmslos. Auch für gute Filme.

20. Josef von Sternberg kabelt (1932)

Dieser Tage schickte der Filmregisseur Josef von Sternberg aus Hollywood das folgende Telegramm:

Habe eben Ihre Kritik über die deutsche Version von *X 27* gelesen. Verstehe nicht, wie Sie mit Ihrem Scharfsinn sich erlauben, diese dumme Bearbeitung, von Dilettanten geführt, als mein Werk zu kritisieren. Der Film wurde von mir für die englisch sprechende Welt gemacht und enthält sicher viele Fehler, aber nicht diejenigen, die Sie aufzeichnen. Mit blödsinniger deutscher Überschrift und vergewaltigter Behandlung ist die deutsche Version von *X 27* und *Marokko* jeder meiner Ideen beraubt. Schade, daß kein Berliner Kritiker den Mut hat zu sagen, daß solcher Quatsch unmöglich von mir stammen kann. Grüße – Josef von Sternberg.

Solcher Tadel stärkt das Herz. Mit Freude würde man eingestehen, einem Künstler unrecht getan zu haben, dessen Arbeiten man liebt, dessen letzter Film aber eine Enttäuschung genannt werden mußte. Ich kabelte also um Abdruckserlaubnis und erhielt sie auch, nebst einigen unfreundlich formulierten Bemerkungen über einen Aufsatz, der unter Sternbergs Namen jüngst im ›Filmkurier‹ erschienen, »dessen idiotischer Inhalt« aber nicht von ihm sei. »Ich weiß nicht, warum so viele in Berlin daran Vergnügen finden, meinen Namen mit gradezu unmöglichen Ideen zu verkuppeln. Dank und Grüße – Josef von Sternberg.«

Gar so einfach liegt die Sache nun nicht. Sternbergs früherer Film *Marokko* ist hier zwar unter dem Titel *Herzen in Flammen* gelaufen, womit vermutlich auf die Herzen der Verleiher abgezielt wurde; der neue Spionagefilm hingegen hieß in Berlin sachlich und unanfechtbar: *X 27*. Dieser Film ist nicht, wie Sternberg schreibt, in einer deutschen Version gelaufen, sondern in der original amerikanischen. Veränderungen gegenüber der Urfassung können also allenfalls darin bestehen, daß man Stücke herausgenommmen hat. Nun bezog sich das, was hier gegen den Film eingewendet wurde, nicht nur auf Dinge, die man an ihm vermißte, sondern vor allem auch auf Dinge, die er enthielt. Ja gewisse Einzelszenen, die bei der ersten Berliner Aufführung wegen ihrer Geschmacklosigkeit zu spontanen Protestkundgebungen des geladenen Kritikerpublikums geführt hatten, wurden erst daraufhin vom Berliner Bureau der Paramount entfernt. Es ist theoretisch möglich, daß die Art, wie in *X 27* das Thema Krieg und Spionage behandelt wurde, zum Teil deshalb so spielerisch und unernst wirkte, weil wichtige Partien der ursprünglichen Fassung fehlten. Wir wollen das gern unterstellen. Keinesfalls aber kann man Entgleisungen damit entschuldigen, daß der Film »für die englisch sprechende Welt gemacht« worden sei. Wenn es dem amerikanischen Geschmack entspräche, daß eine zum Tode verurteilte Spionin den blanken Säbel des Exekutionsoffiziers als Spiegel benutzt, um sich zum letzten Gang zu pudern, so könnten wir nicht umhin, diesen Geschmack übel zu nennen. Nationale Unterschiede haben mit Qualitätsunterschieden nichts zu tun.

Sehr geheimnisvoll steht es um den fraglichen Aufsatz im ›Filmkurier‹, wennschon es gar kein Geheimnis ist, daß die Plaudereien, die unter dem Namen bekannter Filmkünstler in Zeitungen und Magazinen erscheinen, zumeist von den Pressechefs der Filmfirmen verfaßt sind. Das braucht uns in manchen Fällen wenig zu kümmern, denn ob eine Schilderung humoristischer Zwischenfälle im Atelier von Lilian Harvey selbst oder von dem Waschzettellyriker ihrer Firma stammt, dürfte stilistisch wie inhaltlich ziemlich auf dasselbe herauskommen. Unangenehmer und weniger gleichgültig ist es schon, wenn etwa unter dem Namen Greta Garbo Aufsätze gedruckt werden, die in einem kindischen Kleinmädchendeutsch das Thema: »Wie kann man Männerherzen betören?« abhandeln. Erscheinen aber, gezeichnet Josef von Sternberg, programmatische Bemerkungen über die Verwendung der Tonfilmmittel, so ist unbedingt zu fordern, daß sie authentisch seien; denn solche Äußerungen schaffender Künstler gehören von jeher zu den wichtigsten Quellen für den Theoretiker. Nun hat aber die Redaktion des ›Filmkuriers‹ jenen Aufsatz als ein Originalmanuskript von der Paramount erhalten, und zwar mit der Bitte, man möge das englische Manuskript nach Gebrauch zurückgeben, weil es eigenhändige Bleistiftnotizen Sternbergs enthalte. Da selbst die amerikanische Apparate-Industrie bis heute noch nicht so weit fortgeschritten sein dürfte, daß sie eigenhändige Literaturprodukte herstellen könnte, die der Autor nie gesehen hat, erhoffen wir von den Beteiligten noch nähere Aufklärung. Unabhängig davon aber, wen in diesem besonderen Fall die Schuld trifft, war es nötig, einmal auf den Falschmünzerbetrieb hinzuweisen, der da im Namen mehr oder weniger wehrloser Künstler neckische Proklamationen in die Presse lanciert, die weniger empfehlend als blamabel wirken müssen und zu unangenehmen Irrtümern führen können. Die Filmkünstler haben es ohnehin schwer genug; man verstümmelt den Regisseuren ihre Arbeit, man schiebt den Schauspielern fremde Stimmen als Wechselbalg unter – will man sie nicht wenigstens dort ihre eigne Sprache sprechen lassen, wo eine bescheidene Handlungsfreiheit sich bis heute erhalten hat: auf dem Papier!

Sternberg tut den Filmkritikern unrecht. Für ihn gehört Mut dazu, eine Meinungsäußerung wie die obige drucken zu lassen. Für uns nicht. Aber er verlangt mehr als Mut, er verlangt Hellseherei. Es ist – von krassen Fällen abgesehen – unmöglich, auseinanderzuhalten, was der Autor ursprünglich gewollt und was Firma und Zensur nachträglich verschnitten haben. Der Kritiker kann nichts als das vorliegende Produkt beurteilen und ist im übrigen auf die Informationen der Beteiligten angewiesen. Nicht jeder riskiert es, sie ihm zu geben, aber dann möge man ihn nicht schmähen; oder man möge ihm einen dreifüßigen Räucherkessel unter dem Parkettklappsessel einbauen, auf daß er delphisch durch die Leinwand hindurch in die Schlichen der Produktion blicke.

21. Schanghai-Expreß[1]　　　　　　　　　　　　　　(1932)

Josef von Sternberg und Marlene Dietrich gehen wieder einmal unter die Soldaten. Die antreibenden Hetzrufe der chinesischen Infanteristen hallen einem noch im Ohr, wenn der Film, *Schanghai-Expreß,* längst vorüber ist. Eindringlicher noch als in *Marokko* ist die Völkerschau geraten; auch ist sie diesmal weniger bloße Staffage, die Solofiguren werden aus dem Getümmel heraus geboren, tauchen im Getümmel wieder unter – wennschon das Motiv des chinesischen Bürgerkrieges nur in alleräußerlichster Weise dazu dient, eine Liebesgeschichte zu komplizieren. Wieder erleben wir bei Gelegenheit

[1] Zweiter, selbständiger Teil der Kritik »Zwei wichtige Filme«.

einer primitiven Spielhandlung ein verzaubertes Lichtmeer, eine überirdische Wunderwelt – nicht Abbilder wirklicher Gegenstände, sondern aus Schwärze und Helligkeit geronnene Malerphantasien glaubt man zu sehen. Schatten schweben über den Gestalten, über der Lokomotive, Marlene Dietrichs Gesicht ist durch einen schwarzen Schleier schräg zuschraffiert, und wenn die Maschine auf der Station Wasser nimmt, so wirkt das unheimliche schwarze Rohr zwischen Dampfwolken wie ein Nachtgespenst. (Photographie: Lee Garmes.)

Aber der Genuß an der kunstvollen Verwendung des filmischen Materials wird zur optischen Ausschweifung, weil der Aufwand für einen hohlen, verlogenen Inhalt vertan wird. Je klarer sich herausstellt, daß Sternberg der begabteste Filmhandwerker der Erde ist – jeder seiner Filme gäbe Stoff für ein ganzes Lehrbuch der Filmkunst –, um so erschreckender wird sein Versagen vor dem, was man Schicksal, menschliche Größe, dramatischen Gehalt nennt. Seine Vorliebe für Menschen, die mit Tod und Leben wie mit Zigaretten herumspielen, läßt ihn eisgekühlte Idealtypen schaffen, gänsehaut- und zwerchfellerregend zugleich. Militärarzt und Schanghai-Lili, Rebellenführer und Chinesin sind von einer so penetranten Fischblütigkeit, daß die vertrocknete Engländerin in ihrer Angst um ihr Pekinesenhundchen gradezu als eine Verkörperung orientalischer Leidenschaft wirkt. Im Interesse der Fahrgäste bittet die Eisenbahndirektion, Morde und Liebesschwüre tunlichst geräuschlos vollziehen zu wollen. Wenn einer die Frau, die er über alles liebt, nach Jahren plötzlich wieder sieht, murmelt er einige lustlose Sätze durch die Zähne. Die mimische Unbeweglichkeit dieser unaufhörlich von den Gefahren der Erschießung, der Folterung und des unfreiwilligen Beischlafs bedrohten Paramount-Menschen muß Buster Keaton, den Star der Konkurrenzfirma, vor Neid erblassen lassen. Im Gegensatz zu dem üblichen Kitsch hemmungsloser Gefühlsaufwallung hat Sternberg den Kitsch der Diskretion erfunden. Er, der den geringsten Chargenspieler mit einer Behutsamkeit und Zurückhaltung führt, so daß kein unechter Ton durchgeht, veräußerlicht seine Heldin, Marlene Dietrich, immer mehr zur wachsbleichen Eismeernixe. Sie gibt einerseits zu viel, indem sie pausenlos nervös-ironisch mit den Augen rollt, andrerseits zu wenig, indem sie die innere Wärme und Leidensfähigkeit nicht merken läßt, die ihre äußere Kälte erst sinnvoll machen würden. Sie ist gänzlich erstarrt. Sie kann nicht mehr gehen, ohne mit den Hüften zu wiegen, sie kann nicht mehr stehen, ohne mit dem Arm hoch herauf zum Türrahmen zu langen. Sie sollte sich vier Wochen am kalifornischen Strand erholen und dann schleunigst in einem Lustspiel als sanfte Hausfrau mit zwei Kindern und Kleinviehzucht auftreten; sonst wird sie zwar eine immer edlere Kokotte aber eine immer schlechtere Schauspielerin werden.

22. Flucht in die Kulisse (1932)

Neben den hundertprozentigen Filmfabrikanten, die ins Atelier wie ins Geschäft gehen und jeden Drehtag, den Gott werden läßt, einzig zur Stärkung ihrer wirtschaftlichen Hausmacht verwenden, gibt es unreine Fälle, Leute, die mit ein wenig guter Gesinnung, ein wenig geistigem Ehrgeiz ausgestattet sind, aber dennoch unfähig, eine runde künstlerische Arbeit zu leisten, sei es aus eigner Unzulänglichkeit, sei es unter der giftigen Einwirkung der Bakterien des Ungeschmacks, die in den Filmbetrieben umherschwirren. Diese Zwittertypen, Launen der Natur wie zweiköpfige Kälber oder Runkelrüben in Menschengestalt, sehen sich doppelt bestraft durch leere Kassen und durch den Tadel der Anspruchsvollen, deren Urteil natürlicherweise besonders empfindlich wird, sobald ein Film die Bezirke des Geistigen streift. Gewiß, man möchte jeden Versuch, den Film aus den Operettenwüsten der tönenden Nutten und der autofahrenden Tenöre zu befreien, lebhaft unterstützen, aber andrerseits bietet ein jenseits von Gut und Böse daherkutschierender, reiner Schmarren einen angenehmeren, säuberlicheren Anblick als ein für den Geschmack des Publikums bunt geschminktes Stück Kulturgut.

Immerhin ist der erschreckende Verfall alles geistigen Schaffens selbst noch hier, im verdächtigen Zwielicht, deutlich spürbar. Es ist recht fraglich, ob Richard Oswald den *Hauptmann von Köpenick* oder den *Dreyfus,* zwei Filme vom erfolgreichen Kampf des Zivils gegen die Soldaten, heute noch wagen dürfte, und G. W. Pabsts Bergwerkfilm *Kameradschaft,* der eine wenn auch nicht revolutionäre, so doch fortschrittlich-völkerversöhnende Gesinnung vertritt, soll nur einen Bruchteil der Herstellungskosten eingebracht haben. Die immer zunehmende Geschmacks- und Gesinnungsverseuchung des Publikums – Otto Gebühr kann Krückstock und Flöte Tag und Nacht nicht mehr aus der Hand legen –, die Verschärfung der Zensur, die nationalsozialistische Zellenbildung in den Kreisen der Kinobesitzer, die Angst vor Protestkundgebungen im Kino, dieser ganze entsetzliche Rückfall eines Volkes um Jahrzehnte, erlaubt den Filmleuten selbst die bescheidene Fortschrittlichkeit der letzten Jahre nicht mehr. Sie flüchten in die Kulisse; der eine aus dem Grauen der Wirklichkeit in das Grauen der Unwirklichkeit, in eine finstere Gegend, deren Bewohner weniger unter den Erleichterungen auf dem Gebiete des Tarifwesens als unter den harmlosen Schrecknissen eingemauerter Ehefrauen, entfesselter Wahnsinniger und kartenspielender Selbstmörder leiden: Richard Oswald zeigt, mit Hilfe von Robert Louis Stevenson und Edgar Allan Poe, einen Film *Unheimliche Geschichten,* in dem beschrieben wird, welche Entsetzlichkeiten ein Pressemitarbeiter zwischen Filmkulissen erleben kann – eine Schilderung, die allerdings jeder Filmkritiker als bei weitem zu milde wird ablehnen müssen. Der andre Regisseur, G. W. Pabst, verbirgt sich in den Katakomben der Sahara, in denen Brigitte Helm als *Herrin von Atlantis* eine eigentümliche Sondergerichtsbarkeit über junge Europäer übt.

Man darf Oswald und Pabst ihrer künstlerischen Fähigkeit nach nicht auf dieselbe Stufe stellen. Oswald ist auf seinem Gebiet ziemlich genau das, was auf anderem der Hofmaler Fischer. Er pinselt seine Figuren mit viel Bart und Kostüm hin, er fabriziert, unter Nichtachtung alles dessen, was die Filmarchitekten in den letzten zehn Jahren gelernt haben, schief beleuchtete Straßenwinkel, unterm Vollmond daherhuschende Silhouetten, Falltüren, mit Stanniolstreifen beklebte Pappsalons und verschmäht selbst die beliebte Erfinderwerkstatt nicht, in der allerhand blinkender Christbaumschmuck im Kreise herum wedelt. Reißen ihn nicht die guten Schauspieler, die er zu engagieren pflegt, ein bißchen aus der Patsche, so sind in seinen Filmen Tragik und Grauen von der gleichen harmlosen Komik. Schwer, einem Regisseur unter diesen Umständen zu danken, daß er sich um anspruchsvolle Stoffe bemüht.

Für G. W. Pabst möchte man nach dem Mißerfolg der *Kameradschaft* gern ein gutes Wort finden, aber wenn, wie es in seinem Atlantisfilm heißt, der Prophet gestattet, einmal im Leben das Mitleid vor die Pflicht zu stellen, so dürfte die Gelegenheit dazu hier nicht vorliegen. Pabst hat den Geschmack und die Routine des Auges, er weiß in einem Schatten auf der Erde eine ganze Szene einzufangen, er erhascht das Wüstenlicht und ordnet durch geschickte Kameraeinstellungen unübersichtliche Figurengruppen zu guten Bildern. Andrerseits hat er niemals den Mut, zur Schere zu greifen – die Intelligenz eines Filmregisseurs wie die eines Denkers zeigt sich darin, wieviele Etappen er im Kurzschluß zu überspringen vermag! –, und es passiert ihm und seinen Autoren Vajda und Oberländer der handgreifliche dramaturgische Fehler, die Handlung noch um Hunderte von Metern auszuspinnen, wenn sie längst zu Ende ist. Dursttod und Sandsturm lassen den Zuschauer selbst in der Sahara kalt, wenn sich der Regisseur nicht auf das versteht, was in der Wochenschau der Sprecher der deutschen Olympiaruderer einen »rasanten Endspurt« nannte. Die Scheibe, die sich Pabst von Herrn von Sternberg abschnitt, indem er die Schlußszene aus *Marokko* übernahm, hätte ruhig dicker ausfallen dürfen.

Schlimmer aber als diese mehr handwerklichen Fehler ist, daß Pabst zwar den Geschmack des Auges, aber nicht den des Herzens und des Verstandes besitzt. Er schätzt es, wenn seine Schauspieler die Köpfe langsam wie auf einem Stativ alter Bauart drehen, er schreckt vor Augenauf- und abschlägen nicht zurück, und er hält es für feierlich, wenn die Leute einander mit großen Augen anschweigen wie die Fische im Aquarium, statt schön die Hand zu geben und sich nach dem werten Befinden zu erkundigen. Daß er den Provinzdilettantismus des Schauspielers Sokoloff nicht zu veredeln versteht, mag hingehen, aber den begabten Mathias Wieman kann ein brauchbarer Regisseur durchaus dazu bringen, die Mundwinkel und die Schultern nicht mehr als nötig hängen zu lassen. Pabst spürt auch nicht, daß Brigitte Helm zwar die höchst seltene Fähigkeit hat, eine stilisierte Figur, eine Statue, in Fleisch und Blut nachzubilden, daß sich dieser seltsame Reiz aber sofort verflüchtigt, sobald sie den Mund zu einer Kleinmädchendeklamation auftut ... wie einfach und wie wirksam wäre es gewesen, aus dieser Königin eine stumme Rolle zu machen.

Wie denn überhaupt das Schweigen nach wie vor der beste, bestverwendete und am leichtesten zu erzielende Effekt des Tonfilms ist. Bei Pabst wie bei Oswald gibt es lange Szenen, deren Wirkung unfehlbar ist durch die Beklemmung, mit der sich einem das Schweigen auf die Lungen legt. Pabst versteht es, eine solche stumme Szene durch ein monotones, in Abständen auftretendes Tonmotiv gut zu akzentuieren, etwa wenn bei der Jagd durch die Katakombenstadt immer derselbe Name gerufen wird, eine Art akustischer Orgelpunkt unter dem Ablauf der Bilder. Sonst aber findet sich, wie überhaupt in der heutigen Filmproduktion, wenig, was man zur Entwicklung der Tonfilmform notieren könnte. Der Film hat sprechen gelernt, aber er tönt noch nicht; er macht Konversation.

23. Rapprochement in Oel (1932)

Der praktische Arzt Doktor Hölderlin, edel wie der Name, haßt die Franzosen, weil sein Sohn im Kriege gefallen ist. Er lernt den Mörder seines Sohnes, einen reizenden jungen Franzosen kennen, den er für einen Studienfreund des Gefallenen hält und der sich zum Gatten für die verwitwete Schwiegertochter eignet. So wird der Haß zur Liebe. Zwischen Deutschland und Frankreich? Zwischen zwei Herren.

Ein schönes Happy end: Pflaster und Wunde finden sich, und im Hintergrund bleibt der Säbel scharfgeschliffen stehen. Denn die Haßgefühle, die sich, wie das Beispiel zeigt, im Einzelfall beschwichtigen lassen, sind nur Anlaß, nicht Ursache der Feindschaft und beruhen ihrerseits auf sehr unsentimentalen Wirtschaftstatsachen, die zu schildern Aufgabe eines antikriegerischen Films wäre. Gewiß liegt es im Wesen des Spielfilms, daß er Allgemeines am Schicksal Einzelner aufzeigt. Findet er aber für den Einzelfall eine Lösung, die sich auf das große Ganze nicht übertragen läßt, so treibt er Taschenspielerei. Im Hause Hölderlin und vielleicht sogar am Stammtisch mag ein gutes Herz allerhand ausrichten. In der Wilhelmstraße aber findet es, mit Recht, kein Betätigungsfeld. Und so ist der Geltungskreis einer solchen

Erzählung nicht größer, als wenn sie etwa von einem Chauffeur handelte, der zwecks Sühne in das Elternhaus eines von ihm Überfahrenen pilgerte.

Das Grundmotiv dieses Lubitschfilms *Der Mann, den sein Gewissen trieb* (es läßt sich nicht verheimlichen, daß er auf amerikanisch *Broken Lullaby* heißt) trifft ein Grundproblem kriegerischer Betätigung kühn im Kernpunkt: während im Kampf der einen namenlosen Masse gegen die andre die Begriffsunterscheidung zwischen Mord und Landesverteidigung auf den ersten Blick plausibel erscheint, gerät dieser abstrakte Schutzwall gegen das schlechte Gewissen leicht ins Wanken, sowie der einzelne Soldat leibhaftig vor die Eltern des Getöteten tritt. Die Auseinandersetzung und das Happy end aber, die hier möglich gewesen wären, werden vermieden: es könnte im Sprechzimmer des Arztes über die heftigen Gefühle die Einsicht siegen, daß im Kriege nicht durch die Schuld Einzelner, sondern durch falschen, schädlichen Einsatz menschlicher Kräfte von oben her junges Leben sinnlos zerstört wird. Und gerade Menschen, deren Herz der Krieg tief verletzt hat, wären besonders geeignet, hellsichtig und klug zu werden und sich zusammenzuschließen zum großen Aufklärungsfeldzug gegen die wirklich Schuldigen.

Statt solcher Lösung hat, wie nicht verwunderlich, die Paramount ein junges Mädchen parat, das infolge eines auf den Hinterkopf applizierten Flechtenkranzes bis zur Penetranz das verkörperlicht, was die Franzosen »un gretchen« nennen. Der Franzose und mit ihm die amerikanische Kundschaft der Herstellerfirma findet die deutsche Familie, wie sie im Naturkundebuch steht: der Haushaltungsvorstand führt schon nach dem ersten Löffel Suppe den Maßkrug zum Munde, und auch an der Nationalität der Stammtischherren ist – in einem für genügsame Menschen peinlichen Grade – kein Zweifel möglich. In einem scharfgeschnitzten Rahmen von Sternheimfiguren erscheint sanft schimmernd das Plüschsofa. Lubitsch betätigt sich als Chargensatiriker, um das Harmonium erschallen zu lassen, sobald es um Zentraleres geht. Deshalb wird man auch nicht recht froh, wenn in großartigen, aber durchaus nebensächlichen Bildern die Säbel aus den Kirchenbänken rasseln und in einer wundervoll bösartigen Einstellung das Lederetui des Armeerevolvers das Gesangbuch zudeckt. Denn eben diese distanzierende, königliche Einstellungskunst läßt Lubitsch vermissen, sobald die Mutter am Grabe weint oder die Eltern sich im neuen Glück sonnen. Schon an sich sind zum Himmel gereckte Bibberkinne, Zusammenbrüche mit Händen vorm Gesicht und verklärte Augenaufschläge jenseits der Grenzen des Erlaubten, aber selbst da, wo die Rührseligkeit nichts andres ist als wirklichkeitsgetreues Abbild einer Bürgersfamilie, selbst da versagt der Regisseur, indem er die Affekte in langen Szenen ausweidet. Denn es gibt einen »Kitsch der Einstellung«, der sich darin kundtut, was, wie lange und von wo aus man etwas aufnimmt, was an sich naturgetreu und daher nicht kitschig ist. Gerührtes Elternpaar auf dem Sofa ist Natur. Dies aber aufzunehmen und zwar lange und im Glorienlicht der En face-Einstellung ist blutiger Kitsch! Denn Gefühle sind nie Gegenstand und Selbstzweck eines Kunstwerks, sondern nur die Triebkräfte in dem Konflikt, auf dessen Austragung alles ankommt. In einem Film wie diesem aber erscheint das Rührende um des Rührens willen, während die eigentlich wichtigen Eckszenen der Auseinandersetzung entweder nur angedeutet werden, wie das entscheidende Gespräch zwischen dem Franzosen und dem Mädchen, oder gröblich unterschlagen, indem beispielsweise die beiden Alten gar nicht erfahren, daß sie den Mörder ihres Sohnes ins Haus nehmen.

Lubitsch darf sich Beiwerksatire leisten, weil er die tragische Spitzengruppe wie von Gott retuschiert zeigt. Er singt das Lob eines Milieus, dessen »Ausgeburten« er am Rande persifliert. Und man hat immer wieder den Eindruck, als fühle er sich förmlich erlöst, wenn er von Kriegergrab und Feierstunde weg zu den klatschenden Kleingewerbetreibenden des Städtchens flüchten kann, deren Ladenklingeln er denn auch sogleich zu einer meisterhaften Spießermusik orchestriert. Was aber wirklich anpackende Satire wäre, daran erinnert uns ein Blick auf Erich von Stroheim, dessen Filme ja denn auch im Gegensatz zu denen von Lubitsch Geld kosten statt einbringen. Stroheim versteht es als einziger, die ekelhafte Süße des Filmkitschs, so wie sie ist, als künstlerisches Gestaltungsmittel zu verwenden. Die Puderwangen der Heldin und die blinkenden Uniformen setzt er in einen grauenvollen Kontrast zu aller Grausamkeit, Unnatur, Vertiertheit der menschlichen Seele. Diese geniale Benutzung äußerer Hübschheit zur Entlarvung innerer Häßlichkeit scheint auf die Spitze getrieben in einem Film *Queen Kelly,* den Stroheim mit Gloria Swanson für angeblich drei Millionen Mark gedreht hat und der nie in Amerika gezeigt worden ist. Über die Uraufführung dieses Films in einem Pariser Avantgarde-Kino berichtet der Korrespondent des ›Film-Kuriers‹ mit zitternder Feder, und was er, mit allen Zeichen des Abscheus, von dem Inhalt mitteilt, klingt so packend, daß es höchst wichtig für uns wäre, den Film kennenzulernen. Wenn er schon nicht, aus Zensur- und Geschäftsgründen, dem großen Publikum gezeigt werden kann, so sollte man ihn wenigstens in kleinem Kreise laufen lassen, so wie Paramount dankenswerterweise die englische Originalfassung des Lubitschfilms einer geschlossenen Gesellschaft vorführte.

Lubitsch ist ein schlimmes Beispiel für die Vergeudung der Kunst in dieser Zeit. Kein Grund zu glauben, er könnte nur Operettenmätzchen machen. Allein der Einfall mit der Uhr im Zimmer des Toten, dieser pochenden Herzseele, die da ein akustisches Gespensterleben führt, zeigt, was wir ohnehin von Lubitschs stummen Filmen her wissen. Man mag nicht daran denken, was für Filme er uns schaffen würde, wenn er seine Zigarren statt in Hollywood etwa in Moskau rauchte.

24. Zweierlei Rebellen

Auf einen groben Klotz gehört ein grober Keil. Spiegelt sich die plumpe, tierische Weltanschauung des Militarismus in einem Film, der auf klobige Erschütterungen gestellt, von einer behaarten Tatze gedreht ist, so bleibt trotz allem Mißbehagen wenigstens der Vorzug, daß Form und Inhalt einander würdig sind. Verbindet sich aber die Unbedenklichkeit des rüden Naturburschen mit dem feinfingrigen, formgewandten, rückgratlosen Intellektuellen, kleidet sich der Schlagetot ins glitzernde Gewand der Schönheit, so kann etwas entstehen, was nicht nur reaktionär und ablehnenswert ist, sondern tief böse. Man besehe sich diesen Produktionsstab: die amerikanische Riesenfirma des ausgewanderten Deutschen Carl Laemmle dreht, als eine »Paul-Kohner-Produktion«, einen nationalistischen Film aus dem Tiroler Freiheitskrieg: *Der Rebell,* unter der Regie des bartlosen Rübezahls Luis Trenker und des schmalen, klugen Großstadtjungen Kurt Bernhardt; mit einer Musik des Italieners Giuseppe Becce und nach einem Drehbuch des Volksbühnenautors Stemmle. Und dann brechen riesige Steinlawinen hundert Meter tief auf vorüberziehende Menschen und Tiere nieder, immer wieder, und immer wieder klatschen die Zuschauer. Man stelle sich ein Publikum vor, das einer verfilmten Schlachthofszene zusähe und jedesmal, wenn einer Kuh der Hals durchgeschnitten würde, in Applaus ausbräche. Was wären die paar armseligen Kühe gegen den gigantischen Steinschlag, der, zur vaterländischen Vergnügung des Publikums, hier auf Menschentruppen niederprasselt! Eins der gewaltigsten Sinnbilder der Zerstörung, das jemals im Film gelang, kraftvoll und elementar, wird mißbraucht, um die Verwahrlosung heutiger Menschen auf die übelste Weise zu fördern. Der Greuel des Krieges erreicht seinen Gipfel, wenn die Menschheit nicht mit ihren selbstgebauten Zerstörungswerkzeugen »unter sich« bleibt, sondern die Tiere und die großen Mittel der Natur hineinzerrt in die Materialschlacht, wenn die Erholungslandschaft der Berge, die letzte Zuflucht des Menschen, zum Kriegsschauplatz wird. Und dies alles höchst eindringlich gemacht durch die Bilderkunst begabter, aber verdorbener Filmleute. Was wird hier an Wertvollem vertan! Da wird ein Mann durch das Gestein zum höchsten Gipfel emporgehetzt, in rasender Eile wird der Umriß der laufenden Gestalt durch alle Lichtabwandlungen des Schwarzen und des Weißen hindurchvariiert. Oben über den Wolken, auf der letzten Bergspitze im leeren Himmel endet die Jagd, die zu einem der großen Filmerlebnisse hätte werden können, wenn sie straffer und folgerichtiger komponiert worden wäre. Gut vielleicht, daß das nicht gelungen ist. Daß sich wenigstens das Höchste dem Niedrigen entzogen hat.

Aus dem Grauen vor solcher Verirrung kann man sich flüchten zu einem

tiefern, wärmern Rebellentum, wie es im Gewande eines graziösen Tanz-
spiels, René Clairs neuer Film *Der 14. Juli* bietet. Clair hat sich diesmal aller handgreiflichen satirischen Themen, für die seine politische Einsicht –
wie wir erfahren haben – noch nicht zulangt, enthalten. Er zeigt das harmlose Vergnügen hilfloser Privatmenschen, wahrt ganz den Volksstückrah-
men von *Sous les toits de Paris* und gestaltet trotzdem sein tiefes Gefühl
für das Sinnlose und Gespenstische heutigen Lebens in einem Humor, wie
es ihn nur noch bei Chaplin gibt. So ist dies unheimliche, äußerlich so fröhliche Singspiel Clairs geschlossenster und schönster Film. Der 14. Juli ist
nur ein Volksfest, und doch lebt der Geist des Bastillensturms in diesem
Film, wenn er den Greisenschwachsinn des reichen Roués zeichnet, der, ver-
lacht und bestohlen, zwischen den schönen Tänzern des Volkes hilflos um-
hertorkelt. Man muß das Schlachtgebrüll der Trenker-Tiroler und ihrer modernen Nacheiferer im Ohr haben, wenn man mitansieht, wie der vertrottelte
Frackmensch in einem Tanzlokal seinen geladenen Revolver blank putzt,
Krieg spielend zwischen friedlichen Menschen, selbst nahe vorm Grab und
grade deshalb nicht mehr fähig, den Sinn des Tötens zu begreifen. Sinn und
Wert der Geldscheine schwindet, wenn ein Irrer sie austeilt, ohne Gegen-
leistung zu verlangen und aus einer Brieftasche, die unleerbar scheint –
wertvoll ist nur, was in begrenzter Menge existiert und eine Aufgabe hat
in der Welt. Die absterbende Macht, angezogen und geknechtet von der gesunden Kraft der Unbemittelten: der prächtige Chauffeur setzt den Zylinder-
greis ans Steuer und läßt sich kutschieren.

Der Gehalt dieses Humors wird erst klar, wenn man seine Schöpfungen
bewußt zergliedert, aber trotzdem beruht hierauf seine unmittelbar wirksame Schlagkraft und Größe. Und jedes Motiv ist meisterlich geschärft und
zu Ende erfunden. Wenn die Mutter des Mädchens stirbt, ist das Haus leer,
alle Nachbarn sind beim Tanz, und der Hilferuf verhallt in den dunklen
Treppen – Einsamkeit des Todes. Die Schlechtigkeit des Nebenmenschen,
dem man vertraut, kristallisiert sich zu Taschendiebsfiguren; die Leidenschaftlichkeit einer Auseinandersetzung wird konturiert durch einen Platz-
regen, der die Streitenden nicht zu verscheuchen vermag. Bis er sie doch
verscheucht und die Liebenden einander in die Arme scheucht, ohne ihren
Willen – Naturkraft.

25. Filmbericht (1933)

Bei den Filmkaufleuten stößt man immer wieder auf die Meinung, wir näh-
men ihnen übel, daß sie mit Filmen Geld verdienen wollten. Nichts davon.
Wir nehmen nur übel, daß man ihnen die Möglichkeit dazu gibt. Und an-

rüchig wird die Sache für unsre Nase erst, wenn das Hauptbuch wie ein Poesiealbum eingebunden wird, wenn der Kampf um Rekordkassen als ein Ringen mit der Muse aufgemacht wird. »Wenn wir nur einen Star herausgestellt hätten«, so erklärt der Regisseur Edmund Goulding die Verwendung von sechs Stars in seinem Film *Menschen im Hotel,* »wären die übrigen Rollen zu Chargenrollen degradiert worden, und der Sinn der Handlung wäre zerstört. Die Handlung beruht ja im wesentlichen auf der Charakterisierung der sechs Hauptpersonen.« Das sind goldene Worte, die unsre schwergeprüften Manuskriptautoren gern schon gehört hätten, bevor sich die Filmindustrie durch das katastrophale Versagen aller bewährten Zugkräfte zu dem Verzweiflungsmittel getrieben sah, einen ganzen Haufen Stars in einem einzigen Film anzusammeln, nach dem Prinzip: Schokolade ist gut und Hering ist gut, wie gut muß erst Garbo plus Beery sein! Jahrzehntelang hat man alle Filmmanuskripte verstümmelt, indem man eine oder zwei Figuren für die Starrollen gewaltsam nach vorn schob und die übrigen zu Hintergrundchargen zusammenknetete – und siehe da, plötzlich verlangt die Kunst Verständnis und Gerechtigkeit für sechs Rollen. Damit soll man uns nicht kommen.

Diesmal verdrängt also nicht eine Rolle die andre, aber dafür verdrängen die Schauspieler gemeinsam den Film. Film ist Eingliederung des Menschen in die Welt der Dinge, aber diesmal sieht man vor Menschen das Hotel nicht; die Kamera wählt den Bildausschnitt fast immer nur grade so weit, daß er die Konturen der Stars vollständig umfaßt, und dadurch entstehen beklemmend enge Räume, die den Zuschauer in eine Art Budenangst versetzen. Unablässig erkennt er die Züge, die ihm und dem Produzenten teuer sind. Mit ihnen wird er fast zwei Stunden lang im Kreuzverhör konfrontiert, bis er, zusammenbrechend, zermürbt gesteht, daß diesmal bei Metro-Goldwyn-Mayer ganz großartig gespielt wird. *Menschen im Hotel* ist in der Tat ein erstaunliches Beispiel für die Kultur des amerikanischen Gesellschaftsfilms. Während bei uns Dialogautoren, Regisseure und Schauspieler das Wort immer noch mit der ängstlichen Feierlichkeit ergreifen, mit der eine Portierfrau einen Kondolenzbrief aufsetzt, hat man drüben eine schlichte, witzige Klugheit des Sprechtextes, Lockerheit und Zurückhaltung in der Betonung der Pointen, und von der präzis ausartikulierten Sentenz führt eine stetige Verbindung über Beiseite-Gemurmel und Flüstern zum Geräusch des Hintergrundes. Bei uns schmettert man jeden Bierwitz, jedes Räuspern als Volltreffer ins Mikrophon, und fast jeder Schauspieler läßt durch seine gehemmte Sprechweise merken, daß er sich in etwas besserer Gesellschaft fühlt, als ihm eigentlich zukommt. Von diesem Standpunkt aus ist *Menschen im Hotel* an Manuskript, Regie und Darstellung vorbildlich. Die Schauspieler sind von einer lebendigen, wennschon manchmal kindlich lauten Ungezwungenheit, die echt wirkt, und da macht es nicht viel aus, daß die Stenotypistin Joan Crawford statt des gewünschten »Flämmchens« ein bengalisches Feuerwerk abbrennt und die massige Gestalt Wallace Beerys – wohl damit man sie auch über den Atlantik weg als deutschen Generaldirektor erkennt – einen etwas penetranten Boulettengeruch ausströmt. Aber nuanciert wie die Töne des Dialogs sind die Charaktere der Handelnden; der Bösewicht läßt Obertöne der Güte deutlich mitschwingen, und die Sanftheit der Anständigen wird durch etwas Rachsucht, Eitelkeit und Neid angenehm kompliziert.

In diesem Rahmen gibt Greta Garbo ihre herrlichste Leistung. Mit edel zurückgerecktem Oberkörper eilt sie durch die Gänge, beschwingt wie der Daktylus ihres Tänzerinnennamens Grusinskaja, hundert winzige Zuckungen spielen unaufhörlich über ihr feines Gesicht, die beweglichen Millimeter der Mundwinkel und ein leises Zusammenziehen der Brauen malen Angegriffensein und Angriff, Müdigkeit und Auflodern, Übermut und Resignation. Ganze Nebenrollen spielt sie mit den Händen, das Telephon wird unter ihrem Zugriff zum lebendigen Tier, und in der überwältigenden Liebesszene löst sich Muskel für Muskel sachte zu Hingabe, Gläubigkeit und zum Aufhorchen der Sinne. Aber in störendem Gegensatz zu solch erschütterndem Spiel stehen dann immer wieder Szenen, wie wir sie aus allen Garbofilmen kennen: wo sie plötzlich in Großaufnahme erscheint und mit gehobenem Kinn Monologsätze tremoliert. Dies ist amerikanische Ausdruckstechnik. So meisterhaft der amerikanische Film den gedämpften, zwanglosen Konversationston trifft, so automatisch versagt er vor dem großen Gefühl. Die Dürftigkeit und Oberflächlichkeit in allem, was gewichtiges Schicksal ist, führt dazu, daß dem Film für solche Motive keinerlei dem hohen amerikanischen Schauspielniveau angemessene Gestaltungsmittel zur Verfügung stehen; daß die Regie selbst vor einer so tiefen Begabung wie der Garbo da gänzlich versagt und man ohne Hemmung und Widerspruch zu dem abgestandensten Theaterbibbern greift.

Das erleben wir schaudernd, wenn die Amerikaner sich an Themen versuchen, die ganz im großen, feierlichen Stil durchgeführt werden müssen. Vor einem Film wie Cecil de Milles *Im Zeichen des Kreuzes* dreht sich einem ohne Umstände der Magen um. Die Filmgesellschaft hat bei der Aufstellung der für diesen Film benötigten Requisiten im Programmheft leider versäumt, aufzuführen, wieviel Meter Vollbart benötigt worden sind. Wie von Richard Wagner und Paula Busch gemeinsam in Betrieb gesetzt, wandeln da bärbeißige Gestalten, funkt der junge Held zündende Augenblitze in die Dekoration und rollen halbnackte Pärchen zu jäher Sinnenlust zwischen staubige Portieren. Im übrigen erzählt der Film folgende Geschichte: In dem hochkapitalistischen, waffenstarrenden Rom erduldet das Christentum, eine Armenbewegung, die Verfolgungen der Herrschenden. Verfemt, beschimpft und der Inbrandsetzung Roms bezichtigt, sucht man in geheimen Diskussionen die Wahrheit, schreibt verbotene Flugblätter und läßt einen aus Kleinasien gebürtigen Agitator in einer Versammlung sprechen, die von einer bewaffneten Truppe blutig gesprengt wird. »Eure Lehre wird zugrunde gehen«, sagt der Soldat, »aber das Reich wird dauern.« In den nächsten zweitausend Jahren stellt sich diese Prophezeiung dann als etwas voreilig heraus.

Bemerkenswert ist auch das Grundmotiv des Films *Der Läufer von Marathon,* in dem gezeigt wird, wie die Fahnen aller Länder zu brüderlichem Fest und Wettkampf nebeneinander flattern, wodurch der schädliche Anschein erweckt wird, als ob eine solche Gemeinschaft aller Erdbewohner schön, nützlich und erstrebenswert sei. Der Film verabsäumt zu zeigen, daß solche Humanitätsduselei, die auf dem Gebiete des Sports politisch ungebildeten Athleten erhebend und natürlich erscheinen mag, in höheren Bezirken durch berechtigte Forderungen der Industrie und Landwirtschaft ad absurdum geführt wird. Ausgleichend kann allenfalls wirken, daß in diesem Film die Deutschen den Marathonlauf von Los Angeles noch nachträglich gewinnen, und zwar mit Recht, da ja die Kunst einer höheren Wahrheit zu dienen hat. Der Regisseur E. A. Dupont läßt diesmal, trotz der Kamerakunst Eugen Schüfftans, die anpackende Bildkraft seines *Varieté*-Films vermissen. Teilszenen wie die Revue der telephonierenden Mädchen und das nächtliche Training der chinesischen Läufer verraten, was er kann, wenn er will. Seltsam unfilmisch ist der erste Akt: ein mit verteilten Rollen gesprochenes Hörspiel über Geschichte und Wert der Leichtathletik. Eine frische Brise beginnt erst zu wehen, wenn der Trainer Oskar Sabo mit einer tief lyrischen Blütenlese berlinischer Asphaltausdrücke in die Handlung hineinplatzt, wie man sich überhaupt in diesem Film einer burschikos-sportlichen Diktion befleißigt, die zu den ausrasierten Augenbrauen und den luxuriösen Stahlrohrmöbeln der jungen Marathonierinnen nicht recht passen will. Der Jargon macht hier Flecke aufs Parkett, er wirkt unfein in dem auf den Schönheitssinn der Filmverleiher eingerichteten Salontheater des heutigen Films. Die Volkssprache wird zur aufgepappten Komikercharge, und unter all den Schauspielern fließt sie allein dem beherzten Victor de Kowa – wohl dem angenehmsten jungen Schauspieler, den wir heute besitzen – ungehemmt von den Lippen. Verzwickt steht es um Brigitte Helm. Man versteht, daß sie lieber lebendige Menschen spielen möchte als die stilisierten Gespensterweiber, für die allein sie sich zu eignen scheint; sie hat in ihrem Wesen auch etwas Schlichtes und Herzliches, sie kämpft – statt wie ihre Kolleginnen um Prunk und Geschmeide – verzweifelt um den grobgestrickten Wollpullover des sachlichen Mädchens von heute. Aber ihr Gesicht ist so gänzlich starr, wie von einer galvanischen Schicht unbewegt gehalten, daß ihr Bemühen nach wie vor fruchtlos bleiben dürfte. Selbst innerhalb einer Kollektion weiblicher Eispflanzen (Trude von Molo, Ursula Grabley und eine weitere Wasserstoffjungfrau) kann sie nicht so warm wirken, wie sie möglicherweise ist.

Das Bemühen um Natürlichkeit führt also nicht immer zum Ziel. Das gilt auch für den Regisseur Julien Duvivier, der schon in seinem *David Golder* eine artistische Begabung aber zugleich einen Hang zum Künstlichen, Theatralischen bewies. Noch deutlicher wird das in seinem neusten Film, dessen deutsche Fassung die Topoly dieser Tage in kleinem Kreise vorführte. *Poil de carotte* nämlich ist eine ländliche Kindertragödie, und so hat sich der Regisseur vor der Landschaft und vor dem Kinde zu beweisen. Wieder gelingen ihm einige gut ausgedachte Effekte, so wenn der Junge die Pferde peitscht mit dem Ruf: »Mich hat keiner lieb!« oder wenn er mit sich selbst eine geflüsterte Doppelgänger-Beratung abhält. Aber wieder führt Duvivier – von dem alten Harry Baur abgesehen, gegen dessen Behäbigkeit wohl keine Regie ankann – mit seinen Schauspielern ein solches Ateliertheater auf, daß die Blumen unter ihren Füßen zu welken scheinen. Den sehr ausdrucksvollen kleinen Hauptdarsteller bringt er nur zur üblichen Schuljungenpantomimik mit Auf-den-Zehen-trippeln und Um-die-Ecke-lugen und Gesichter-schneiden. Und eine Dame von der Comédie Française legt mit angezogenen Ellbogen und satanischem Lächeln eine hinten hoch gebürstete Rabenmutter hin, wie sie im heutigen Film nicht mehr möglich sein sollte. Unglücklicherweise haben die deutschen Bearbeiter das Deklamieren »mit Ausdruck« vom Original übernommen, so daß sich beispielsweise eine Szene von greulicher Komik ergibt, wenn zwei kaum schulpflichtige Kinder wie ein Hollywood-Liebespaar über Ehebund und Selbstmord diskutieren. Immerhin dürfte das hemmungslose Anzapfen der Tränendrüsen und die mit amerikanischer Unbedenklichkeit ausgespielte Szene, in der das Kind sich die Schlinge um den Hals legt, während der Vater in letzter Sekunde herbeigaloppiert, dem Film Erfolg bei einem Publikum verschaffen, das vielleicht hell- und nachsichtig in dem Pariser Avantgardisten von heute schon den Kalifornier von morgen wittert.

Duviviers Tragödie versagt vor der Landschaft. Umgekehrt wächst die Spielhandlung von Doktor Friedrich Dalsheims und Victor Baron von Plessens *Insel der Dämonen* ganz von selbst aus den Reisfeldern der Insel Bali hervor. Erstaunlich gut ist hier die Verbindung von Kulturfilm und Spielfilm, die Eingeborenen spielen ohne europäische Zutaten ihr eignes Leben, mit leidenschaftlich bewegten Körpern, als sei nichts gestellt. Der Film akzeptiert den Aberglauben der Eingeborenen, und das für unsre Begriffe primitive Hohngelächter der Hexe und die Trickaufnahmen der tanzenden Dämonen wirken auf die richtige simple Weise schaurig. Der schöne Film findet seinen Höhepunkt in einem Trancetanz der Balikinder zu der besessenen Geräuschmusik der jungen Männer. Hier ist einer der seltenen Fälle, wo große darstellerische Kunst unmittelbar aus der Wirklichkeit entsteht, keine bewußte und keine professionelle Schaustellung, bei der es auf die Begabung Einzelner ankäme, sondern der aus tiefer Angst hervorbrechende Tanzrausch eines ganzen Volkes, das in der Kunst Erlösung sucht.

D. Kritiken nach 1933

1. Der Mann von Aran (1934)

Auf der Filmausstellung der Venediger Biennale erhielt Robert Flahertys *Man of Aran* den für den wertvollsten ausländischen Film gestifteten Mussolini-Pokal.

Wirkliche Kunstwerke pflegen bewährte Abgrenzungen und Begriffe der Kunsttheorie und -praxis umzustoßen. Robert Flahertys Film *Man of Aran* tut dies nicht nur als Einzelwerk, sondern als vollkommenes Beispiel einer neuen, »regelwidrigen« Gattung: des *dokumentarisch-dramatischen* Films.

Hat dieser Film einen Regisseur? Ist nicht der Regisseur ein Mann, der ein Spiel vor der Kamera erfindet, anordnet, leitet? Aber im *Man of Aran* ist nichts erfunden und nichts angeordnet. Die Natur gehorcht nicht, aber auch die Menschen wurden nicht befehligt; sie taten, was sie sowieso tun: befuhren die stürmische See, kämpften mit den Riesenfischen, kratzten zwischen den Felsenspalten nach Humusbrocken. Ist hier noch Regie?

Das wirkliche Kunstwerk führt unbefangen und rücksichtslos zurück zu den Elementarmitteln der betreffenden Kunst. Wir hatten nicht vergessen, daß der Film, weil er sich eines mechanischen Abbildungsverfahrens bedient, seine angemessensten und daher stärksten Wirkungen durch Naturtreue erzielt; wir haben die Lichtführung, die Gebärde, die Maske immer naturgetreuer werden lassen, realistische Schauplätze gewählt, aber es ist immer ein Nachbauen, ein Nachspielen der Wirklichkeit. Es ist Naturalismus, nicht Natur. (Die Natur verblieb, mehr als Belehrungs- denn als Gestaltungsmaterial, den Dokumentaristen.) Und dieser Naturalismus ist auch nur eine Konzession an den Charakter des Filmapparats, er entspringt keiner Liebe zum Wirklichen; daher mußte er, je vollkommener er sich ausbildete, umso verlogener erscheinen. Man merkt dem Licht nicht mehr den Scheinwerfer, dem Vollbart nicht mehr den Friseur an, und im Zimmer der Königin Christine steht, mit viel Mühe herbeigeschafft, der historische Globus, den sie wirklich besaß, aber die Gebilde werden immer formelhafter und lebloser.

Robert Flaherty zieht – und das muß man nicht nachahmen, aber in seinen Beweggründen nachfühlen – aus dem Wesen des Films wieder die radikalste Folgerung. Er gibt nicht nur ein Abbild des Lebens, sondern dieses selbst, und er sucht es dort, wo es noch einfach und gewaltig ist, wo der Kampf ums Dasein noch seine ursprüngliche Eindeutigkeit hat, weil der Mensch noch nicht durch sich selbst verstümmelt und im Kampf gegen sich und seine Werke begriffen ist, sondern noch ungebrochen, aber dafür auch nackt sich gegen die Elemente wehrt. Und diese sind auch ihrerseits noch wirkliche Elemente: die Welle ist noch durch keinen Damm gebändigt, der Fels noch durch keinen Sprengstoff aus dem Ackerfeld geschleudert. Keine Maschine, keine elektrische Kraft, der Mensch allein mit seinen Armen, seinen Augen, der Wohlgestalt seines Körpers.

Wie wenige Jahre noch, und ein solcher Film wäre nicht mehr möglich! Schon heute muß man den Bereich des gegenwärtigen Lebens verlassen, um dies ursprüngliche Leben zu finden. Man muß im Abgelegenen das Eigentliche suchen. Flaherty floh für *Moana* in die Südsee, für *Nanuk* nach Grönland, für den *Mann von Aran* auf eine irische Felseninsel. Dies Paradoxon prägt sich im Film stärker als in andern Künsten aus. Der Dichter, der Maler kann auch im Zivilisationsmilieu durch die Zerbröckelung hindurch in die immer gleiche Tiefe blicken. Der Filmdichter aber muß, wenn er dokumentarisch arbeitet, für die großen Grundmotive des Lebens die ihnen angemessene große, schlichte Form an der Oberfläche des Wirklichen aufspüren. Er findet die kühne Grazie der Jugend in den Lassoschwüngen des Fischerknaben, die Gattentreue in der durchs stürmische Wasser zum Boot vorwatenden Frau, den Kampf um Nahrung und Wärme im Kampf mit dem Wal. Der Dichter mag die gleiche Größe im Leben einer Schneiderin oder eines Apothekers aufzeigen. Kann das auch der Film? Flaherty beantwortet diese Frage nicht. Sein Platz in der Filmkunst ist dadurch bezeichnet, daß er Urmensch und Urnatur in ihren letzten Reservationen aufgetrieben und sie mit dem ihnen angemessenen schlichten, großen Ernst aufgenommen hat. Dem passiven Charakter des dokumentarischen Films entsprechend hat er die Einfalt und Tiefe des Ausdrucks, ohne die es keine große Kunstform gibt, dort aufgefunden, wo sie schon dem Objekt selbst eigen ist.

Flahertys Arbeit aber ist wahrhaftig nicht nur passiv. Wir sagten, er stoße bewährte Abgrenzungen um. Hat er einen dokumentarischen oder einen Spielfilm gemacht? Es mangelt jede Spur einer Handlung, aus der sich Spannung, Steigerung, Lösung ergeben könnten. Er zeigt seine Menschen in keiner andern Lebensäußerung als in ihrer Alltagsarbeit. Und doch gibt er wie in einem Spielfilm voll leidenschaftlicher Liebesgeschichten dramatische Spannung, Steigerung, Lösung. Sein Film hat einen monumentalen Stil, ohne »Weglassen«, ohne Gebärdenregie. Daß diese Wirkung erzielt wird, läßt sich mit dem Auffinden einer Naturschutzinsel bei weitem nicht erklären. Denn die schöpferische Arbeit Flahertys, der ja sein eigener Kameramann ist, wird nicht *vor,* sondern *mit* der Kamera geleistet. Es hängt von der Apparateinstellung, von der Lichtrichtung ab, wenn die drei Familienmitglieder, Mann, Frau und Sohn als gewaltige Silhouetten wie symbolische Gestalten aus einer großen primitiven Kunst über die Felsebene schreiten. Der Sturm wird zur biblischen Katastrophe erst durch Flahertys Kunst, das Wasser aus der richtigen Entfernung, in der richtigen Bewegung aufzunehmen, die Bilder nachher richtig aneinanderzusetzen, sie innerhalb des Gesamtfilms als Anfangs- und Endmotiv so einzugruppieren, daß sie ihre volle Wirkung tun können. Ganz ohne schauspielerische Mittel spielt die Menschengruppe sich aus dem Elementenkampf siegreich »nach vorn«, indem sie den ganzen Film hindurch nur in der Fernaufnahme, eingebettet also in die umgebende Natur, erscheint, und erst am Schluß die ernsten Köpfe der drei zum erstenmal riesengroß die Projektionsfläche überdecken.

Ein Film, so haben wir nun gelernt, bedarf nicht der Handlung und des Spiels, um dramatisch zu sein. Es gibt dramatische Filme, die keine Spielfilme sind. Die Bildsprache ist beredt genug, um allein die Stärke des Affekts, die Dynamik des Aufbaus zu schaffen, die wir im Drama suchen.

2. Unser täglich Brot (1935)

Wie kommt es, daß man sich nach der Betrachtung von King Vidors neuem Film, *Unser täglich Brot,* froh und frei fühlt und wie gereinigt, während wir uns doch beinahe schon daran gewöhnt haben, mit schlechtem Gewissen aus dem Kino zu schleichen, ärgerlich und wie beschmutzt von einer Ausschweifung! King Vidor gibt weder große Kunst noch tiefe Weisheit, aber er schafft uns die seltene Gelegenheit, mitanzusehen und -zuhören, wie ein einfacher, ehrlicher Mensch seine Gedanken und Gefühle auf die ihm natürlichste Weise ohne Umschweife ausdrückt. Das Kino ist der Tummelplatz der Lüge geworden: man behauptet, den Menschen zu zeigen, und gibt das durch seine unablässige Süße anwidernde Produkt einer Konfitürenfabrik; man behauptet, Wahrheit, Gefühl, Leidenschaft darzustellen, und befolgt nur die Rezepte der Experten für Publikumsgeschmack; man filtert Reizgifte aus Verbrechen, Not und Grausamkeit; man heuchelt Anteil an den Lebensfragen der Gegenwart, Mitleid, ja revolutionären Geist und zieht in Wirklichkeit nur aus der Aktualität Attraktionen für die Kasse. Der Produzent rechnet, wo er zu dichten vorgibt, der Regisseur mischt Feinschmekkerdrinks und nennt das Gestaltung, der Schauspieler präsentiert Brustmuskeln, Profil, zierliche Beine und sagt: Ausdruck. Ist nicht das Kino zum Haus mit der roten Laterne geworden? Unmoralisch in einem ganz andern

Sinne, als boykottlustige Hausfrauenvereine es meinen, die das Totschweigen von Problemen für moralisch halten. Unmoralisch, weil man als Liebe ausgibt, was niedrige Spekulation ist, und die lebensfördernden Triebe zu sinnloser, funktionsloser Genuß- und Erregungssucht gemacht hat.

In solchem Milieu wirkt ein schlichter Mann wie King Vidor immer wieder als eine Erlösung und Offenbarung. Seine Filme sind der klare Spiegel seiner Gefühle und Gedanken, und diese Gefühle und Gedanken sind die des einfachen Durchschnittsmenschen von heute. Wenn das in geistig-künstlerischer Beziehung seine Nachteile hat, so ist es im moralisch-politischen Sinne nützlich und erzieherisch. »Angeregt durch die Schlagzeilen unsrer Tage« ist dieser Film, wie uns der Untertitel sagt, und das ist auf tiefere Weise wahr, als es gemeint ist. Was sich in ein paar klobigen, großgedruckten Worten über unsre Zeit aussagen läßt: die Not, die Sinnlosigkeit, die Ungerechtigkeit – das hat King Vidor angeregt, nicht die vielen Seiten des Kleingedruckten, das alle Tage darunter steht und mit tausend verzweifelt klugen Argumenten und Vorbehalten erklärt, verwirrt, bemäntelt und beschönigt, was in der Schlagzeile noch so klar schien. Betrachtet man diesen Film als realpolitischen Vorschlag zur Lösung der Wirtschaftskrise, als eine praktische Veranschaulichung der These: »Zurück zum Lande!«, so wirkt er primitiv, oberflächlich und etwas stammtischhaft; denn er überhüpft die Probleme mit Anekdoten, wehrt die Forderungen der Großbank und die Gier der Bodenspekulanten mit einem bloßen Knurren der Wut, mit einem Dutzend geballter Fäuste ab und schafft sich das Betriebskapital für die Siedlung durch die Belohnungssumme, die auf den Kopf eines Zuchthäuslers gesetzt ist. Nein, dieser Film ist keine realpolitische Gebrauchsanweisung. Er ist schön, weil er das Gefühl von Menschen ausdrückt, die sich kopfschüttelnd auf die einfachen Urtatsachen des Lebens zurückbesinnen, das Selbstverständliche, Alte wie ein neues Wunder erleben: sie lernen, entbehren, arbeiten und ernten dafür nicht Arbeitslosigkeit, Hunger, Verzweiflung und Verachtung, sondern aus der Erde hebt sich, als selbstverständlicher Preis für die angewendete Mühe und mit der Zuverlässigkeit des Naturgesetzes, das Heer der brotspendenden Keime. Größer als das Wunder des Lebens ist für die simplen Menschen, die in dieser schönsten Szene des Vidor-Films vor dem Ackerfeld zum Dankgebet niederknien, die Entdeckung des Moralischen und Gerechten in der Natur – die Offenbarung, daß dem gegeben wird, der gibt! Und wenn sie die Fäuste ballen, so ist das primitiv, aber gerade deshalb revolutionär. Und wenn der steckbrieflich gesuchte Hüne ins Zuchthaus geht, um durch die Belohnungssumme das Aufbauwerk zu fördern, so ist das ein witziges Paradoxon, aber dieser Witz hat für die Gerichtsbarkeit einen bitteren Nachgeschmack.

Man könnte nun meinen, es handle sich um einen feierlichen, ja pathetischen Film, im russischen Stile etwa. Aber das ist er keineswegs. Er ist nüchtern, er ist nicht einmal sehr ernst. Ja, man wird ihm im Grunde eigentlich nur gerecht, wenn man erkennt, daß es sich hier um einen humoristischen Film handelt. Wirklich lachen kann nur der Kluge, denn nur er erkennt das Unvollkommene und Falsche. Und wenn es wahr ist, daß zur Lösung der Schwierigkeiten unserer Zeit vor allem Klugheit und Respektlosigkeit nötig sind, so ist es auch wahr, daß ohne Humor die Weisheit, die wir brauchen, nicht entstehen kann. King Vidors Denken kommt aus echtem Angelsachsenhumor. Hier, nicht aus den nach Hollywood importierten Raffinements, spricht echtes Amerika, das Land johlenden Studentenübermuts, das Land der Cowboys und der Boxer, das Land des Fußballspiels zwischen Polizei und Demonstranten, das Land, wo man politische Unruhen mit der Feuerspritze bekämpfen kann. Es ist das Land von Charlie Chaplin und Buster Keaton, von Tom Mix und Douglas Fairbanks, mit dem Cowboy Will Rogers als Radiophilosophen, lachend wie Mark Twain und einfältig wie Upton Sinclair. Ein Land, das zu jung ist zur Tragödie und zur Größe. Bei Robert Flaherty, bei Eisenstein, bei Pudowkin, hat der Kampf ums Leben gegen Not und Leid dramatische Gewalt, bei Vidor ist das Schlechte nur lästig und unbequem. Was bei dem einen Größe, ist bei dem andern Sport. Welch gigantisches Symbol, wenn Flahertys Menschen von Aran in den Felsspalten nach Erde graben. King Vidors Kolonist, der mit dem Spaten in der harten Erde herumstochert, ist nur ein bekümmerter, von der Gattin gutmütig belachter junger Mann. Und selbst in Szenen, wo pathetische Größe, sollte man meinen, gar nicht zu vermeiden ist, gelingt es ihm, seine ehrliche Nüchternheit glaubhaft durchzuhalten. Wenn nicht nur das Pferd den Pflug zieht, sondern auch Menschengruppen, alte Fordautos und Motorräder vorgespannt werden, so wirkt das ergreifend, und doch ist das unterdrückte Gelächter über den Zivilisationsmenschen, dessen stolze Erfindungen auf dem Acker schlechte Figur machen, gar nicht zu überhören. Und wenn der Farmer sich mit dem eignen Leibe dem über die Ufer strömenden Wasser entgegenwirft, um es aufs durstige Feld zu leiten, so steckt hier im Helden ganz unverkennbar auch der sportslustige Torwart, der den Ball mit dem Magen fängt. Wer aber wird die Aufgaben, die das Leben heute stellt, eher meistern: der, der sportslustig, jugendlich unbefangen und ohne große Worte loszieht, um das Falsche zu zertrümmern und totzulachen, oder der, der belastet von dem Glauben an die unabstellbare Tragik des Lebens, tief, ernst und alt fühlt und verzweifelt? »Seht, so schwer ist das Leben!« spricht die europäische Kunst. Und von drüben antwortet mit heller Stimme dieser amerikanische Film: »Liebe Leute, warum machen wir uns eine einfache Sache so entsetzlich kompliziert?«

Er ist eine Elementarfibel des gesunden Menschenverstandes. Er zeigt, daß Zehn mehr vermögen als Einer, zeigt die kollektivistische Organisation: gemeinsames Land, gemeinsamer Fouragekessel, gemeinsames Portemonnaie; zeigt, daß es bestrafenswert ist, wenn der Starke den Schwachen wegstößt und sagt: Hier herrsche ich! Einer hilft dem andern: dem Maurer fallen beim Bau seines Häuschens die Balken zusammen, neben ihm der Tischler bemüht sich vergebens um die Mauer, und so tun sie sich zusammen und helfen einander. Ein Film voller Vertrauen auf das Gute im Menschen.

Schematisch, wie ein schnurgerade aus der Theorie abgeleitetes Exempel, stehen der Maurer und der Tischler nebeneinander. Das ist nicht Naturalismus, sondern Groteske. Wenn etwa der Russenfilm die Wirklichkeit nicht antastet, sondern einen breiten, einfachen Vorgang dahinfließen läßt, in den erst durch die Aufteilung in Detailansichten und Totalen, durch das Aneinandermontieren von Einstellungen von außen her Bedeutung – Kontrast und Vergleich – hineingetragen wird, so konstruiert umgekehrt Vidor nach den alten Methoden des Groteskfilms pointierte Handlungssituationen, unnaturalistische Gags. Sein Film spielt in der Natur, aber er läßt sie nicht fühlen: Vidors Sonne leuchtet nicht, sein Kornfeld rauscht nicht, sein Wasser kühlt nicht. Seine Bilder sind abstrakt wie die Strichzeichnungen Disneys und haben doch weniger Stil, weil sie ihr optisches Material nicht formen, sondern nur unbenutzt lassen. Die Beleuchtung schafft weder Stimmung noch läßt sie uns das Material der Dinge fühlen. Die Bildeinstellung gibt nur einen ungefähren, losen Rahmen für den Vorgang, die Montage setzt Szene nach Szene wie Klötze nebeneinander, die Sequenzen werden durch eine primitive Sekunde Dunkelheit voneinander getrennt. Vidor ist auch diesmal wieder kein »interessanter« Regisseur. Es ist Vorkriegstradition, wenn hier, wie bei Chaplin und Keaton, die Ausdrucksmittel aus dem Drehbuch, nicht aus der Aufnahme geschöpft werden. Und das Drehbuch ist es auch – nicht Einstellung und Schnitt – das den Schauspieler in der notwendigen Weise entlastet. Ein guter Filmregisseur ist ja nicht der, bei dem die Schauspieler gut spielen, sondern bei dem sie wenig zu spielen haben. Wenn Mann und Frau wieder zueinanderfinden, so sehen wir kein Augenrollen und kein Armeheben. Sie reicht ihm den Trank, und er schaut sie, mit dem Becher vor dem Gesicht, einen Augenblick lang ruhig an.

So wie hier der Becher das Gesicht verdeckt, so verdeckt Vidor allenthalben, im sicheren Gefühl für seine Grenzen, den Ausdruck der großen Gefühle. Das ist nicht nur ehrlich, es wirkt auch keusch und sauber und folgt zugleich aus einer künstlerischen Sparsamkeit, für die Vidor ein befolgenswertes Beispiel darstellt. Mit einer Kühnheit, wie sie auch Sternberg hat, unterdrückt er alles, was er nicht unbedingt braucht. Ein sekundenkurzes Aufschauen des jungen Farmers bleibt der einzige Ausdruck seiner Beziehung zu der blonden Frau, und ein nebensächlicher Mann, der nur, weil er stirbt, für die Handlung Bedeutung erlangt, wird überhaupt nicht gezeigt, weder lebend noch tot, sondern man sieht nur durch eine schmale Tür einen Augenblick lang das vorbeiziehende Trauergefolge. Wer immer noch glaubt, Manuskript und Regie beim Film trennen zu können, der sehe, wie hier Regie im Drehbuch gemacht wird.

Thema, Drehbuch und Inszenierung stammen, wie bei allen guten Filmen, vom gleichen Mann, und so ist dieser Film der einheitliche Ausdruck eines Menschen; eines blankäugigen Kerls, der die Zeitung fortwirft, mit der Faust auf den Tisch schlägt und seine Meinung sagt. Kein Spitzenwerk des Geistes und der Kunst, aber genau das, was unser aller »täglich Brot« sein sollte. Ach, wir werden noch lange unterernährt bleiben. Aber wir sind ja Hungerkünstler geworden: ein- oder zweimal im Jahr solche Kost, und wir sehen den Katharinen und Cleopatras, den Gangsters im Frack und den vollbusigen Vamps, den feurigen Tenören und den kühlen Jungfrauen aus Weizenmehl mit Fassung entgegen.

Wie lange noch wird King Vidor die Ausnahme sein statt die Regel?

3. Lost Horizon[1] (1937)

In Tibet sind sie der Meinung, daß es um einen Romancier zu bewegen, sich in die Länder zu begeben, die er erfunden hat, nötig ist, ihn mit Gewalt, den Revolver in der Hand, zu entführen. Vielleicht haben sie recht. Zumindest im Fall von Shangri-La, einem phantastischen Land, das uns in dem Film *Lost Horizon* vorgeführt wird, erscheint diese Präventivmaßnahme als nicht völlig überflüssig. Es ist wahr, daß es sich um ein sehr sympathisches Land handelt: alles geschieht dort mit Mäßigung, sogar Schullektionen, mit der einzigen Ausnahme von Alkoholismus; Tuberkulose wird mit warmer Milch geheilt; es genügt in das Zimmer einer völlig fremden jungen Dame zu treten, um sagen zu hören: »Setzen sie sich, der Tee ist sofort fertig.«; die Kinder singen auf tibetanisch Lieder von Brahms; in den einsamen Seen schwimmen die Nymphen Kraul, und die einzigen Hüter des Anstandes sind die Eichhörnchen. Alles sehr schön, und deswegen mag es erstaunlich scheinen, daß wir uns dieses Paradies mit einem reservierten Lächeln und etwas Unbehagen ansehen. Um den Grund zu verstehen, genügt es zu wissen, daß es in Shangri-La kein schlechtes Wetter gibt: die hohen Gipfel der Berge halten jeden Sturm, jeden Regen fern. Diese ewige Heiterkeit reicht, um uns denken zu lassen, daß uns dies alles nichts angeht, da wir ohne die Gewalten der Elemente nicht leben können und wollen. Gerade

---

[1] Originaltitel: »Orizzonte perduto«.

ihnen verdanken wir einen guten Teil unserer Stärke und des heiteren Be-
wußtseins unserer Kraft. Gleichfalls heiter sind die Herzen der Bewohner
von Shangri-La; auch sie sind gefestigt gegen die Gewalten der Elemente,
das heißt gegen die menschlichen Leidenschaften und Instinkte. Nun haben
wir alle die Sehnsucht nach utopischen Paradiesen, aber wir akzeptieren das
ideale Gleichgewicht nicht, wenn wir einem Kult der süßen Mäßigung die
vitalen Energien unserer Existenz opfern müssen. Diese Art von falsch ver-
standenem Buddhismus, von den Amerikanern wie eine Sanatoriumsdiät interpretiert, ist nicht für uns gemacht. »Ich wollte, daß alle Menschen hier
oben lebten . . .!« – »Dann würde dieses Land aufhören, das Paradies zu
sein!« Das ist der springende Punkt. Ein Paradies für *uns* dürfte nicht die
Tatsache vernachlässigen, daß wir Menschen sind: es müßte uns nur von
unnützen Hindernissen befreien, indem es dafür sorgte, daß die gesellschafts-
feindlichen Instinkte nicht schädlich für das gemeinsame Leben werden.
Als der junge Mann, wütend über zuviel Frieden, anfing, verzweifelt zu
schießen, war ich höchst gespannt, zu sehen, was passieren würde: dies war
die Probe für den Wert des Systems! Statt dessen duldete man, daß ein Fremder den Übeltäter, der dann wenig später das Land verließ, mit einem
nicht sehr maßvollen Faustschlag gegen das Kinn beruhigte. Das ist der
grundsätzliche Unterschied zwischen Shangri-La und beispielsweise Utopia
von Sir Thomas More: Utopia stellt einen ernsthaften Versuch dar, die
Probleme des gesellschaftlichen Lebens zu lösen. Shangri-La ist wie einer jener friedlichen, sehr angenehmen Badeorte, die uns aber nach vier Wochen
unruhig machen, weil die menschlichen Aktivitäten aufgeschoben sind. Und
wir verlassen sie. (Vielleicht ist es nicht unnütz, an die sehr viel bescheide-
nere, aber für uns so viel verbindlichere Utopie von King Vidor in *Our
daily bread* zu erinnern). Aber noch etwas ganz anderes schmälert unsere
Nachsicht. Das Thema dieses Films wurde völlig beschreibend und daher
statisch behandelt, während Kino Bewegung ist. Frank Capra und sein Drehbuchautor Robert Riskin haben die faszinierende Fähigkeit des bewegten
Bildes nur in den »negativen« Sequenzen ausgenützt, die sich außerhalb
des friedvollen Tals abspielen: die Szenen des chinesischen Kriegs sind verführerisch mit spärlichen Lichtflecken in den schwarzen Hintergrund ein-
geschnitten; verführerisch ist die gewaltsame Dynamik der Unwetter und
Lawinen; Szenen, in denen Capras für die Massen so suggestive erzähleri-
sche Fähigkeiten triumphieren. Aber im Mittelteil des Films löst sich alles
in lange Dialoge und idyllische Landschaften auf, da die Diskussion zwischen den Stürmen des wirklichen Lebens und den Normen des utopischen
Staates vermieden wurde. Indem man dem Kern des Problems ausgewichen
ist, hat man auch die Dramatik verloren, d. h. in filmischer Terminologie,
die Bewegung.

Es reicht nicht. In Filmen mit alltäglicher Umgebung – *It Happened One*

Night, Mr. Deeds Goes to Town – ist die Notwendigkeit, eine persönliche künstlerische Welt zu schaffen, weniger fühlbar. Aber in Märchenfilmen muß man das leisten. Die *Nibelungen* waren kein Meisterwerk, aber der Manierismus Fritz Langs hat uns dennoch in eine eigene Atmosphäre versenkt, die streng in jedem Detail des Spiels und der Dekoration realisiert worden ist. In *Lost Horizon* haben wir anstelle einer homogenen Vision den Zusammenstoß konventioneller, ungleicher Elemente: Architektur des 20. Jahrhunderts, Öldrucke von blühenden Kirschbäumen, Kerzen, stattliche Greise, die theatralische Komödie närrischer Charakterschauspieler und den dokumentarischen Realismus der pelzbekleideten Tibetaner und der Berge – jedes einzelne mit perfektem Handwerk in Szene gesetzt und blankgeputzt von den amerikanischen Technikern.

Warum finden wir uns hingegen etwas unserer Wirklichkeit entrückt, wenn wir das Gesicht des Hauptdarstellers Ronald Colman betrachten und warum sehen wir in ihm etwas von einem vollkommeneren Zustand der Menschheit verwirklicht? Der Grund ist, daß uns in diesem Gesicht eine künstlerische Persönlichkeit bezaubert und wir die starken Gefühle eines intensiven Lebens erraten, vom Intellekt beherrscht und in Einklang gebracht – auf einem geistigen Niveau, ohne das uns auch die gefälligen Sachen nicht gefallen.

(Übersetzung von Ruth Baumgarten)

4. Sweet Girl und Filmkunst (1939)

In Walt Disneys *Schneewittchen*film tollt der bunte Reigen der lustigen Nebenfiguren, der Zwerge und der Tiere, um eine Gruppe von Gestalten, denen eine wächserne Süßlichkeit nicht abzusprechen ist: da ist ein Schneewittchen im Geschmack der Reklame- und Bilderbuchzeichner, stupsnäsig, großäugig, kirschenmündig mit balletteusenhaft gespreizten Händchen, da ist ein recht präraffaelitischer Prinz und das parfümiert-verführerische Gesicht der Königin.

Das muß uns alle, die wir Disney so gern für einen wirklichen Künstler halten und darum nicht nur mit den Maßstäben der Gebrauchsgraphik beurteilen möchten, bedenklich stimmen. Denn die Darstellung des durch keinen besonderen »Charakter«, sondern allein durch das ihn bewegende Schicksal zum Kunstobjekt gemachten vollkommenen Normalmenschen ist doch so recht die Meisteraufgabe der Kunst. Wo alles Besondere und Kuriose wegfällt, da geht es darum, den nur durch allgemeine menschliche Eigenschaften ausgezeichneten und darum höchst gültigen Typus in einer

Weise zu gestalten, die jede Blässe der Abstraktion vermeidet und frische, neue Anschauung gibt.

Überdenkt man diese Aufgabe, so scheint sie zunächst an einem unauflösbaren Widerspruch zu scheitern; wenn der Künstler etwas lebendig Ansprechendes geben will, so muß er wohl irgendwie zum Besonderen greifen, womit er aber wieder davon abkommt, einen allgemeinen Typus darzustellen, wie er doch wollte. Man braucht sich aber nur in der Kunst umzusehen, wo diese Aufgabe trotzdem hundertmal gelöst ist, und erkennt den Ausweg: Jeder Künstler hat seine besondere Art, die Welt zu gestalten, seinen Stil; diese Form teilt sich allen seinen Schöpfungen mit und spendet auch seinen »idealen« Figuren Leben, macht diese letztern aber trotzdem nicht zu Individualitäten, weil die Stilform eine die ganze Welt betreffende Charakteristik ist, die dem einzelnen Ding nicht angerechnet wird. Das Dünnblütige, Eckig-Herbe einer Botticellimadonna nimmt ihr nichts von der allgemeinen Natur der Gottesmutter, weil um sie her die Engelsgesichter und -hände, die Lilienstengel, Locken und Gewandfalten ganz vom gleichen Charakter sind, und Shakespeares Liebhaberinnen werden lebendig durch ihre funkelnde, geistreiche Sprache, was sie aber nicht von den Königen, Narren, Soldaten und Ammen abhebt, die alle auch in diesem Tone reden. Die »allgemeine« Figur erhält in der Kunst also durch den Stil (des Künstlers, der Schule, der Epoche) jene Besonderheit, ohne die das Ewiggleiche uns nicht zum frischen Erlebnis werden könnte. Aber eben weil in diesem Falle allein die schöpferische Persönlichkeit dem Gegenstand Farbe zu geben hat und die Spezialitäten des Stoffes wegfallen, die Interesse und Eigenart erhöhen könnten, ist diese höchste Aufgabe der Kunst auch die schwerste.

Wie steht es nun bei Disney? Etwa so, daß er keine eigene Handschrift, keine eigene Auffassung hat und sich dieser Mangel enthüllt, wo keine Absonderlichkeit des dargestellten Objekts ausgleichend einspringt: wo also die liebevoll erlauschten und erfundenen Schnurren, die den vielen Männlein und Tierlein so überraschendes Leben geben, nicht verwendbar sind? Gewiß, auch die Tiere sind bei Disney sehr häufig keine Karikaturen, sondern erfreuen gerade durch ihre Natürlichkeit; aber die Besonderheiten der einzelnen Tierarten bieten doch eine Quelle der Abwechslung, und außerdem nimmt das Tier als handelnde Figur, wenn man's recht bedenkt, seine Wirkung daher, daß es den Eindruck eines verwunschenen Menschen macht und deshalb, wenn nicht an sich, so doch vom Menschen aus Karikatur ist. (In der Tat ließe sich behaupten, daß es bei Disneys Blumen und Bäumen, für die eine solche verzerrende Beziehung auf den Menschen viel seltener gefunden wird, oft auf ähnliche Weise hapere wie bei seinen Prinzeßchen und Prinzen.)

Oder aber hat Walt Disney zwar seinen persönlichen Stil, und es ist ihm nur, wegen besonderer Hemmnisse, noch nicht gelungen, ihn auch auf die idealen Figuren zu erstrecken? Wir neigen zu dieser Ansicht, und dies nicht nur aus einer zur Nachsicht verführenden Neigung für den Künstler. Gewiß, in Disneys Zeichnungen hat der Strich einen kalligraphischen Schwung, eine ornamentale Glätte, die verdächtig scheinen könnte, zumal wenn man bedenkt, daß nicht der Künstler selbst zeichnet, sondern eine große Mitarbeitergruppe sich auf diese Durchschnittsform geeinigt hat. Und doch besitzt die Disneysche Zeichnung in ihrer fast japanischen Eleganz manchen Reiz und in ihren rundlich-gedrungenen Formen auch Eigenart. Besonders auch in Bewegung und Farbgebung entdeckt man viel Kunst, zumal wenn man an die anderen, samt und sonders abgrundtief unter Disney stehenden Zeichenfilmhersteller denkt.

Vor allem ist aber zu berücksichtigen, daß Disneys »allgemeine« Figuren nicht einfach negativ leer und schematisch, sondern positiv süßlich wirken. Das läßt sich nicht nur aus einem Mangel an persönlicher Kunstform erklären, sondern verlangt nach anderen Gründen. Erinnern wir uns nur daran, daß die geschmacklos-süßen, unangetastet und ausdrucksschwach durch die Handlung schwebenden Mittelfiguren von jeher einen Hauptmangel des amerikanischen Films bilden. Kaufmännische Einflüsse spielen da mit, aber auch der tyrannische Geschäftsmann kann nicht erzwingen, was in seinen Künstlern nicht irgendwie vorgebildet ist. Sollten vielleicht die Amerikaner, als ein kulturell noch sehr junges Volk, zwar schon den künstlerischen Sinn für das Charakteristische entwickelt, aber in ihrem Verhältnis zur menschlichen Wohlgestalt noch nicht das triebgemäße Ideal des bloß Schwellenden, Glatten und Runden (das »Angenehme«) überwunden haben zugunsten der echten Schönheit, die zu tun hat mit Reife, Tiefe und Eigenart? Das wäre dann nicht erst ein künstlerischer, sondern schon ein menschlicher Defekt, für den übrigens das Mädchenideal des amerikanischen Durchschnittslebens sprechende Belege liefern würde. Es ist recht interessant zu sehen, wie die Amerikaner auch in ihren besten Filmen das *sweet girl* nicht überwunden, sondern beibehalten, es dort allerdings durch einen besonderen Sinn gerechtfertigt haben. In das veredelnde Reich von Chaplins Poesie versetzt, wirkt das »süße Mädchen«, obwohl unverändert, plötzlich als eine groteske Parodie wirklicher Schönheit, von dieser ebenso weit entfernt wie der Stehkragenproletarier Charlie von echter Aristokratie. Bei Erich von Stroheim tritt es als Ideal und Kampfpreis auf, um anzuzeigen, wie niedrig der Himmel über dieser Welt der Säufer, Schwindler und Raufbolde ist, und auch um Gebrechen, Schändung und Leid aus der Sphäre des Tragischen in die polemische des bloß Häßlichen zu ziehen: Stroheims Mädchen sind beschmutzte Blumen.

Bei Disney ist ein solches Ausweichen vor der echten Wohlgestalt nicht möglich. Er kommt um die schöne Königstochter der Märchen nicht herum und muß doch die Bilderbuchillustration überwinden, wenn seine Filme in allen ihren Teilen Kunstwerke werden sollen. Es wird berichtet, er selbst sei sich der Fraglichkeit dieser Figuren durchaus bewußt und suche nach einer Lösung. Vielleicht gelingt ihm die heikle Eroberung von seinen allerliebsten Darstellungen der kleinen Kinder her, die zwar, als unvollkommene Erwachsene, auch wieder karikaturistisch sind, aber als unverbildete und reine Wesen doch auch den schönen »allgemeinen« Menschen vorbereiten.

5. Antifaschistische Satire[1] (1940)

Meiner Meinung nach gibt es zwei Männer, die einen großen Film über Hitler und den Faschismus machen können. Der eine ist Erich von Stroheim, dessen Film wahrscheinlich niemals entstehen wird, weil hier die grausame Wahrheit zu weit über alles hinausschießen würde, was ein Filmproduzent akzeptieren kann. Der andere ist Charles Chaplin, und er hat seinen Film bereits vorgelegt. Chaplin erkannte das große Thema unserer Tage und scheute nicht davor zurück, es anzupacken, trotz seiner beträchtlichen sowohl künstlerischen als auch persönlichen Gefahren. *The Great Dictator* ist ein Film voll authentischem Chaplinschen Genius, ein Werk weit über allem, was die Unterhaltungsindustrie hervorzubringen in der Lage ist. Und dennoch merkt man, daß es Chaplin nicht ganz gelungen ist, seine Intentionen zu verwirklichen.

Da ist das eindrucksvollste Thema, das unsere Epoche einem Künstler anzubieten hat. Da ist der Feind der Menschheit, ein Goliath, dem nicht nur auf dem Schlachtfeld der Bomben und des Rizinusöls begegnet werden kann, sondern auch mit den Waffen des Geistes, ein Ungeheuer, das auch mit den Mitteln der Satire entlarvt werden kann. Und Chaplin schien der David zu sein, der es tun könnte.

Denn was ist die komische Essenz des von Chaplin vor rund fünfundzwanzig Jahren geschaffenen Leinwandcharakters? Er ist ein armer Mann, nicht bewußt und sicher nicht stolz auf seine Stellung, rührend erpicht, die Eleganz der Reichen nachzuahmen, die er als ihm Überlegene bewundert. Seine vergeblichen Versuche, für einen Dandy gehalten zu werden, mit einem Ausgehstöckchen und einem Geckenbärtchen – der scharfe Kontrast zwischen einer vergeblichen Absicht und einem jämmerlichen Effekt – das ist die Essenz von Chaplins Komödie. Und in seiner Schöpfung verkörpert er die Mentalität der unteren Mittelschicht, aus der Adolf Hitler stammt. Offensichtlich ist die Ähnlichkeit zwischen Charlie und dem *Führer* (deutsch

[1] Originaltitel: »Anti-Fascist Satire«.

im Original, A. d. Ü.) kein Zufall – auch nicht, daß Chaplin fähig sein sollte, Hinkel mit solcher Perfektion zu spielen. Die schwindelige Verwirrung des Autokraten, seine pathologische Ruhelosigkeit, der dämonische Zwerg in den riesigen Palastsälen mit seinen größenwahnsinnigen Phantasien, seine gewaltsame Patronage der Künste, sein zischender, krampfhafter Angriff auf die Frau – das ist ein wahres, aufklärerisches Kunstwerk. Das ist ohne Frage die wirkliche Vollendung in *The Great Dictator*.

Jedoch was bleibt uns, nachdem wir diesen Film gesehen haben? Ein lächerlicher Mann, wahnsinnig und grausam, der sein Vergnügen darin findet, die Armen und Schwachen zu verfolgen, ein Mann, dessen höchste Lust es ist, in Nachbarländer einzufallen. Warum? Nur weil er wahnsinnig und grausam ist. Ein Einzelmensch, so schließt man, dessen Beseitigung Frieden und Ordnung in dieser schmerzgequälten Welt wieder herstellen würde. Das ist eine Ansicht, die zu eben dieser Stunde von vielen irregeleiteten Leuten vertreten wird. Es muß sicherlich jetzt klar sein, daß viel mehr daran hängt als der Kampf gegen einige wenige Kriminelle. Dies ist ein Kampf gegen ein System, gegen den Faschismus. Jeder, der einen wirksamen Kampf gegen Hitler führen will, muß dies wissen und zeigen.

Könnte aus einem solchen Thema wirklich ein Film gemacht werden, ein Kunstwerk, eine Komödie? Ist es möglich, in sichtbarer Handlung abstrakte politische Theorie, diplomatische Schachspiele, ökonomische Intrigen zu zeigen? Kann Unterdrückung und sadistische Quälerei Gelächter auslösen? Nun, ich meine, daß der Faschismus nicht nur ein mögliches Thema für einen Film ist, sondern daß er geradezu verlangt, verfilmt zu werden. Und ich bin ganz und gar nicht sicher, ob die Satire nicht wirklich die beste Methode dafür ist. Jeder, der den wirklichen Faschismus in Aktion gesehen hat, muß gestaunt haben über die göttliche Gerechtigkeit, die seine Schändlichkeit an den Tag bringt: Seine Schurkerei des Geistes, seine hohle Angeberei, das Nebeneinander von ungeheuer gegensätzlichen gesellschaftlichen Elementen – sie liegen alle an der Oberfläche, für jedermann offen sichtbar. In den Straßen sind unmißverständliche Symbole, in den Geschäften, in den Büros – wo immer die Leute vergeblich hingehen, um ihre Menschenrechte zu suchen. Denken Sie nur an die Mai-»Feiern« für die ausgebeuteten und unterdrückten Arbeiter; die »*Volksgemeinschaft*« (deutsch im Original, A. d. Ü.) – dieser unterirdische Irrgarten des Spionierens, Denunzierens, Bestechens, Erpressens und Raubens; die »Pflege« der Wissenschaft, um teuflische Methoden der Zerstörung zu erfinden; die »Pflege« der Künste nach dem Geschmack eines Göring! Der Vater des Volkes, der durch abgesperrte Straßen in seinem kugelsicheren Wagen jagt und sich herzlich unter die Geheimpolizisten mengt, die als fröhliche Landleute und Arbeiter verkleidet sind. Lustlose Parteimitglieder, denen befohlen ist, Schlagworte des Hasses gegen ausländische Regierungen zu schreien. Die unmenschliche Automatisierung des Menschen durch den Supermilitarismus. Dies sind die Bestandteile eines Chaplinfilms, den jeder heute unzensiert überall im Alltagsleben unter dem Faschismus sehen kann. Der Faschismus will seine bösen Ziele durch vorgetäuschte Tugend und hohle Pläne für das »öffentliche Wohl« erreichen. Gibt es irgendein besseres Thema für die Satire als die falsche Front? Chaplin hat uns immer gelehrt, daß tiefgründiges Gelächter Tragisches enthüllt. Unglücklicherweise ist sehr viel mehr Chaplin in der faschistischen Realität als in *The Great Dictator*. In seinem Versuch, den Faschismus zu brandmarken, hat Chaplin viele äußerliche Züge des Nazi-Milieus angenommen, aber ich erinnere mich an mindestens ein Dutzend Witze, die von Opfern des Faschismus selbst erfunden worden sind, und die eine tiefere Einsicht und eine wesentlichere Interpretation vermitteln als alles in *The Great Dictator*.

Antinazi-Filme heben besonders die Züge von Greueln, Gewalt und Grausamkeit hervor. Sie sind zu einer neuen Art von Gangster-Filmen geworden. Trotz all ihrer emotionalen Wirksamkeit frage ich mich, ob es nicht eine bessere Methode politischer Aufklärung gibt. Schließlich werden die Nazis Ihnen erzählen, daß die Arbeit eines Chirurgen auch ziemlich grausig aussieht. Messer sind da, Blut ist da. Wenn Sie einen Nazi nach Konzentrationslagern, Foltern und Säuberungsaktionen fragen, ist seine Antwort, daß dies der einzige Weg sei, ein tödliches Krebsgeschwür von Korruption, moralischem und physischem Verfall und zerstörerischer Mentalität wegzuoperieren. Der gründliche Antinazi-Film würde eher zeigen, wie wenig diese nie endende Serie von »Operationen« wirklich erreicht. Was die Juden angeht, so betont Chaplin das Traurige ihrer unmenschlichen Verfolgung, während die echte Methode der Satire die sein könnte, die Sinnlosigkeit dieser stolzen Nazi-Siege über die wenigen verängstigten, hilflosen Kaufleute herauszuarbeiten, die in ihren Reden und illustrierten Schriften zu einem satanischen und mysteriös starken Feind aufgebaut worden sind. Es gab eine Gelegenheit, die Verbindung zwischen der Nazi-Anklage gegen die Juden wegen »Rassenschande« und dem schandbaren Plündern jüdischen Geldes und Eigentums viel wirkungsvoller aufzuzeigen. Es wäre sogar möglich gewesen, wie Konrad Heiden es in seinem meisterhaften Buch tat, zu erklären, wie Hitlers Antisemitismus aus seinen frühen Erfahrungen mit einigen gescheiten Wiener Juden entstand, mit denen er nicht fertig werden konnte; die Psychopathologie eines Mannes zu zeigen, der zu schwach ist, mit seinen Mitmenschen auf gleicher Ebene zu leben und dessen Lösung es daher war, sie zu beherrschen.

Aber Chaplin wollte die jammervollen Aspekte dieser Verfolgung zeigen und zog es vor, eher Mitleid zu erwecken als Verstehen. Deswegen mußte er seine Juden wie den komischen, aber traurigen Mann mit dem gelockten Bart zeigen, den er, glaube ich, Mr. Mann nennt, statt so wie den weißhaarigen alttestamentarischen Patriarchen, der den würdevollen Märtyrer spielt. Die Knüppelschläge der Sturmtrupp-Leute mußten abstrakt und harmlos sein wie die Slapsticks der alten Keystone Kops. Wie weit entfernt sind Chaplins »realistische« Pogrome davon, eine Vorstellung von den wirklichen Greueln in Deutschland zu geben!

Chaplin ist es gelungen, aus der Figur seines komischen Diktators Tragisches entstehen zu lassen. Andererseits schwankt zu viel seines Filmes zwischen der rohen Komödientradition, Teller in anderer Leute Gesicht zu schmeißen, und der pathetischen Predigt an ein wackeres empörtes Mädchen. Es wurde vorgeschlagen, die Brüchigkeit des Films daraus zu erklären, daß zu Beginn der Dreharbeiten es immer noch möglich schien, Hitler zu veralbern, aber daß angesichts der gigantischen Zerstörung, die sich über Europa ausbreitet, das Thema immer ernster für Chaplin wurde. Ich finde es schwer zu verstehen, wie nach fünf Jahren Hitler-Terror (und im Jahre XV von Mussolinis Regime) der sensible Schöpfer von *The Gold Rush* und *Modern Times* die Faschisten und den Faschismus immer noch als etwas nur Komisches ansehen konnte. Jedenfalls bleibt die Tatsache bestehen, daß es Chaplin in der letzten Phase seiner Produktion nicht gelungen ist, die Nazi-Gewalt und -Verfolgung in die Satire umzusetzen. Vielleicht fühlte er sich selbst zu unmittelbar von den Ereignissen betroffen; es kann sein, daß er sich nicht in der Lage sah, die Stilisierung gegenüber dem wachsenden Druck des Realitätsbezuges seines Materials aufrechtzuerhalten. Sehen Sie seinen Herring und Garbitch an. In ihnen ist nichts mehr von der mythologischen Erhabenheit dieser dunkelhäutigen, augenrollenden Monster, die Charlie in seinen früheren Filmen zu bekämpfen und zu schlagen pflegte. Eher gibt es hier eine peinliche Ähnlichkeit zwischen seinem Garbitch und dem Goebbels der *Confessions of a Nazi Spy*. Nichts mehr von »Wotans Mickey Mouse«, wie die Leute Goebbels nach einer sehr chaplinesken Formulierung nennen, nichts von dem erbärmlichen kleinen Intellektuellen in der Uniform eines smarten Kriegers, von dem armseligen Herold einer starken blonden Rasse, von dem Schauspielerinnen-Jäger. Die imposante Fassade des wirklichen Göring wird unwiderstehlich komisch, wenn er nur, wie in Wirklichkeit, als der stahlharte Luftheld posiert. Erinnern Sie sich an ihn, wie er prähistorische Auerochsen auf seinem Gut in der Nähe von Berlin züchtete und sie mit antiken Speeren jagte; erinnern Sie sich an diesen offiziellen Schutzherrn der Künste und seine pornographische Fresken-Galerie, wie sie Nevile Henderson beschrieb, und Sie können sich vorstellen, was für Chancen zur Satire der Film verpaßt hat.

Und was ist mit Mussolini? Es gibt natürlich psychologische Unterschiede zwischen dem deutschen und dem italienischen Diktator; und nachdem sich Chaplin einmal entschlossen hatte, beide zu zeigen, war es aus dramaturgischen Gründen notwendig, einen Kontrast zwischen diesen beiden Personen zu schaffen. Deswegen erscheint Mussolini als gutmütiger, pausbäckiger Narr – eine Deutung, die dazu neigt, den gefährlichen Glauben zu unterstützen, der italienische Faschismus sei nicht mehr als ein harmloses neapolitanisches Puppenspiel, und die unerhebliche individuelle Unterschiede zwischen den beiden Diktatoren betont, anstatt zu zeigen, daß sie in Wirklichkeit zwei Äste desselben Baumes sind.

Man kann auch die erste Rolle von *The Great Dictator* zitieren, um zu zeigen, daß Chaplin wunderbares Rohmaterial gebrauchte, ohne aus ihm seine volle Bedeutung herauszuholen. In der Weltkriegs-Sequenz macht Chaplin den kleinen jüdischen Barbier zum Helden. Tatsächlich hat die ganze Sequenz wenig innere Verbindung zu dem Film, den sie einleitet, sondern dient als Gag-Situation und Erklärung, aber nicht viel mehr. Die Weltkriegs-Sequenz hätte eine sehr wesentliche Einleitung werden können, wäre der zukünftige Diktator die Hauptperson gewesen. Denn auch hier war das wirkliche Leben der bessere Regisseur. Stellen Sie sich nur die chaplineske Donquichotterie des fanatischen kleinen Korporals in den Schützengräben vor, seine strategischen Phantasien und tollkühnen Unternehmungen, seine gewalttätigen Reden von Heroismus an seine skeptisch lächelnden, müden Kameraden. Es wäre möglich gewesen, zu zeigen, wo der Mann her kam und wie das Leben ihn formte.

Als Chaplin endlich seinem Film die letzten abschließenden Feinheiten gab, muß er gemerkt haben, wie sehr er hinter seiner ursprünglichen Absicht zurückblieb. Und so, nach beinahe zweistündiger Vorstellung, fand es der Puppenmeister nötig, seinen eigenen Kopf auf die Bühne zu stecken und direkt zu sagen, was ihm künstlerisch zu vermitteln nicht gelungen war. Ein verzweifelter Versuch, rührend, weil er die offene Kundgebung eines von seinem Medium verlassenen Künstlers ist, und auch, weil er die aufrichtige Meinung eines ehrlichen, warmherzigen Mannes ist; und doch beweist diese Vorhangansprache einmal mehr, daß künstlerische Einheit und Einheitlichkeit ästhetische Forderungen sind, nicht nur um einer gefälligen Ordnung oder Harmonie willen, sondern weil man ohne sie niemals die erwünschte Wirkung erhalten kann. Bei den ersten Sätzen der Schluß-Ansprache lachten die Leute noch, wie sie über den kleinen Barbier während der letzten beiden Stunden gelacht hatten. Diktator Hinkel hatte, im reinsten Chaplin-Stil, das Evangelium des Hasses gepredigt. Nun gelang es dem kleinen Barbier, der diesen Stil fallenließ, nicht, ihn zu widerlegen.

Vor vielen Jahren hatte Chaplin von einer Kanzel und in Form einer Pantomime die Geschichte von David und Goliath erzählt. *The Pilgrim* deutete an, daß es eine chaplinsche Art gibt, Davids Herausforderung der Gewalt, Unterdrückung, Mechanisierung und Scheinheiligkeit auszudrücken. Wäre Chaplin fähig gewesen, diese schwierige Aufgabe zu vollbringen, dann wäre die Ähnlichkeit zwischen dem kleinen jüdischen Barbier und Diktator

Hinkel vielleicht nicht mehr als bloß zufällige erschienen, wie es in dem Anfangs-Untertitel behauptet wird.

Charles Chaplin ist der einzige Künstler, der die Geheimwaffe des tödlichen Gelächters besitzt. Nicht das Lachen als oberflächlicher Spott, das den Feind selbstgefällig unterschätzt und die Gefahr ignoriert, sondern eher das tiefgründige Lachen des Weisen, der physische Gewalt, sogar die Drohung des Todes verachtet, weil er dahinter die geistige Schwäche, Dummheit und Falschheit seines Gegners entdeckt hat. Chaplin hätte einer Welt, die von dem Zauber der Macht und materiellem Erfolg entzückt ist, die Augen öffnen können. Aber anstatt den gemeinsamen Feind, den Faschismus, zu entlarven, entlarvte Chaplin einen einzelnen Mann, *The Great Dictator*. Und deswegen meine ich, daß dieser gute Film besser hätte sein müssen.

(Übersetzung von Ruth Baumgarten)

E. Porträts

1. Greta Garbo (1928)

Plötzlich, mitten in einem gleichgültigen amerikanischen Gesellschaftsfilm, mitten unter lauter als Menschen verkleideten Schauspielern, zwischen schnurrbärtigen Lieb- und Gewalthabern und polierten Mädchengesichtern, geht da eine junge Frau die Treppe hinunter, öffnet die Tür ihres Wagens, läßt einen Blumenstrauß fallen, sieht dem fremden Mann, der ihn behende aufhebt, einen Moment mit zärtlicher Aufmerksamkeit ins Gesicht, greift dann lächelnd nach den Blumen und ist eingestiegen und fort. Und da befällt einen wie ein entsetzlicher Schreck ein jammervolles Gefühl, als ob man der Frau verfallen sei mit Haut und Haaren. Wer ist denn das, um des Himmels willen? Das ist Greta Garbo aus Schweden.

In lautlosem Geschwindschritt überquert sie die zappelnde Welt der Leinwand, so wie ein Bach durch eine Wiese fließt: ganz schmal und in schmiegsamen, schnellen Windungen. Da geht ein Mann die Straße entlang, und ein weicher, weißer Pelzstreifen schmiegt sich an seine Seite, als wär's ein Stück von ihm; aber es ist Greta Garbo. Wenn sie dem Geliebten das Kinn entgegenstreckt, sinken ihr die Augenlider und die Lippen willenlos nieder: indem sie sich einem Manne hingibt, ergibt sie sich ihrem eigenen Wesen. Ihre Nase und ihre Oberlippe sind ein wenig zu weit vorgestreckt, schnuppernd und lechzend nach aller Lust, die ihr der Wind zuträgt – kleine Unebenheiten, an denen die Männer hängen bleiben. Über dem Lächeln ihres Mundes stehen die hochgereckten Augenbrauen wie zwei Zirkumflexe, die anzeigen sollen, daß dies Lächeln stets mit einer leise sarkastischen, leidvollen Betonung zu versehen sei. Nur wenn sie einem Manne auf den Mund sieht, wird diese Frau auf einmal totenernst, als genösse sie den Anblick der Sakramente, sie schrickt ein wenig zusammen und hebt den Blick mit kindlich-gläubiger Andacht, aber auch in fieberhafter, atemloser Spannung; man sieht durch die dunkel beschatteten Augen wie durch einen Krater kilometertief ins Innere hinein, man sieht die Lava brodeln. Und dann fällt sie mit heißhungrigen Lippen über ihre Nahrung her, ihre langen Arme schlingen sich um die Schultern des Mannes, ihre nackten Finger fahren ihm in die Haare, in den Mund, an den Hals. So bringt sie der Liebe ein aufregendes Schlachtopfer dar, so zelebriert sie eine feierliche Orgie, ohne alle polizeilich verbietbaren Entkleidungen oder Schlüpfrigkeiten, mit den gewöhnlichen, wohlanständigen, langweiligen Mitteln des Kusses und der Umarmung.

Mit leisem Katzenschritt, den Mantel vorn zusammengerafft und die Hände im Schoß übereinandergelegt, passiert Greta Garbo die Zensur. Und im Parkett werden allabendlich dreihundert Männer ihren Frauen untreu.

2. Grete Mosheim (1931)

An Grete Mosheim könnte ein Filmdirektor zeigen, wie eine Filmschauspielerin nicht sein darf. Und Grete Mosheim wiederum zeigt durch ihr bloßes Auftreten, wie ein Film nicht sein darf. Deshalb lieben wir sie so.

Unscheinbar kommt sie daher, als ob sie nur der Diva einen Brief bringen und gleich wieder abgehen will. Nichts an ihr rauscht, und Abendkleider schmiegen sich ihr nur widerstrebend an. Einem Friseur, der ihre rührende Profillinie sieht, müssen alle Finger zucken. Er lasse die Hände von ihr. Sie hat nicht die pralle Saturiertheit der Höchstgagendamen, die so entsetzlich vollendet und der Hilfe des Publikums nicht bedürftig erscheinen. Sie ist blaß und bekümmert. Aber ihre Augen sind immer wie mit einer hauchdünnen Gardine verhängt: denn sie will es sich nicht anmerken lassen.

Ihr ganzes Spiel, ihre ganze Kunst besteht ja darin, daß sie es sich nicht anmerken lassen will. Ihr Gesicht ist kühl, aber es isoliert wundervoll schlecht: es läßt die Wärme durch. Sie geht mit der Leidenschaft um wie andere Frauen mit dem Staubtuch. Sie sagt praktische, schnelle Sätze, wenn der Geliebte im Zimmer ist. Fast scheltend klingt das und ironisch; sie findet sich mit der Welt ab wie mit einer etwas zu geschwätzigen Tante, und doch spürt man jeden Augenblick die tiefe Zärtlichkeit und Anhänglichkeit. Sie hat sich aus der Kindheit ein Lächeln bewahrt, das aufleuchtet wie ein Blinkfeuer. Sie hat die unschuldige Koketterie eines vierjährigen Jungen. Sie sagt mit ihrer rauhen Stimme: »Na also!« und schweigt, und das Schweigen klingt wie eine Cello-Arie.

Sie – nicht das massive Bronzeweib, das man neulich vom Alexanderplatz abgeräumt hat – ist die Verkörperung unserer Stadt. Jene Berolina gehörte, wie ihr rollender Busen und ihre Armgebärde bewies, aufs kaiserliche Hoftheater. Grete Mosheim gehört lebenslänglich auf unsere Bühne. Sie denkt mit berlinischer Geschwindigkeit. Schnellfertig ist sie mit dem Wort, weil sie schon beim nächsten Gedanken ist. Schon im Ausfall pariert sie den Gegenangriff des Partners. Sie kleidet ihre Gefühle in die armseligen Konfektionskleidchen der Alltagssprache. Allem Aufwand bricht sie die Verzierungen ab, und noch das Echte biegt sie um zur Parodie, damit es sich nicht entblöße. Sie verschönt die Einfalt durch die Klugheit und die Klugheit durch die Anmut. Wenn die Orgel braust und der Pfau sein Rad schlägt und der Tenor schluchzt – und wenn wir Neunzehnhunderteinunddreißiger müde abwinken: »O Freunde, nicht diese Töne!«, dann klingt nach einer kleinen Pause eine klare, silberne, gütige Stimme. Grete Mosheim.

3. Rudolf Forster   (1931)

Mittelgute Schauspieler sind entweder lebensecht oder komödiantisch. Rudolf Forster, wie jeder große Schauspieler, ist beides zugleich. Niemals dient seine Stimme oder seine Gebärde dem Ausdruck, ohne daß zugleich eine eigene Melodie des Klanges und der Bewegung entstünde. Angewandter Tanz, angewandte Musik. Seine Sprache ist dem Singen näher als dem Schlagzeuggeräusch unserer Alltagsstimmen. Die Konsonanten erweichen zu tönenden Lauten, die Vokale holen sich eine seltsame, anwärmende Resonanz aus der Mund- und Nasenhöhle; wie zwischen Notenlinien, wie in Takte aufgeteilt, erklingt der Text, jeder Satz endet mit einer flotten Stimmhebung wie ein Namenszug mit einem Schnörkel. Und zuweilen tönt, wo der Dichter nur eine kümmerliche Interjektion vorgeschrieben hatte, ein tonfilmisches Gurren, ein Raubtiergeknurr – unartikulierte Koloraturen des Ärgers, der Verlegenheit, der Zärtlichkeit.

Die Schauspieler nennen sich heute gern Darsteller. Forster bleibt Schauspieler. Er ist der jahrtausendealte tanzende Spielmann, auch wenn er im Sakko auftritt. Welcher Paradeplatz der Gebärde! Die Gedankenbahnen durchläuft er leibhaftig auf dem Bühnenboden wie ein Schlittschuhkünstler. Leidenschaft, Wille, Verzweiflung ermuntern ihn immer aufs neue zu geschwinden, federnden Gängen. Behend geht es an den Möbeln entlang, die ihm als theatralisches Turngerät dienen; an die er sich klammert, lehnt, hinter denen er sich verbirgt. Er macht die Dinge zu Partnern, filmt schon auf der Bühne, aber gerade deshalb muß man ihn beim Film vorsichtig behandeln: ihn nicht zu streng durch Nahaufnahmen und Kurzschnitt einengen. Er braucht Platz, im Raum und in der Zeit.

Der große Schauspieler ist immer schön. Viele von uns haben es sich, notgedrungen, angewöhnt, den Auswuchs als einen heiligen Berg zu verehren. Ihnen ist Forster zu ansehnlich. Geist und Körper vertragen sich in ihm verdächtig gut. Er gibt den geschmeidigen Sportsmann, den unangekränkelten Menschen und ist zugleich empfindlich, taktvoll, ironisch, sanft, wenn auch in der Sanftheit nicht weich, sondern eher biegsam wie eine Stahlrute: er kann sich hinneigen, aber er schnellt wieder zurück. Er hat in seiner Vollständigkeit etwas von Rodins echt theatralischem Denker, der grübelt und trotzdem Muskeln hat. Die gemeißelte Seele der klassischen Denkmalshelden spaltet er in alle Regenbogenfarben auf, und umgekehrt macht er aus den hundert nervösen Reflexen eines modernen Menschen eine eindringliche, primitiv-großartige Theaterfigur.

Denn niemals zerstoßen ihm die Nuancen den großen Umriß, die Bausch- und Bogenwirkung bis zum vierten Rang. Er liebt den »Auftritt«, er schmückt sich mit blauer Brille, mit Lockenperücke, malerischen Tüchern. Er hebt die Kunst der Menschendarstellung bis in die Höhen, auf denen die Schmiere wieder beginnt.

Forster, König der Schauspieler, ist zugleich der König unter den Schauspielern. Selten schlägt er die Augen ganz auf – Hochmut und Bescheidenheit haben die gleichen mimischen Zeichen. Anblicken und Angeblicktwerden ist da schon stärkste Entblößung und Verknüpfung. Um ihn ist immer ein halbes Meter Niemandsland. Er hat eine Glasur. Niemals – auch nicht, wenn er liebt – hat man das Gefühl, Privates zu belauschen. Aber das ist nicht Kälte. Es ist der natürliche Temperaturunterschied zwischen dem heißen Atem des Wirklichen und dem kühleren Hauch der Kunst. Es ist die notwendige Folge davon, daß der Schauspieler zugleich lebendiges Wesen und Kunstform sein muß. Es ist die Distanz zwischen der Kunst und ihrem Gegenstand. Diese Distanz, die so zu Rudolf Forsters Natur gehört, daß er, noch wenn er auf die Uhr sieht, sie ein Meter vom Auge entfernt hält, als müsse selbst Totes außerhalb der Bannmeile bleiben. Adel der Weitsichtigkeit.

4. Albert Préjean (1931)

Alles ist schräg an Préjean. Der Kopf sitzt zweiflerisch schräg auf den Schultern – ein versteinertes »Hein?« –, die Schirmmütze sitzt schräg auf dem Kopf. Die Nase ragt schräg wie der Zeigefinger einer Sonnenuhr aus dem Gesicht, die Zigarette hängt schräg im Mundwinkel; auf die Augen drücken die Brauen als ein schräges Giebeldach des Unmuts. Der ganze Mann von Kopf bis Fuß ist schräg, denn er lümmelt mit der Schulter an einer Mauer und blickt unter dem schiefen Mützenschirm hervor mißgelaunt in die Welt.

Er tut das wie einer, der nach dem Wetter Ausschau hält und schon weiß, daß es mindestens leichte Niederschläge setzen wird. Préjean ist mit dem linken Fuß zuerst zur Welt gekommen. Er ist ein Kind der Sorge. Ein Kind des Volkes. Der erste Proletarier unter den Stars. Auch Chevalier ist ein Naturbursche, aber seine fröhliche Unmanierlichkeit kann ebenso gut aus einer zu guten wie aus einer schlechten Kinderstube stammen. An Chevalier ist nichts schräg, sondern alles rund. Deshalb ist sein Lachen kein so beglückendes Geschenk. Er hat es gratis. Bei Préjean bricht es als ein Spring-brunnen der Freude unvermutet aus flachem Wasser empor.

Auf diesem jungen, leichten Schauspieler lastet der Ernst von Generationen. Seine Lieder sind niemals Bravourarien; das Filmen ist seine Arbeit, und beim Arbeiten singt er. Er singt Gassenhauer und späht dabei, wachsam wie ein trällernder Vogel, nach Kriminalkommissaren, muskulösen Rivalen und beängstigend schönen Mädchen. Denn das Leben ist zwar nicht ganz ohne Musik, aber voller Gefahren.

Der Produktionsleiter ist im Zweifel, ob Préjean am Schluß des Films die Braut bekommen darf: seine Augenbrauen sind zu kummervoll. Wir aber zweifeln nicht. Er soll die Braut bekommen.

5. Hans Albers (1931)

Wer weiß, ob ein Volksentscheid über den Bau von Panzerkreuzern für Filmzwecke nicht positiv ausgehen würde. Jedenfalls bewilligt die Ufa, die doch des Volkes Stimme mittels Verstärkeranlagen abhört, Rate auf Rate. Kaum haben Harry Liedtke und Lilian Harvey abgemustert, da treten Hans Albers und Anna Sten in Marineuniform auf die Planken, die neuerdings die Welt bedeuten. Die Militäroperette bekennt sich zu dem Grundsatz: Unsre Zukunft liegt auf dem Wasser. Denn was den Landkrieg anlangt, so hat es sich herumgesprochen, daß Tanks, ferngesteuerte Bombenflugzeuge und Flammenwerfer keine passende Dekoration für ein Vergnügen mit Damen abgeben und daß sich Gasmasken als neckische Kostümierung für hochbezahlte Blondinen nicht eignen. Hingegen die Marineschirmmütze harmoniert in glücklicher Weise mit den neusten Intentionen der Putzmacherinnen, und so sind es die zumeist im doppelten Sinne des Wortes blauen Jungen, für die heute das Herz der Filmkaufleute schlägt.

Immer wieder verzeichnet man mit Schrecken, daß wir ins Leere fliehen müssen, wenn wir uns amüsieren wollen, diesmal in Königin Yolas Miniaturmonarchie Pontenero, die doch wohl für die Spitzenproduktion der Ufa ein etwas dürftiges Invasionsobjekt abgibt. Sieht man davon ab, so ist der Film *Bomben auf Monte Carlo* (Hanns Schwarz, Hans Müller, Franz Schulz) recht lustig. Produktionsleitung: Rabbi Ben Akiba – aber es präsentiert sich eine Serie vergnügter Schauspieler, und einige Szenen erinnern an gute amerikanische Grotesken. Wenn man nur die wundervolle Anna Sten nicht so mißhandelt hätte. Auf der obersten Kommandobrücke, ein bißchen hoch über dem Regisseur: Hans Albers.

Das Gesicht dieses Hans Albers ist den Berlinern seit langem bekannt, wenn auch erst seit kurzer Zeit lieb, denn viele Jahre lang hat man auf dem Theater diesen kraftvollen, burschikosen Volksschauspieler den süßlichen Liebhaber machen lassen. Sein Gesicht ist von einem Siegesallee-Konditor im späthellenistischen Stil entworfen, aber es wird aufregend durch ein paar Raubvogelaugen, die in solcher Weißglut brennen, daß man sich wundert, wie die Feuerpolizei das in Lichtspieltheatern zuläßt. Gewiß, dies Feuer stammt nicht von Prometheus, es ist mehr innersekretorischer Natur, aber es wärmt dennoch bescheidene wie anspruchsvolle Seelen. Das macht, in diesem blendend scharfsichtigen Blick liegt zugleich eine Art verrückter Angst vor dem eignen Temperament, eine Art Schwäche gegenüber der eignen Stärke, und das versöhnt mit so viel Muskeln. Denn während wir vom Gesicht des Hans Albers reden, sind die Blicke der Damen auf seinen Oberkörper gerichtet. Er nimmt sie alle an seine Brust, und siehe, es entsteht kein Platzmangel. Er ist Schwergewicht, mag er auch zu leicht befunden werden. Er bewegt sich nicht zierlich, er läuft gewichtig vom Stapel, es ist, als müßte immer erst eine Sektflasche an seinem Bug zerschellen, bevor er einen Ortswechsel vornimmt. Mit vorgebeugten Schultern schiebt er die leichte Luft wie einen Felsen beiseite, er betritt den Tanzsaal wie der Gladiator die Arena und schaut den Kokotten mutig wie dem Tode ins Auge. Gewiß, er behandelt die Mädchen als minderjährige Kaninchen, putzt ihnen die Nase und stopft sie ohne Umstände ins Bett, aber man fühlt, daß er das leichte Leben schwer nimmt. Und er hat, als ein unbefangener, frecher Kerl, die Tonfilmsprache erfunden. Viele Filmschauspieler sprechen bis zum heutigen Tage ein feierliches Bühnendeutsch, während Albers schon in einem der allerersten Tonfilme, in *Die Nacht gehört uns,* etwas ganz Neues und sehr Passendes machte: da saß er über ein ohnmächtiges Mädchen gebeugt und sprach ihr gut zu. Aber er sprach keinen reinen Text, er murmelte Trostgeräusche, er streute unverständliches Zeug zwischen die Zeilen, allerlei akustischen Kehricht, halbe Wörter, kleine Seufzer, befriedigtes Gebrumm. Denn er fühlte, daß es zu den Aufgaben des Tonfilms gehört, die Sprache in die übrige Welt der Laute einzuordnen.

6. Felix Bressart[1] (1931)

Bressart überragt die Sachlage um Haupteslänge, und eben deshalb paßt er nicht in sie hinein. Was die Nase in seinem Gesicht, das ist er selbst im Ensemble – Sperrgut. Wohlgeformte Liebhaber und vorschriftsmäßige Sol-

[1] Originaltitel: »Bressart«.

daten werden vom Publikum nach Gebühr erst dann gewürdigt, wenn Bressart als lebendes Gegenbeispiel in der Nähe weilt. Aber weilt er denn je? Es ist Weile mit Eile. Er verkörpert Geschäftigkeit und die Sorgen des Alltags – diesmal, in dem Ufa-Film *Nie wieder Liebe,* als Kammerdiener –, während Harry Liedtke, in die weiße Tracht der Unschuld und des Seglers gekleidet, Schecks unterschreibt und Mädchen küßt. Bressart ist durch seine langen Gliedmaßen dazu prädestiniert, Kastanien aus dem Feuer zu holen. Zwei tiefe Sorgenfalten in seinem Gesicht zeigen an, daß er vorher gewußt hat, was kommen würde, und daß er weiß, was kommen wird. Bressart kommt vor dem Fall. Seine zwei raffenden Krebsaugen sammeln der Nase Stoff zum Sich-Rümpfen. Die Lippen schieben sich begehrlich vor, aber es ist nur die Begierde, zu zweifeln und zu verneinen. Der Verstand hat im Lustspiel keine Stätte, und so wandelt er sich zum Bressart. Als das Wappentier der Weisheit lebt Bressart unter den Filmschauspielern wie die Eule unter den Vögeln. Sie necken ihn, sie hacken auf ihn los. Sie sind schön und dumm und grausam. Er aber hat es alles gleich gewußt. Er keckert wie ein geärgertes Saxophon, er stolpert über die Wurzeln und Stämme der Wörter, er stolpert auch über die jungen Mädchen, denn ihm ist Hindernis, was andern verehrungswürdig. Seine wichtigste Gebärde ist die des Regenschirms: die Arme vom Körper abheben und sie wieder fallen lassen. Er breitet die Arme zum Fluge, aber er weiß zugleich, daß man nicht fliegen kann, und so läßt ers bleiben. Dieser klagende Flügelschlag der Resignation dient ihm als bescheidenes Fortbewegungsmittel. Er zuckt die Achseln, nein, er zuckt die Arme bis hinunter zu den Fingerspitzen, es ist die Mimik des »Ich habe es nicht gewollt!«, des »Hier stehe ich, ich kann nicht anders!«, des Offenbarungseides. Er akzeptiert das Leben unter Vorbehalt und in der stillen Absicht, es seinem Anwalt zu übergeben. Er schaut bekümmert auf Harry Liedtke. Er sieht aus, wie wir durchaus nicht aussehen möchten, aber er ist der einzige, in dem wir uns erkennen.

7. Erich von Stroheim[1] (1934)

Stroheim gehört zu den großen Ausnahmegestalten des amerikanischen Filmbetriebes. Indem er diesen Betrieb stört, verleiht er ihm zugleich etwas von der geistigen Würde, die ihm sonst abgeht. Denn in diesem Hollywood,

[1] Der Text folgt dem nicht publizierten deutschen Originalmanuskript für die geplante ›Enciclopedia del Cinema‹ und wurde nach der ersten publizierten Fassung (Portrait of an Artist, in: ›Film Culture‹ [New York], Nr. 18, 1958) durchgesehen. Arnheim stellte der ›Film Culture‹-Fassung folgendes voran

wo die Mechanisierung und Kommerzialisierung alles menschlichen Schaffens ihre heftigste Wirkung tut, nicht nur weil sie hier mit amerikanischer Gründlichkeit durchgeführt ist, sondern auch weil sie sich hier das ihr widerstrebendste Objekt, die Kunst, unterworfen hat – in diesem Hollywood nimmt die Auflehnung eines starken Ausnahmemenschen gegen das Vorgeschriebene und Normale gigantische Ausmaße an. Millionenwerte stehen auf dem Spiel, und der wie aus Stahl konstruierte Industrieapparat, der sie schützt, muß erschüttert werden, wenn sich hier ein Mensch die Freiheit schaffen will, ganz aus eigenem künstlerischen Willen zu arbeiten. Chaplin darf sich diese Freiheit leisten, weil seine Filme einen geschäftlichen Erfolg bringen, der jede Großzügigkeit während des Herstellungsprozesses wettmacht; der Erfolg von Stroheimfilmen dagegen ist immer ungewiß. Einige verfehlten ihre faszinierende Wirkung auch auf das große Publikum nicht, andre waren in ihrer ausschweifenden Kraft allzu starke Kost für Menschen, deren Magen nur an das bißchen Süße und das bißchen Grausamkeit des Durchschnittsfilms gewöhnt war.

Der Regisseur und Schauspieler Erich von Stroheim gehört zu den drei, vier Filmkünstlern, die man ohne Hemmung mit den großen, von den andern, alten Künsten übernommenen Maßstäben messen darf. Für den Blick der Zeitgenossen heben sie sich noch kaum von einem Rudel durchaus begabter und heute ebenso berühmter Kollegen ab; aber mit der Zeit wird es einsamer um sie werden, und sie werden als Einzelfiguren in der Geschichte des Film stehen, nach Gebühr gewürdigt – falls die kostbaren Negative ihrer Arbeiten dann nicht längst der Dummheit und Sorglosigkeit zum Opfer gefallen sein werden.

Stroheim ist uns allen persönlich bekannt. Er gehört zu den wenigen Schauspielern, die einen Typ so intensiv verkörpern, daß sie kaum noch zu spielen, nur aufzutreten brauchen. Wie fern aber scheint Stroheims Typ dem eines großen Künstlers? Stechende Augen, listig und böse, ein roher Mund, kahler Kopf und brutaler Boxernacken – ein Mensch, der (wie Margadonna berichtet) sein Glück beim Film dadurch machte, daß er den während der Kriegsjahre in Hollywood für hetzerische Tendenzfilme benötigten Typ des rohen sadistischen Deutschen vollendet zu verkörpern wußte, er, österreichischer Adliger und aus dem Dienst gejagter Offizier, 1888 in Wien geboren, 1909 nach Amerika ausgewandert, Soldat, Schankwirt, Tellerwä-

(Übersetzung vom Herausgeber): »Als ich diesen Artikel vor nahezu einem Vierteljahrhundert für die nicht zustandegekommene ›Enciclopedia del Cinema‹ schrieb, erwartete ich sicherlich nicht, daß seine erste Veröffentlichung als Nachruf dienen würde. (Erich von Stroheim starb am 12. Mai 1957, nach einer langen Krankheit, im Schloß von Maurepas, Frankreich.) R. A.«

scher, Gärtner, Waldhüter, Stallmeister, Artist und schließlich Filmschauspieler.[2]

Man betrachte diesen Kopf und erkenne, wie nicht immer entwickelte Klugheit und gepflegte Feinfühligkeit zum Künstler gehören, sondern wie auch manchmal der wüste Fanatismus eines Triebmenschen mit schöpferischer Kraft Erlebnisse gestaltet zurückwirft, deren Bild sich in ihm wie in einem glühenden Brennpunkt gesammelt hat. Daß hier der Fanatismus, nicht der vom Verstande gelenkte Wille am Werk ist, zeigt sich schon an Stroheims Arbeitsweise. Er arbeitet ohne Rücksicht auf den Geschmack und das Scheckbuch der Unternehmer, von denen er doch abhängt, er ist der kostspieligste, unzugänglichste Regisseur Hollywoods, verdreht Berge von Rohfilm für Filme, die er nach ein- und zweijähriger verzweifelter Montagearbeit als eine für den Filmhandel unbrauchbare Riesenrolle von zehntausend Metern Länge herausbringt – Filme, die wegen ihrer Unförmigkeit oder wegen ihrer ausschweifenden Gräßlichkeit von andern Regisseuren ergänzt, gemildert, zusammengeschnitten werden.

Gier nach Geld (*Greed*) beansprucht in der Originalfassung acht Stunden Vorführungszeit, und Stroheims großes Pamphlet gegen die Verderbnis der bürgerlichen Gesellschaft zersägt man aus verkaufstechnischen Gründen in zwei Filme: *Hochzeitsmarsch* und *Honigmond* (*The Wedding March, The Honeymoon*). *Merry-go-round*[3] wird ihm mitten in der Arbeit weggenommen und dem Regisseur Rupert Julian zu schnellerer Fertigstellung übergeben. *Queen Kelly* mit Gloria Swanson, ein Film, der erst neuerdings in Paris öffentlich gezeigt worden ist[4], führt zu Zerwürfnissen mit der Schauspielerin und der Firma. Bei all den großen Produktionsfirmen hat er gearbeitet: bei Laemmles Universal (*Das Gesetz der Berge*[5], *Verrückte Weiber*[6] und *Merry-go-round*), bei der Metro-Goldwyn-Mayer (*Gier nach Geld* und *Die lustige Witwe*[7]), bei der Paramount (*Hochzeitsmarsch*), bei den United Artists (*Queen Kelly*)[8].

[2] Hier ist Arnheim mehrfach Gerüchten aufgesessen: Erich von Stroheim wurde als Erich Oswald Stroheim am 22. September 1885 in Wien geboren. Sein Vater Benno Stroheim, war ein jüdischer Kaufmann aus Gleiwitz in Preußen. Stroheim war nur ein einfacher Soldat und verließ die Armee aus eigenem Entschluß. Vgl.: Jon Barna, Erich von Stroheim, Wien 1966, S. 7–9.

[3] Lief in Deutschland unter dem Titel *Rummelplatz der Liebe*.

[4] Im Herbst 1932 im Avantgardekino ›Faguière‹.

[5] Übersetzung des französischen Verleihtitels *La loi des montagnes* von *Blind Husbands*. Lief in Deutschland unter dem Titel *Du sollst nicht begehren* ...

[6] *Foolish wives*; lief in Deutschland unter dem Titel *Närrische Frauen*.

[7] *The Merry Widow*.

[8] *Queen Kelly* wurde nicht von United Artists produziert; die Produktionsfirma hieß ›Joseph Kennedy/Gloria Swanson Productions‹ und vertrieb ihre Filme durch United Artists.

Die gleiche triebhafte Notwendigkeit bestimmt in Stroheims Filmen jedes Detail, und so entsteht die Folgerichtigkeit dieser in sich geschlossenen eigenartigen Welt – das deutlichste Beispiel für Stil und Atmosphäre, das wir, neben Chaplin und den Russen, im Film kennen.

Mit grandioser Einseitigkeit erschaut Stroheim die Welt in einem ihrer Teilausschnitte. Diese Teilwelt, die für ihn die ganze ist, dies altösterreichische Militär und Großbürgermilieu, haßt und liebt er zugleich – wie das bei allen großen Anklägern ist. Er steht in ihr, betrachtet sie aber zugleich von außen. Er flieht vor ihr über den Ozean, aber sie läßt ihn niemals los. Man hat gesagt, er behandle altmodische Probleme, und es mag sein, daß die unter Ehrbarkeit und Glanz versteckte Verworfenheit und Verderbtheit in dieser besondern Schattierung nicht mehr so ausgeprägt zum Bilde der Welt gehört, aber es kommt für die Dauerhaftigkeit eines Kunstwertes nicht darauf an, ob die Vorbedingungen des geschilderten Milieus noch vorhanden sind, sondern ob sie in sich dramatischen Charakter haben, d. h. ewige Konflikte verkörpern. Das ist bei Stroheim stärker der Fall als in den meisten Filmen, die wir kennen. Erinnern wir uns beispielsweise der grauenhaften Komik jener Episode aus *Verrückte Weiber,* wo ein Offizier stocksteif daneben steht, während einer Dame die Handtasche zu Boden fällt – eine Unhöflichkeit, als deren Grund sich schließlich herausstellt, daß dem Manne die Augen ausgeschossen und beide Arme amputiert sind. Man beachte wohl, wie hier die elementarste menschliche Hilflosigkeit in Konflikt nicht mit einem Faktor von gleicher Tiefe, sondern mit einem oberflächlichen Anstandsgebot der guten Gesellschaft gerät, und man möge an diesem Beispiel erkennen, wie bei Stroheim das Tiefste der menschlichen Natur in mörderischem Kampf gegen die oberflächlichen, aber deshalb nicht weniger mächtigen Maßnahmen erscheint, die aus einer absterbenden Lebensform stammen. Der gequälte, der sich empörende, der leidende Mensch im Kampfe gegen die skrupellosen Nutznießer des Bösen, und interessanterweise identifiziert sich der Schöpfer dieser Welt nicht mit dem in ihr waltenden guten, sondern mit dem schlechten Prinzip. In fast allen Stroheimfilmen trägt das Böse die Züge des Schauspielers Erich von Stroheim.

Ihre stärkste Wirkung ziehen diese Filme aus einem Kontrast, der sich daraus ergibt, daß das Lasterhafte, Perverse und Böse immer im Glanze der Schönheit, des Ansehens und der Ehrbarkeit gezeigt wird. Stroheim selbst, roher Verführer und Ausbeuter, erscheint nicht umsonst fast stets im spiegelblanken Ehrenkleid des Offiziers, wennmöglich noch in Galauniform mit Helmbusch und Goldtressen. Seine Mädchengestalten sind immer von einer überamerikanischen, puppenhaften Süße, sie zeigen sich blumengeschmückt und im festlichen Brautschleier, aber aus ihren übernächtigten, blassen Augen liest man alle Schrecken der Vergewaltigung. Sehr bezeichnend, wie auffällig oft man bei Stroheim das Motiv der lahmen Frau auf

Krücken findet. Die verkrüppelte Frau ist viel entsetzlicher als der verkrüppelte Mann, denn während der Mann in der Welt den Kampf des Menschen mit dem Schicksal, den Kampf des Ohnmächtigen mit der Allmacht darstellt, ein Wesen, das daher auch durch eine Narbe, einen Defekt eher veredelt als verunziert wird, verkörpert die Frau den Rest der dem Menschen verlorengegangenen Harmonie und Vollkommenheit der Schöpfung. Es ist ekelhaft und unpassend, weil sinnlos, die Frau verstümmelt zu sehen – und wie erst verstärkt sich dies Gefühl, wenn sie in einer Prachtkirchè, am Arm des feiertäglich geputzten Offiziers durch das Spalier der vornehmen Festgäste geht, bräutlich geschmückt, mit süßem, zierlichem Gesichtchen – aber an der Krücke hinkend (*Hochzeitsmarsch*). Man sieht wohl, wie hier die Anfälligkeit und Jämmerlichkeit des Menschengeschlechts durch die Konfrontierung mit dem prunkvollen Aufwand, den es treibt, so konzentriert herausgearbeitet wird, wie es eben nur ein großer Künstler kann.

Zu den Randfiguren von *Verrückte Weiber* gehört der schon erwähnte Kriegsverletzte, gehört eine auf Krücken hinkende Alte, gehört – durch die Einstellung des Apparates deutlich aus dem Schwarm neugieriger Kinder herausgehoben, der sich um die vorfahrende Galakutsche sammelt – ein Mädchen auf Krücken. Auch ist unter den Kindern, wie von ungefähr, ein kleiner Junge, der zum Vergnügen den großen Stahlhelm des Frontsoldaten trägt. So reicht Stroheims Filmstil bis in die Details der Statisterie. In *Gier nach Geld* sehen wir eine Ehe zur Ruine verfallen, grauenhafter Schmutz überwuchert das Schlafzimmer, die Waschschüssel ist halb geborsten, und auf dem Bett sitzt die bleiche Frau mit dem unförmigen, verfilzten Haarwulst und reibt sich die Hände mit einer Fettcreme ein, böse lächelnd, – als reibe sich der Teufel, vor Freude über eine gelungene Übeltat, die Hände. Im *Hochzeitsmarsch* liegen in einem Bordellzimmer zwischen herumhokkenden Huren zwei schwer betrunkene alte Offiziere auf dem Fußboden, und dies ist der Augenblick, in dem sie, kaum noch fähig zu sprechen, vereinbaren, ihre Kinder miteinander zu verheiraten. In *Verrückte Weiber* verkörpern sich Liebe und Treue in der Gestalt eines armseligen, ausgebeuteten, affenhaft degenerierten Dienstmädchens. Und im gleichen Film erhebt sich die Gestaltung zu einer jener seltenen Szenen, in denen die irdische Bedeutung des Dargestellten ganz zurückweicht und bei aller Körperlichkeit der vorgeführten Dinge und Figuren das reine Wesen eines Urerlebnisses oder einer Urtatsache wie abstrahiert vor unsre Augen tritt. Der Bösewicht Stroheim hat die Frau des reichen Amerikaners, durchnäßt und am Fuße verletzt, aus einem Gewitter in eine düstere Hütte gerettet. Nun nähert er sich der schlafenden Kranken, hat die Uniform bereits aufgeknöpft, da tritt in Begleitung eines großen Hundes schweigend ein hagerer Mönch in die Tür, mit brennenden schwarzen Augen in tiefen Höhlen, mit messerscharfen Falten um den Mund. Dieser Mann spricht nicht und tut nichts, er hat vor dem Regen Schutz gesucht, sitzt nun still auf einer Bank und betrachtet mit seinem starren, unheimlichen Blick die Vorbereitungen des Verführers. Dieser scheut nach einer langen, stummen Szene schließlich widerstrebend zurück vor diesem unbeweglich schauenden Gesicht: dem Antlitz des Todes, des Teufels, Gottes.

8. Maya Deren – zum Gedenken[1] (1962)

Es gibt eine Photographie von Maya Deren, die so allbekannt und eindrucksvoll ist, daß manchen von uns dies Bild einfällt, wenn wir an Maya denken. Es stammt aus einer Szene ihres Films *Meshes of the Afternoon* (Nachmittagsgeflecht). Ein Mädchen schaut aus dem Fenster. Man erkennt Maya, wenn man sie gekannt hat, und doch ist das Bild nicht wirklich sie. Ihr Gesicht ist in photographischen Stoff verwandelt – eine Umformung, die durch eines der zwei großen photographischen Wunder ermöglicht ist. Was sind diese Wunder?

Eins davon macht mehr von sich reden als das andere. Es ist das Wunder, wodurch ein Ding dieser Welt der Filmschicht sein eignes authentisches Abbild aufprägen kann. Dieser Zauberei ist zu danken, daß wir Maya Derens Gestalt noch jetzt, nach ihrem Tode, mit der Zuverlässigkeit eines Fingerabdrucks festgehalten vor uns sehen können. Mit einer fast körperlichen Unmittelbarkeit kann sie bei uns sein.

Dies Wunder des Photographischen aber ist vor allem materiell. Ein zweites, stilleres aber geheimnisvolleres ermöglicht es der photographischen Substanz, die Wirklichkeit umzuwandeln. Zwar sind wir dem Lichtbild dankbar dafür, daß es die körperliche Erscheinung für uns bewahrt, doch bewundern wir das neue Kunstmittel noch mehr, weil es das vertraute Gesicht des Mädchens in eine klar umschriebene Form von durchsichtigem Weiß vergeistigen kann. Ihr dunkles Haar ist ausgelöscht von den Spiegelungen der Bäume auf der Fensterscheibe. Die Scheibe selbst ist garnicht da. Sie wird sichtbar nur dadurch, daß die erhobenen Hände des Mädchens leicht dagegendrücken – sich anlehnend an etwas, das nicht da ist. Eine solche Verwandlung ist das wirkliche Wunder des Lichtbildes, und Maya Deren gehörte zu den feinfühligsten Adepten dieser Zauberei.

Großspurige Zauberer haben wir genug gehabt. Manche von ihnen nennen sich Surrealisten, obwohl sie garnicht über die Wirklichkeit hinausgehen, sondern ihr nur eben ein paar Tricks hinzufügen. Sie holen sich ein richtiges Kaninchen und einen richtigen Zylinder, und wenn sie das eine

[1] Originaltitel: »To Maya Deren«.

aus dem anderen hervorgezogen haben, ist es mit der Zauberei schon aus. Andere wiederum, die expressionistische Sorte Zauberer, haben unsere nüchterne Umwelt mit wildem Aufputz und verbogener Szenerie maskiert. Maya Deren hatte weder für die eine noch für die andere Methode viel übrig. Für sie war der echte Zauber des bewegten Bildes mehr als ein bloßes Ummischen von Rohmaterial, mehr als bloßer Mummenschanz. Wenn sie im täglichen Umgang für ihre Ideen focht, besaß sie eine fast gewalttätige Energie; aber sie hatte die zarten Finger eines guten Chirurgen, wenn es darum ging, ihre Bildvisionen zu gestalten, ohne dabei die Gewebe der Wirklichkeitsschicht zu verletzen.

Was gibt es bei ihr zu sehen? Was hatte sie im Sinn? Sie gehörte zu denjenigen Künstlern und Denkern, denen es um eine große Paradoxie unserer Zeit zu tun ist – zu denen, die sagen, daß obwohl unsere Zivilisation den Geheimnissen der organischen und unorganischen Materie am nächsten gekommen ist, wir mit der Welt der tastbaren Dinge weniger vertraut sind, als je eine Zeit gewesen ist. In Maya Derens Filmen verfallen wir einer alles ergreifenden Fremdartigkeit der vertrauten Umwelt. Die weißen Hände halten sich an der Fensterscheibe, die nicht da ist. Menschliche Körper wehen durch einen gewichtslosen Raum. Die physischen Ausmaße weichen neuen, augenmäßigen Verbindungen. Es gibt in diesen Filmen keine tatsachenhafte Handlung. Wenn zwei Gesichter sich anblicken, sprechen zwei Seelen einander an. Geht ein Schauspieler oder Tänzer über die Leinwand, so durchschreitet er die Spanne seines Lebens. Eine Wendeltreppe wird zum symbolischen Raum, und eine sitzende Frau spinnt parzenhaft ihren Faden.

Enthalten diese Bildgeschichten mehr als die Verfremdung des Gewöhnlichen? Sind sie nur eben die Gespenster einer Welt, die uns gestorben ist? Ich maße mir nicht an, die Geschehnisse dieser Filme in Worten anzudeuten; auch glaube ich nicht, daß Maya selbst sie sich formulierte, obwohl sie sprachlich sehr gewandt war. So viel aber kann man sagen: ihre Bilderfolgen haben eine innere Logik. Sie sind weder willkürlich noch absurd. Sie gehorchen einem Gesetz, das keiner aufgeschrieben hat; aber wenn wir uns von unseren Augen leiten lassen, fügt der Verstand sich willig.

Für Maya Deren war alles Rituelle bedeutungsvoll. Sie ging nach Haiti, auf der Suche nach den Resten einer Kultur, in der die Symbole der Gesten und des Bewegungsraums noch durch gesellschaftliches Übereinkommen geregelt und festgelegt waren. Uns in der Großstadt von heute ist ein solches Übereinkommen nicht mehr gegeben. Wir einigen uns nur aufs Praktische. Doch haben wir immer noch Augen für eine Bildsprache, die, halb verhüllt im Persönlichen, halb offenbart in den allgemeinen Zeichen der Sinne, uns anruft, obwohl die Stimme jetzt verstummt ist.

(Übersetzung vom Verfasser)

Editorische Nachbemerkung

Die Auswahl der Texte lag beim Herausgeber; Arnheim selbst gab einige Anregungen, denen ich gern gefolgt bin. Zu den Auswahlkriterien: Bei den Filmkritiken wurde den Besprechungen heute noch bekannter und künstlerisch wichtiger Filme der Vorzug gegeben; bei den übrigen Texten wurden die filmtheoretisch ergiebigeren den eher journalistisch-populär geschriebenen vorgezogen. Zur Einordnung der Kritiken und Aufsätze in den Lebens- und Arbeitszusammenhang Arnheims sei der interessierte Leser auf meinen Artikel »Stumme Schönheit und tönender Unfug« in ›medium‹ (Frankfurt), September 1975, S. 24–27 verwiesen.

Der Grundgedanke, der zum »Kommentierten Gesamtverzeichnis« führte, war die Erschließung des Arnheimischen Film-Gesamtwerks. Aus dem Register dieses Bandes (und dem Register von »Film als Kunst«) lassen sich alle Filmtitel, Schauspieler, Regisseure usw., über die Arnheim mehr als nur beiläufig geschrieben hat, entnehmen.

Schließlich hat der Herausgeber folgenden Personen und Institutionen für Hinweise sowie Mithilfe bei Recherche und Bearbeitung zu danken: Barbara Broggini, Marianne Felke, Karola Gramann, Ulrich Kurowski, Monika Renner, Werner Sudendorf, der Neuen Zürcher Zeitung, der Bibliothek der Deutschen Film- und Fernsehakademie Berlin, dem Landesarchiv Berlin, dem Deutschen Institut für Filmkunde, Wiesbaden, der Biblioteca Nazionale Centrale, Florenz und der Stadt- und Universitätsbibliothek, Frankfurt. Ferner danke ich auf diesem Wege Walter Schobert und Hans-Jürgen Brandt, die es ermöglicht hatten, daß Arnheim im Frühjahr 1976 in die BRD kommen konnte, und nicht zuletzt Peter Thiel, der vor Jahren die erste Anregung zu meiner Beschäftigung mit Arnheim gab.

Helmut H. Diederichs

Zeittafel

1904 Geboren am 15. Juli 1904 in Berlin als Sohn des Kaufmanns Georg Arnheim und seiner Frau Betty, geb. Gutherz.

1911 Heibergsche Privatschule, Berlin-Charlottenburg.

1913 Herder Reform-Real-Gymnasium, Berlin-Charlottenburg.

1923 Reifeprüfung. Studium der Psychologie, Philosophie, Kunstgeschichte und
Musikgeschichte am Psychologischen Institut der Friedrich-Wilhelm-Uni-
versität Berlin unter Max Wertheimer, Wolfgang Köhler, Kurt Lewin.

1925 Erste Filmkritiken für ›Das Stachelschwein‹ von Hans Reimann.

1928 Am 26. Juli Promotion mit einer Arbeit über »Experimentell-psychologi-
sche Untersuchungen zum Ausdrucksproblem«, veröffentlicht in ›Psychologische Forschung‹, 1928.
»Stimme von der Galerie«, Sammlung von Feuilletons und Filmkritiken
(aus ›Das Stachelschwein‹), Verlag Dr. W. Benary, Berlin.
Ab Herbst Filmkritiker und Redakteur für den kulturellen Teil der ›Weltbühne‹ unter Carl von Ossietzky.

1932 »Film als Kunst«, Rowohlt-Verlag, Berlin, Nachdruck: München 1974.

1933 Letzte Nummer der ‹Weltbühne› erscheint am 7. März.
Im August nach Rom: In den nächsten Jahren bis 1938 Redakteur und
Übersetzer am Internationalen Institut für Lehrfilmwesen des Völkerbundes unter Luciano de Feo; Mitherausgeber der geplanten internationalen
»Enciclopedia del Cinema«, die bei Ulrico Hoepli in Mailand erscheinen
sollte, was durch den Austritt Italiens aus dem Völkerbund verhindert
wurde.

1936 »Radio«, Faber & Faber, London, Nachdruck: New York 1972. (Italienische Fassung »La radio cerca la sua forma« 1938 bei Hoepli, Mailand).

1938 »Nuovo Laocoonte«, veröffentlicht in ‹Bianco e Nero›. Letzte größere Arbeit über Film.

1939 Übersetzer für die deutschsprachige Abteilung der British Broadcasting
Corp., London.

1940 Einwanderung in die Vereinigten Staaten, 1946 Einbürgerung.

1941 Stipendien der Rockefeller und der John S. Guggenheim Foundation. For-
schungsarbeit am Office of Radio Research, Columbia University, New
York.

1943 Bis 1966: Mitglied der psychologischen Fakultät am Sarah Lawrence College, Bronxville (New York). Unterrichtet allgemeine psychologische Theorie und Kunstpsychologie. Lecturer and Visiting Professor an der Graduate
Faculty der New School for Social Research, New York City.

1954 »Art and Visual Perception: A Psychology of the Creative Eye«. Deutsche
Ausgabe: Kunst und Sehen, 1965.

1957 »Film as Art«, Auszüge aus »Film als Kunst« und spätere Aufsätze.

1959 Bis 1960: Fulbright-Professor an der Ochanomizu-Universität in Tokio und der Kjushu-Universität in Fukuoka.

1962 »Picasso's Guernica: The Genesis of a Painting«. Deutsche Ausgabe: »Picassos Guernica«, 1964.

1966 »Toward a Psychology of Art«, Gesammelte Aufsätze zur Kunstpsychologie. Deutsche Ausgabe in Vorbereitung.

1966 Bis 1968: Stipendium des U.S. Office of Education zum Studium des anschaulichen Denkens.

1968 Bis 1974: Professur für Kunstpsychologie an der Harvard-Universität, Cambridge (Mass.).

1969 »Visual Thinking«. Deutsche Ausgabe: »Anschauliches Denken«, 1972.

1971 »Entropy and Art: An Essay on Disorder and Order«.

1974 Bis heute: Gastprofessor an der University of Michigan, College of Literature, Arts, and Science, Ann Arbor (Michigan).

1976 Mitglied der American Academy of Arts and Sciences.
Doctor of Fine Arts h. c., Rhode Island School of Design, Providence (Rhode Island).

1977 »The Dynamics of Architectural Form«.

Kommentiertes Gesamtverzeichnis der Publikationen zum Film

Vorbemerkung

Das chronologisch aufgebaute »Kommentierte Gesamtverzeichnis« gibt einen Überblick über das gesamte filmpublizistische Schaffen von Rudolf Arnheim und dient gleichzeitig als Quellennachweis der in diesem Band abgedruckten Beiträge. Die nicht abgedruckten Beiträge werden jeweils kurz charakterisiert: Die wichtigsten Namen und Filmtitel werden genannt; Argumentationstendenzen und Inhalte werden skizziert, meist unter Zuhilfenahme typischer Zitatstellen.

Nachdrucke von Aufsätzen und Buchauszügen werden ebenfalls nachgewiesen; die Nachdrucke von Aufsätzen sind unter der Erstpublikation bzw. unter dem Entstehungsjahr zu finden, die Buchauszüge unter dem Jahr des Nachdrucks.

Wurde eine Publikation anders als mit dem Namenszug unterzeichnet, so ist dies in Klammern vor dem jeweiligen Titel vermerkt.

Die Seitenangaben für die abgedruckten Beiträge sind den Quellennachweisen in der folgenden Form nachgestellt: KuA, S. . . . (Kritiken und Aufsätze, S. . . .).

Das Gesamtverzeichnis – das bibliographische Vollständigkeit anstrebt – geht in den Registerteil ein.

Abkürzungsverzeichnis der Zeitschriftentitel, die mehr als einmal vorkommen

BeN Bianco e Nero (Rom, 1937–1943, seit 1948)
BT Berliner Tageblatt
CiM Cinema (Mailand, 1948–1954)
CiR Cinema (Rom, 1936–1943)
FC Film Culture (New York, seit 1955)
Ffa Film für alle (Halle, 1927–1944)
Ft Filmtechnik (Halle, 1925–1943, 1930–31 mit Filmkunst)
Ic Intercine (Rom, 1935)
JAAC Journal of Aesthetics and Art Criticism (New York, seit 1941)
Me medium (Frankfurt, seit 1971)
NZZ Neue Zürcher Zeitung
RCI Rivista del Cinema Italiano (Mailand, 1952–1955)
SaS Sight and Sound (London, seit 1938)
SRZ Südwestdeutsche Rundfunkzeitung (Frankfurt, 1925–1941)
St Das Stachelschwein (Frankfurt, 1924–1926; Berlin, 1927–1929)
Wb Die Weltbühne (Berlin, 1918–1933)

Anmerkungen

* Nachdruck in: Rudolf Arnheim, Stimme von der Galerie. 25 kleine Aufsätze zur Kultur der Zeit, Verlag Dr. Wilhelm Benary, Berlin 1928.
** Ursprünglich geschrieben für die nicht zur Veröffentlichung gekommene »Enciclopedia del Cinema«, die das römische ›Internationale Institut für Lehrfilmwesen‹ des Völkerbundes unter seinem Leiter Luciano de Feo herausgeben wollte und die Arnheim mehrere Jahre bearbeitete.

1925

Die Seele in der Silberschicht, in: Wb, Nr. 30, 28. 7. 1925, S. 141–143

Debatte in der ›Weltbühne‹ über Photographie: Tucholsky schreibt (Die Ten-
denzphotographie, in: Nr. 17, 28. 4. 1925, S. 637): »Es gibt aber ein sehr witziges,
politisch unendlich wirksames Kampfmittel – und das ist die Tendenzphoto-
graphie. Sie wird viel zu wenig angewandt. ... Die Photographie ist unwiderleg-
bar. Sie ist gar nicht zu schlagen. ... Sie ist eine maßlos gefährliche Waffe. Der
Zeichner kann sich etwas ausdenken. Der Photograph nicht.« Darauf Adolf
Behne (Das denkende Bild, in: Nr. 22, 2. 6. 1925, S. 816–818): »Die Photographie ist ganz einfach die moderne Zeichen-Technik. ... Und doch ist ein Irrtum,
zu glauben, die Photographie wäre eine Reproduktions-Angelegenheit. ... Die
Zeichnung kann schwindeln – gewiß! Aber die Photographie kann noch viel
mehr schwindeln. ... Wichtiger (als die politische Tendenz, H.H.D.) ist das
denkende Bild, das nicht nur eindimensional antithetisch ist, sondern universal
synthetisch.« Hierauf antwortet Arnheim (s. o.): »Die Photographie ist zunächst
einmal das getreue Abbild der Wirklichkeit. ... Zweitens jedoch hat es der
Photograph in der Hand, durch Lichtwirkungen und charakteristische Ausschnitte Eignes hinzuzufügen. ... Aber selbst wenn wir diese zweite Möglichkeit in Betracht ziehen, bleibt die Photographie ein mechanischer Prozeß, der
uns bestenfalls die Gegenstandsauffassung eines künstlerisch sehenden Menschen vermitteln und nie den Darstellungsakt geben kann. Das Kunstwerk als
fixierte Ausdrucksbewegung ist damit verloren. ... Wir wollen hier nicht diskutieren, ob die Photographie eine Kunst sei; daß sie aber ein gradueller Fortschritt unsrer Zeichentechnik sei oder gar ein Ersatz für diese, das wird mit aller
Bestimmtheit geleugnet. ... Und: wenn Fernand Léger graziöser als Slevogt
ist, was ich erfreut unterschreibe – sollte es nicht mehr an dem Unterschied
der Begabung beider Männer als an den von ihnen benutzten Kunstmethoden
liegen?« Behne erwidert abschließend (Schreibmaschine, Frans Hals, Lilian Gish
und Andres, in: Nr. 38, 22. 9. 1925, S. 456–458): »Die Prägung des Menschlichen verliert sich nicht durch die Benutzung einer Maschine: sie wird deutlicher, sicherer und klarer; sie wird einfach und meßbar. ... Kunst als fixierte
Ausdrucksbewegung, als Expressionismus, als Herstellerin von Individual-Sym-
bolen ist für den menschlichen Befreiungskampf unwesentlich. ... Und da wir
so wieder bei der Photographie angelangt sind, will ich gern Ihre Frage beant-
worten, was denn ›photographische Schönheit‹ sei. Es ist die von hemmender
Pinselführung freie, offene Schönheit des Lichtes.«

Der absolute Film, in: St, Nr. 14, Anfang August 1925, S. 56–58

Besprechung einer Matinee-Veranstaltung der »November«-Gruppe am 3. Mai
in Berlin, auf der Filme von Hans Richter (*Rhythmus 21*), Viking Eggeling (*Diagonal-Symphonie*), Walter Ruttmann (*Opus II* bis *IV*), Fernand Léger (*Ballet
mécanique*) und René Clair (*Entre'acte*) gezeigt wurden. Arnheim teilt seine
gegenständlichen Assoziationen mit, so z. B. zu *Diagonal-Symphonie*: »eine
sauber gezeichnete Kreuzung zwischen Taschenkamm und Panflöte«, und zu
Ruttmanns Filmen: »Die absoluten Formen gebärdeten sich sehr menschlich«;

oder er erzählt ironisierend, was im Film geschieht, etwa in *Ballet mécanique* oder in *Entre'acte* (den er dem Exposé-Schreiber Francis Picabia zuschreibt).

Pat und Patachon im »Kampf mit dem Drachen«, in: St, Nr. 14, Anfang August 1925, S. 59–60
Die zwei Komiker gegen die Haushälterin eines Zoologie-Professors: »Pat und Patachon wurden von einem tückischen Schicksal gut bürgerlichen Verhältnissen aufgepfropft und das Resultat ist veredelter Humor, ein Meisterstück filmschaffender Gärtnerkunst.«

Mary Pickfords Roman, in: St, Nr. 14, Anfang August 1925, S. 60–63
»Welches sind die Kennzeichen eines schlechten Kunstwerks? Daß es banal ist und daß es in Stücke auseinanderfällt.« Der *Roman eines kleinen Wäschemädels,* mit Mary Pickford in der Titelrolle, erfährt seinen berechtigten Verriß.

Der Zille-Film, in: St, Nr. 19, Mitte Oktober 1925, S. 45–46
»Die Schönheit eines Films ist sein Naturalismus. Man sitzt und bewundert Bilder, wie man sie alle Tage auf der Straße sehen kann, als künstlerische Taten – ein erstaunliches Erlebnis!« Gerhard Lamprechts Film *Die Verrufenen* beinhaltet ›acht Akte nach Erlebnissen von Heinrich Zille‹. Arnheim erwähnt von den Darstellern nur Aud Egede Nissen und Mady Christians. »Selten bei einem Film hat man das Leben so wenig vom grünen Tisch aus für die Linse präpariert. ... Am Lebensblut dieser Szenen aber saugt eine Handlung von ausschweifender Kitschigkeit.«

Ernst Lubitschs Drei Frauen, in: St, Nr. 19, Mitte Oktober 1925, S. 46–47
»Man hat hier die Schauspielkunst so sehr auf Leichtverständlichkeit der sogenannten seelischen Vorgänge eingestellt, daß jeder bessere Zuschauer Minderwertigkeitsgefühle bekommt.« Mae McAvoy in dem Film *Drei Frauen* von Ernst Lubitsch. »Auch der Unterzeichnete hat die *Drei Frauen* aufs Peinlichste durchsucht, ohne an irgend einem Detail auf das Werk des Meisterregisseurs schließen zu können.«

Dr. Caligari redivivus, in: St, Nr. 19, Mitte Oktober 1925, S. 47–48; KuA, S. 177–178

Buster Keaton als Sherlock Holmes jun., in: St, Nr. 20, Ende Oktober 1925, S. 46–47; KuA, S. 178–180

»Liebe macht blind«, in: St, Nr. 20, Ende Oktober 1925, S. 47–48
Lil Dagover, Conrad Veidt und Emil Jannings im gleichnamigen Film. Arnheim befaßt sich nur mit den Rollen und schauspielerischen Leistungen der Genannten.

Die vom Niederrhein, in: St, Nr. 21, Mitte November 1925, S. 40–42*
Gleichnamiger Film über einen dichtenden Corpsstudenten zwischen Standesehre und Liebe – nach dem Buch von Rudolf Herzog, mit Ernst Hofmann, Uschi Elleot, Mady Christians, Albert Steinrück, Wilhelm Dieterle und Frieda Richard. »Die Bilder dieses Films zeigen keinerlei Überraschendes. Es kam jedesmal, wie es nach durchschnittlichem Ermessen kommen mußte.«

Der Mann, der die Ohrfeigen bekam, in: St, Nr. 21, Mitte November 1925, S. 42–43
Gleichnamiger Film über einen Wissenschaftler, für den die Ohrfeige eines Standeskollegen zum traumatischen Erlebnis wird und der deshalb als Clown zum Zirkus geht, um sich dort – »streng psychoanalytisch« – im Wiederholungszwang weiter ohrfeigen zu lassen. »Lon Chaney zeigte im ersten Teil, als Gelehrter, das Gesicht eines großen Schauspielers und ersetzte als Clown durch die erstaunliche Ausdruckskraft seiner Glieder alles, was die Puderkruste an Mienenspiel raubte. Der Regisseur Sjöström gab klare, übersichtliche Bilder mit vielen überraschenden Einfällen. Szenen, wie diejenige, in der das Clowns-Auditorium sich in die Gesellschaft der Akademieprofessoren zurückverwandelt, scheinen mir geradezu beweisbar gut, weil hier das erlebnismäßige Zusammengehören zweier Situationen durch rein optische Kongruenz symbolisiert wird, eine Methode, die genau den Mitteln des Films angepaßt und daher materialgerecht ist.«

Die Leuchte Asiens, in: St, Nr. 24, Ende Dezember 1925, S. 47–48
Franz Osten drehte den gleichnamigen Film mit einem bayrischen Team in Indien mit einheimischen Dilletanten-Schauspielern – die Geschichte vom reichen Königssohn Gautama, die Buddhalegende. »Nicht immer muß objektive Echtheit auch subjektive erzeugen. Sie tut es in diesem Film«.

Das Phantom der Oper, in: St, Nr. 24, Ende Dezember 1925, S. 48–50; KuA. S. 180–182

1926

Emil Jannings: »Varieté«, in: St, Nr. 6, S. 39–40; KuA, S. 182–184

Kaiserproklamation im Film, in: Wb, Nr. 28, 13. 7. 1926, S. 73–74
Für den Film *Bismarck 1862–1898* stellten »sich alte Generäle und Exzellenzen – ›Hunderte erster Namen‹, ... – für die Verfilmung der Kaiserproklamation von Versailles ... als garantiert materialechte Komparsen und Statisten zur Verfügung«.

1927

Metropolis, in: St, Nr. 2, 1. 2. 1927, S. 52–53*); KuA, S. 184–186

»Blutsbrüderschaft«, in: St, Nr. 3, 1. 3. 1927, S. 24–25
Die Geschichte spielt in England und in Afrika: Drei Brüder versprechen sich Wikingergräber, müssen, kaum erwachsen, zur Fremdenlegion und zwei überleben das nicht. Arnheim erzählt die Handlung und läßt sich über den mangelhaften dramaturgischen Aufbau aus.

Der Bergner-Film »Liebe«, in: St, Nr. 3, 1. 3. 1927, S. 25–26; KuA, S. 186–188

»Die Lady ohne Schleier«, in: St, Nr. 4, 1. 4. 1927, S. 53
Gleichnamiger schwedischer Film mit Lil Dagover in der Titelrolle. Arnheim

erzählt die Handlung und spricht der »grundanständigen Arbeit des Regisseurs Gustaf Molander« und der Leistung der Schauspieler ein gedämpftes Lob aus.

Pudowkins »Mutter«, in: St, Nr. 4, 1. 4. 1927, S. 54; KuA, S. 188–189

Komiker und »Komiker« im Film, in: St, Nr. 5, 1. 5. 1927
Buster Keatons »General«, S. 48–49; KuA, S. 190–191
»Meine Tante – deine Tante«, S. 49–50

»Henny Porten als duldendes Weib ist für den Feinschmecker immer oder doch beim ersten Mal ein reiner Genuß. Nirgends sonst findet man einen so hemmungslosen Verbrauch pantomimischer Gemeinplätze, nirgends sonst scheint innerer Unwert und äußerer Bombenerfolg so einleuchtend gepaart. Wie meisterlich wird jede Gemütsbewegung gelandet, und wie hart ist das Publikum im Nehmen! ... – es ist Kunsthonig statt Kunst, aber unübertrefflich in der Qualität. ... Hier wird das Unzulängliche auf eine so vollkommene Weise Ereignis, daß es schon wieder Verdienst ist.« Arnheim vergleicht weiter die Porten mit dem männlichen Hauptdarsteller Ralph Arthur Roberts.

(R. A.) Kino von hinten, in: St, Nr. 6, 1. 6. 1927, S. 63*

Dieser Beitrag müßte eigentlich ›Kino von vorn‹ heißen – Arnheim beschreibt nämlich den Blick in den Zuschauerraum, wenn man mit dem Rücken zur Leinwand steht: die Zuschauer und deren Reaktionen, den »zuckenden Tanz« des Projektionslichtes. Zu letzterem: »Vielleicht wird die Kunst der Zukunft so ähnlich aussehen, denn die Modernsten haben uns ja schon angedroht, nächstens mit Scheinwerfern reflektorische Spiele an den Himmel zu werfen, statt zu malen und zu zeichnen. Dieser Lichtkegel ist vielleicht ein graphisches Blatt aus dem Buche der zukünftigen Kunstgeschichte.«

Die Tänzerin vom Moulin Rouge, in: St, Nr. 6, 1. 6. 1927, S. 63–64*

»Fern vom Reiche der Lebendigen, fern von allem Echten, Natürlichen, Menschlichen spielt dieser Film, in einem Gefilde seliger und unseliger Schatten, die nichts zu tun und nichts zu lassen haben und die nie von dem Blute trinken dürfen, das ihnen Farbe und Form gäbe.« Hollywood-Durchschnittsproduktion mit Mae Murray von MGM – »(schon der berühmte Löwe in der Fabrikmarke gähnt)«.

Einbruch, in: St, Nr. 6, 1. 6. 1927, S. 66

»Die etwas lange Suppe die uns der Regisseur Franz Osten da eingebrochen hat, brechen wir mühelos wieder aus, ohne irgendwelche Nährwerte bei uns zu behalten.« Unterhaltungsdutzendware mit Kurt Gerron, Erika Gläßner und Camilla v. Hollay.

Die Weber, in: St, Nr. 6, 1. 6. 1927, S. 68–69; KuA, S. 191–193

Film, in: St, Nr. 8, August 1927, S. 48–50

Arnheim läßt sich von seinen Eindrücken beim Besuch einer Badeanstalt zu einigen interessanten Gedanken über Situation und Grundlagen der Filmkunst inspirieren. »Da hätten wir, dachte sich der Kritiker, die zwei entgegengesetzten Typen des Interesses am Photographischen: einerseits kann einem bloß daran gelegen sein, einen Rahmen geschmackvoll und neuartig mit Form zu füllen, andrerseits kann man einen Gegenstand möglichst getreulich und ganz gleich wie festhalten wollen. Und sogleich fiel ihm der Regisseur Paul Czinner mit seinen Bergnerfilmen *Nju, Der Geiger von Florenz* und *Liebe* ein.« Czinners Arbeit sei »›sachlich‹ in einem unkünstlerischen Sinne«, nähme keine Rücksicht darauf, »ob der Knoten gerade optisch geschürzt oder gelöst werden konnte. Das Interesse an der bloßen Handlung durfte man allerdings beim Durchschnittspublikum voraussetzen.« Als Beispiele einer Filmproduktion, von der »nur ein verschwindender Teil ... etwas mit Kunst zu tun« hat, bei denen man sich eher »auf dem Gebiete des Anschauungsunterrichts« befindet, zählt er auf: *Entfesselte Elemente, Der Thronfolger, Ihr Spielzeug, Metropolis, Faust, Laster, Primanerliebe.*

Zur Massenwirkung von Pathos und Klischees: »Eine Handlung, ein Gesichtsausdruck brauchte im Film nicht so gebracht zu werden, daß er den lebendigen Eindruck von etwa eben Passierendem hervorrief, sondern nur so, daß jedermann wußte, es sei eben Eifersucht oder Sehnsucht gemeint.« Beispielsweise mache sich selbst Conrad Veidt im *Bettelpoeten* mit solchen Mitteln die Arbeit leicht.

Die gute Filmidee ist »im Optischen aufgefunden, für das Optische gearbeitet. ... Die verbindende Handlung war etwas Sekundäres, und tatsächlich blieben ja auch die amerikanischen Grotesken, die filmkünstlerisch unbestreitbar an erster Stelle marschierten, in dieser Beziehung auf primitivstem Niveau. Oder wer wäre z. B. darauf gekommen, bei einem der famosen Fairbanksfilme *(Der Dieb von Bagdad, Das Zeichen des Zorro, Der Mann mit der Peitsche)* über die Bilderbogenritterlichkeit der Themen zu spotten? Und machte sich jemand Gedanken darüber, ob Buster Keaton während seiner Reise als *Matrose* oder auf dem *General* auch genau den Fahrplan einer natürlichen Psychologie einhielt?«

Vorführungsbereit. Ein Film des Grauens und der Ekstase, in: St, Nr. 9, September 1927, S. 33–38
Satirischer Vorschlag für ein Film-Exposé, das nahezu alle Elemente schlechter Konfektion in sich vereint.

Film, in: St, Nr. 10, Oktober 1927, S. 53–53
Im ersten Teil, der Kritik von *Regine – Die Tragödie einer Frau* von Erich Waschneck mit Harry Liedtke, Oskar Homolka und Albert Steinrück, beschäftigt sich Arnheim fast ausschließlich mit der Hauptdarstellerin Lee Parry: »Das Gesicht wirft uns einen vollen Blick zu, viel opulenter als ein Dienstmädchen ihn sich leisten könnte; ... Vom Himmel hoch da komm' ich her, vom Himmel der Filmsterne, und wenn ich auch die Treppe aufwische, so bleibe ich doch eure Lee Parry!«
Rivalen (What price glory). Es ist traurig und erstaunlich, daß ein so ausgezeichnet gemachter Film so unanständig und so gefährlich sein kann. ... Der Krieg eignet sich nicht zum Hintergrund für Humoresken und Liebesgeschichten, weil sein Anblick für nicht ganz abgestumpfte Zuschauer so grell wirkt, daß er die Figuren totschlägt.«

Vortrag über den »Napoleon«-Film, in: St, Nr. 11. November 1927, S. 46–48*; KuA, S. 193–196

(R. A.) Vom Film, in: St, Nr. 12, Dezember 1927, S. 43–44
Notizen in Absatzlänge zu den Themen »Filmplakate«, »Begleitmusik«, »Presse-karten« der Ufa, »Tierfilme und geographische Filme«, »Filmkritiker« (hier abgedruckt auf S. 167), sowie »Bühnenschau«.

Ramper, der Tiermensch, in: St, Nr. 12, Dezember 1927, S. XII–XIII*
Gleichnamiger Film mit Paul Wegener in der Titelrolle, sowie Mary Johnson und Kurt Gerron. »Dieser Film hat keine Stimmung. Da ist das unglückselige Grönland, das mit seinen malerischen Erkern, Tropfsteinhängen und Vor-sprüngen so aussieht, als habe die Natur in einer zeugungsunfähigen Stunde ver-sucht, Poelzig nachzuahmen.«

1928

Film, in: St, Nr. 1, Januar 1928, S. 52 ˙
The way of all flesh von Victor Fleming nach dem Manuskript von Ludwig Biro; in der Hauptrolle Emil Jannings: »Wir weinen um Emil. Er aber wird alle Tage rundlicher und verdient mehr als er verdient. Er war einst der ›letzte Mann‹ in Berlin, nun ist er der erste in Hollywood und leidet an einer schweren Gage im progressiven Stadium. Darf man da gratulieren?«

Die Kunst im Volke, in: Wb, Nr. 3, 17. 1. 1928, S. 97–100
Ist es nicht ein frommer Betrug, »daß es lobenswert und nützlich sei, den wei-testen Kreisen des Volkes die Bekanntschaft mit Kunstwerken zu vermitteln«? Hier liegt »stillschweigend das Axiom zugrunde: Kunst ist auf Anhieb ver-ständlich; ... Kein Meister fällt vom Himmel, aber das Publikum! ... Wo steht eigentlich geschrieben, daß bei der Kunst das Vergnügen mehr im Mittelpunkt steht als bei anderen vernünftigen Beschäftigungen?«
»Es hieße, das Kind mit dem Bade ausschütten, wenn man verlangte, daß Kunst und Wissenschaft, soweit sie der Revolution nicht nutzbar gemacht werden können, zu unterdrücken seien, bis es keine Wohnungsnot und keine Hunger-löhne mehr gibt. ... Trennen wir, besonders in Film und Theater, die Ver-gnügungsindustrie von der Kunst, damit nicht weiter der Künstler von den An-sprüchen der Zerstreuungsbedürftigen behindert und der abgearbeitete Berufs-mensch in seinen Erholungsstunden vor massive ästhetische Aufgaben gestellt werde! Bieten wir nicht immer wieder Kunstwerke, die ein geschultes Gefühl und Verständnis verlangen, aus falscher Humanität einem unvorgebildeten, brei-ten Publikum, sondern leiten wir den Bildungs- und Genußtrieb auf einem ver-nünftigeren, aber weniger bequemen Wege in die richtige Bahn.«

Der fröhliche Weinberg, in: St, Nr. 2, Februar 1928, S. 60–61*
Gleichnamiger Film mit Camilla Horn, Camilla von Hollay, Lotte Neumann, Rudolf Rittner und Fritz Odemar. Die Kritik beginnt: »Vater Rhein hat eine Menge unehelicher Kinder in der Filmbranche. Sie sehen einander ähnlich wie

ein Ei dem andern, aber vom Vater haben sie nichts geerbt als seine alten Kleider: den bacchantischen Rebenschurz in der Beckengegend. Und auch das Lendentuch ist bei ihnen bloße Dekoration; sie haben Vaters Fruchtbarkeit nicht; in ihrem Leben ist keine Farbe und keine Sonne; sie leiden an Blutarmut und haben ein lethargisches Temperament. Schon lagern sie zu Dutzenden aufgestapelt in den kühlen Kellern der Vergessenheit. Sie haben während ihres kurzen Daseins niemanden berauscht«.

Die Jugend der Königin Luise, in: St, Nr. 2, Februar 1928, S. 61–62
Gleichnamiger Film von Karl Grune mit Mady Christians, Otto Gebühr, Adele Sandrock, Hans Mierendorff, Mathias Wieman. »Das Grundmotiv war von vornherein gegeben durch den Trick, mit dem man bei uns die Monarchen populär macht: man zeigt sie als unmonarchistisch burschikos, dem Zwange der Ettikette abhold, als pure Naturkinder. ... Und so wird das, was historisch am Monarchismus das Wichtige war, der starre und kriecherische Hofgeist, zur komödiantischen Gegenspielercharge liebenswerter Menschenkinder auf dem Throne, die – nicht wahr – über das alles erhaben sind!«

Chaplin stört, in: Wb, Nr. 6, 7. 2. 1928, S. 227–228
Satire auf den gesellschaftlichen Rummel um die europäische Uraufführung des neuesten Chaplin-Films in Berlin: »Da plötzlich geschieht etwas Sonderbares. Mitten unter den tanzenden Paaren erscheint ein zerlumptes, pechrabenschwarzes Männchen, lugt aus ängstlich aufgerissenen Augen um sich, schnuppert mit dem Bärtchen und kratzt sich unanständig am Hinterkopf – ein erbärmliches Häufchen Elend in all der Pracht.«

Titania-Palast, Alraune, Zirkus, in: St, Nr. 3, März 1928, S. 56–59
Die Dreiteilung des Titels steht für drei in sich geschlossene Beiträge zu
– der Neueröffnung des Kinos »Titania-Palast« in Berlin-Steglitz: »Die meisten großen Kinos in Berlin sind geschmacklos, mußte der neueste ›Palast‹ noch geschmackloser werden?« (S. 56).
– Henrik Galeens Film *Alraune* mit Brigitte Helm in der Titelrolle: »Schade, daß der Regisseur es sich entgehen ließ, der ganzen Rolle die konzentrierte Bildkraft zu verleihen, die hier nur in einigen, durch viel mittelmäßiges Drumherum abgeschwächten Szenen erreicht worden ist.« (S. 57–58).
– Chaplins *Zirkus*-Film (S. 58–59); KuA, S. 196–197

Greta Garbo, in: Das Tagebuch (Berlin), Nr. 9, 3. 3. 1928, S. 367–368*; KuA, S. 288–289

Das Ende von St. Petersburg nebst Randbemerkungen und Seitenblicken, in: St, Nr. 4, April 1928, S. 58–62*; KuA, S. 197–202

Spione, in: St, Nr. 5, Mai 1928, S. 59–61; KuA, S. 202–204

Die Sache mit Schorrsiegel, in: St, Nr. 5, Mai 1928, S. 61–62
Gleichnamiger Kriminalfilm mit Walter Rilla, Bernhard Goetzke und Helga Molander. »Die Begabung des Regisseurs Jaap Speyer liegt offenbar darin, dem Schauspieler eine charakteristische und lebendige Darstellung abzugewinnen. Im rein Bildmäßigen dagegen stecken kaum Einfälle«.

Der »Chicago«-Film, in: St, Nr. 7, Juli 1928, S. 62–63

Phyllis Haver spielt »die kleine Mörderin Roxie Hart« in diesem Film von Cecil B. DeMille. Arnheim lobt die Hauptdarstellerin und kritisiert den Regisseur: »DeMille arbeitet mit Verstärkerröhren. Wenn er einen Ehemann verzweifelt sein läßt, so muß der alle Requisiten zertrümmern, die im Atelier irgend aufzutreiben sind.« An sich wohlgelungene Motive würden wiedergekäut, auf Einfälle würde mit dem langgestreckten Finger gewiesen. »Manchmal wieder ergibt sich die symbolische Behandlung der toten Dinge nicht zwanglos genug aus dem Ablauf der Handlung, ... Zwei in sich gerade Linien, die einander plötzlich und überraschend schneiden – das ist das Schema des guten filmischen Einfalls, ja des künstlerischen Einfalls überhaupt.«

Erich von Stroheim in der Kamera, in: St, Nr. 8, August 1928, S. 50–53; KuA, S. 204–208

Der tönende Film, in: Wb, Nr. 42, 16. 10. 1928, S. 601–604; KuA, S. 58–61

Sonderbare Filme, in: Wb, Nr. 43, 23. 10. 1928,

Die große Abenteurerin, S. 647–648

Gleichnamiger Film mit Georg Alexander und Lily Damita; Manuskript: Ferdinand Ujheli. »Der Regisseur Robert Wiene bringt einige schöne Bilder und zeigt im übrigen die Eigentümlichkeit, einen Menschen, der etwa drei Treppen hinunterzugehen hat, auch wirklich drei Treppen hinuntergehen.«

Die Heilige und ihr Narr, S. 648

»Wilhelm Dieterle, im Doppelberuf eines Grafen und Malers Welt- mit Seelenadel vereinend, spielt zum Überfluß den Regisseur. Der Film ist wie ein aus lauter dünnen und kurzen Enden geflochtener, endloser Strick«.

Revolutionshochzeit, S. 648–649

Gleichnamiger Film mit Gösta Ekman und Fritz Kortner. »Die Kamera zeichnet den historischen Vorgang in verzerrter Perspektive; aber so etwas ist in der Kunst erlaubt, und so kann man es sich zur Not auch in einem Spielfilm, der zwischen Kunstwerk und Tatsachenbericht die Mitte hält, gefallen lassen.«

Die Kritik endet mit einem Zitat aus dem »auch sonst eigentümlichen Buch« »Der kommende Film« von Guido Bagier.

Ein neuer Russenfilm, in: Wb, Nr. 48, 27. 11. 1928, S. 829–830

Das Kind des Andern mit Anna Sten und Gennadij Mitschurin. Zum Regisseur E. Tscherwjakow: »Ihm ist als Objekt das Alltäglichste grade recht, wenn er das Ewige photographieren will.« Arnheim schreibt in dieser Kritik auch von einem Hollywood-Film von Max Goldschmidt und Arnold Höllriegel, in dem man sieht, »wie Charlie Chaplin die Handlung eines neuen Films erzählt«.

Vorwürfe gegen einen guten Film, in: Wb, Nr. 49, 4. 12. 1928, S. 857; KuA, S. 209–210

Filmbücher, in: Wb, Nr. 51, 18. 12. 1928, S. 925–927

Arnheim bespricht als erstes zwei Bücher über Chaplin: Von Erich Burger (Verlag Mosse, Berlin) und von Robert Florey (Les Publications Jean Pascal, Paris). Es folgt ein Buch von E. M. Mungenast über Asta Nielsen, sowie von Curt Wesse über die »Großmacht Film« (Deutsche Buchgemeinschaft).

In der Besprechung des wichtigsten Buches dieser Reihe, W. Pudowkins »Film-
regie und Filmmanuskript« (Verlag der Lichtbildbühne), deutet sich bereits dessen Einfluß auf Arnheims spätere eigene Theorie an: »Er erläutert die ›Montage‹, das Zusammensetzen des Film aus Einzelszenen: den unruhigen oder gelassenen Rhythmus, der durch die Aufeinanderfolge von Bildern bestimmter
Länge entsteht, und den Aufbau der Handlung. Das Filmbild muß einerseits
eine typische Ansicht des Objekts bieten, andrerseits ›strebt der Film gewissermaßen danach, den Zuschauer aus dem Bereich der gewöhnlichen menschlichen
Auffassung herauszuführen‹. Der Filmregisseur zwingt den Zuschauer, ›das Objekt nicht so zu sehen, wie es am leichtesten zu erblicken ist‹ – und die Lösung
dieses Widerspruchs ergibt sich, wenn man den Faktor der künstlerischen Ge-
staltungskraft einführt, dessen Leistung darin besteht, jedes Ding in typischer
und doch neuartiger Form darzubieten. In trefflichen Formulierungen sind die
Anfänge des Films geschildert: wie man zunächst nur ›lebende Photographie‹
gibt, die Kunst der Darsteller photographiert – der Filmapparat als bloße Auf-
bewahrungsstelle für optische Begebenheiten. Bis man sich vom Vorgang löst
und die Besonderheiten des Materials begreift, den kontinuierlichen Ablauf der
realen Szene aufgibt und sie aus glücklich gewählten Einzelakzenten, höchst
unnaturalistisch, neu zusammenbaut – ein aufregend kühnes Unterfangen, das
den Sinn und die Richtung künstlerischer Arbeit unübertrefflich gut demonstriert.«

Lotte Reinigers Schattenfilme, in: Wb, Nr. 52, 24. 12. 1928, S. 961; KuA, S. 210–211

1929

Griechen und Mongolen, in: Wb, Nr. 3, 15. 1. 1929, S. 108–111; KuA, S. 211–214

Fachliche Filmkritik, in: Wb, Nr. 8, 19. 2. 1929, S. 300–304; KuA. S. 167–172

Psychotische Montage, in: Wb, Nr. 10, 5. 3. 1929, S. 378–381
Satirischer Kulturverschnitt, in dem auch Filmnamen vorkommen: »Thea von
Hartburg (Deutsche, tragt deutsche Namen!)«.

Lubitsch, Dupont, Czinner, in: Wb, Nr. 11, 12. 3. 1929, S. 414–416
Arnheim bespricht je einen Film von jedem der drei Regisseure:
Der Patriot von Ernst Lubitsch, nach dem Manuskript von Hans Kräly, mit
Emil Jannings als irrsinnigem Zaren: »Da wälzt sich ein Nilpferd durch das
Spalier der Wachen; das Gesicht ein hängender grauer Sandsack, zwei böse
weiße Augenbälle, die grobe Schublade der Lippen begehrlich vorgeschoben,
ein struppiges Sauschwänzlein am Hinterkopf. Die grausige Komik des Wahn-
sinns weckt in Ernst Lubitsch den großen Lustspielregisseur ... Sobald aber ein
ein düsteres Schicksal seine schwere Hand auf die Handlung legt, nimmt sich
Lubitsch respektvoll ein Beispiel und verliert auch seinerseits die Leichtigkeit
der Finger.«
Nachtwelt von E. A. Dupont mit Anna May Wong. »Dupont benutzt die Kamera lediglich zum bildlichen Festhalten von Begebenheiten, die sich in einem

realen Raum abspielen;« er verzichtet auf die herkömmlichen Montagetechniken und benutzt statt dessen den Kameraschwenk, um die räumliche Kontinuität und den Zeit-Ablauf zu wahren. Nachdem Arnheim sich zunächst darüber mokiert, stellt er dann doch etwas Positives fest und »schaute den Spielern mit ungewohnter Muße ins Gesicht und auf die Finger, entdeckte auf Schritt und Tritt Herrlichkeiten und freute sich plötzlich, daß jede Szene zu Ende gespielt wurde und daß der Apparat bequem von vorn in die Gesichter schaute.«

Fräulein Else von Paul Czinner mit Elisabeth Bergner. »Schon einer Schauspielerin zuliebe, die von der Bühne soviel Glück verbreitet hat, sollte, nachdem fünf hoffnungslos dilettantische Filme danebengelungen sind, der ärgerliche Unfug abgestellt und Herrn Czinner die Schankkonzession entzogen werden.«

Tonfilm-Verwirrung, in: Wb, Nr. 17, 23. 4. 1929, S. 638–642; KuA, S. 61–64

Lust- und Unlustkurven, in: Wb, Nr. 18, 30. 4. 1929,

Kleine van de Velde-Fibel, S. 676–677

»Mit van de Veldes Film steht es wie mit seinem Buch über die vollkommene Ehe: es bleibt einem unbenommen, sich über Einzelheiten der Vortragsweise herzhaft zu amüsieren, wenn man darüber nicht den Ernst und den Wert des ganzen Unternehmens vergißt.«

Konfektion, S. 677

»Außer guten und gestümperten Filmen gibt es noch eine dritte Kategorie: den sauber gearbeiteten Stumpfsinn (oder wie die Kaufleute sagen: das sichere Geschäft). Beispiel: *Die wunderbare Lüge der Nina Petrowna,* Erich Pommer-Film aus der Spitzenproduktion der Ufa.« Titelrolle: Brigitte Helm. »Der Film ist mit allen Errungenschaften der Technik gemacht, aber nichtsdestoweniger zum Sterben langweilig. Er verdankt seine Existenz nicht einem schöpferischen Impuls, sondern dem Erfahrungssatz, daß Kapital arbeiten muß. ... Das Manuskript dürfte von einer in langer Filmpraxis ergrauten Schreibmaschine selbständig, ohne menschliche Beaufsichtigung, angefertigt worden sein. ... Diese Branche hat mit Kunst nichts zu tun. Es ist: Konfektion unter Verarbeitung von nur prima Materialien.«

Und wieder Greta Garbo, S. 677–678

Und wieder eine Liebeserklärung Arnheims an Greta Garbo, anläßlich ihres Filmes *Der Krieg im Dunkeln* in der Regie von Fred Niblo: »Wie die Augen sagen, was der Mund verschweigt, wie das Licht, von wo es auch falle, immer eine vollendete Form aus diesem Gesicht modelliert, wie die Finger über die Brust eines Mannes klettern, wie der Kopf unter der Last des Haares leise zurücksinkt, wie der Körper hoheitsvoll eine Treppe hinabgleitet – das gibt es nicht zweimal auf der Welt.«

Linsen-Gericht, in: Wb, Nr. 19, 7. 5. 1929, S. 718–719

»Photographien sind nicht sklavische Abbilder des Objekts. Souverän, subjektiv, individuell wie die Linse des menschlichen Auges sieht auch die Kamera.« Bericht über eine Photoausstellung in Berlin mit Bildern von E. O. Hoppé, Man Ray, Otto Umbehr und anderen.

Japanische Ballade, in: Wb, Nr. 21, 21. 5. 1929, S. 800
»Süß und grausam ist das Märchen vom Jüngling Rikiya, der sterben muß wegen seiner Liebe zu der Geisha O-Ume.« *Im Schatten des Yoshiwara* heißt dieser Film von Teinosuké Kinugasa.

Der singende Narr, in: Wb, Nr. 24, 11. 6. 1929, S. 906–907; KuA, S. 65–66

Alte Chaplinfilme, in: Wb, Nr. 27, 2. 7. 1929, S. 20–23; KuA, S. 214–216

Der Film und seine Stiefmutter, in: Wb, Nr. 38, 17. 9. 1929, S. 434–437; KuA, S. 154–157

Stumme Schönheit und tönender Unfug, in: Wb, Nr. 41, 8. 10. 1929, S. 557–562; KuA, S. 217–221

Die Frau im Mond, in: Wb, Nr. 43, 22. 10. 1929, S. 629–631; KuA, S. 221–223

»Atlantic«, in: Wb, Nr. 45, 5. 11. 1929, S. 709–710; KuA, S. 66–68

Kinematographisches, in: Wb, Nr. 47, 19. 11. 1929, S. 774–777
Sammelkritik der Filme *Menschenarsenal* von Abram Room: »... die hohe Schule der Form darf man bei jedem Werk, das von Osten kommt, voraussetzen, aber die Gesinnung, die als ein sicherer Stecken und Stab die Gestaltung bis in die mindeste Einzelheit dirigierte, scheint nun zuweilen brüchig.«, *Giftgas* von Michael Dubson und N. Sarchi: »So macht man keine Propaganda. Tendenzwirkungen können von einem Kunstwerk nur dann ausgehen, wenn es die Schrecken der Realität zeigt.«, *Napoleon* von Lupu Pick und Willy Haas: »Saubere, objektive Geschichtsmalerei ohne nationalistische Verzerrung, naturgetreue Ausstattung, ausgezeichnete Schauspieler und dabei so sterbenslangweilig, daß man sich ernstlich nach Felix, dem Kater sehnt.«, René Clairs *Der Florentinerhut,* »wohl der einzigen europäischen Filmkomödie, die wir Chaplin entgegenzusetzen haben.«, *Markt in Berlin* von Wilfried Basse: »Unversehrt von den Vorurteilen mit Quecksilberlicht geblendeter Fabrikanten, ohne starre Prinzipien für das, was man tun dürfe und was nicht, ohne Rezepte in der Tasche geht ein junger Mann mit einer handlichen Federwerkkamera unbemerkt durch das Gewimmel der Marktbuden«, und *Der Günstling von Schönbrunn* von Erich Waschneck, der als Stummfilm angelegt und fertiggestellt worden war und dann, ohne Einwilligung des Regisseurs, zu einem Tonfilm »umgearbeitet« wurde.

1930

Goldene Worte für das Lichtspielgewerbe, in: Wb, Nr. 1, 31. 12. 1929, S. 19–21
Bemerkungen in Absatzlänge zu: dem Filmregisseur, der musikalischen Ouvertüre vor der Kinovorstellung, der ›Bearbeitung‹ von Filmmanuskripten, dem Film-Exposé (»Ob einer Gefühl für Film hat, das zeigt sich ... nicht im Exposé, sondern erst im Drehbuch.«), dem Regisseurehepaar Fleck, dem spezifisch tonfilmischen Einfall, der unvollkommenen Tonreproduktion im Tonfilm, guten

und schlechten Schauspielerinnen, dem Zweischlagersystem der kleinen Kinos, und W. Dieterle.

Garbo und Feyder, in: Wb, Nr. 3, 14. 1. 1930, S. 102–104

Die Herrin der Liebe mit Greta Garbo und John Gilbert: »Ein schlechter Film.« Allerdings verteidigt Arnheim die Garbo – »ihre kühlen Augen hatten den hitzigen Kitsch auf eine immerhin erträgliche Zimmertemperatur herabgestimmt« – gegen den Kritiker Eugen Szatmari, der im ›Berliner Tageblatt‹ über »Die ausgepfiffene Garbo« geschrieben hatte.

Die neuen Herren (*Les Nouvaux Messieurs*) von Jacques Feyder – »seine Arbeit von exemplarischer Qualität«. Der Film »bedeutet zunächst rein stofflich einen Einbruch in neues Land. ... jeder Meter des sehr breit angelegten Films hält sich in Darstellung, Gruppierung und Dekoration frei von bequemer Herkömmlichkeit.«

Arnheim erwähnt an zwei Stellen den »Zillefilm« *Mutter Krausens Fahrt ins Glück* von Piel Jutzi und zitiert abschließend den Operateur Otto Kanturek, der im Film-Kurier berichtete, daß er »momentan mit drei bis sechs Kameras zu gleicher Zeit« arbeite und sich so der Tonfilmschnitt leichter bewerkstelligen ließe. Arnheim: »Man kann sich leicht ausmalen, welche unerträgliche Mechanisierung dies (praktische und geldsparende) Verfahren bringen muß.«

Privatklagen, in: Wb, Nr. 4, 21. 1. 1930, S. 151–152

Alfred Polgar übernimmt die Theater- und Filmkritik im Berliner Rundfunksender. Daraufhin warnen die Zeitungsschreiber: »Es sei doch gefährlich, einem einzelnen Kritiker eine Macht anzuvertrauen, gegen die es keine Berufung gebe.« Arnheim entgegnet: »Für den schlichten Mann aus dem Publikum – und der ist in der Majorität und auf ihn kommt es deshalb hier an – gibt es nur eine einzige Stimme, und das ist die seines Leibblattes. ... Daß in der Hierarchie des Schreiberbetriebes einer zum Sprecher gekrönt werden soll; ... – das wurmt.«

Tauberton und Studio, in: Wb, Nr. 7, 11. 2. 1930, S. 246–248; KuA, S. 223–225

Ermler und Eisenstein, in: Wb, Nr. 9, 25. 2. 1930, S. 331–333; KuA, S. 226–227

Die traurige Zukunft des Films, in: Wb, Nr. 37, 9. 9. 1930, S. 402–404; KuA, S. 17–19

Der Geist des Films, in: Wb, Nr. 46, 11. 11. 1930, S. 723–724

Kritik des gleichnamigen Buches von Béla Balázs: »Aus jeder Seite spürt man, daß der Verfasser ein sicheres Gefühl dafür, was Kunst sei, besaß, ehe er daran ging, die Grenzen und Möglichkeiten der neuerschaffenen Bildkunst zu erforschen. ... Wie denn überhaupt der Vorzug seines Buches in der Fülle der Gesichtspunkte und Beispiele besteht, die er vor dem Leser ausstreut, ohne freilich sie ihm immer im rechten Zusammenhang zu zeigen.« Er vergolde »Spreu und Weizen ziemlich gleichmäßig. ... Balázs gibt das vollständige Material zu einer unübertrefflichen Film-Ästhetik. Das Buch, das er nicht geschrieben hat, ist ausgezeichnet.« Aus den weiteren Bemerkungen läßt sich ablesen, daß Arnheim zu dieser Zeit an seiner eigenen Filmtheorie arbeitet: »... es liegt ihm nicht (obschon er es nicht unversucht läßt), bei den Elementen zu beginnen und von einer möglichst konkreten psychologischen Analyse der ›Charaktereigenschaften‹ des Films aus ein System nach oben aufzubauen. Nur so könnte man zu hinreichend exakten und allgemeingültigen Regeln kommen und so dem Leser das stabile Wissen verschaffen, daß er begehrt.«

Beiläufig erklärt Arnheim noch das Buch von Hans Kahan »Dramaturgie des Tonfilms« (Verlag Max Mattison, Berlin) für »Geschwätz«.

1931

Chaplin nach wie vor, in: Wb, Nr. 13, 31. 3. 1931, S. 467–468; KuA, S. 228–229

Garbo und Gassenhauer, in: Wb, Nr. 14, 7. 4. 1931, S. 509–510; KuA, S. 229–231

Post scriptum, in: Wb, Nr. 16, 21. 4. 1931, S. 584–586
Anmerkungen von Absatzlänge zu
– *City Lights*: »Nur wenn nicht ein schönes Mädchen sondern die platonische Idee landläufiger Schönheit, der völlig unpersönliche, abgeschmackte Dauerwellenengel Chaplins akrobatischen Zärtlichkeiten zum Objekt dient, nur dann hat die Komik dieser Szenen ihren tiefen, traurigen Sinn.«
– *Anna Christie*: »Ein französischer Filmregisseur verfilmt mit einer schwedischen Schauspielerin in deutscher Sprache ein amerikanisches Drama. Auch der Turmbau zu Babel soll seinerzeit nicht gut ausgegangen sein.«
– *Ariane* mit Elisabeth Bergner: »Doktor Paul Czinners Fähigkeit, unbrauchbare Filme herzustellen, hat durch die Umstellung auf den Tonfilm nicht gelitten. ... Und man sehe dagegen etwa, mit welcher technischen Meisterschaft ein unprätentiöser, dummer Geschäftsreißer wie Joe Mays ... *und das ist die Hauptsache!* gemacht ist«.
– Tierquälereien in einem MGM-Film, in dem Hunde in Menschenkleidern auf den Hinterbeinen humpeln, Klavier spielen usw.
– Oskar Fischingers »absoluten« Filmen: »Finden Sie nicht, daß Micky Maus das mit dem Schwanz nebenbei erledigt?«
– dem Fall *Dreigroschenoper:* »Über all diesen nützlichen Reden ist G. W. Pabsts Film selbst schlecht weggekommen, und viele wissen nicht, was für eine wunderschöne Arbeit da geleistet worden ist.«
– der Pleite der Rhein- und Heidelberg-Filme-Produktionsgesellschaft der Frau Hegewald.
– *Das Mädchen mit den Schwefelhölzern* von Jean Renoir mit Cathérine Heßling: »erklügelte Ateliermätzchen, Ornamentstudien aus einem Totenhaus«.

Granowsky probiert, in: Wb, Nr. 18, 5. 5. 1931, S. 653–655; KuA, S. 231–234

Die wirkliche Greta Garbo, in: Ft, Nr. 10, 16. 5. 1931, S. 4–5
(Vorabdruck aus »Film als Kunst«: Bis auf den ersten Absatz, der hier fehlt, identisch mit dem Kapitel ›Der Fall Greta Garbo‹, S. 206–209)

Kino-Rondo, in: Wb, Nr. 20, 19. 5. 1931, S. 730–732; KuA, S. 234–237

Der Fritz Lang-Film II: Eine Minute Pause!, in: Wb, Nr. 23, 9. 6. 1931, S. 846–848
Replik auf Gabriele Tergit (Der Fritz Lang-Film I: Der Film des Sadismus, in: Wb, Nr. 23, S. 844–845), die *M* als »rascheste Konjunkturausnutzung«, als Spekulation »auf die rohesten Instinkte, die überall schlummernde Grausamkeit« bezeichnet. (Die Uraufführung fand drei Wochen nach dem Düsseldorfer Kürten-Prozeß statt). Arnheim nennt die Geschichte »einen zeitgemäßen Stoff, der alle Volksgenossen packt und angeht« und entgegnet weiter: »Warum einen Filmregisseur, der sein Streben zum Besseren deutlich erweist, bedingungslos zurückstoßen?«

Girls und Krieger, in: Wb, Nr. 25, 23. 6. 1931, S. 930–931
Wir schalten um auf Hollywood: »Eine unerträglich langweilige, einfallslose Reklameschau der Metro-Goldwyn-Stars, ausgeheckt und konferiert von dem peinlichen Europäer Paul Morgan.«
Menschen hinter Gittern von Paul Fejos mit Heinrich George und Dita Parlo »gehört in die Serie großartig gemachter amerikanischer Filme, in denen gesinnungsvoller Ernst vorgetäuscht und kindlicher Sensationsrummel aufgeführt wird.«

Bressart, in: Wb, Nr. 31, 4. 8. 1931, S. 184; KuA, S. 293–294

Tabu, in: Wb, Nr. 35, 1. 9. 1931, S. 346–347; KuA, S. 237–238

Hans Albers, in: Wb, Nr. 36, 8. 9. 1931, S. 383–384; KuA, S. 292–293

Tonfilm mit Gewalt, in: Vossische Zeitung (Berlin), Nr. 213, 12. 9. 1931; KuA, S. 68–71

Geschäft und trotzdem!, in: Wb, Nr. 37, 15. 9. 1931, S. 408–410
Salto Mortale von E. A Dupont mit Kurt Gerron, Anna Sten und Reinhold Berndt: »Dieser Film steht turmhoch über allem, was wir in der letzten Zeit gesehen haben. ... Mit einer fast monomanischen Besessenheit bringt Dupont in Hunderten von überraschenden Einstellungen die toten Dinge zum Sprechen.« Jedoch: »Es ist für die Leistungen der bewährten Regisseure im Tonfilm charakteristisch, daß sie Ausgezeichnetes bieten, soweit sich die Handlung durch Bild oder Geräusch von der Oberfläche her formen läßt, daß sie aber beim Wort leicht ins Schülerhafte fallen und den Schauspieler ohne Halt lassen.«
Schlacht von Bademünde mit Max Adalbert und Adele Sandrock. – »Nun haben wir auch in Berlin ein Wochenschau-Kino, aber es bringt nichts andres sondern nur mehr als wir aus dem Vorprogramm gewöhnt sind. ... Welch eine Aufgabe für geschickte, intelligente Monteure solches Material durcheinander zu schneiden, durch lebhaften Begleitspruch zu beleben, Beziehungen inhaltlicher oder rein bildlicher Art zwischen Heterogenem herzustellen«. – »In Kurt Gerrons Ufa-Kurzfilmen wird die Bühne abphotographiert. Die Kamera ist gefesselt wie vor zwanzig Jahren.« – Fazit: »Verpaßte Chancen innerhalb der durch den Geschmack des Massenpublikums vorgezeichneten Grenzen.«
»Eine Chance ausgenutzt haben Wilhelm Thiele, S. Fodor und Kurt Siodmak in ihrer Pariser Arbeit *Der Ball.*«

(Hörfunk-Filmkritik) innerhalb der Sendung »Zehn Minuten Film« für die Funk-
stunde Berlin, 26. 9. 1931, gegen 17.10 Uhr: Dr. Rudolf Arnheim über die Filme
Der Weg ins Leben von Nikolai Ekk und *Der lächelnde Leutnant* von Ernst
Lubitsch (Länge 4:30 Minuten, weder Manuskript noch Tonaufzeichnung erhalten).

Die Russen spielen, in: Wb, Nr. 39, 29. 9. 1931, S. 485–489; KuA, S. 238–242

Lob der Charge, in: Ft, Nr. 20, 3. 10. 1931, S. 2–3; KuA, S. 113–115
Nachdruck in: NZZ, Nr. 139, 24. 1. 1932

Zwei Filme, in: Wb, Nr. 41, 13. 10. 1931, S. 572–573
Wer nimmt die Liebe ernst ... von Erich Engel mit Max Hansen und Jenny
Jugo: »Es ist schwer, so leicht zu sein, so ohne Verschrobenheit anspruchsvoll,
so ohne Geschmacklosigkeiten derb und volkstümlich.«
Berlin-Alexanderplatz von Piel Jutzi mit Heinrich George, Maria Bard und
Gerhard Bienert: »Je mehr der Anschauungsunterricht des Films unser Gefühl
für das Echte, Natürliche schärft, um so fühlbarer wird an den sogenannten
sozialen Filmen, daß die Filmleute vom Proletarier sprechen wie der Blinde
von der Farbe.«

Marokko, in: Wb, Nr. 42, 20. 10. 1931, S. 612–613; KuA, S. 242–243

Zum ersten Mal!, in: Bt, Nr. 504, 25. 10. 1931; KuA, S. 19–21

Die Gestaltungsmittel der Kamera, in: Ft, Nr. 22, 31. 10. 1931, S. 5–7
(Vorabdruck aus »Film als Kunst«, S. 149–154)

Teils teuer, teils gut, in: Wb, Nr. 44, 3. 11. 1931, S. 674–678; KuA, S. 244–248

Argumente gegen den Tonfilm, in: BT, Nr. 528, 8. 11. 1931
(Vorabdruck aus »Film als Kunst«, S. 265–267)

Psychologie des Konfektionsfilms, in: Wb, Nr. 45, 10. 11. 1931, S. 711–714
(Vorabdruck aus »Film als Kunst«, S. 193–201 gekürzt)

Porträt: Grete Mosheim, in: Bt, Nr. 540, 15. 11. 1931; KuA, S. 289–290

Der Fall Greta Garbo, in: NZZ, Nr. 2450, 20. 12. 1931
(Vorabdruck des gleichnamigen Kapitels aus »Film als Kunst«, S. 206–209)

Porträt: Rudolf Forster, in: BT, Nr. 599, 20. 12. 1931; KuA, S. 290–291

Stil und Stumpfsinn im Film, in: Wb, Nr. 51, 22. 12. 1931, S. 932–934; KuA,
S. 133–135

Porträt: Albert Préjean, in: BT, Nr. 607, 25. 12. 1931; KuA, S. 291–292

Ronny mit Vor- und Nachwort, in: Wb, Nr. 1, 5. 1. 1932, S. 33–34
Vorwort: *Rasputins Liebesabenteuer,* »Stummfilm aus dem dritten Jahrhundert
vor Christus«.
Ronny, Ufa-Lustspiel mit Willy Fritsch und Käthe von Nagy: »Fast vor jeder
Szene möchte man den Hut ziehen, nicht eben aus Ehrfurcht, sondern weil man
sie als alten Bekannten wiedererkennt.«
Nachwort: Über den *Yorck*-Film der Ufa.

Betrübliche Filme, in: Wb, Nr. 2, 12. 1. 1932, S. 59–63
Yorck von Gustav Ucicky und Hans Müller mit Werner Krauß, Rudolf Forster,
Grete Mosheim. Arnheim nennt zunächst den Grund, warum er sich so ausführlich auf drei Seiten über diesen Film ausläßt: »Einem Ufa-Film beispielsweise ist, ganz gleich ob er schlecht oder gut, publikumswirksam oder -unwirk-
sam ist, eine bestimmte, hohe Besucherzahl ziemlich sicher garantiert. Und deshalb ist er wichtig.« Das Thema des Films sei »mit ungewöhnlichem Geschick
ausgesucht«. Die Zuschauer »werden von der Leinwand ablesen, daß es zweckmäßig ist, aus privater Initiative gegen Frankreich zu mobilisieren, wenn die
Regierung sich zu lange damit befaßt, mit dem Erbfeind diplomatische Papiere
auszutauschen. ... Über die künstlerische Form des Films ist wenig zu sagen.«
X 27 (*Dishonoured*) von Josef von Sternberg, KuA, S. 248–250

Film als Kunst, Ernst Rowohlt Verlag, Berlin 1932, 344 Seiten
Seitenidentische und mit einem neuen Vorwort vom Verfasser versehene Neu-
ausgabe, Carl Hanser Verlag, München 1974
Englische Übersetzung: Film, Faber & Faber, London 1933 (Übersetzt von
L. M. Sieveking und Ian F. D. Morrow, Vorwort von Paul Rotha)

Der französische Film, in: Wb, Nr. 4, 26. 1. 1932, S. 135–138; KuA, S. 250–253

Paukerfilme, in: Wb, Nr. 5, 2. 2. 1932, S. 185–187
Arnheim kritisiert die Praxis des »Günther-Ausschusses«, der den sogenannten
»Lehrfilmschein« vergibt – conditio sine qua non für jeden Kulturfilm, weil
damit eine Lustbarkeitssteuerermäßigung für den Kinobesitzer verbunden ist.
Am Beispiel des Chicago-Filmes *Weltstadt in den Flegeljahren* von Heinrich
Hauser, dem der Lehrfilmschein verweigert wurde, zeigt Arnheim die Beurtei-
lungsmaßstäbe des Ausschusses und deren Auswirkungen auf: »Langeweile gehört für sie zur Würde des Unterrichts. Der warme Atem der Wirklichkeit
beunruhigt sie. Und so fordern sie Filme, in denen alles schön der Reihe nach
heruntergedreht ist. ... Und sie fordern, daß den Kindern die Welt sanft und
nicht zu häßlich gezeigt werde. In der Schulstube soll Ruhe und Ordnung sein,
auch wenn draußen Gewalt, Armut und Widersinn herrschen.«

Antwort, in: BT, Nr. 64, 7. 2. 1932; KuA, S. 254–255

Die Filmkritik und ihr Einfluß auf die Gestaltung der Produktion, in: Reichsfilm-
blatt (Berlin), Nr. 8, 20. 2. 1932
Arnheim antwortet neben anderen auf eine Umfrage bei Kritikern: »Der Kritiker

kann Einfluß auf den geschäftlich denkenden Kunstproduzenten nur auf dem Umweg über das zahlende Publikum bekommen. Er sucht den Geschmack der Zeitungsleser zu dirigieren, der seinerseits die Kassenabschlüsse bestimmt und somit die Wünsche der Verleiher und letztlich die Entschlüsse der Produktionsleiter. Besonders wichtig hierfür ist die Filmkritik in der Kleinbürger- und Arbeiterpresse. Aber diese Erziehungsarbeit ist schwer und braucht Geduld.«

Josef von Sternberg kabelt, in: Wb, Nr. 9, 1. 3. 1932, S. 336–337; KuA, S. 255–257

Der Rundfunk sucht seine Form, in: Wb, Nr. 10, 8. 3. 1932, S. 374–377
»Das Gute müßte sich beim Rundfunk leichter durchsetzen lassen als beim Film. Denn während der Filmindustrielle Gefahr liefe, sein Geld einzubüßen, wenn er seinem Kinopublikum unbequeme Kulturarbeit zumuten, statt oberflächliche, gefährliche Zerstreuung liefern wollte, ist der Rundfunk einerseits kein privates kaufmännisches Unternehmen und andrerseits Monopolinhaber. Man könnte dem Hörer schon auf eine ziemlich unpopuläre Weise erzieherisch kommen, ohne daß deshalb der Zustrom der Zweimarkstücke am Monatsersten empfindlich abebbte. Denn der Hörer hat ja keine Auswahl, und ehe er gar nichts hört, hört er lieber Gutes.«

Tonfilm auf Abwegen, in: BT, Nr. 124, 13. 3. 1932; KuA, S. 71–73

Film vom Fernamt, in: Wb, Nr. 12, 22. 3. 1932, S. 458–459
Hallo, Hallo – hier spricht Berlin von Julien Duvivier: »Es macht uns schon fast Mühe, der witzig abkürzenden, impromptuhaften Formensprache des Franzosen zu folgen. Wir frischen unsre Sehkünste auf, wir dürfen ihm dankbar sein. Er bemüht sich, die Schauplätze seines Films mit charakteristischen, statt schematisch schönen Figuren zu bevölkern, er läßt den Dialog sehr einleuchtend aus dem unartikulierten Geschnatter der Volksmenge hervorwachsen.«

Helden fürs Herz, in: BT, Nr. 147, 27. 3. 1932; KuA, S. 115–117

Petzet, Kuhle Wampe, Albers, in: Wb, Nr. 13, 29. 3. 1932, S. 486–488
»In einer lesenswerten Schrift »Verbotene Filme« (Societätsverlag Frankfurt am Main) gibt Wolfgang Petzet eine zuverlässige und gut belegte Beschreibung der Filmzensurstellen und ihrer Wirksamkeit. . . . Die Schrift liefert gutes Material, läßt aber den Leser im Stich, wo er klare Haltung und Forderungen erwartet. Ganz scharf hätte die Grundfrage gestellt werden müssen: Soll das demokratische Prinzip publizistischer Meinungsfreiheit unbegrenzt gelten, oder muß dem Staat das Recht gegeben werden, Feindliches und Schädliches zu unterdrükken.«
Kuhle Wampe; KuA, S. 158–159
Der Sieger mit Hans Albers: »Die Verantwortung für das jammervolle Manuskript übernehmen« Leonhard Frank und Robert Liebmann. »An diesen verlogenen Radauoptimismus, an dies Handgemenge abgestandenster Zwischenfälle verschwendet der Meisteroperateur Günther Rittau seine besten Künste.«

Zensur ohne Hemmung, in: Wb, Nr. 14, 5. 4. 1932, S. 530–531; KuA, S. 159–161
Nachdruck in: Wolfgang Gersch/Werner Hecht (Hrsg.), Bertolt Brecht: Kuhle Wampe. Protokoll des Films und Materialien, Frankfurt 1969, S. 157–159
Nachdruck in: Film und revolutionäre Arbeiterbewegung in Deutschland 1918–1932, Band 2, Berlin 1975, S. 163–165

Die sogenannte Freiheit, in: Wb, Nr. 16, 19. 4. 1932, S. 594–596; KuA, S. 161–164

Zwei wichtige Filme, in: Wb, Nr. 16, 19. 4. 1932, S. 605–606
Fünf von der Jazzband von Erich Engel, Manuskript von Hermann Kosterlitz: »Ohne kunstgewerbliche Verschrobenheiten, ohne krampfhaft aufgesetzte Kurfürstendammpointen, volkstümlich und belustigend, und doch mit der ganzen Sprachkultur der Bühne gemacht.«
Schanghai-Expreß, KuA, S. 257–258

Filmkünstler – richtig und falsch beschäftigt, Südwestdeutscher Rundfunk Frankfurt, 28. 4. 1932, ›Stunde des Films‹, 18.25 Uhr (25 Minuten, weder Manuskript noch Tonaufzeichnung erhalten)

Soggettista e direttore artistico, in: L'Italia letteraria (Rom, Mailand), 15. Mai 1932 (Nachdruck des Kapitels ›Manuskript und Regie‹ aus »Film als Kunst«, S. 220–223; übersetzt von Umberto Barbaro)

Das rote Schwänzchen, in: Wb, Nr. 25, 21. 6. 1932, S. 938–939
Diese Satire, die »Der kommunistischen Presse in Freundschaft« gewidmet ist, beginnt mit einem Filmbeispiel: »Wir zeigen unsern Lesern heute in gelungener Großaufnahme die Beine der Schauspielerin Marlene Dietrich – wohlgeformte, seidenumflorte Instrumente des Klassenkampfes, den das internationale Filmunternehmertum unter Ausbeutung hungernder Statisten führt, um die Gehirne der werktätigen Massen zu umnebeln.«

Der Mensch ohne Namen, in: Wb, Nr. 28, 12. 7. 1932, S. 61–62
Gleichnamiger Ufa-Film von Gustav Ucicky mit Werner Krauß, Helene Thimig, Maria Bard: »Bewundernswert die Geschicklichkeit, mit der in diesen Filmen alle geistigen Ansprüche zugleich erfüllt und enttäuscht, Zeitfragen angeschnitten und dann rechtzeitig abgebogen, Anspruchsvolle und Dienstmädchen durch die gleichen Bilder gefesselt werden.«

Flucht in die Kulisse, in: Wb, Nr. 37, 13. 9. 1932, S. 398–400; KuA, S. 259–261

Ernst im Spiel und Spiel im Ernst, in: Wb, Nr. 38, 20. 9. 1932, S. 431–433
Mata Hari von George Fitzmaurice mit Greta Garbo: »Ergreifend, wie diese Frau, der als privates Schicksal bestimmt ist, einen welterschütternden Lärm dadurch zu erregen, daß sie in der Stille lebt, die Hollywood-Rumpelkammer in eine Kirche verwandelt. Eine Pygmalionleistung, wie sie dämonischen Pritzelpuppen Leben gibt, wie sie Tiefen gräbt, wo der Bauplan nur Seichtheiten vorsah. Wo sie hintritt, wächst Gras, der ausgedörrte Atelierboden wird fruchtbar, und der Ernst, mit dem sie um sich blickt, macht schwer, was zu leicht befunden werden müßte.«

Träumender Mund von Paul Czinner mit Elisabeth Bergner. »Grade wer Czinners frühere Filme heftig abgelehnt hat, darf sich freuen, mit welchem Anstand, mit welcher Gleichmäßigkeit des Formniveaus diesmal – vielleicht unter dem Einfluß des Mitarbeiters Carl Mayer – gearbeitet worden ist.« Arnheim nimmt allerdings seine Bedenken gegen die Filmschauspielerin Bergner wieder auf: »Wer hier, unter dem Vergrößerungsglas der Filmlinse, nicht die tragischen Verkleidungskünste des modernen Intellektmenschen erkennt, ... dem kann man, was hier vorliegt, förmlich beweisen an den Szenen in denen Frau Bergner spielen soll, daß sie nur spielt. ... sie kann täuschen, weil sie nur täuschen kann.«

Filmwinter, in: Wb, Nr. 39, 27. 9. 1932, S. 465–468
Arnheim streift in diesem Artikel die verschiedensten aktuellen Themenbereiche: Von den Filminitiativen der Kirchen kommt er auf den naiven Zuschauer, der »das, was sich vor seinen Augen auf der Projektionswand handgreiflich bewegt, bewußt oder unbewußt für einen Bericht aus der Wirklichkeit« hält; über Militärschwänke und das neue Ufa-Verleihprogramm (»Unter den ungefähr dreißig Filmen, die der Geheimrat mit der Bürstenfrisur ankündigen läßt, sind allenfalls zwei oder drei, von denen man sicher sein kann, daß sie Tankstellen für nordisches Blut und deutsche Seele abgeben werden«), kommt er auf die Beliebtheit der Serienfabrikation bei den Filmproduzenten zu sprechen. Weiter geht es mit *Mädchen in Uniform* und der Entwicklung der Hauptdarstellerinnen Hertha Thiele und Dorothea Wieck: »Man greift nach dem Guten, aber man verdirbt es. Das gilt vor allem auch für die Verfilmungen literarischer Stoffe.« Arnheim gibt Beispiele. Über Falladas Buch »Kleiner Mann – was nun?« (»wie für den Film geschaffen«) kommt er auf den französischen Kriegsfilm *Hölzerne Kreuze,* bei dem nicht versucht worden ist, »den Krieg ins Heroisch-Appetitliche oder gar, höchster Greuel, ins Humoristisch-Burschikose umzufälschen.« Zum Abschluß weist er auf die Amateurfilmbewegung hin: »Wenn es auch niemals gelingen kann, mit den kleinen Handapparaten der großartig entwickelten Licht- und Kameratechnik der Spielfilmproduzenten Konkurrenz zu machen, und wenn auch bisher Tonfilmaufnahmen auf Schmalfilm nicht möglich sind, so wird man doch durch das häufige Betrachten oder gar Selbstdrehen ungestellter Reportageaufnahmen ganz von selbst kritischer gegen alles, was die Ateliers als Wirklichkeit präsentieren.«

Schade, daß ich nicht, in: Ffa, Nr. 10, S. 283–285
Der Herausgeber dieser Filmamateur-Zeitschrift A. Kraszna-Krausz forderte Arnheim auf, doch während seines Oberitalien-Urlaubs mal auf Motive zu achten, bei denen ihm einfiele: »Schade, daß ich jetzt keinen Kinoapparat bei mir habe!« Die Schwierigkeit bestand in der Auswahl: »So seien denn hier wenigstens einige Beobachtungen aufgezeichnet, deren seltsamer formaler Reiz sich schon in einer kurzen Beschreibung fühlbar machen läßt, Motive also, die nicht erst des Photographen bedürfen, um die Gestalt des Kunstwerkes anzunehmen, sondern die schon in sich, als bloßer Tatbestand, kleine Zufallskunstwerke der Wirklichkeit darstellen.«

Vom Tragischen, in: Wb, Nr. 41, 11. 10. 1932, S. 551–553

»Je gleichartiger also die Bedingungen sind, unter denen die beiden gegensätzlichen Ereignisse auftreten, und je näher diese aneinander gerückt sind, um
so ausgeprägter tragisch wird der Eindruck. Und hierin finden wir nun die
Auswirkung eines der grundsätzlichsten Kunstgesetze wieder. Neulich zeigte mir
der russische Filmregisseur Eisenstein ein Photo aus seinem neuen Mexiko-
Film. Man sah darauf eine steinalte Mexikanerin und ihre kleine Enkelin
nebeneinandergehen, jede hielt mit der gleichen Armbewegung einen großen
Tonkrug auf dem Kopf. Eisenstein erklärte mir, wie grade durch die Gleichartigkeit der Haltung und der Beschäftigung der Alterskontrast zwischen den
beiden Frauen besonders akzentuiert würde. Das gleiche Prinzip, wie man
sieht!«

Theorie der Wochenschau, in: BT, Nr. 504, 23. 10. 1932

»Nur zweierlei steht von der Wochenschau fest: daß sie beliebt und daß sie
schlecht ist.« Beliebt sei sie, weil sie der Neugier »mit dem authentischsten und
daher fesselndsten Material« diene und schlecht sei sie wegen »der Ängstlichkeit, der politischen Verstocktheit, der geistigen Unzulänglichkeit ihrer Hersteller«. Arnheim fragt nach den eigentlichen Aufgaben und den Grenzen der
Wochenschau und sieht die grundlegende Schwierigkeit in der Beschränkung,
»aus dem raumzeitlichen Kontinuum winzige Proben herauszuschneiden. ...
Ausschnitte aber sind stets ein verdächtiges Material. Die Wochenschau hilft
sich, indem sie sich Vorgänge von allgemeiner Bedeutung heraussucht, die
innerhalb von Minutenspannen ablaufen; indem sie den historischen Augenblick aufgreift.« Doch »wer *nur* die Woche sieht, der sieht die Woche gar nicht.
Die Woche soll der Ausgangspunkt für die Betrachtung sein, nicht ihre Grenze.
... Das Ganze in Ausschnitten zu gestalten ist also die Aufgabe der Wochen-
schau (wie jedes andern Films).«
Arnheim macht den Vorschlag, »nicht nur Bild zu Bild sondern auch Ton gegen
Bild kontrapunktisch zu montieren«. Und weiter: »Nicht nur den ›historischen‹
Einzelvorgang gilt es zu zeigen, sondern auch das Zuständliche, das Gleich-
bleibende, das an vielen Orten zugleich Geschehende. Das Typische also. ...
Nicht nur immer Bilder vom Regieren, sondern auch vom Regiertwerden. ...
Die Wochenschau könnte ein wundervolles Volkserziehungsmittel sein ... Zumindest müßten regelmäßig Berichte aus wichtigen Reichstags- und Gerichtsverhandlungen gebracht werden.«
Zu diesem Artikel nimmt vierzehn Tage später der Ufa-Wochenschau-Chef
Heinrich Roellenbleg, der spätere Direktor der Nazi-Kriegswochenschau, Stellung (Praxis der Wochenschau, in: BT, Nr. 528, 6. 11. 1932): »Der größte Nachteil der Wochenschau ist doch nun einmal der, daß sie nur alle die Dinge bringen kann, die vorher rechtzeitig bekannt sind, und wo der Tonaufnahmewagen
schußfertig in Stellung gebracht werden kann.« Arnheim verwechsle die Wochenschau mit einer parteipolitischen Tageszeitung: »Da die Wochenschau für
das Publikum in seiner Gesamtheit bestimmt ist, das sich aus Angehörigen aller
Parteien zusammensetzt, sind ihr gesinnungsmäßig sehr enge Grenzen gezogen.
Die Theaterbesitzer lehnen es naturgemäß ab, ihr Kino zum Tummelplatz poli-

tischer Leidenschaften zu machen«. Folge für die Wochenschau: »Zurückhaltung in der Auswahl aller politischen Themen und die peinliche Vermeidung jeglicher Tendenzen.« Weiter habe »Herr Arnheim« die Filmzensur vergessen, und zu Reichstags- und Gerichtsverhandlungen habe man sich bislang vergebens um die Genehmigung der Berichterstattung bemüht.

Teils gut, teils wichtig, in: Wb, Nr. 43, 25. 10. 1932, S. 620–623
Arnheim schreibt einleitend davon, daß »der bürgerlich fühlende Künstler natürlicherweise in der heutigen Welt nichts andres mehr sehen kann als ein unverständliches Chaos« führe insbesondere beim Film zu einem »Leerlauf der Form«.
Schloß im Mond, »ein amerikanischer Operettenfilm« von Rouben Mamoulian mit Maurice Chevalier. »Eine Handlung in den optisch wie akustisch gebundenen Takt eines Musikfilms einzufügen, das ist bisher nicht gelungen.«
The Champ von King Vidor mit Wallace Beery und Jackie Cooper. »Grade weil Regisseur und Schauspieler es so trefflich verstehen, lebendige Menschen auf die Füße zu stellen, grade deshalb wirkt der geschmacklose Sadismus solcher Filme so schmerzhaft. ... Die Gefühle dienen nicht dem Kunstwerk sondern das Kunstwerk den Gefühlen.«
Menschen und Dinge, sowjetischer Tonfilm, den die »russische Botschaft geladenen Gästen« zeigte. »Diese Geschichte von dem Stoßbrigadenführer, der dem amerikanischen Ingenieur nacheifert und ihn schließlich übertrifft, ist in der Grundanlage des Manuskripts wenig geschickt. ... Aber wie schön ist der schlichte Eifer dieser Arbeit, dieser Heroismus ohne Heroisierung, diese Verbindung von Bescheidenheit und Selbstbewußtsein, dieser Mut zur Selbstkritik und Selbstironisierung, der auf eine Befreiung des Sowjetfilms vom orthodoxen Parteischema hindeutet.«
Abschließend geht Arnheim noch auf Gustav von Wangenheims Theaterstück *Hier liegt der Hund begraben* ein.

Der Mensch vor der Linse, in: SRZ, Nr. 44, 30. 10. 1932, S. 17
»Zur Unterhaltung zwischen der Filmschauspielerin Leni Riefenstahl mit Dr. Arnheim am Donnerstag, 3. November«. Arnheim skizziert in der Programmzeitschrift des Südwestfunks, Frankfurt einige der Fragen, die er der Auch-Regisseurin »über den Beruf der Filmschauspielerin« stellen will: Über die Verwendung von Laienschauspielern und Bühnenschauspielern, über das Verhältnis des Filmschauspielers zum Regisseur, zum Drehbuch, zur Rolle. »Soll der Regisseur den Schauspieler zu seinem Werkzeug machen oder ihn frei schalten lassen? Soll der Schauspieler sich der Rolle anpassen oder die Rolle dem Schauspieler?«

Der Mensch vor der Linse, Südwestdeutscher Rundfunk Frankfurt, 3. 11. 1932, ›Stunde des Films‹, 18.25 Uhr
Unterhaltung zwischen Leni Riefenstahl und Dr. Rudolf Arnheim (25 Minuten, weder Manuskript noch Tonaufzeichnung erhalten)

Rapprochement in Oel, in: Wb, Nr. 47, 22. 11. 1932, S. 763–765; KuA, S. 261–263

Der Film auf dem Papier, in: SRZ, Nr. 48, 27. 11. 1932, S. 13
»Zur Unterhaltung am Donnerstag, 1. Dezember, 18.25 Uhr.« Im zweiten seiner Interviews mit Filmarbeitern will Arnheim den Autor Friedrich Raff zum Verhältnis Autor/Regisseur befragen, ferner zum »Drang des Autors zur Regie« und »nach den Bedingungen für einen wirksamen filmischen Stoff«. »Und was hat der Autor zur Erfindung des Tonfilms, zur Eroberung des Wortes für den Film zu sagen? Hat sie ihn zum Dichter gemacht?«

Film auf Papier, Südwestdeutscher Rundfunk Frankfurt, 1. 12. 1932, ›Stunde des Films‹, 18.25 Uhr
Unterhaltung zwischen dem Filmmanuskript-Autor Friedrich Raff und Dr. Rudolf Arnheim (25 Minuten, weder Manuskript noch Tonaufzeichnung erhalten)

Filmnotizen, in: Wb, Nr. 49, 6. 12. 1932, S. 847–848
Die blonde Venus von Josef von Sternberg mit Marlene Dietrich: »Die Erstarrung, die bei der kaufmännischen Verarbeitung von Gefühlen notwendig eintritt, spiegelt sich in einer hochmütigen Wurschtigkeit, die zwar billig ist aber ehrlich.«
Ich bei Tag und du bei Nacht, Erich Pommer-Produktion der Ufa.

Kurbeln und Knipsen, in: Wb, Nr. 51, 20. 12. 1932, S. 909–912
Buchkritiken zu: Fedor Stepun, »Theater und Kino« (Bühnenvolksbund-Verlag, Berlin); den Amateurfilmer-Anleitungen »So wollen wir filmen« von A. Stüler (Frankhsche Verlagsbuchhandlung, Stuttgart) und »Kind und Kegel vor der Kamera« von Alex Strasser (Verlag Wilhelm Knapp, Halle); sowie dem Photo-Buch »Meisterbildnisse« von Hoyningen-Huené (Verlag Dietrich Reimer, Berlin).

Der Tod im Film, in: BT, Nr. 611, 25. 12. 1932; KuA, S. 135–137

1933

On revient toujours, in: Wb, Nr. 2, 10. 1. 1933, S. 76–77
Unmögliche Liebe von Erich Waschneck und Franz Winterstein mit Asta Nielsen und Hans Rehmann: »Man erinnere sich der allerersten Tonfilme. Wie da unter der Wirkung des Sprechtons die Photofiguren runder, realer, wärmer zu werden schienen. Der Eindruck verlor sich später, und dennoch zeigt Asta Nielsen jetzt, daß die Eingliederung eines Menschenbildes als Schwarzweiß-ornament in die Fläche nicht mehr so vollständig möglich ist wie früher. Die geometrische, lackschwarze Pagenfrisur, große schwarze Augen und ein scharfer, schwarzer Mund in einem kalkweißen Gesicht, dies sehr filmische Ornament, war auf der höheren Stilisierungsebene des Stummfilms zugleich auch naturnah genug. Nun spricht dies Gesicht, widerspricht dem Ton und wird darum zur Maske. Ähnliches ergibt sich für die Ausdrucks- und Bewegungstechnik. . . . beste Stummfilmtechnik im Tonfilm.«

Philosophie des Ach so, in: BT, Nr. 37, 22. 1. 1933; KuA, S. 73–76

Wozu eigentlich Regisseure?, in: SRZ, Nr. 4, 22. 1. 1933, S. 16
»Zum Gespräch zwischen Dr. Arnheim und dem Filmregisseur Robert Siodmak am Donnerstag, dem 26. Januar.« Arnheim will in seinem dritten Rundfunk-Interview notwendige Aufklärungsarbeit betreiben: »Dem durchschnittlichen Kinobesucher kommt kaum zum Bewußtsein, daß jeder Bildeinstellung, jeder Bildfolge, jeder Gebärde des Schauspielers ein Einfall zu Grunde liegt, daß alles erst einmal erfunden werden mußte, daß alles auch schlechter oder besser, jedenfalls ganz anders hätte gemacht werden können!«

Zweierlei Rebellen, in: Wb, Nr. 4, 24. 1. 1933, S. 135–136; KuA, S. 264–265

Wozu eigentlich Regisseure?, Südwestdeutscher Rundfunk Frankfurt, 26. 1. 1933, ›Stunde des Films‹, 18.25 Uhr
Gespräch zwischen Dr. Rudolf Arnheim und Robert Siodmak (25 Minuten, weder Manuskript noch Tonaufzeichnung erhalten)

Mißgriffe, in: Wb, Nr. 6, 7. 2. 1933, S. 212–215
»Eine dreijährige Tonfilmpraxis hat noch nicht verhindern können, daß gegen das richtige Verhältnis von Ton zu Bild immer wieder grundsätzliche Verstöße vorkommen. . . . Dieser Tage konnten wir studieren: einen Film, der mißlungen ist, weil ihm die Sprache fehlt; einen Film, der mißlungen ist, weil er Sprache bringt; einen Film, der mißlungen ist, weil er Bilder bringt.«
Das Weltkonzert, Dirigent: Erich Kleiber. »Ein Musikstück ist, im Gegensatz zum Tonpart eines echten Tonfilms, ein in sich geschlossenes Werk, das durch optische Zutaten nur zerpflückt wird, falls sie nicht aus dem Charakter der Musik erfunden sind, wie ein Tanz oder das Lichtspiel der Fischinger-Würmer.«
Wer andern keine Liebe gönnt mit Buster Keaton »zeigt, grade weil die besonders gut gelungene Nachsynchronisierung sich um eine zwanglos volkstümliche Dialektkomik bemüht, daß der Tonfilm die Kunst der amerikanischen Stummfilmgroteske grundsätzlich zerstört hat. Diese, auch historisch, von der Akrobatik herkommende Filmform ist wahrscheinlich der einzige gelungene Versuch gewesen, aus dem Fehlen des Akustischen die künstlerischen Konsequenzen zu ziehen.«
»Paul Fejos stand, bei seinem Legenden-Film *Marie,* vor der Aufgabe, einen ungarischen Film zu drehen, der auch im Ausland verkäuflich sein sollte. Weiß man das nicht, so wundert man sich, warum er die sogenannte internationale Version seines Films mit einem Geräuschkatarakt von Musik, Glockenläuten, Aufschreien, Gelächter und Geheul überschüttet, das gesprochene Wort aber fast ganz vermeidet. . . . Weglassen aber ist noch nicht Stilisieren, und so hat der Film, bei einzelnen als Einfall guten Manuskriptepisoden, die Hilflosigkeit eines Verstümmelten.«
Zum Abschluß geht Arnheim noch einmal auf Luis Trenker und seinen als von übler Hetzwirkung angegriffenen *Rebell*-Film ein: »Ein Künstler kann sich nicht damit verteidigen: man dürfe es doch nicht tendenziös nennen, wenn er ein Stück faktischer Wirklichkeit vorführe. Was geschehen ist, sei doch wahr und nichts als das!« Arnheim widerlegt Trenker ausführlich.

Filmbericht, in: Wb, Nr. 10, 7. 3. 1933, S. 359–362; KuA, S. 265–270

(Robert Ambach) Geräusche in der linken Hand, in: BT, Nr. 154, 2. 4. 1933; KuA, S. 76–78
Nachdruck: Contrappunto sonoro, in: La Stampa (Turin), 20. 6. 1933

Aller Anfang ist schwer, in: Ffa, Nr. 5, S. 128–129
Arnheim gibt einige Tips, wie Amateurfilmer ihre Filme beginnen sollten: »Es gilt vor allem, die ersten Bilder des Films so auszuwählen, daß der Zuschauer gleich ›mitmacht‹.«

(Robert Ambach) Wo fängt die Kunst an?, in: BT, Nr. 211, 7. 5. 1933; KuA, S. 137–139

(Robert Ambach) Film von heute und gestern, in: BT, Nr. 235, 21. 5. 1933
Besprechung des filmgeschichtlichen Buches von Ettore M. Margadonna »Cinema ieri e oggi!«: »Ein Nachschlagewerk ist entstanden, in dem man nicht nur Jahres- und Gagenzahlen, Oeuvrekataloge, Inhaltsangaben und Anekdoten findet, sondern auch wertvolle Selbstzeugnisse der Künstler und übersetzenswerte Schilderungen, Einordnungen, Wertungen eines gebildeten Schriftstellers, der lebhaft Stellung nimmt und vor kräftigem Lob und Tadel nicht zurückscheut.« Arnheim bemängelt Margadonnas ausschließliche Orientierung an den großen Regisseurpersönlichkeiten und gibt eine Übersicht des Inhaltes, der nach den nationalen Filmindustrien untergliedert ist.

Fragen an den Tonmeister, in: Ft, Nr. 11, 27. 5. 1933, S. 137–138
»Wer sich mit den künstlerischen Ausdrucksmöglichkeiten unserer Gehörwahrnehmungen beschäftigt, bemerkt bald, daß über die psychologischen Voraussetzungen solcher ästhetischen Untersuchungen noch nicht genügend sichere und systematische Kenntnisse vorliegen.« Den ersten Schritt tut Arnheim »mit der systematischen Festlegung der Gesichtspunkte, die hier zu beachten sind und denen der Praktiker seine Aufmerksamkeit zuwenden sollte«. Er formuliert eine Vielzahl von Fragen zu Richtung, Abstand, Bewegung, Raum und Klangqualität der Schallquelle und deren Wirkungen auf den Hörer.

(R. A.) Das Geheimnis der Micky-Maus, in: BT, Nr. 246, 28. 5. 1933
In diesem kleinen Artikel gibt Arnheim den Bericht eines amerikanischen Fachblattes über die Arbeit des Walt Disney-Studios wieder: »10 000 bis 15 000 Zeichnungen müssen einzeln und sehr sorgfältig ausgeführt werden, wenn ein kleiner Trickfilm entstehen soll.«

Film und Funk, in: NZZ, Nr. 1123, 21. 6. 1933, KuA, S. 22–24
Nachdruck: Film and Radio, in: Cinema Quarterly (Edinburgh), 2. Jg., Winter 1933, S. 84–86

Systematik der frühen kinematographischen Erfindungen**; KuA, S. 25–41
Erstpublikation: The Thoughts that Made the Picture Move, in: Rudolf Arnheim, Film as Art, Berkeley/Los Angeles/London 1957/1971, S. 161–180

1934

(R. A.) Zur internationalen Filmschau in Venedig, in: NZZ, Nr. 179, 31. 1. 1934
Vorankündigung der zweiten Biennale, die im August 1934, wiederum unter
Leitung von Luciano de Feo, dem Direktor des römischen Lehrfilminstitutes,
stattfinden wird. Ergänzend dazu soll ein Kongreß der Filmschaffenden, Regisseure und Autoren durchgeführt werden.

Bewegung im Film**; KuA, S. 41–46
Erstpublikation: Motion, in: Rudolf Arnheim, Film as Art, Berkeley/Los Angeles/London 1957/1971, S. 181–187

Stil**; KuA, S. 140–141
Erstpublikation in: Me, Nr. 9, 1975, S. 29

Malerei und Film** (bisher nicht publiziert); KuA, S. 151–153

Expressionistischer Film** (bisher nicht publiziert); KuA, S. 148–150

Stroheim, Erich von**; KuA, S. 294–299
Erstpublikation: Portrait of an Artist, in: FC, Nr. 18, April 1958, S. 11–13
Nachdruck in: P. Adams Sitney (ed.), Film Culture Reader, New York 1970,
S. 57–61
Nachdruck: Lo stile e la donna nell'opera di Stroheim, in: Cinema Nuovo
(Florenz), Nr. 134, Juli/August 1958

Symbole**; KuA, S. 145–148
Erstpublikation in: Me, Nr. 9, 1975, S. 28–29

Beleuchtung (ästhetischer Teil)** (bisher nicht publiziert); KuA, S. 117–124

Urheber**; KuA, S. 124–132
Erstpublikation: Who is the Author of a Film?, in: FC, Nr. 16, Januar 1958,
S. 11–13

Asynchronismus** (bisher nicht publiziert); KuA, S. 78–81

Erzählung (Epischer und dramatischer Film)**; KuA, S. 142–145
Erstpublikation: Epic and Dramatic Film, in: FC, Nr. 11, 1957, S. 9–10
Nachdruck in: Richard Dyer MacCann (ed.), Film – A Montage of Theories,
New York 1966, S. 124–128

Eine Film-Enzyklopädie, in: NZZ, Nr. 1230, 8. 7. 1934
»Umfangreiche Manuskripte treffen aus aller Welt ein, verschwinden in einem
schwankenden Turm gelber Mappen. Zu dem, was italienische Schriftsteller,
Techniker, Juristen beigesteuert haben, gesellen sich Schilderungen aus der
Praxis des Filmateliers, geschrieben in dem schlenkerigen, lustigen Kurzjargon
der jungen Engländer und Amerikaner; komplizierte und detailreiche Fachabhandlungen in deutscher Sprache, eine Geschichte der Filmkunst auf holländisch, französische Ästhetik, und noch die Inder haben einen Aufsatz, über die
Filmproduktion ihres Landes, geschickt. Ein daumendicker Folioband enthält

nichts als den alphabetischen Katalog der vielen tausend Stichwörter, die, ausführlich bearbeitet, zusammen die erste große Enzyklopädie des Films bilden werden. Dies vom römischen Internationalen Lehrfilminstitut unter der Leitung seines Direktors Dr. Luciano de Feo vorbereitete Werk wird das Gesamtgebiet des Films, Ästhetik, Technik, Wirtschaft, Soziologie und Geschichte, abhandeln, vom Malteserkreuz bis zu Eisensteins Montagetheorien, von den Vorschriften über die Beschäftigung von Kinderschauspielern bis zum Blindbuchen und der Verzerrung des Bildes durch schiefe Projektion.« Arnheim schreibt weiter, daß eine solche Bemühung eher durch die Möglichkeiten des Films als durch seine bisherige Anwendung gerechtfertigt ist. Er schildert die Schwierigkeiten des in fünf Sprachen geplanten Unternehmens, besonders in der Einteilung und Abgrenzung: »Ein Beispiel nur: die ›Großaufnahme‹ ist nicht nur in ihrer Entwicklung als künstlerisches Ausdrucksmittel, in ihrem komplizierten Verhältnis zu Dialog, Nachsynchronisation, Montage, nicht nur in bezug auf Spezialoptik, Kameraabstand, Brennweite, Tiefenschärfe und Bildausschnitt zu behandeln, sondern auch, da sie das Einzelding aus der Umwelt heraushebt, als Instrument und sinnlichster Ausdruck des Starkultes, der, obwohl eine wirtschaftliche und soziologische Erscheinung, die Bildsprache des Filmkünstlers beeinflußt.« (Vgl. auch: Ic, März 1935).

Filmkrankheiten, in: NZZ, Nr. 1469, 16. 8. 1934
»Die verschiedenen Einzelübel, die zusammen an dem unleugbaren Tiefstand des heutigen Spielfilms schuld sind, konnte man in der zweiten Woche der Internationalen Filmkunstausstellung in Venedig an lehrreichen Beispielen studieren.« Arnheim nennt *Ein stiller Flirt* von Gustav Molander, *Death takes a Holiday* von Fredric March, *Little Women* mit Katharine Hepburn von George Cukor. »Viererlei Übel verursacht der Tonfilmdialog: er verdrängt die dynamische Handlungsabfolge zugunsten eines träge stationären Fließens, das in der Regel zumal die dramatischen Konflikte des Mittelteils unerträglich dehnt und einebnet; er ersetzt die naive äußere Handlung voll konkreter Symbole durch eine dem Film gefährliche, verpflichtende Psychologie; er macht die kunstvoll umgestaltende, klassische Bildsprache überflüssig; er verlangt ein Geschmacks- und Bildungsniveau, das der heutigen, allenfalls elementarer Sinnessymbolik gewachsenen Filmgeneration mangelt.« In diesem Sinne kritisiert Arnheim Julien Duviviers *Packbot Tenacity*, *Amok* von Fedor Ozep, *Ekstase* von Gustav Machaty.

Bilanz der internationalen Filmkunstwochen, in: NZZ, Nr. 1657, 16. 9. 1934
»Versuchen wir eine kleine, natürlich subjektive Bilanz, so waren unter den 60 Filmen, langen und kurzen, 30 vom Typ des Unterhaltungsfilms, eingeführte Ware, gut oder schlecht bereitetes Kinofutter, vom amerikanischen Schnell- und Massenprodukt bis zur sauber-raffinierten Handwerksarbeit eines Feyder, Duvivier, Ucicky, Forst, Ophüls – darunter Filme mit prächtig malerischer Photographie, gewandtem Schnitt, guten Schauspielerleistungen, ›Einfällen‹ für die Zungen der Kenner. Und andererseits 27 Filme vom Pioniertyp.« Zu den Pionierfilmen zählt Arnheim Avantgarde-Filme, Atelierspielfilme und Filme des dokumentarisch-lyrischen Typs, also »Filme, die anschaulich lehren, ohne es

dabei bewenden zu lassen: Filme, die dichten, singen, propagieren, Thesen belegen, Harmonieren und Kontraste aufzeigen. ... Und hieraus entwickelt sich
als der eigentliche heutige und zugleich zukunftsreiche Filmtyp der dokumentarische Spielfilm, auf der Ausstellung vertreten durch Flahertys *Man of Aran,*
Rovenskys *Junge Liebe,* Ruttens *Totes Wasser* und *Palos Brautfahrt* von Dals-
heim-Rasmussen.«

Der Mann von Aran, in: NZZ, Nr. 1762, 2. 10. 1934; KuA, S. 271–273

1935

Unser täglich Brot, in: Ic, Nr. 1, Januar 1935, S. 14–18; KuA, S. 273–277

(R. A.) Ausdruck, in: Ic, Nr. 1, Januar 1935, S. 35–38
Zeitschriftenschau zu den Themen: »Wohin geht die Filmkunst?« (über Artikel
von Nicola Chiaromonte, L. Moholy-Nagy, Joris Ivens, Corrado Pavolini);
»Sprechfilm« (über Marcel Pagnol und seinen Film *Angèle*); »Tricks« (über die
Verwendung von Überblendung und Laufmaske in *Der unsichtbare Mann*);
»Zeichentrickfilm« (über Walt Disney, Oskar Fischinger, *Joie de vivre* von
Hector Hoppin und Anthony Gross, *Night on the bare Mountain* von Claire
Parker und A. Alexeieff); »Farbenfilm« (über *Haus Rothschild,* einen Artikel
von H. D. Waley, sowie die Beleuchtung in *Nana*); »Montage« (über einen
Artikel von Karl Freund zum Russenfilm, Erik Charells Film *Karawane,* sowie
Artikel von Walter Blümel, Paul E. Bowles, René Le Henaff); »Geschichte«
(über einen Artikel von Billy Bitzer zu den Dreharbeiten von D. W. Griffiths
Intolerance, sowie Mack Sennett).

Ein Blick in die Ferne, in: Ic, Nr. 2, Februar 1935, S. 71–82
Nachdruck (gekürzt): A Forecast of Television, in: Rudolf Arnheim, Film as Art,
Berkeley/Los Angeles/London 1957/1971, S. 188–198
»Worum ging es und geht es beim Fernsehen?« Nachdem er die physiologi-
schen, psychologischen und technischen Grundlagen erläutert hat, kommt Arnheim auf das Verhältnis des Fernsehens zum Film zu sprechen: Künstlerisch
sei die bloße Verkleinerung des Projektionsbildes ohne Bedeutung. »Zu untersuchen dagegen ist, ob das Fernsehen nicht die Herstellung von Filmen überhaupt unterbinden wird. Die künstlerische Rechtfertigung für die Existenz des
Films besteht darin, daß die Art und Auswahl der fotografischen Aufnahmen,
das Zusammenfügen von an verschiedenen Orten, zu verschiedenen Zeiten,
nach besonderer Vorbereitung und mit besonderen Mitteln aufgenommenen
Szenen zu Gebilden führen kann, die sich vom unmittelbaren Betrachten der
Wirklichkeit darin unterscheiden, daß sie dies Wirkliche gestalten, konzentrieren, deuten, kurz: künstlerisch darstellen.« Doch ist für den normalen Film-
hersteller der Film kein Gestaltungs-, sondern ein Vervielfältigungsmittel, »das
es ermöglicht, unterhaltende Geschichten ... vorzuführen«. Würde »die Filmproduktion in ihrer heutigen Form mit dem billigen, bequemen Rundfunk-
theater konkurrieren können? ... die Kunstfreunde unter den Kinobesuchern
werden vielleicht sagen, auch sie schrecke das Fernsehen nicht, denn der Film

sei sowieso nicht mehr zu retten. ... Der Unterschied zwischen Film und Theater falle also praktisch sowieso immer mehr fort, und das Fernsehen könne deshalb eine unerfreuliche Agonie mit einem Gnadenstoß beenden.« Im weiteren Verlauf dieses Aufsatzes beschäftigt sich Arnheim mit den inhaltlichen Möglichkeiten des Fernsehens und seinen Auswirkungen auf den einzelnen Menschen und auf die Gesellschaft.

(anonym) Die Enzyklopädie des Films, in: Ic, Nr. 3, März 1935, S. 130–138
Dieser Artikel, den Arnheim als seiner Feder entstammend identifizierte, ist das ausführlichste Zeugnis jenes seinerzeit ersten, ambitioniertesten Überblickswerks über alle Bereiche des Films, dessen Erscheinen durch die politischen Ereignisse verhindert wurde. Arnheim als Mitherausgeber und Hauptmitarbeiter umreißt, genauer als an anderer Stelle (NZZ vom 8. 7. 1934), die Aufgabe der »große(n) ›Enzyklopädie des Films‹, deren Zusammenstellung das Internationale Lehrfilminstitut, nach jahrelanger Vorarbeit, in diesen Monaten beendet«: ». . . die geistige Bilanz einer Kulturerscheinung zu geben, die in den letzten dreißig Jahren kaum eins der Gebiete menschlichen Wirkens unbeeinflußt gelassen hatte und kaum von einem von ihnen unbeeinflußt geblieben war.«
Dem Artikel ist eine »Systematische Übersicht« der 44 Hauptstichwörter vorangestellt, die den Rahmen für die Bearbeitung des Gesamtwerks bilden. Bis diese Systematik vorlag, mußte jedoch aus den unscharfen Zufallsbegriffen der Praxis in Pionierarbeit »eine, und *nur* eine, treffende Bezeichnung« gefunden werden, mußten die Untersuchungen, die auf den verschiedenen Einzelgebieten vorlagen, einander angepaßt werden, mußte dem Ineinander der verschiedenen Einzelbegriffe durch Verschmelzung des Materials, das von Technikern, Wissenschaftlern, Ästhetikern, Juristen, Praktikern stammte, entsprochen werden. Als Darstellungsform wurde die alphabetische Folge von (vielen tausend) Einzelstichwörtern gewählt, deren innerer Zusammenhang durch Verweise herzustellen war. Die Arbeit des Redaktionsbüros erstreckte sich darüberhinaus auf die Lieferung einwandfreier Übersetzungen, auf die Anfertigung von Arbeitsplänen für auswärtige Mitarbeiter und auf die Ausarbeitung einer Vielzahl von Einzelstichwörtern, für die keine Spezialisten erforderlich waren. Bei alledem sollte »eine möglichst lebens- und temperamentvolle Darstellung des so ganz im Praktischen und Wirklichen verhafteten Themas« gegeben werden – der persönliche Charakter der namentlich gezeichneten Beiträge sollte gewahrt sein. »Die drei umfangreichen, von Tausenden von Bildern geschmückten Bände werden nur dann ein Werk von bleibendem Wert darstellen, wenn in ihnen nicht nur vom Film die Rede ist sondern zugleich vom Geist, der ihn erzeugte.«

(R. A.) Ausdruck, in: Ic, Nr. 3, März 1935, S. 166–169
Zeitschriftenschau: (Über einen Artikel von G. F. Dalton zum Einfluß des Dialogs auf den Schnitt an den Beispielen *Das Privatleben Heinrich VIII.*, *Die Liebe der Jeanne Ney*, *Sturm über Asien* und Gustav Machatys *Ekstase*); ferner zu den Themen: »Tricks« (über Artikel zu Kombinations- und Modellaufnahmen von H. G. Tasker, Arthur J. Campbell, und die Filme *Totes Wasser* von A. von Barsy, *Cleopatra* von Cecil B. DeMille); »Beleuchtung« (über Ar-

tikel von Heinz Linke zur automatischen Belichtungsregulierung, Victor Milner über den Kameramann als Lichtregisseur am Beispiel von DeMilles *Kreuzzügen*); »Filmarchitektur« (über einen Artikel von Alberto Cavalcanti); »16 mm und 35 mm« (über die Verwendung von 16-mm-Amateuraufnahmen für Wochenschau-Zwecke und über Umkopierung); »Der Ton regiert (über Methoden, das Bild dem Ton anzupassen: in Hollywood und in Puppenfilmen der Gebrüder Diehl, wie z. B. *Kalif Storch*); »Gags« (Vergleich von Trenkers *Der verlorene Sohn* und *Chaplin als Polizist*).

(R. A.) Ausdruck, in: Ic, Nr. 4, April 1935, S. 228–231
Arnheim nimmt eine Arbeit von Vasco Ronchi (»Sulla visione stereoscopica«) zum Anlaß, sich ausführlich mit der Entwicklung und den Möglichkeiten des stereoskopischen Films auseinanderzusetzen. »Das einzige, was sich auch ohne Brille sehen läßt, ist, daß ein ideales Verfahren zur Erzielung des plastischen Films bisher nicht vorliegt.«

(R. A.) Ausdruck, in: Ic, Nr. 5, Mai 1935, S. 290–293
Arnheim erinnert zunächst daran, daß vor 20 Jahren, genau am »dritten Mai 1915 um 8 Uhr 5 Minuten des Abends« im New Yorker Liberty Theatre die Premiere von *The Birth of a Nation* von David Wark Griffith und seinem Kameramann G. W. Bitzer begann. Dann Zeitschriftenschau zu den Themen: »Filmkunst überholt« (über einen Artikel von Herman G. Weinberg); »Bewegungswiedergabe« (über Artikel von Thomas Armat zu dessen Projektor, R. Thun zur Differenzierung von Bildfrequenzen, R. F. James zur Roentgenkinematographie); »Dokumente der Zeit« (über Archivfilmaufnahmen von Berlin, *Triumph des Willens* von Leni Riefenstahl, Wochenschau).

(R. A.) Ausdruck, in: Ic, Nr. 6, Juni 1935, S. 358–361
»Während die Kunst die innere Wirklichkeit zu erfassen sucht, indem sie sie in eine von der äußeren Wirklichkeit abweichende Form bringt, kleidet der Filmfabrikant eine Lügenwelt in das Gewand des äußerlich Wahren.«
Ferner Zeitschriftenschau zu den Themen: »Formlose Form« (über zwei Beiträge zum Breitfilmproblem von B. Schlanger und F. Altman); »Korrigierende Schminke« (über einen Artikel von Perc Westmore zu einem neuen Schminkverfahren); »Literatur und Film« (über einen Artikel von Campbell Nairne, mit Filmbeispiel *Maskerade* von Willi Forst und Walter Reisch).

(R. A.) Ausdruck, in: Ic, Nr. 7, Juli 1935, S. 413–415
Zeitschriftenschau: (Zunächst einiges zur Geschichte und heutigen Entwicklung der Tonfilmtechnik, nach einem Vortrag von Dr. Joachim); ferner zu den Themen: »Tonregelung im Kino« (über einen Artikel von F. H. Richardson zur Tonstreifendichte); »Perspektive« (über einen Artikel von Harry Walden).

Der Filmkritiker von morgen, in: Ic, Nr. 8–9, August/September 1935, S. 89–93; KuA, S. 172–176

(R. A.) L'expression, in: Ic, Nr. 10, Oktober 1935, S. 41–43
Arnheim bespricht ausführlich das neue Buch von Raymond Spottiswoode

»A Grammar of the Film« mit den Schwerpunkten »Farbfilme«, »Der Ton-film«, »Die Montage« und »Ist Schönheit notwendig?«.

(R. A.) L'expression, in: Ic, Nr. 11, November 1935, S. 48–49
Arnheim zählt einige frühe Meisterwerke des Films auf und bespricht den Film *Nocturne* von Machaty. In der Zeitschriftenschau beklagt er die »Vul-garisierung« von literarischen Vorlagen durch den Film (Artikel von Emile Vuillermoz und Erich Engel, dem Regisseur von *Pygmalion*), und in »Von allen Farben« diskutiert er praktische Probleme des Farbfilms am Beispiel von *Becky Sharp* (Artikel von Ray Rennahan, Karl Hale, Rouben Mamoulian).

(R. A.) L'expression, in: Ic, Nr. 12, Dezember 1935, S. 43–45
Arnheim zitiert zunächst ausführlich aus einem kritischen Artikel von John Grierson zur Filmkunst, stellt eine Studie von Raffaelo Maggi zur »Anthro-pologie der Stars« vor, und wendet sich abschließend den »Kapricen« Josef von Sternbergs in seinen neuen Marlene Dietrich-Filmen *Impératrice rouge* und *La femme et le pantin* zu.

Remarks on the colour film, in: SaS, Winter 1935, S. 160–162; KuA, S. 47–52
Nachdruck: Perché sono brutti i film a colori?, in: Scenario (Rom), Nr. 3, 1936, S. 112–114

1936

(Rodolfo Arnheim) A proposito del cinema a colori, in: CiR, Nr. 2, 25. 7. 1936, S. 67–68
»Über den Farbfilm«. »Wird der Farbfilm sich durchsetzen?«, fragt Arnheim und nennt als Beispiele die Filme von Walt Disney und *Becky Sharp*. Er erklärt die verschiedenen technischen Systeme – ›Technicolor‹ und ›Kodachrome‹ –, ihre Funktionsweisen und physikalischen Grundlagen.

Polarizzazione. La lotta contro i riflessi, in: CiR, Nr. 7, 10. 10. 1936, S. 276
»Polarisation. Der Kampf gegen die Reflexe«. Arnheim erklärt die physikali-schen Ursachen für die Reflexe in Glasscheiben usw., die »Photographen und Kameramänner zur Verzweiflung« bringen, und beschreibt die Funktionsweise der neu auf den Markt gekommenen Polarisationsfilter, die diese Reflexe be-seitigen.

Psicologia del ›Gag‹, in: CiR, Nr. 10, 25. 11. 1936, S. 378–379
»Psychologie des Gags«. An neun Beispielphotos aus Filmen von Keaton, Chaplin, u. a. erläutert Arnheim einige Wirkungsursachen jener – auf Mack Sennett zurückgehenden – »Einfälle, bei denen sich der komische Effekt für einen Augenblick zu einem Anblick von unübertrefflicher Dichte steigert.«

Una notte sul Monte Calvo, in: CiR, Nr. 11, 10. 12. 1936, S. 428–429
»Eine Nacht auf dem Kahlen Berge«. Nach einigen Bemerkungen zur Ge-schichte des Zeichentrickfilms – von Plateau und Stampfer bis zu dem hoch eingeschätzten Walt Disney – kommt Arnheim auf das Verhältnis von Malerei

und Film zu sprechen. Er sieht die Versuche einer bewegten Malerei auf den »abstrakten Film« beschränkt, auf Experimente, wie die von Ruttmann, Fischinger und Eggeling. Schließlich erklärt er das Verfahren »Ciné-Gravure« des Russen Alex Alexeieff und der Amerikanerin Claire Parker, mit dem diese ihren Film *Eine Nacht auf dem Kahlen Berge* herstellten.

(R. ARN.) Uno zio del cinematografo, in: CiR, Nr. 12, 25. 12. 1936, S. 457
Nachdruck: Un pioniere del cinematografo, in: BeN, Nr. 1, 31. 1. 1937
»Ein Onkel des Kino«. Nicht eigentlich ein Vater des Kino, eher ein Onkel, war Oskar Meßter, der »bedeutendste Pionier der deutschen Filmtechnik«. Arnheim berichtet über Meßters technische Entwicklungen, insbesondere über seine frühen Tonfilmversuche.

1937

Uno spettro in tre versioni, in: CiR, Nr. 13, 10. 1. 1937, S. 22–23
»Ein Gespenst in drei Versionen«. Arnheim zeigt die Entwicklung von der Kurzgeschichte über das Treatment zum Drehbuch am Beispiel eines René Clair-Films (*The Ghost Goes West*), der auf die short story »Sir Tristram goes west« von Eric Keown zurückgeht. Quelle des Beispiels und der drei zitierten Versionen ist das Buch von Seton Margrave, Succesful film writing, London 1936.

Gli occhi del cervello, in: CiR, Nr. 16, 25. 2. 1937, S. 148–149
»Die Augen des Gehirns«. Am Beispiel des Ufa-Films *Das unendliche Universum* zeigt Arnheim den Film als ein Mittel, »einen großen Teil von dem, was die Natur außerhalb unserer sinnlichen Sphäre halten will, wahrnehmbar zu machen«.

Dettagli che non sono dettagli, in: CiR, Nr. 17, 10. 3. 1937, S. 180–182
»Kleinigkeiten, die keine Kleinigkeiten sind«. Arnheim unterstreicht die Wichtigkeit scheinbar nebensächlicher Requisiten in einer Filmszene: »Diese Ausdrucksfähigkeit der Dinge ist ein kostbares Instrument für das Kino, welches seine Personen mit visuellen Mitteln charakterisieren muß.« Jedoch sei stets darauf zu achten, »daß jedes Ding seine Funktion haben muß«.

Televisione. Domani sarà così, in: CiR, Nr. 20, 25. 4. 1937, S. 337–338
»Fernsehen. Morgen wird es so sein«. Im Rahmen dieses Artikels über die Fernsehtechnik und -praxis am Beispiel des NBC-Studios in New York vergleicht Arnheim auch Aufnahmetechniken und Schnittmöglichkeiten von Fernsehen und Film und erwähnt die mögliche Konkurrenzsituation.

Espressione e bellezza, in: CiR, Nr. 23, 10. 6. 1937, S. 443–444
»Ausdruck und Schönheit«. Arnheim formuliert »eine Kritik des normalen Kinomodells«, das wegen seines schönen, regelmäßigen Gesichts »nicht nur wenig Lust hat, sich zu verändern, sondern sogar gezwungen ist, sich nicht mit leidenschaftlichem Ausdruck zu deformieren«. Man könnte Ausdruck und Schönheit auch als gegensätzlich ansehen.

Resurrezione del cineasta?, in: CiR, Nr. 25, 10. 7. 1937, S. 7–9

»Auferstehung der Filmschaffenden«. Arnheim beklagt die immer stärkere Konzentration des europäischen und amerikanischen Films, seine Entwicklung zur Industrie. Beispielsweise sei in Deutschland die Produktion praktisch auf die Tobis und die Ufa beschränkt. Um den negativen Folgen einer sterilen Mechanisierung zu entgehen, würden Künstler als Berater und schließlich auch als Produzenten herangezogen. René Clair: »Der Künstler ist besiegt, . . . warum ihn nicht zum Industriellen machen.« Folge wäre allerdings ein die schöpferische Spontaneität lähmender innerer Konflikt, weil die Methoden des wirklichen Künstlers denen der Industrie entgegengesetzt seien. Das amerikanische Kino habe im letzten Jahrzehnt keine neue schöpferische Persönlichkeit hervorgebracht. Auf der anderen Seite sei die Entstehung einer antiindustriellen Bewegung zu beobachten, der Amateurfilmbewegung, die sich von einem persönlichen Sport zu einer Aktivität von sozialem Wert entwickele. Arnheim zitiert John Grierson, der die Amateurfilmer zur größten produzierenden Gruppe machen will, indem er ihnen vorschlägt, Propagandafilme für jene Institutionen, Organisationen, Firmen zu machen, die sich keine professionellen Filmer leisten können. Grierson habe mit Robert Flaherty zusammen eine Gruppe gegründet, die professionelle Hilfestellung bei Filmen von dokumentarischem und sozialem Charakter geben wolle.

Le leggi del colore, in: CiR, Nr. 29, 10. 9. 1937, S. 170–171

»Die Gesetze der Farbe«. Arnheim nimmt Stellung zu einigen Schriften über Farbfilm von Antonio Laforet, dem Maler und Ex-Kameramann bei Gaumont in Paris: »Laforet hat Farbfilme gedreht als wir anderen gerade anfingen, das Schwarz-weiß zu verstehen«. Die Gesetze der Farbe seien eher aus Psychologie und Ästhetik als aus den physikalischen Gegebenheiten zu entwickeln. Ohne eine große künstlerische Sensibilität und Erfahrung könnten auch mit den perfektesten technischen Systemen keine schönen Farbfilme geschaffen werden.

Il paesaggio ispiratore, in: CiR, Nr. 32, 25. 10. 1937, S. 262–264

»Die Landschaft als Anreger«. Im Stummfilm war der Mensch ein Teil der ihn umgebenden Natur, unterschied er sich nicht grundsätzlich von der abgebildeten natürlichen Landschaft. Doch mit der Entwicklung des sprechenden Films verringerte sich die Funktion der Landschaft immer weiter; sie wurde bloßes dekoratives Mittel. Ausnahmen wie *The Texas Rangers* von King Vidor und *Der Kaiser von Kalifornien* von Trenker unterstreichen den Unterschied. Die Technik des künstlichen Hintergrunds, die Rückprojektion, also die Tatsache, »daß es keine direkten Beziehungen zwischen Landschaft und Schauspieler mehr gibt . . . symbolisiert die innere Distanz, die heute zwischen der Umgebung eines Films und den Schauspielern, die ihn aufsagen, besteht«. Arnheim vergleicht Fred MacMurray in dem obengenannten Vidor-Film und in *Swing High, Swing Low,* bei dem die Rückprojektionstechnik verwendet wurde.

(RNH) Ma che cosa è questo cinema? I. Sonoro o muto?, in: CiR, Nr. 33, 10. 11. 1937, S. 306

337

»Was ist eigentlich dieses Kino? I. Tönend oder stumm?«. Die Zeitschrift veranstaltete ein Preisausschreiben, an dem die verschiedensten sozialen Gruppen teilnahmen. Arnheim wertet in diesem Artikel die Antworten von Studenten und Arbeitern aus auf die Frage nach der Bedeutung des Tonfilms für das Publikum im Vergleich zum Stummfilm.

(rnh) Ma che cos'è questo cinema? II. Bisogna seguire il gusto delle masse?, in: CiR, Nr. 34, 25. 11. 1937, S. 345–346
»Was ist eigentlich dieses Kino? II. Soll man dem Geschmack der Masse folgen?«. In diesem Artikel wertet Arnheim die Antworten von Künstlern und Angehörigen freier Berufe auf die genannte Frage aus.

(-RNH-) Orizzonte perduto, in: CiR, Nr. 34, 25. 11. 1937, S. 347; KuA, S. 277–279

Buntere Welt, in: NZZ, Nr. 2194, 5. 12. 1937
Anläßlich der Ankündigung eines *farbigen* Revuefilms über den Broadway fragt Arnheim: »Reichere künstlerische Ausdrucksmittel? Stärkere dokumentarische Authentizität?«

(-rnh-) Memorie della camera oscura, in: CiR, Nr. 36, 25. 12. 1937, S. 433–435
»Erinnerungen an die Camera obscura«. Arnheim erzählt die Geschichte von Karl Dauthendey (1819–1886), dem ersten Pionier der Photographie in Deutschland. Quelle: Max Dauthendey, Der Geist meines Vaters, München 1912.

De l'influence du film sur le public, in: Institut International de Coopération Intellectuelle – Société des Nations (ed.), Le rôle intellectuel du cinéma, Paris 1937, S. 155–159
Welcher Natur sind die Einflüsse des Films auf das Publikum?, fragt Arnheim. Die vorhandenen technischen Mittel befänden sich in den Händen von Kaufleuten, deren Methoden der Aufreizung sich weiter vervollkommneten. Die gefährlichste Auswirkung sei die Ablenkung der Aufmerksamkeit vom Essentiellen weg auf das Banale. Film sei nicht ein isolierter Kulturfaktor, sondern ein Mittel neben anderen zur Existenzverbesserung.

1938

(-rnh-) Una signora mai vista, in: CiR, Nr. 37, 10. 1. 1938, S. 14
»Eine nie gesehene Frau«. Arnheim ironisiert einen Typ Frau im Film, dem er im täglichen Leben nie begegnet sei: »Ich habe den Verdacht, daß sie einfach erfunden worden ist von den Drehbuchautoren, die ihrer schnellen Zunge bedürfen, um im ersten Teil das Geschehen zu komplizieren, und ihres Riechfläschchens, um es im zweiten Teil in Ordnung zu bringen.«

Il cifrario del successo, in: CiR, Nr. 38, 25. 1. 1938, S. 44
»Der Schlüssel zum Erfolg«. Bonita Granville in *These Three* und Deanna Durbin in *Three Smart Girls* sind Beispiele für das Erfolgsrezept des Kommerzfilms: »Je weniger komplex ein psychologisches Phänomen ist, um so leichter kann man es verstehen, und je einfacher eine Geste erscheint, desto größer ist

ihre Wirkung. ... Der internationale Erfolg des amerikanischen Kinos erklärt sich zu einem großen Teil daraus, daß es in allen seinen Elementen stets sehr an diese grundlegenden Muster gebunden bleibt.« Jedoch: »Künstlerisch ist ein zur Formel gewordener Ausdruck nicht mehr ergiebig.«

Il formato ridotto diventerá formato normale?, in: CiR, Nr. 42, 25. 3. 1938, S. 190–191
Nachdruck: Schmalfilm wird Normalfilm?, in: NZZ, Nr. 872, 15. 5. 1938
Arnheim diskutiert die Möglichkeiten des 16-mm-Schmalfilms für Amateure und Professionelle, für Produktion und Abspielstätten, für Kaufleute und Künstler.

(-RNH-) La loro vita privata, in: CiR, Nr. 42, 25. 3. 1938, S. 195
»Ihr Privatleben«. Arnheim leitet das Interesse des Publikums am Privatleben der Filmstars daher, »daß der Zuschauer unbewußt sich geliebt glaubt von jenem perfekten Geschöpf, das er auf der Leinwand sieht und von dem er alles wissen will, um seinen eigenen Traum immer vollständiger auszustatten«. Er verteidigt Greta Garbos Rückzug von der Öffentlichkeit als »die natürlichste Reaktion eines empfindsamen Menschen auf den schlechten Geschmack der ständigen Angriffe auf seine Privatsphäre«.

Il film come opera d'arte, in: BeN, Nr. 4, April 1938, S. 11–42
(Nachdruck aus »Film als Kunst«, Auszüge aus Kapitel II und III sowie dem Abschnitt ›Manuskript und Regie‹ aus Kapitel IV, übersetzt von Umberto Barbaro)
»Der Film als Kunstwerk«. In einer kurzen Vorrede zur Entstehung seines Buches und zur Auswahl der Texte schreibt Arnheim davon, daß er den ersten Teil – die Kapitel II und III – bereits 1929 geschrieben hat.

Esame di coscienza, in: CiR, Nr. 44, 25. 4. 1938, S. 289–290
»Gewissensprüfung«. Die Besprechung von zwei englischen Photo-Bildbänden gibt Arnheim den Anlaß, zu ästhetischen Grundproblemen der Photographie Stellung zu nehmen.

L'attore e le stampelle, in: CiR, Nr. 46, 25. 5. 1938, S. 335–337
Nachdruck in: BeN, Nr. 3, März 1939
»Der Schauspieler und die Krücken«. Arnheim untersucht die Schwierigkeiten des Schauspielers im Tonfilm. Zunächst seien zwei grundsätzliche Positionen zu unterscheiden: Der Schauspieler müsse seine Rolle »leben«, sich also mit ihr identifizieren (Stanislawski), oder er müsse seine Rolle aus Beobachtungen, die dem wirklichen Leben entnommen sind, kühlen Kopfes »konstruieren« (Diderot). Der Schauspieler im Tonfilm sei ein Zwitterwesen: »vom Spiel her zu weitschweifig, um nüchtern einen Dialog vorstellen zu können; von einer Mimik, die zu sehr auf die einfache Begleitung der Worte beschränkt ist, um eine stumme Szene spielen zu können«.

Il cinema documentario e i popoli, in: Il Ventuno (Venedig), Nr. 3–4, August 1938, S. 36–38

»Das dokumentarische Kino und die Völker«. »Der Dokumentarfilm ist keine mechanische Aufzeichnung der realen Tatsachen, sondern bedient sich der Methoden der Kunst, um ein ausdrucksvolles und charakteristisches Bild unserer Welt in ihren verschiedenen Aspekten zu geben. Deshalb ... erzählt der Dokumentarfilm über das Volk von dem er kommt«. Aus den Darstellungen in ihren Dokumentarfilmen könne man auf die Mentalität der verschiedenen Völker schließen. Arnheim überprüft seine Hypothese an den dokumentarischen Produktionen aus Amerika, Deutschland, Italien, Frankreich, Sowjetunion, England, Tschechoslowakei und Holland.

(R. A.) Il nuovo sistema italiano per la cinematografia a colori naturali, in: CiR, Nr. 47, 10. 6. 1938, S. 370–372
Gekürzter Nachdruck: Farbenfilme ohne Photoschicht, in: NZZ, Nr. 1883, 26. 10. 1938
Arnheim stellt das neue Farbfilm-Verfahren der Italiener Carlo Bocca und Domenico Rudatis vor: ein additives Verfahren, bei dem das photographische Bild in ein plastisches Pyramidenrelief mit mehr als 50 000 optischen Brechungselementen je Quadratmillimeter verwandelt wird.

(-rnh-) Il detective soggetista, in: CiR, Nr. 50, 25. 7. 1938, S. 56–58
»Der Detektiv als Drehbuchautor«. Satirische Geschichte über einen einfallslosen Produzenten, der einen Detektiv beauftragt, die Handlung eines gerade in Produktion befindlichen Capra-Films anhand von sieben Szenenfotos (aus *You can't take it with you*) herauszufinden.

Neuer Laokoon. Die Verkoppelung der künstlerischen Mittel, untersucht anläßlich des Sprechfilms; KuA, S. 81–112
Erstpublikation: Nuovo Laocoonte, in: BeN, Nr. 8, 31. 8. 1938, S. 3–33
Nachdruck (gekürzt): A New Laocoön. Artistic Composites and the Talking Film, in: Rudolf Arnheim, Film as Art, Berkeley/Los Angeles/London 1957/1971, S. 199–230

1939

Ein italienischer Film, in: NZZ, Nr. 57, 10. 1. 1939
Arnheim rügt in dieser Kritik der ersten Regiearbeit des Pudowkin-Übersetzers Umberto Barbaro *L'ultima nemica* die streckenweise verwirrende Montage, die Ungleichheit und Unsicherheit der Gestaltung; er lobt raffiniert komponierte Einzeleinstellungen und die kontrastierende Verwendung des Tons. »Kennzeichnend für das Werk eines Menschen, der mehr vom Begriff als von der Anschauung ausgeht, ist weiter eine gewisse Unbeweglichkeit der Handlung, die auf zu breitem Ausspielen der Szenen, Wiederholung gleichartiger Situationen und dem erwähnten Haften am Gemäldemäßigen beruht. (In der Tat müßte, meinen wir, an Filmen, Dramen und Romanen nachzuweisen sein, wie eine im Begrifflichen, d. h. im Unveränderlichen wurzelnde Geistesart typisch zu einem gewissen Versagen vor dem Dynamischen führt, das der Ausdruck unmittelbaren Lebens ist.)«

A Motion Picture World's Fair, in: Cinema Progress (Los Angeles), Nr. 3–4, Januar 1939, S. 2

Populärer, kurzgefaßter Überblick über die Geschichte der Film-Biennale in Venedig seit ihrem Beginn 1932 – aus Arnheims persönlicher Sicht. Er zählt die wichtigsten Filmtitel der früheren Jahre auf und geht kurz auf die Preisträger von 1938, *Schneewittchen und die sieben Zwerge* von Walt Disney und Leni Riefenstahls Olympia-Film, ein. Als weitere wichtige Filme von 1938 nennt er *The River*, USA, *Drums, Break the News* und *Pygmalion*, Großbritannien. Abschließend konstatiert er, dadurch, daß erstmals die Auswahl der Filme nicht bei einem Gremium lag, das nach dem künstlerischen Wert urteilte, sondern bei den einzelnen Nationen selbst, »wurde die Venezianer Ausstellung praktisch zu einer internationalen Messe der Filmindustrie«.

Sweet Girl und Filmkunst, in: NZZ, Nr. 264, 12. 2. 1939; KuA, S. 279–282

Kunstwerke im Film, in: NZZ, 934, 24. 5. 1939

»Einen ebenso fruchtbaren wie aussichtslosen Kampf führt der Filmkünstler gegen die von ihm abzubildende Welt. Als eine mechanisch reproduzierende Technik kann der Film seine Gegenstände immer nur annäherungsweise in subjektiv mit kinematographischen Mitteln geschaffene Projektionsbilder umschmelzen, und so muß er – wo er nicht gezeichnet und daher wirklich vom Modell frei ist – für immer auf halbem Wege zur Kunst bleiben. Aus diesem Grunde leistet der Film sein Bestes nicht, wo man in Unkenntnis dieser Grenze, die freie Schau eines Künstlers im Atelier nachzubauen, nachzuschminken und nachzumimen sucht und damit das Haften am irdischen Rest nur umso schmerzlicher fühlbar macht, sondern wo man sich bewußt mit dem Wiedergeben des Wirklichen begnügt, ohne deshalb auf eine gewisse künstlerische Gestaltung des Dargebotenen zu verzichten.« Am Beispiel des Schweizer *Michelangelo*-Films von Curt Oertel diskutiert Arnheim einige Grundprobleme des dokumentarischen Films. »Jeder Film verlangt Bewegung und Handlung; Skulpturen und Gemälde aber sind starre, in sich ruhende Gebilde.« Den Anschein von Bewegung kann man durch perspektivische Verschiebungen, durch die Aufeinanderfolge in sich unbewegter Objekte und durch die Bewegung des Lichts hervorrufen. »Zu Handlungselementen werden die Kunstwerke, wenn sie gemeinsam einen Prozeß des Wachsens und Reifens aufzeigen.« Weiter stellt sich die Alternative: »Man kann also entweder den Touristenbesuch ersetzen, indem man wiedergibt, was jeder sieht, der sachlich konstatierend die berühmten Räume betritt – eine höchst nützliche Leistung. Oder man kann versuchen, dem Publikum den Zugang zu dem Wunder zu erleichtern, durch das die Steinfigur, an der so mancher nichts weiter als die Ausmaße und die Naturtreue zu bewundern weiß, plötzlich alles Materielle verliert und ein schwebendes Gebilde wird.« Für Arnheim, der letzteres als »Augenöffnen für die Zeichensprache der Kunst« bezeichnet, ist die Sache klar: »Die völlige filmische Auflösung ist also Voraussetzung für die künstlerische Darstellung von Kunstwerken im dokumentarischen Film.«

Fiction and Fact, in: SaS, Nr. 32, Winter 1939/40, S. 136–137

»Das Kino begann mit dokumentarischen Filmen«; es gab aber auch schon erzählende Filme, wie *L'arroseur arrosé* von den Gebrüdern Lumière. In der Zeit danach beherrschten sehr unnatürliche Schauspieler die Leinwand. Die Slapstick-Komödien spielten immerhin in wirklichen Häusern und wirklichen Straßen. *Das Kabinett des Dr. Caligari* jedoch war der Höhepunkt einer Entwicklung, die die Natur geradezu verbannte. »Um das Kino als neue Kunst theoretisch zu begründen, war es nötig, zu zeigen, daß bestimmte Unterschiede zwischen Wirklichkeit und ihrer Wiedergabe auf der Leinwand dem Künstler erlaubten, das Aussehen realer Dinge in einer wohlüberlegten Weise zu beeinflussen.« Die praktischen Beispiele dazu lieferten einerseits die russischen Filme mit ihrer speziellen Art des Aufnehmens und Schneidens der Bilder, andererseits die französische Avantgarde mit ihren surrealistischen Kompositionen. Doch einen Rest von Materialwirklichkeit (»material reality«) konnten auch sie nicht überwinden. Außerdem: »Sie waren nur durch Montage verbunden, also durch Addition, und künstlerische Schöpfung ist mehr als Addition.« Daß die neueren Filme von Chaplin, *City Lights* und *Modern Times,* jene kostbare besondere Atmosphäre verloren haben, ist auf bessere Beleuchtungstechniken und Filmmaterialien zurückzuführen, die »die rohen Schwarz-Weiß-Effekte zerstörten, die dem photographischen Bild die Abstraktheit eines Holzschnitts gaben«. Doch: »Die unvermeidbare Mitwirkung der Wirklichkeit hatte nicht nur negative Auswirkungen.« Die Beispiele einiger russischer Filme, dokumentarischer und wissenschaftlicher Filme, halbdokumentarischer Filme von Flaherty, Dalsheim und Fanck zeigen, daß hier ein Nachteil in einen Vorteil umgewandelt wurde: »Von der Wirklichkeit gehindert die Höhen freier Schöpfung zu erreichen, hat es (das Kino, H.H.D.) Wirklichkeit benutzt, um Werte zu schaffen, die mit keinen anderen Mitteln möglich wären.« Das Vorrecht der Wirklichkeit wurde entscheidend gestärkt durch die technische Entwicklung insbesondere von Ton und Farbe. »Die einzige Schlußfolgerung aus allen diesen Tatsachen konnte sein, daß der Film seiner Natur nach zur vollständigen und getreuen Wiedergabe der Wirklichkeit ausersehen war«. Was mit der Verwendung gestellter Szenen in Wochenschauen begann, führte unter dem Stichwort ›Authentizität‹ zur getreuen Wiedergabe von Tatsachen im Spielfilm, wie in *The Confession of a Nazi Spy*; »anstatt Wirklichkeit als Element der Fiktion, beginnen wir Fiktion als ein Element der Wirklichkeit zu benutzen«. Ein sehr interessantes Beispiel ist *The Lion Has Wings*, wegen des Versuchs, das Element der Fiktion aus dem Spielfilm zu entfernen. Fazit: Der Film hat nur zwei Möglichkeiten aus seinem Zwitterdasein herauszukommen: »Entweder er wird photographisches Theater ... oder er wird Wiedergabe von Wirklichkeit.«

Phototips on Children. The psychology, the technique and the art of child photography, zusammen mit Mary Arnheim, The Focal Press, London 1939
(Die Ko-Autorin ist Arnheims Schwester, Mary Gay.)

1940

Anti-Fascist Satire, in: Films (New York), Nr. 4, Winter 1940, S. 30–34; KuA, S. 282–287

1948

Immagine reale e immagine filmica (S. 31–54), Soggetista e regista (S. 83–86), Film sonoro = teatro (S. 95–98), in: Guido Aristarco (ed.), L'arte del film. Antologia – Storico – Critica, Mailand/Rom o. J. (1947/48)
(Nachdrucke der entsprechenden Kapitel aus »Film als Kunst«, in der Übersetzung des Herausgebers)

Lettera dagli Stati Uniti, in: BeN, Nr. 4, Juni 1948, S. 44
Arnheim weist in diesem »Brief aus den Vereinigten Staaten« auf Siegfried Kracauers neues Buch ›Von Caligari zu Hitler‹ hin. Er betont die Wichtigkeit von solchen ideologischen Analysen, die auch die Aufmerksamkeit der Filmproduzenten verdienten. Beispielsweise wisse man bei *Paisà* nicht, aus welcher Haltung dieser Film entstanden sei.

Renato May, Il linguaggio del film, Mailand 1947 (Besprechung)
in: BeN, Nr. 6, August 1948, S. 56–58
Nachdruck in: JAAC, Nr. 2, Dezember 1948, S. 158–160
»Dieses Buch enthält eine neue Grammatik der Montage, d. h. es erörtert die psychologischen und ästhetischen Regeln für die Auswahl und Zusammensetzung jener ›Wirklichkeitsstücke‹, die die Kamera liefert.« Der Autor »zeigt in zahlreichen Beispielen, daß filmische Zeit, Raum, Entfernung, Größe, Richtung und Bewegung nicht von der physischen Erscheinung dessen bestimmt sind, was im Filmstudio geschieht, sondern durch die Wahrnehmungswirkung des Leinwandbildes.«

1949

Posizione di Arnheim. I mezzi formali e il loro significato spirituale (Domenico Meccoli), in: CiM, Nr. 23, 30. 9. 1949, S. 161
»Position Arnheims. Die formalen Mittel und ihre geistige Bedeutung.« In diesem Interview, das er während eines Italien-Besuches gab, erklärt Arnheim, warum er sich nicht mehr mit dem Kino beschäftigt: »Ich bin kein Kritiker. Ich interessierte mich und interessiere mich für allgemeine Prinzipien.« Und die Entwicklung neuer kinematographischer Prinzipien sei bis 1930–32 gegangen. Arnheim hebt die Wichtigkeit der ideologischen Analyse des Films hervor, wie sie beispielsweise Kracauer in »From Caligari to Hitler« vorgenommen habe. Er äußert sich lobend zur italienischen Nachkriegsproduktion, so zu *Ladri di biciclette* und *Roma, città aperta,* und sieht schließlich seine Befürchtungen hinsichtlich der antisozialen Auswirkungen des Fernsehens in Amerika bestätigt.

Cinema e psicologia, in: CiM, Nr. 23, 30. 9. 1949, S. 161–164
»Kino und Psychologie«. »Das Phänomen Kino in seiner Gesamtheit kann dem Psychologen auf mindestens dreifache Weise nützlich sein: 1. Der Psychologe selbst kann mit der Kamera Ereignisse aufnehmen, um sie in der Folge mit Ruhe detailliert und wiederholt zu studieren. 2. Der Psychologe kann die Filmproduktion untersuchen, ob Dokumentarfilm oder Spielfilm. 3. Der Psychologe

kann die Funktion des Kinos für das Publikum untersuchen und seine Einflüsse darauf.« Arnheim behandelt diese drei Punkte ausführlich und gibt im dritten Teil einige Filmbeispiele, wie: französische Avantgarde, *Geheimnisse einer Seele* von Pabst, *Die ewige Maske* von Hochbaum, *The Snake Pit*.

Il cinema e la folla, in: CiM, Nr. 25, 30. 10. 1949, S. 219–220

»Das Kino und die Masse«. »Die technischen Mittel, die Photographie, die Aufnahme des Tons, das Kino, haben auf entscheidende Weise die Methoden der objektiven Darstellung vervollkommnet. ... Es ist der Geist, der gegen die Tendenzen kämpft, die Beziehungen zwischen Mensch und Realität größtmöglichst zu mechanisieren. ... Indem er also den technisch-wissenschaftlichen Verismus ablehnt und sich eines ›begründeten Verismus‹ bedient, wird der Regisseur mit dem Film eine Ausdrucksform erhalten, die weitgehend mit dem Geist unserer Epoche übereinstimmt.« »Man sagt oft, daß das Kino eine Kunst für die Masse sei« – der finanzielle Aufwand einer Filmproduktion (Arnheim zitiert Grierson: »Die Kosten eines Films liegen zwischen dem Preis eines Krankenhauses und dem Kostenvoranschlag, der für die Sanierung der Elendsviertel von Southwark gemacht wurde.«) könne nicht zum Vergnügen einiger Weniger getrieben werden. Das Kino mit seiner unmittelbaren Konkretheit und Vielfalt der Bilder eigne sich besonders für Schauspiele für die Massen, zur Erfüllung von Träumen. Dies werfe die Frage nach dem Wert des Produktes auf: hier gebe es einen Konflikt zwischen Kunst/Erziehung sowie Kommerz. Die Industrialisierung führe zur rationalisierten und standardisierten Filmfabrikation. Das Fehlen von wechselseitigen Beziehungen zwischen Masse und Künstlern habe Folgen: »die Masse, vernachlässigt, verachtet und erniedrigt, zwingt der künstlerischen Produktion ihren Willen, ihren Geschmack auf«. Es entstehe die Notwendigkeit der Kontrolle der »geistigen Nahrung der Massen«, wobei die Zensur ein zwiespältiges Mittel sei, weil sie mit »kleinbürgerlichen Moralmaßstäben« messe. Fazit: »Verschiedene und gewichtige geistige, moralische, gesellschaftliche und ökonomische Faktoren hindern so entscheidend den Versuch, das Kino zu einer Kunst und einem Erziehungsmittel zu machen.« Ausnahmen als »untypische Fälle« gebe es jedoch.

Originalità di europeo, in: CiM, Nr. 28, 15. 12. 1949, S. 316–318

»Originalität des Europäers«. Wenn man Fritz Lang auch keinen eigenständigen Filmstil zuschreiben könne, so sei ihm doch Originalität nicht abzusprechen. Arnheim befaßt sich ausführlich mit dem ›europäischen‹ Fritz Lang, mit den wichtigsten seiner Filme bis 1933: *Der müde Tod, Dr. Mabuse der Spieler, Die Nibelungen, Metropolis, Spione, Die Frau im Mond* und *M*.

1950

From Flickers to Fischinger, in: Saturday Review of Literature (New York), Nr. 7, 18. 2. 1950, S. 34

Nachdruck: Fifty years of film, in: Cecile Starr (ed.), Ideas on film. A handbook for the 16 mm film user, New York 1951, S. 3–6

Kurzgefaßte Geschichte des Films: »Was haben wir mit dem magischen Werkzeug gemacht?« fragt Arnheim und fährt fort: »Bewegung brachte Zeit zum Bild. Nun konnte das Bild eine Geschichte erzählen.« Doch mußten diese Geschichten in Bildern erzählt werden; Sprache mußte in sichtbare Handlung umgesetzt werden. Besonders erfolgreich waren hier die Komiker, mit Chaplin und Keaton an der Spitze. Landschaften und Dinge wurden zu Darstellern, beispielsweise bei Flaherty und in den Symbolen der Russenfilme. Mittels Filmtricks konnte Wirklichkeit in Phantasie verwandelt werden, wie in den Filmen von Meliés oder in *Dr. Jekyll und Mr. Hyde.* Licht und Beleuchtung spielten im Schwarzweißfilm eine wesentliche Rolle. »Die große Versuchung kam mit dem Ton« und insbesondere mit der Sprache. Der Film wurde ein Zweig des Theaters; der Schauspieler wurde wichtiger als der Regisseur. »Wir haben den Film hauptsächlich genutzt, um schlechten Geschmack aufzuzwingen statt ihn zu verbessern.« Ein paar Leute machen weiter schöne Dinge, wie beispielsweise die Versuche einer Malerei in Bewegung von Disney, Fischinger, McLaren.

What makes people click?, in: Photoguide Magazine (London), Nr. 2, Mai 1950, S. 14–16
Arnheim fragt nach den Beweggründen photographierender Touristen.

1951

Raymond Spottiswoode, A Grammar of the Film, Berkeley and Los Angeles 1950 (Besprechung)
in: JAAC, Vol. 9, Nr. 3, März 1951, S. 275
Notiz zum amerikanischen Reprint des Buches von 1933: Hier wäre eifriges Nachsinnen mit akademischer Praxisfremdheit verknüpft, »flavored by the mild brand of British Marxism«.

Raymond Spottiswoode, Film and its Techniques, Berkeley and Los Angeles 1951 (Besprechung)
in: JAAC, Vol. 10, Nr. 2, Dezember 1951, S. 176
»Der Zelluloid-Geruch der Authentizität strömt aus jeder Seite dieses vollständigsten und klarsten Handbuches der Filmtechnik, das der Rezensent je gesehen hat.«

1953

Ripendsando alle cose di allora, in: RCI, Nr. 1–2, Januar/Februar 1953, S. 93–97
»Nachdenken über die Dinge von damals«. Vorabdruck des Vorwortes der italienischen Fassung von »Film as Art«, die 1959 erscheint.

Movimento organico ed inorganico, in: RCI, Nr. 9, September 1953, S. 86–91
(Vorabdruck von Kapitel 8 ›Movement‹ aus »Art and Visual Perception«, Übersetzung von Arnheim)

1954

Art and Visual Perception. A Psychology of the Creative Eye, University of California Press, Berkeley and Los Angeles 1954 (In Kapitel 8 ›Movement‹ kommt Arnheim auch auf den Film zu sprechen.) The New Version: Berkeley and Los Angeles 1974
Deutsche Übersetzung: Kunst und Sehen. Eine Psychologie des schöpferischen Auges, Walter de Gruyter & Co., Berlin 1965 (Übersetzung von `Henning Bock). Neuausgabe in Vorbereitung.
Weitere Übersetzungen ins Spanische, Italienische und Japanische.

1957

Film as Art, University of California Press, Berkeley/Los Angeles/London 1957, 8th printing 1971
(Teile aus »Film als Kunst«, sowie die vier Aufsätze: Systematik der kinematographischen Erfindungen, 1933; Bewegung im Film, 1934; Ein Blick in die Ferne, 1935; Neuer Laokoon, 1938. Übersetzung von Arnheim)
Übersetzungen ins Italienische (»Film come arte«, Mailand 1959), ins Portugiesische (»A arte do cinema«, Lissabon 1960), ins Japanische (Tokio 1960), ins Polnische (»Film Jako Szutuka«, Warschau 1961), ins Jugoslawische (»Film Kao Umetnost«, Belgrad 1962) und ins Spanische (»El cine como arte«, Buenos Aires 1971).

1958

Free Cinema, in: FC, Nr. 17, Februar 1958, S. 11
Einführende Bemerkungen zur New Yorker Retrospektive einiger Filme der britischen Free Cinema-Gruppe. Arnheim bespricht Lindsay Andersons Film über den »Covent garden market«, ferner *Momma Don't Allow, Nice Time, Dreamland* und *Together.*

1959

La bomba dei ritrovati tecnici sulla cattedrale cinematografica. Colloquio di Rudolf Arnheim con Guido Aristarco, in: Cinema Nuovo (Turin), Nr. 140, Juli/August 1959, S. 320–325
»Die Bombe der technischen Erfindungen über der Kathedrale des Kino. Gespräch von Rudolf Arnheim mit Guido Aristarco«. Vorbemerkung der Redaktion: »Das Gespräch, auch wenn es verschiedene schon veraltete Themen behandelt, oder gerade deswegen, belegt die Strenge mit der Arnheim noch heute seine alten theoretischen Grundsätze verficht, seine feste und verwirrende Überzeugung, daß – seit dem Aufkommen des Tonfilms – das Kino als künstlerische Erscheinung als eine ›zerstörte Kathedrale‹ anzusehen sei.« Die beiden Theoretiker reden unter anderem über *La passion de Jeanne d'Arc,* Jannings, McLaren, Farbfilm, *Henry V, Ladri di biciclette* und Chaplin.

1962

To Maya Deren, in: FC, Nr. 24, Frühjahr 1962, S. 1–2; KuA, S. 299–300
  Nachdruck in: P. Adams Sitney (ed.), Film Culture Reader, New York 1970,
  S. 84–86

1963

Melancholy Unshaped, in: JAAC, Nr. 3, Frühjahr 1963, S. 291–297
  Nachdruck in: Rudolf Arnheim, Toward a Psychology of Art. Collected Essays,
  Berkeley and Los Angeles 1967, S. 181–191
  Ausführliche Besprechung des Buches von Siegfried Kracauer »Theory of
  Film«, New York 1960.

Film a Skutečnost, in: Film Je Uměnì, Prag 1963, S. 62–74
  (Nachdruck aus »Film as Art«)

1965

Giovanni Bianca, Il cinema e l'astrazione nell'arte, Mailand 1964 (Besprechung)
  in: JAAC, Nr. 2, Winter 1965, S. 320–321
  »Professor Biancas altmodische Ästhetik hat einen gewissen provinziellen
  Charme.«

1966

Art Today and the Film, in: Art Journal (New York), Nr. 3, 1966, S. 242–244;
  KuA, S. 52–57
  Nachdruck in: FC, Nr. 42, Herbst 1966, S. 43–45

1967

Yves Kovacs (ed.), Surréalisme et Cinéma, Paris 1965 (Besprechung)
  in: JAAC, Nr. 2, Winter 1967, S. 274–275
  Kritik von zwei Sammelbänden zum Surrealismus im Film.

1973

Film et realité, in: Dominique Noguez (ed.), Cinéma: Théorie, Lectures, Numéro
  spécial de la Revue d'Esthetique, o. O. (Paris) 1973, S. 27–45
  (Nachdruck aus »Film as Art«)

1974

The Complete Film (S. 27–31), Film and Reality (S. 195–199), The Making of
  a Film (S. 199–203), in: Gerald Mast/Marshall Cohen (eds.), Film Theory and
  Criticism. Introductory Readings, New York/London/Toronto 1974
  (Nachdrucke der entsprechenden Kapitel aus »Film as Art«)

On the Nature of Photography, in: Critical Inquiry (Chicago), Nr. 1, September 1974, S. 149–161

»Wenn ein Theoretiker wie ich sich mit Photographie beschäftigt, ist er eher an den Charakterzügen des Mediums interessiert als am einzelnen Werk einzelner Künstler. Er möchte wissen, welche menschlichen Bedürfnisse durch diese Form des Bildermachens erfüllt werden, und welche Eigenschaften das Medium dazu befähigen, sie zu erfüllen.«

Rudolf Arnheim: An Interview. By Peter Galassi, in: Afterimage (Rochester), Nr. 5, November 1974, S. 2–5

Die Interviewpartner kommen gegen Ende auch auf den Film zu sprechen: Arnheim betont, daß sich seine im Wesentlichen negative Einstellung zum Tonfilm bzw. Sprechfilm bis heute nicht geändert habe.

1977

Erinnerung an Wilfried Basse: in: Wilfried Basse – Begleitheft zur Retrospektive im Rahmen der 27. Internationalen Berliner Filmfestspiele, Berlin 1977 (bei Redaktionsschluß in Vorbereitung)

Diskussion der Filme *Markt am Wittenbergplatz, Deutschland zwischen gestern und heute, Baumblüte in Werder* des Arnheim-Freundes Basse mit biographischen und autobiographischen Anmerkungen. »Basse betrieb keine politische Analyse, noch lag ihm die romantische Verherrlichung des Naturmenschen, wie wir sie etwa bei Robert Flaherty finden. Er war ein Satiriker mit einem untrüglichen Sinn für menschliche Unzulänglichkeit.«

Namenregister

(Personen, Firmen, Organisationen)

Adalbert, Max 247, 319
Äschylos 68
Albers, Hans 73, 114, 116, 292 f., 319, 322
Albrecht, Ina 231
Alexander, Georg 313
Alexeieff, Alexej 332, 336
Altman, F. 334
Andersen, Hans Christian 250 f.
Anderson, Lindsay 346
Andrejew, Andrej 149
Annabella 246
Anschütz, Ottomar 33, 34, 35, 36
Arbuckle, Roscoe (Fatty) 216
Ardenne, Manfred von 32
Aristarco, Guido 343, 346
Armat, Thomas 334
Arno, Siegfried 114
Atkinson, G. A. 62
Auric, Georges 132

Baberske, Robert 230
Bagier, Guido 313
Balázs, Belá 201, 226 f., 317 f.
Bancroft, George 218
Baranowskaja, Wera 199
Barbaro, Umberto 323, 339, 340
Bard, Maria 320, 323
Barsy, A. von 333
Basse, Wilfried 316, 348
Baur, Harry 251, 269
Beaumont, Etienne de 200
Becce, Giuseppe 264
Beery, Wallace 132, 266 f., 326
Beethoven, Ludwig van 89, 133, 250
Behne, Adolf 306
Benn, Gottfried 9
Berger, Ludwig 62
Bergner, Elisabeth 171, 186–188, 202, 230, 308, 310, 315, 318, 324

Berndt, Reinhold 319
Bernhardt, Kurt 264
Bianca, Giovanni 347
Bienert, Gerhard 320
Biro, Ludwig 311
Bitzer, G. W. (Billy) 332, 334
Blattner Corporation, London 61
Blümel, Walter 332
Bocca, Carlo 340
Bock, Henning 346
Bosch, Hieronymus 205
Botticelli, Sandro 280
Bowles, Paul E. 332
Brausewetter, Hans 114
Brecht, Bertolt 53, 158, 159, 323
Bressart, Felix 114, 293 f., 319
Brueghel, Pieter d. J. 205
Büchner, Georg 9, 193
Burger, Erich 313
Busch, Ernst 159, 231
Busch, Paula 267
Butor, Michel 57

Campbell, Arthur J. 333
›Capitol‹, Berlin 211
Capra, Frank 278, 340
Carow, Lucie 230
Casler, Herman 38
Cavalcanti, Alberto 334
Cellini, Benvenuto 29
Chales, Milliet de 28
Chaney, Lon 182, 308
Chaplin, Charles Spencer (Charlie) 17, 21, 23, 42, 63, 70, 73, 123, 126, 128, 132, 133, 134, 135, 136, 141, 144, 145, 146, 147, 148, 168, 188, 196 f., 205, 214–216, 228 f., 252, 255, 265, 275, 276, 281, 282–287, 295, 297, 312, 313, 316, 318, 334, 335, 342, 345, 346
Charell, Erik 244–246, 332

349

Titelregister

Nachtrag zur Taschenbuchausgabe

Der Herausgeber ist dankbar, anläßlich der Taschenbuchausgabe, das »Kommentierte Gesamtverzeichnis« der Filmschriften Rudolf Arnheims auf den neuesten Stand bringen und um zwischenzeitlich aufgefundene Titel erweitern zu können. Aus verlagstechnischen Gründen kann dies nur in Form eines Nachtrags geschehen. Für Hinweise auf Ergänzungen des Gesamtverzeichnisses ist der Herausgeber insbesondere Jürgen Berger zu Dank verpflichtet.

Auf besonderen Wunsch Rudolf Arnheims wird der Beitrag »Chaplin als Erzieher« der Taschenbuchausgabe hinzugefügt. Arnheim hatte dieses Feuilleton erst nach Drucklegung der Originalausgabe von »Kritiken und Aufsätze« wieder aufgefunden.

Chaplin als Erzieher (1932)

Die Weltgeschichte wurde bisher betrieben von dem Glattrasierten und von dem Mann im Bart. Der Mann im Bärtchen ist neu. Und dennoch wird man nicht leugnen können, daß Hitlers Oberlippe auf die passendste Art dekoriert ist, die sich für ihn überhaupt ausdenken läßt. Das schwarze Schönheitspflästerchen ist kein Hoheitsabzeichen. Es ist vielmehr eher das Niedrigkeitsabzeichen des Hohen. Denn das Monarchenideal hat sich geändert. Nicht mehr der Übermensch, sondern gerade der Durchschnittsmensch soll regieren. Wer von der Norm abweicht, und sei es durch höhere Qualität, fällt peinlich auf. Und also gehört nicht der Mustermensch, sondern der Schnittmustermensch auf den Thron. Wem zweifelhaft ist, ob dem Meister nicht vielleicht doch einige Anzeichen genialen Schwunges anhaften, genialische Einsprengsel in einen sonst vorbildlichen Mann, den lehrt das miekrige Ausrufezeichen auf der erlauchten Lippe: Nein, hier ist keine Gefahr! Hier wird die goldene Straße der Mittelmäßigkeit befahren.

Wer Hitlern ins Gesicht blickt, dem muß Charlie Chaplin einfallen. Eine semitische Reminiszenz, gewiß, aber ist daran der Beschauer schuld? Liegt nicht eine gewisse Tragik darin, daß der Bart des Gebieters für vorschriftsmäßig blonde Germanen ungeeignet ist? Der wallende blonde Vollbart – angepflanzt nach dem Grundsatz: Großer Umsatz, kleiner Nutzen – macht durch seine Ausdehnung wett, daß er von der Farbe der Gesichtshaut allzuwenig absticht. Das Leukoplastbärtchen aber ist nur als kontrastierender

Farbfleck möglich. Der Hölle ein willkommener Spott und peinlich selbst dem lieben Gott. Doch kehren wir zu Charlie Chaplin zurück.

Wie das Hakenkreuz von den Orientalen, so stammt die Bartfrisur des Dritten Reiches von Chaplin. Sie ist ihm nicht angeboren, aber er klebt sie auf die Lippe, wenn er einen kleinen Mann darstellen will, der komisch wirkt, weil er seine lumpige Armseligkeit wie einen gutsitzenden Frack trägt. Spazierstöckchen, Stehkragen, Zigarettenstummel, schwarze Melone, koketter Wiegegang – dazu gehört das Bärtchen, weil es mit kleinen Mitteln Großes vorzutäuschen wünscht. Als ein unzureichendes Miniaturpostament stützt es die Nase und schiebt sie nach oben, macht sie dackelhaft keck. Es wirkt hochnäsig im konkretesten Sinne des Wortes. Aufs Äußerste reduziert, wie Löhne und Gehälter, ein Krisenprodukt, repräsentiert es die Noblesse aus dem Fünfzig-Pfennig-Bazar. Das Auftrumpfen ohne Trümpfe. Dieser Bart spricht nicht: »Es ist erreicht!« sondern: »Klein aber oho!« Der wilhelminische Bart war eine weitschweifende Girlande, angepaßt dem Redestil des Monarchen. Der Hitlerbart, ein Produkt der Abrüstung, ist knapp und »zackig« wie die Tagesbefehle der SA. Aber das ist nicht neusachliche Kargheit. Es ist das unsachliche Mißverhältnis zwischen kleinem Fonds und großer Lippe. Chaplinisch.

Bisher kam im allgemeinen die Parodie erst hinter dem Ernst: Louis Philippes Birne wurde erst nachträglich, bei Daumier, eine komische Figur, und Friedrichs des Großen Winkelprofil ist erst durch Otto Gebühr für den Humor erobert worden. Diesmal geht es, bezeichnenderweise, umgekehrt. Das heitere Requisit eines ebenso schwarzlockigen wie fremdländischen Groteskkomikers wird zur Insignie, wird Ernst.

Ergänzungen zum »Kommentierten Gesamtverzeichnis«

1930

Beitrag zur Krise der Montage, in: Filmtechnik (Halle), Nr. 4, 22. 2. 1930, S. 9–11
»Ist Tonfilm einfach photographiertes Theater und daher den Kunstgesetzen des
Theaters untertan? Oder ist der Ton nur ein schmückender und ergänzender
Zusatz zum stummen Film, so daß die künstlerischen Prinzipien, wie sie in
Jahrzehnten für den stummen Film erarbeitet worden sind, unberührt in Kraft
bleiben können, auch wenn der Film jetzt Stimme bekommt? Oder ist endlich
Tonfilm eine Kunst sui generis, die sich also ihre eigenen Kunstgesetze schaffen
muß?« Zur Klärung dieser Fragen sucht Arnheim nach den Besonderheiten des
Tonfilmmaterials, von denen sich die spezifischen künstlerischen Gesetze her-
leiten lassen: »Eine wesentliche Eigenart des Tonfilms ist nun sicherlich, daß
Optisches und Akustisches nicht in einem einzigen Prozeß, sondern mit zwei
verschiedenen Apparaten aufgenommen werden, die nur künstlich aufeinander
abgestimmt sind.« Michelangelo und Cézanne werden exemplarisch dafür genannt, »wie die Menschen zu gewissen Epochen versuchen, mit dem Material
der betreffenden Kunst Gebilde zu schaffen, die dem Wirklichkeitsvorbild aufs
Täuschendste gleichen«. Der bisherige Tonfilm bemühe sich um falsche naturalistische Ideale, statt die zwiefache Wurzel von Bild und Ton herauszuarbeiten und zu spezifischen Wirkungen zu benutzen. »Allerdings: daß es charakteristische Eigenschaften des Tonfilmmaterials gibt, besagt noch nicht, daß sich
diese auch zu künstlerischen Effekten verwenden lassen.« Die Richtung weise
Pudowkins kluger Satz: ›Die Zukunft des Tonfilms liegt in der asynchronisierten
Montage.‹
Am Beispiel des Wilhelm Thiele-Films *Liebeswalzer* zeigt Arnheim die Einschränkung der Montage im Tonfilm. In einer Szene läuft der Originalton der
ersten Einstellung in einer zweiten, räumlich entfernten Einstellung weiter. Hier
sei zwar ein sehr bekanntes Formprinzip angewendet: »Es wird eine Querverbin-
dung zwischen zwei zeitlich aufeinanderfolgenden Szenen geschaffen, indem ein
bestimmtes Charakteristikum der ersten Szene auch in der zweiten enthalten ist,
und zwar so, daß es in der ersten Szene in einem anderen Ganzen steht als in
der zweiten und trotzdem in beide organisch eingeordnet ist.« Bei dem genannten Tonfilmeffekt ist das Verbindungsglied jedoch keineswegs zwanglos eingefügt: »Es stammt aus der ersten Szene und ist der zweiten, in die es nicht paßt,
gewaltsam oktroyiert! ... Man kann im Tonfilm, wo alles Akustische im Bildraum lokalisiert ist, nicht plötzlich Töne räumlich entwurzeln und hilflos her-
umflattern lassen. ... Die Raumillusion, die das Tonfilmbild vermittelt, ist
eben – technisch gute Apparaturen vorausgesetzt – unvergleichlich viel stärker
als die des stummen Bildes, daher denn auch dieses sehr viel abstrakter ist und
sich Stilisierungen gefallen läßt, die beim Tonfilm unmöglich sind.«

Die traurige Zukunft des Films, a.a.O.
Nachdruck in: Kirche und Film (Frankfurt), Nr. 8, August 1977, S. 1–3

1932

Chaplin als Erzieher, in: Berliner Tageblatt, Nr. 17, 11. 1. 1932
Nachdruck in: Frankfurter Rundschau, Nr. 202, 1. 9. 1977, S. 11; KuA-Nachtrag, S. 365 f

Film als Kunst, a.a.O.
Ungarische Übersetzung: A film mint müvészet, Magyar Filmtudományi Intézet és Filmarchivum, Budapest 1962

Die Formmittel des Films, in: Film für alle (Halle), Nr. 5, Mai 1932, S. 124–127
Flämische Übersetzung: De uitbeeldingsmiddelen van de Film, in: E. P. F. Morlion/u.a., Filmkunst, Uitgeverij »De Warande«, Antwerpen 1932, S. 36–40
Eine Kurzfassung der Grundlagen von Arnheims ästhetischer Theorie aus »Film als Kunst«.

1933

Erstarrte Bewegung – bewegtes Bild, in: Film für alle (Halle), Nr. 2, Februar 1933, S. 34–37
Woran »muß man denken, wenn man aus Filmstreifen Einzelbilder herausnimmt, um sie zu vergrößern?« Arnheim greift zur Beantwortung dieser Frage zunächst auf die Malerei zurück: Einzelne Künstler, wie Rubens, hätten eine Vorliebe für das Bewegte gehabt. Deren Bewegungsdarstellungen wirkten deshalb richtig und schön, »weil gar nicht versucht ist, die Illusion der wirklichen Bewegung zu geben, sondern etwas ganz anderes: der Körper in Tätigkeit! ... und zwar zeigt der Maler und Bildhauer die Bewegung stets in der charakteristischsten Höchstphase.« Das Einzelbild eines Filmstreifens erscheint nun nicht als zufällige Durchgangsbewegung, sondern als charakteristisches Endstadium: »Verschiedene Bilder aus einer objektiv identischen Bewegung können also zum Ausdruck ganz verschiedener Bewegungsstärken werden!« Arnheim gibt acht Fotobeispiele und kommt unter anderem zu dem Ergebnis: »Was bewegt erscheinen soll, muß also die Auswirkung von Kräften zeigen.«

Das Auge des Beschauers, in: Film für alle (Halle), Nr. 4, April 1933, S. 94–95
Wichtig für den Amateur-Kameramann ist es, daß er »unbefangen, mit dem Auge des Beschauers, sehen lernt, was sein Bild enthält und was nicht. Nur dann wird er es in der Komposition seines Films richtig verwenden. Sich freimachen von aller Erinnerung, das Bild auf der Leinwand mit fremden Augen betrachten – dann wird es bei der ›Premiere‹ keine Überraschungen geben!«

Stil – aber nicht mit Absicht, in: Film für alle (Halle), Nr. 6, Juni 1933, S. 159
Braucht der Amateurfilmer einen Stil? Gibt es überhaupt Stile im Film? »Stil ist mehr als Manier. Manier ist die äußerliche Verwendung von Handwerkskniffen. Stil aber ist die Schaffung einer ganz neuen, eigenen Welt mit eigenen Ge-

setzen, aus denen die Anwendung neuartiger Gestaltungsmittel sich mit Notwendigkeit ergibt. ... Wir lernen von stilvollen Künstlern nicht, indem wir ihre Tricks, sondern indem wir ihre Einstellung zur Arbeit kopieren: die Welt scharf ansehen, ihr Wesentliches möglichst prägnant zu erfassen versuchen – und dann probieren, welche die einfachsten und sparsamsten Mittel sind, um diesen Eindruck wiederzugeben.«

Noch schnell, ehe der Zug abfährt . . ., in: Film für alle (Halle), Nr. 7, Juli 1933
Arnheim gibt Filmamateuren Ratschläge von Absatzlänge für ihren Reisefilm. Ein Beispiel: »Nicht jedem ist die Kunst gegeben, das Ferienland so eigenartig zu sehen und aufzunehmen, daß es wie noch nie dagewesen erscheint. Jedem aber spielt das Glück, wenn er nur darauf achtet, kleine, bezeichnende Episoden zu, die sobald nicht wieder vor eine Linse kommen werden. Hier liegt die große Chance der beweglichen Handkamera. Mit gutem Erfolg ersetzt häufig, zumal bei Reisefilmen, der Zufall das Genie.«

1934

Urheber, a.a.O.
Nachdruck: La dittatura del regista e le responsabilità della critica, in: Cinema Nuovo (Turin), Nr. 139, Mai/Juni 1959, S. 221–226
Nachdruck: A rendezö diktaturája – a kritika felelössége, in: Filmkultura (Budapest), Nr. 3, August 1960, S. 55–63

Germany on the screen, in: Cinema Quarterly (Edinburgh), Spring 1934, S. 169–170
Arnheim stellt Wilfried Basses Deutschland-Film So lebt ein Volk vor. (Der Titel wurde später in Deutschland – zwischen gestern und heute umgeändert.): »His film is not merely a substitute for a journey through Germany. It gives not only a picture of the country, but makes its nature and characteristics comprehensible. ... Basse wants to show how the style of living in former times is still affecting modern life – how big a part the past still plays in the modern world. ... Basse boldly frees himself from geographical connections and conditions. He constructs, for instance, a concentrated picture of a medieval town by joining photographs which have been taken at different places in Germany. He does not simply add picture to picture, but interweaves their single motives of action in such a way as to create the impression of a lively unity.«

1935

I. C. E. – A reply to G. F. Noxon, in: Cinema Quarterly (Edinburgh), Winter 1935, S. 95–97
Das I. C. E. (Internationales Lehrfilminstitut, Rom), Arnheims Arbeitgeber, wurde von G. F. Noxon heftig angegriffen (»Italy's ›International‹ Institute«, in: CQ, Autumn 1934, S. 12–14) und beschuldigt, ein verschleiertes Propaganda-

unternehmen Mussolinis zu sein. So kommt Arnheim in die delikate Situation, die italienischen Faschisten verteidigen zu müssen, die dem Institut offenbar doch einen großen Freiraum lassen – Arnheims Arbeit dort beweist es eigentlich schon. Arnheim verweist auf die wichtige und international anerkannte Tätigkeit des Instituts, besonders die in Vorbereitung befindliche Filmenzyklopädie, und sagt, er fühle sich selbst unbeeinflußt. »Why, in spite of all this, should the Italian Government find it to its interest to subsidize the Institute? Well, in my opinion, because it would enhance Italy's prestige if so important a factor in modern life as the film had its international headquarters in Rome.«

Der Filmkritiker von morgen, a.a.O.
Nachdruck: The film critic of to-day and to-morrow, in: Cinema Quarterly (Edinburgh), Summer 1935, S. 203–209

1938

Neuer Laokoon, a.a.O.
Nachdruck der italienischen Fassung in: Giovanni Calendoli (ed.), Cinema e teatro, Rom 1957, S. 84–114

1940

Anti-Fascist Satire, a.a.O.
Nachdruck in: Stanley Kauffmann (ed.), American Film Criticism, New York 1972, S. 400–404

1949

Comments on »The Eternal Mask«, Transcript of the talk to the NEW YORK FILM SOCIETY on Friday, May 20, 1949
Arnheim stellt den Film von Werner Hochbaum in die Tradition des deutschen Stummfilms der zwanziger Jahre und untersucht an seinem Beispiel das Verhältnis von Film und Psychiatrie.

Il cinema e la folla, a.a.O.
Nachdruck: A film és a tömegek, in: Film és társadalom, hrsg. vom Shinháztudomanyi és Filmtudomanyi Intezet, Budapest 1958, S. 33–42

1957

Film as Art, a.a.O.
Weitere Übersetzung ins Russische (»Kino kak iskusstwo«, Moskau 1960).

Film sonoro = teatro?, in: Giovanni Calendoli (ed.), Cinema e teatro, Rom 1957, S. 116–119
(Nachdruck aus »Film als Kunst«)

1963

Melancholy Unshaped, a.a.O.
Italienische Übersetzung: Tendenza dell'arte occidentale e diminuzione della visività, in: Cinema Nuovo, Nr. 205, Mai–Juni 1970, S. 195–204
Deutsche Übersetzung: Die ungeformte Melancholie, in: Rudolf Arnheim, Zur Psychologie der Kunst, Köln 1977, S. 146–159
Ausführliche Besprechung des Buches von Siegfried Kracauer »Theory of Film« (New York 1960; deutsche Ausgabe »Theorie des Films«, Frankfurt 1964): »Dieser Aufsatz hat sich mit einer Behauptung kritisch auseinandergesetzt, die in ihrer radikalsten Formulierung besagt, eine Verlagerung von der vom Menschen geschaffenen Form auf das ungeformte Rohmaterial der Erfahrung bedeute eine Rückkehr zur konkreten Realität, aus der einzig und allein neues Denken entstehen könne. Es ist notwendig geworden, darauf hinzuweisen, daß der echte Realismus aus der Interpretation des Rohmaterials der Erfahrung mit Mitteln bedeutungsvoller Form besteht und daß deshalb eine Beschäftigung mit der ungeformten Materie einer melancholischen Preisgabe gleichkommt und nicht etwa einer Wiedererlangung der Herrschaft des Menschen über die Realität.«

1966

Art Today and the Film, a.a.O.
Nachdruck in: Gregory Battcock (ed.), The New American Cinema. A Critical Anthology, New York 1967, S. 57–64

1971

Film and Reality, in: Allen & Linda Kirschner (eds.), Film. Readings in the Mass Media, New York 1971, S. 63–78
(Nachdruck aus »Film als Art«)

1977

Erinnerung an Wilfried Basse, a.a.O.
Berichtigte Quellenangabe: Stiftung Deutsche Kinemathek (Hrsg.), Liebe, Tod und Technik. Kino des Phantastischen 1933–1945 / Wilfried Basse. Notizen zu einem fast vergessenen Klassiker des Deutschen Dokumentarfilms, bearbeitet

von Kraft Wetzel und Peter Hagemann, Internationale Filmfestspiele Berlin –
Retrospektive 1977, West-Berlin 1977, S. 77–78

1978

Die Fotografie – Sein und Aussage, in: DuMont Foto 1 – Fotokunst und Foto-
design international, hrsg. von Hugo Schöttle, Köln 1978, S. 11–13

Bitte umblättern:

auf den nächsten Seiten informieren
wir Sie über weitere interessante
Fischer Taschenbücher.

Rudolf Arnheim
Rundfunk
als Hörkunst

Mit einer neuen Einleitung des Autors.
168 Seiten. Paperback 26.– DM.

»Dieses Buch über künstlerische und wahrnehmungsmäßige Grundprobleme des Rundfunks wurde, ganz ähnlich wie mein etwas früheres Buch über den Stummfilm und die Anfänge des Tonfilms, zu einer Zeit geschrieben, als sein Thema so ziemlich ausgespielt zu haben schien. Zwar ist auch in diesem Buch viel von Zukunftsmöglichkeiten die Rede, doch sah es in den frühen dreißiger Jahren so aus, als ob der Rundfunk bald ein Stück Vergangenheit werden würde. Nur zu bald würde das Fernsehen die Hörkunst durch das Bild ergänzen und damit die von mir so gepriesene Tugend der Blindheit verlieren.«

Die Tugend der Blindheit. Arnheims zentrale Kategorie, hat an Faszination nichts eingebüßt, im Gegenteil: Jahrzehnte des Fernsehens haben die Notwendigkeit des Hörens von Sprache und Musik noch stärker in den Vordergrund gerückt. Dieser Tatbestand macht den Mangel an theoretischen Einlassungen über den Hörfunk noch deutlicher. Denn außer einigen Spezialuntersuchungen (z. B. Knillis ›Hörspiel‹, 1961) ist eine grundlegende Theorie des Rundfunks bislang nicht vorgelegt worden.

Arnheim zeigt, was mit dem Medium Hörfunk geschaffen werden könnte; ihn interessiert vor allem das »Ausdrucksmittel« und dabei kommt er zu Vorschlägen, die bis heute nichts von ihrer Aktualität verloren haben.

Carl Hanser Verlag

Fischer
Cinema

Neue Reihe im
Fischer Taschenbuch Verlag

Rudolf Arnheim
Kritiken und Aufsätze zum Film
Herausgegeben von Helmut H. Diederichs
Band 3653

Sheridan Morley
Marlene Dietrich
Bildbiographie
Band 3652

Hans Richter
Der Kampf um den Film
Für einen gesellschaftlich verantwortlichen Film
Band 3651

Hans-Jürgen Syberberg
Syberbergs Filmbuch
Filmästhetik.
10 Jahre Filmalltag.
Meine Trauerarbeit für Bayreuth.
Wörterbuch des deutschen Filmkritikers.
Band 3650

Margarethe von Trotta
Luise Francia
Das zweite Erwachen
der Christa Klages
Band 3654

Fischer Cinema

Lieder

Texte und Noten
mit Begleit-Akkorden

Kritische Lieder der 70er Jahre
Herausgegeben von Walter Heimann /
Ernst Klusen
Mit Illustrationen. Originalausgabe.
Band 2950

Volkslieder aus 500 Jahren
Herausgegeben von Ernst Klusen
Mit Illustrationen. Originalausgabe.
Band 2951

Erotische Lieder aus 500 Jahren
Herausgegeben von Rolf W. Bredrich
Originalausgabe.
Band 2953

Irische Lieder und Balladen
Herausgegeben von Frederik Hetmann
Englisch-deutsch. Originalausgabe.
Band 2954

Fischer
Taschenbücher

Neuere
Literatur

im Fischer  Taschenbuch Verlag

Ilse Aichinger
Meine Sprache und ich

Erzählungen
Band 2081

Hermann Burger
Schilten

Schulbericht zuhanden der
Inspektorenkonferenz.
Roman
Band 2086

Elias Canetti
Die gerettete Zunge

Geschichte einer Jugend
Band 2083

Jacques Chessex
Der Kinderfresser

Roman. Ausgezeichnet mit
dem »Prix Goncourt«
Band 2087

Andreas Höfele
Das Tal

Band 2088

Günter Kunert
Im Namen der Hüte

Roman
Band 2085

Gerhard Roth
Der große Horizont

Roman
Band 2082

Peter Schalmey
Meine Schwester und ich

Roman
Band 2084

DEUTSCHE LITERATUR KRITIK

Herausgegeben von Hans Mayer

4 Bände · Dünndruckausgaben

Band 1
Von Lessing bis Hegel
(2008)

Band 2
Von Heine bis Mehring
(2009)

Band 3
Vom Kaiserreich
bis zum Ende der
Weimarer Republik
(2010)

Band 4
Vom Dritten Reich
bis zur Gegenwart
(2011)

Fischer

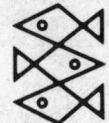